夜明けを告げる人びと

―ナビルの記録―

ナビル・アザム著

ベスト社

THE DAWN-BREAKERS

by
Nabil-i-Azam

Translated into Japanese by Motoko Caldwell

Approved by the National Spiritual Assembly of the Baha'is of Japan

April 21, 2007

ISBN 0-9762780-4-9

Best Publisher
Wailuku, Hawaii

http://www.bestpublisher.org

まえがき

バハイ信教は世界中に迅速にひろまってきました。同時にその初期の歴史と信教のために命をささげた人びとについて知りたいと願う人たちの数も増えてきています。バブの悲劇的な人生とその弟子たちの物語は、全世界のバハイに深い感銘と勇気をあたえる源泉となってきました。今回、「夜明けを告げる人びと」の全文が邦訳されたことで、より多くの日本人も、そのおどろくべき物語にふれ、大いに鼓舞されるようになるでありましょう。

この書の著者ナビルは、バブとその弟子たちが激烈な迫害を受け、殺害されていった時代に生きた人であります。かれは、当時その場にいて、もろもろの事件を目撃した信頼できる人たちから情報を得ることができました。また、大殺戮に巻き込まれながらも生き残った人たちからも直接話を聞くことができました。ナビルは、もろもろの事件を詳細に描写していますが、同時に、十九世紀初期のペルシャの陰惨な社会状況にも言及し、その国が当時地上でもっとも堕落したところで、そこから神の使者が現われるようになっていたことを明らかにしています。

ペルシャはかって偉大な国王たちのもとで、世界に類を見ないほどの文明を生み出し、有名な詩人たちを輩出したのですが、十九世紀には見る影もなく落ちぶれてしまいました。僧侶階級以外の人びとの教育は不要であるとみなされ、女性の境遇も悲惨で、家具同様に扱われていました。人びとの間には無知と迷信がはびこり、かれらは僧侶の意のままに動かされていました。国王は独裁的で、一般国民を軽蔑し、愛顧をあたえたのは自分の息子や親族だけでした。国王の血を引く王子の数はおびただしく、官職はすべて、かれらで占められていた時期もあったほどです。大半の王子は堕落し、残酷で、何事にも極端に走り、人民に注目したのは税金徴収のときだけでした。かれらは、僧侶階級と共に、裁判なしにだれにでも思いのまま死刑の宣告をすることができたのです。このように腐敗し、暗黒化した社会に、希望の知らせをもたらす人たちが現われました。シェイキ・アーマドとセイエド・カゼムで、この二人は、聖典を研究し、その中で約束されている偉大な人物が神から下される時期が迫っており、その人物は、ペルシャの国民と全人類を平和と安寧の道に導いてくれると説きはじめたのです。

ナビルがこの物語を書き始めたのは一八八八年で、アッカでバハオラに仕えているときでした。バハオラは、ナビルをペルシャに送り、そこで大業を推進し、迫害されている信者たちを励ますように指示しました。一八九二年にバハオラがこの世を去ったとき、ナビルは嘆きの重圧に耐え切れず海に身を投げました。その遺体はアッカ市近郊の海岸に打ち上げられました。バハイ信教の守護者、ショーギ・エフェンディは、ナビルが記録した原稿を選別し、英語に翻訳して見事な本に作り上げました。現代と未来の世代は、このおどろくべき大作を残された守護者に深い感謝の念をいだきつづけるでありましょう。

翻訳にあたって不明瞭な箇所を解明して下さったジュナビ・コールドウェル氏、訳文を原文と照らし合わせて下さったトライバー・なお子氏、訳文を校正して下さった鹿児島千里氏と井原昌代氏、そのほか助言や励ましを下さった方々に心から感謝する次第です。さらに、十八章「タブリズでのバブの取調べ」と二十三章「バブの殉教」は、ザファー・モグベル氏の翻訳を大いに参考にさせていただいたこと、また、この「まえがき」も、ゼナ・ソラブジー氏著「ナビルの物語」の序文を参考にさせていただいたことを記して、このお二人に深く御礼の意を表したいと思います。

コールドウェル・本子

目次

第一章　シェイキ・アーマドの使命　……………………………　一四
バーレーンからイラクへ出発　ナジャフとカルベラ訪問　シラズへの旅　ヤズド滞在（ファト・アリ国王と交信　アブドル・ヴァハブとの関わり　マムードの逸話　セイエド・カゼムの到着）　マシュハドへの巡礼　勝利のテヘラン入り　ケルマンシャーに出発　カルベラに戻る　メッカとメジナへの旅と死
第二章　セイエド・カゼムの使命　……………………………　二七
モハメッド・バゲルとの関わり　約束の御方への言及　ハサン・ゾヌジの逸話（カゼムのバブ訪問　カゼムの講話にバブ出席　バブのエマム・ホセイン廟訪問　ゾヌジのシラズとマークー訪問　カルベラでのゾヌジとバハオラの出会い）　カゼムの著作にある約束の御方への言及　カルベラの包囲攻撃　カゼムの不実な弟子たちへの言及　アブトラブの話　カゼムの弟子たちへの勧告　カゼムとアラブ人羊飼いの出会い　セイエド・カゼムの死
第三章　バブの使命の宣言　……………………………　四八
モラ・ホセインのカルベラ到着　六十年（一八四四年）の意義　モラ・ホセインのナジャフとブシェル訪問　シラズでのモラ・ホセインとバブの会見　モラ・アリとその仲間のシラズ到着　ゴッドスのシラズ到着　バブの若き日（生誕　初等教育　結婚　ブシェル在住）　生ける者の文字　タヘレについて　バラ・サリという言葉の説明　モラ・ホセインへのバブの指示　モラ・アリのシラズ出発　アブドル・ヴァハブの話　モラ・アリの苦難　バブの生ける者の文字への別れの言葉　バブのモラ・ホセインへの別れの言葉
第四章　モラ・ホセインのテヘランへの旅　……………………………　八一

モラ・ホセインのイスファハン訪問（モハメッド・バゲルの弟子との関わり　小麦のふるい手の話　サディクの改宗）　モラ・ホセインのカシャンとクム滞在　テヘランでの体験（モハメッド・クラサニとの関わり　モラ・モハメッドとの出会いとバハオラへのメッセージ）

第五章　バハオラのマザンデランへの旅……………………八九

ミルザ・ボゾルグについて　モラ・ホセインのテヘラン到着以前のバハオラのヌール訪問（モハメッド・タギとの出会い　モハメッド・タギが見た二つの夢）　モラ・ホセインのテヘラン到着以後のバハオラのヌール訪問（叔父アジズとの関係　モラ・モハメッドとの関わり　修行僧との会話　ヌール訪問の成果）　バハオラに関する父上の夢　総理大臣アガシとの関係

第六章　モラ・ホセインのコラサンへの旅……………………九九

生ける者の文字に宛てたバブの指示　コラサンの最初の信者たち　バブに宛てたモラ・ホセインの手紙

第七章　バブのメッカとメジナへの巡礼……………………一〇三

ハサン・シラジの話　ペルジャン・バヤンで言及された困難な船旅　ジャデ到着とメッカに向かう途中での出来事　バブのカーベ神殿めぐり　モヒートへの宣言　メッカの州長官へのメッセージとハジ・ニヤズの話　メジナ訪問

第八章　巡礼後のバブのシラズ滞在……………………一一一

ブシェルに戻りゴッドスに別れを告げる　ゴッドスのバブの伯父訪問　ゴッドスとサディクの出会い　ゴッドスとサディクの苦難（サディクへの知事の尋問　目撃者が語った迫害の状況）　シラズに戻ったバブ（バブを護衛した指揮官の話　バブと知事の会見　ヴァキル寺院でのバブの宣言）　シラズで信者となった人たち
カルベラの信者たちへのバブの通信　カーンガヴァルでモラ・ホセインと会った信者たち　信者の一団とモ

ラ・ホセインのイスファハンへの出発　モラ・ホセインのシラズへの出発　シラズに到着した六名の信者たち　カリムの話　カリムに会ったナビル

第九章　巡礼後のバブのシラズ滞在（つづき）……………………一三三

モラ・ホセインのコラサンへの出発　ヤヒヤとバブの会見　モラ・モハメッド・アリの改宗　ゴッドスのケルマン、テヘラン、マザンデラン訪問（ジャヴァドとの関わり　テヘラン訪問　バルフォルーシュ滞在）　モラ・サデクのヤズド訪問（アーマド・アズガンディとの関わり　ヤズドのモスクでの体験）　アルデビリとほかの信者たちの苦難　ジャヴァド・カルベラについて　ソルタンの話　二年目のノウ・ルーズ　バブの母上と妻について　ホセイン・カーンの活動（密使団長の報告　アブドル・ハミド・カーンへの命令）　バブの逮捕と疫病の発生（ホセイン・カーンの逃亡　アブドル・ハミド・カーンの息子の回復　バブの釈放）　家族と別れシラズへ出発したバブ

第十章　イスファハンでのバブ……………………一五四

マヌチェール・カーンへの手紙　僧侶の長バブを歓迎（バブに対する住民の敬意　バブに対する僧侶の長の尊敬　ヴァル・アスル章についてのバブの解説　バブとマヌチェール・カーンの会見）　ハジ・ミルザ・アガシの恐れ　バブのマヌチェール・カーン訪問　モラ・タギ・ハラティについて　バブのために開かれたミルザ・エブラヒムによる晩餐会　イスファハンの僧侶が出したバブの死刑宣告　マヌチェール・カーンのバブの救助計画　信者たちバブと会う　バブのマヌチェール・カーンへの死期の予告　マヌチェール・カーンの生涯の終わりの日々　信者に分散を指示　ゴルジン・カーンの国王への手紙　バブのカシャンへの出発

第十一章　バブのカシャン滞在……………………一六四

ジャニの夢　バブのジャニ宅での三日間（アブドル・バキについて　メヘディとバブの会見）

第十二章　バブのカシャンからタブリズへの旅　……………………　一六七
クムに接近　クムルッド村に滞在　ケナル・ゲルド要塞に到着　コライン村に滞在（信者たち到着　バハオラからの贈り物とメッセージに喜悦したバブ　旅中の出来事　国王からバブに宛てた手紙　総理大臣アガシの恐怖感と陰謀）　タブリズへの旅の最終段階（シヤ・デハン村に信者集合　ホッジャトによるバブの救出計画　バブの護衛隊との別れ　バブを歓迎した若者の信者）　バブのタブリズ到着（歓呼でバブを迎えたタブリズ住民　タギ・ミラニとアリ・アスカルに会見したバブ　アリ・アスカルの話）
第十三章　バブのマークー砦監禁　……………………………　一七六
ホセイン・ヤズドの話　マークーの状況と住民の特質　住民のバブへの愛着　ゾヌジの到着とバブの彼へのメッセージ　看守アリ・カーンの夢　アリ・カーンの態度の急変　ペルジャン・バヤンについて　バブの弟子たちのマークー訪問　マークーでの出来事　バブの宣言前に見た夢　国王と政府に降りかかった災難　マシュハドからマークーへ巡礼に出たモラ・ホセイン（出発の動機　テヘラン訪問　マークー到着とアリ・カーンの夢）　モラ・ホセインに宛てたバブの言葉　アリ・カーンに対する非難とバブのチェリグへの移動　バブのモラ・ホセインへの別れの言葉
第十四章　モラ・ホセインのマザンデランへの旅　……………………　一八七
テヘランへの出発　バルフォルーシュのゴッドス宅に滞在　総理大臣とモラ・ホセインの行動の違い　ゴッドスのモラ・ホセインへの指示　モラ・ホセインのサイドル・オラマーとの会見　マシュハドに向けて出発
第十五章　タヘレのカルベラからコラサンへの旅　…………………　一九三
バハオラへの言及　バブの信者たちへの書簡　バブの呼びかけに対するタヘレの応答（カルベラでの活動　バグダッドでの活動　ケルマンシャーとハマダンに滞在　ガズビンでの監禁―モラ・モハメッドへの応答、モラ・ア

ブドラの到着とモラ・タギの殺害、無実者たちの投獄とバハオラの援助と監禁、国王への直訴、ペルシャでの最初の殉教者、総理大臣アガシの態度とサドル・アルデビリの介入、ガズビンでの虐殺、テヘランに与えた虐殺の影響。バハオラのタヘレ救出―タヘレをテヘランから移動、タヘレのガズビン出発の影響、バブとバハオラに対するタヘレの態度。　タヘレのコラサンへの出発―アガ・カリムに与えたバハオラの指示、タヘレのテヘラン出発）
第十六章　バダシュトの大会　……………………………　二〇七
バハオラのテヘラン出発　マシュハドでの暴動　ゴッドスのマザンデランへの出発　シャー・ルードでのバハオラとゴッドスの会見　バダシュト到着（バダシュト大会の意義　アブドラブの話　信者間の意見の相違　バハオラにより和解成立　バダシュト出発）　バハオラが語ったニヤラ村の出来事　その結末
第十七章　バブのチェリグ牢獄への監禁　……………　二一六
チェリグの住民のバブに対する態度　バブの従者への指示　バブのメッセージを受け入れた僧侶と政府の高官（ミルザ・モハメッド・アリとその弟　ミルザ・アサドラ　インドの修道層）　信者たちのチェリグからの分散　モハメッド・アリ・ゾヌジに関わる出来事
第十八章　タブリズでのバブの取り調べ　……………　二二三
ウルミエ訪問　タブリズ到着　僧侶によるバブの取り調べ　バブに対する侮辱行為　チェリグに戻り総理大臣に書簡を送付
第十九章　マザンデランの動乱　………………………　二三三
モラ・ホセインのマシュハド出発　モハメッド国王の死　サイドル・オラマーのバルフォルーシュ住民への呼びかけ　モラ・ホセインと仲間への攻撃　モラ・ホセインの反撃　フォルギの話　バルフォルーシュ住民の降伏　仲間たちの祈りの呼びかけ再開　隊商宿からの攻撃　バルフォルーシュの名士たちの嘆願　コ

序文

この本でシェイキ・アーマドとセイエド・カゼムという偉大な人物に関して入手できた話を最初に述べ、その後で、一八四四年から現在（一八八八年）までの間に起こった主な事件を年代順に述べてみようと思いますが、これは神の助けがなければできない仕事です。

事件のいくつかはくわしく述べ、そのほかの事件は簡潔に述べます。私自身が目撃した出来事、または信頼できる人たちの報告を述べますが、その場合はすべて、報告者の名前と身分をはっきりとさせます。バブの秘書のアーマド・ガズビニ、エスマイル・ザビ、ゾヌジ、アブトラブ・ガズビニ、そして最後に挙げますが、同じく重要な方であるバハオラの弟のミルザ・ムサ、すなわちアガ・カリムには、この本を書くにあたり大変お世話になりました。

この最初の部分の完成に援助を下された神に感謝を捧げたいと思います。さらにバハオラの祝福と承認を得たのですが、それに対しても神に感謝いたします。バハオラは最初の部分に注意を向けられ、秘書のアガ・ジャンに朗読させ、満足の意を表されました。この仕事を進めてゆく上で、踏み間違えたり、たじろいだりしないように、全能なる神の支持と導きを祈るばかりです。

モハメッド・ザランディ
（称号ナビル・アザム）

一八八八年　アッカ、パレスチナにて

モハメッドの宗教に無知と狂信がはびこり、宗派間の争いで真理の輝きがくもってしまった時代に、東方からきらめく星、すなわちシェイキ・アーマドという神の導きをもたらす人が現われた。彼はイスラム教が分裂し、力が弱まり、目的が堕落し、その聖なる名声が汚されたのを悟った。また、イスラム教のシーア派の腐敗と争いを目にして苦悩に満たされたのである。

そこで、内部できらめく光に鼓舞され、明確なビジョンと確固とした目的をもち、また俗世への愛着を断ち、崇高な心をもって立ち上がった。それはイスラム教が下劣な人びとに裏切られたことへの抗議でもあった。この使命がいかに重大であるかを認識していた彼は、シーア派の信者だけでなく、東洋のイスラム教徒全体に熱烈に訴えた。怠慢の眠りから覚め、時満ちて出現される偉大なる御方のために準備をととのえるように呼びかけた。さらに、イスラム教を覆ってしまった偏見と無知の暗幕を晴らすことができるのはその御方のみであると訴えたのである。

そのあと、アーマドはバーレーンの島にある実家と親族を離れ、ペルシャ湾の南方に向かった。全能の神に命じられた通り、イスラム教典の聖句に秘められた意義を解くために出発したのである。その聖句には、新しい神の顕示者（神の使者）の到来が予告されていた。彼はその道につきまとう危険と責任の重大さをも十分認識していた。

アーマドの魂には燃えるような確信があった。それはイスラム教内部でどれほど思い切った改革が行われても、このよこしまな人びとを再生させることはできないという確信である。イスラムの教典にも予告されているように、新しい啓示の他にはこの堕落した宗教を再生し、その純粋さを復活できるものはないことに十分気づいていたし、このことを実証することが神から自分に定められた運命であることも知っていた。

一七八三年、四十才になった彼は、家屋財産をいっさい残し、神以外のすべてへの愛着を断ち、何かに駆りたてられるように、残りの生涯をこの任務にささげる決心で立ち上がった。まず、ナジャフの町とカルバラの町に行き、そこで、二、三年間、イスラム教僧侶の思想や慣習を十分学んだ。

やがて、彼はその地方でイスラム教典の権威ある解説者として認められるようになり、ムジタヒッド（イスラム教法の学者）と呼ばれるようになった。そして、その地方とほかの地方から来ている同僚よりも優位に立つようになった。同僚たちは彼を神の啓示にかくされた神秘を解き、モハメッドとイマム（モハメッドの後継者）の難解な言葉を解明する資格をそなえた人と見なしたのである。

こうして、アーマドの影響と権威が広がるにつれて、熱心な探求者たちの数もますます増えていった。彼らはイスラム教の複雑な教えの解明を求めてきたのである。アーマドはどれほど難解な質問にも十分答えることができた。その知識と大胆さは、スーフィ派や新プラトン派などの宗派の信者たちを恐怖におののかせるほどであった。彼らはアーマドの学識を羨むと同時にその容赦ない態度を恐れた。このことは、それらの宗派をあいまいで異端の教義を広める者らであると批判していた僧侶たちを一層よろこばせることになった。このように、アーマドは高い名声を得、深い尊敬を受けていたが、自身は称賛されるのを極度にきらった。称賛者たちの高い地位や階級に対する卑屈な愛着におどろき、そういったものに関与することを堅く拒否したのである。

アーマドはナジャフとカルバラで目的を果たした後、ペルシャから漂ってくる芳香を嗅ぎ、その地に馳せたいという願望でいっぱいになった。友人たちには本当の動機はかくして、ペルシャ湾経由でその望みの国に向かった。表向きの理由は、マシュハドの町にあるイマム・レザの廟を訪問することであった。

アーマドの魂には、だれにも漏らしていない秘密が重荷となってのしかかっていた。その重荷をおろしたいという願いから、自分の秘密を聞いてくれる人を行く先々で必死に探し求めた。シラズの町に到着するとすぐ、その外形がメッカの聖なる廟にひじょうに似ているモスクにおもむいた。シラズは神のかくされた宝物が秘められているところであり、新しい顕示者の先駆者の宣言が聞かれるように定められていた町であった。

そのモスクをじっと見つめながら、彼はつぎの言葉をくり返した。「実に、この神の建物にはもろもろのしるしが現われているが、洞察力をそなえた者だけが認め得るものだ。この建物の建築者は神から霊感を受けた者にちがいない。」アーマドはシラズの町を大変な情熱をこめて称賛した。その熱烈な語調に人びとはおどろいた。ここを平凡な町だと思っていたからである。アーマドは彼らに述べた。「おどろいてはならない。私の言葉の秘密はまもなく明らかにされる。皆のうち何人かは生き長らえ、古の予言者たちが待望してきた日の栄光を目撃するであろう。」

この町の僧侶たちはアーマドと言葉を交わし、その知識の深遠さに圧倒された。彼らはアーマドの神秘的な言葉の意味が把握できないことを公言し、それは自分たちの能力不足のせいだとした。

自分の呼びかけに敏感に反応した人びとの心に、神の知識の種を植えた後、アーマドはヤズドの町に向かった。そこにしばらく滞在し、胸中に秘めている真理を休むことなく広め続けた。彼の著書と書簡の大半はこの町で書かれた。そのうち、ペルシャのファト・アリ国王は、アーマドの高い名声に心を動かされ、テヘランから彼に書簡を送り、イスラム教の複雑な教えに関して解答を求めた。それは、国の指導的な僧侶たちさえも解明できないものであった。

アーマドは国王の質問を快く受け、書簡で解答を送り、レスアレイ・サルタネイという題目をつけた。その解答に十分満足した国王は、すぐ第二の書簡を送り、彼を宮廷に招待した。アーマドは次のように返答した。「ナジャフとカルバラを出発して以来、マシュハドのイマム・レザの廟を訪れ、敬意を表したいと望んできました。あえて陛下に懇願いたします。この私の誓いを果たさせて下さい。後日、神のおぼしめしがあれば、陛下が私に授けられました栄誉に授かりたいと望んでおります。」

アーマドはヤズドの町で神の光をもたらしたが、それに目覚めた人びとの中に、アブドル・ヴァハブというひじょうに敬虔で、正直で、神を畏れる人がいた。この人は権威と学識で知られているコーレケという人を伴ってアーマドを毎日訪れた。ところが時折、アーマドはこの学識者に、アブドル・ヴァハブと内密の話があるので席を外してくれるようにと頼んだ。すなわち、自分が好意を寄せている弟子と二人きりにしてくれるように要請したのである。このことに、学識者のコーレケは大変驚いた。つまり、アブドル・ヴァハブのような低い身分の無学者にアーマドがこれほどの好意を示すということは、自分の方がすぐれており、業績があると思っているコーレケにとっては驚きだったのである。

ところが、アーマドがヤズドを発った後、アブドル・ヴァハブは世間から引退し、スーフィとみなされるようになった。しかし、スーフィ派共同体の正統派の指導者たちから侵入者と非難され、指導者の地位を狙っているのではないかと疑われた。彼はスーフィの教義に特別惹かれているわけではなかったので、そのいわれのない非難をさげすみ、スーフィの社会を避けるようになった。そして、ハジ・ハサンを親しい友として、彼とだけ交際し、師のアーマドから託されていた秘密を彼に打ち明けた。アブドル・ヴァハブの死後、この友人は彼の模範にしたがい、心を開いている人びとに、差し迫った神の啓示の吉報を告げた。

カシャンの町で、私（著者）はマムードという人に会ったことがある。その時彼は九十才を越えており、多くの人びとから深く敬愛されていた。つぎの話は、彼がしてくれたものである。

「私がまだ若くてカシャンに住んでいたときのことです。新しい啓示の吉報を告げるためにナイエンの町で立ち上がった人について耳にしました。その人の話を聞いた者は、学者でも、政府の役人でも、無学の人でもすべて魅せられてしまうというのです。その人の影響力は大きく、接触した人たちは世俗をすて富をさげずむようになると聞いたのです。

私は真実を確かめたいという好奇心から、友人たちには気づかれないようにナイエンに向かいました。そこで、そのうわさが真実であることを確認したのです。その人の顔の輝きが魂に点された光を証明していました。ある日、朝の祈りの後で、彼はこう語りました。『まもなく、地球は楽園となるであろう。まもなく、ペルシャは廟となり、地上の人びとはそのまわりを回るようになるであろう。』

ある夜明け方に、彼が顔を地面に伏せて祈りに没頭した状態で、「アラホ・アクバー」（神は最も偉大なり）とくり返しているのを見ました。びっくりしたことに、彼は私（マムード）の方を向いてこう言ったのです。『私が皆に知らせてきたことが今現わされた。まさしくこの時間に、約束の御方の光が現われ、世界にその光を注ぎはじめたのだ。マムードよ、あなたにぜひこのことを言っておきたい。あなたは生き長らえて、時代の中でもっとも聖なる時代を見ることになろう。』

この聖人（アーマド）の言葉は私の耳にずっと鳴りひびいていました。そしてついに、一八四四年シラズの町から発せられた聖なる呼び声（バブの宣言）を聞くことができたのです。しかし悲しいことに体調をくずしていたために、その町に行くことができませんでした。後日、新しい啓示の先駆者であるバブがカシャンに到着され、ジャニ宅に賓客として三日間滞在されたときも、そのことを知らなかったため、バブの御前に出る栄光を失ったのです。その後しばらくたったある日、バブの弟子たちと話を交わしているとき、バブの誕生日は一八一九年十月二十日にあたることを知らされました。ところが、この日が約束の御方（バハオラ）の誕生日としてハジ・ハサンが述べた日と一致しないことに気がついたのです。実際、この二つの日付の間には二年の差があったのです。このことで、私はひどく途方に暮れてしまいました。

しかし、それから長い月日がたったある日、カマロドという人が、バグダッドでバハオラの啓示が明らかにされたことを知らせ、バハオラが著わされた〈ナイチンゲールの詩歌〉からいくつかの句と、〈かくされたる言葉〉のペルシャ編とアラビア編から何節かを私に紹介してくれました。彼がそれらの聖なる言葉を詠唱するのを聞いて、私は魂の奥底から感動したのです。つぎの言葉はいまでもあざやかに思い出されます。『おお実在の子よ。なんじの心はわが住家である。わが降臨のためにそれを清めよ。なんじの精神はわが啓示の場である。わが顕示のためにそれを清めよ。』『おお地の子よ。なんじわれを欲するならば、われ以外のだれをも求めてはならない。また、われが美を見つめんと欲するならば、世界とその中にあるすべてのものに眼を閉じよ。われが意志と、われ以外のものの意志とは、火と水のごとく、一つの心の中に住むことはできないがゆえに。』

そこでバハオラの誕生日を聞いたところ、『一八一七年十一月十二日の夜明けです』という答えがもどってきました。それを聞いた瞬間、ハジ・ハサンの言葉を思い浮かべ、彼がこの日について語っていたことを思い起こしたのです。私は無意識に地面にひれ伏して叫びました。『おおわが神よ。私にこの約束の日を目撃させて下さったあなたに賛美あれ。今、あなたのそばに召されても、私は満足し、確信をもって死ぬことができます。』」この話をしてくれた年（一八五七年）に、この尊敬すべき、輝く心をもったマムードは魂を神にゆだねた。

私（著者）が、マムードから直接聞いたこの話は、現在も人びとの間で話題になっているが、今は亡きアーマドの洞察力がいかに鋭かったかをはっきり証明するものであり、また彼が直弟子たちにおよぼした影響力を雄弁に物語るものである。弟子たちにあたえた彼の約束は、その後実現し、彼らの魂に火をつけた神秘は、その栄光をすべて現わしたのであった。

アーマドがヤズドの町で出発準備をしていたころ、もう一人、神の導きの光であるセイエド・カゼムは、アーマドを訪れる目的で、故郷のギラン州を出発した。それは、アーマドがコラサンへ巡礼に行く前であった。二人がはじめて会見したとき、アーマドはこう語った。「おおわが友よ。ようこそ、よくお出で下さった。あなたが、よこしまな人びとから私を解放してくれるのを長い間待ち望んできた。彼らの恥知らずの行動と堕落した性格に悩まされてきたからだ。『われ（神）は、最初、天や地や山々に神の信仰をあずかるように提案したが、みなその重荷を拒み、それを受け取るのを怖れた。人間だけが引き受けたが、たちまち、不正で、無知なることを証明した。』（コーラン）」

カゼムはすでに少年のころから、おどろくべき知性と精神的な洞察力を示していた。彼は同身分と同年代の人たちの中でまれに見る能力をそなえており、十一才のときコーランを全部暗記したほどであった。十四才になるまでに、膨大な数にのぼるモハメッドの祈りと、一般に認められている伝承も暗記した。十八才のとき、コーランの一節について解説文を書き、当時の最高の学識者たちを驚かせ、感心させた。その敬虔な態度、温和な性格、謙虚さはあまりにも並外れていたので彼を知る人たちは皆、老いも若きも深い印象を受けた。

一八一五年、わずか二十二才のとき、カゼムは家族、親族、友人を残してギランを出た。神の啓示の夜明けが近づいたことを知らせるために勇敢に立ち上がったアーマドに会うためであった。彼がアーマドと共に過ごしはじめて二、三週間がたったある日、アーマドはこのように話しかけた。「あなたは家にとどまり、私の講義には出ないように願いたい。私の弟子のうち途方にくれている者らは直接あなたに援助を求めるであろう。あなたは、神から付与された知識により、彼らの問題を解決し、彼らの心を落ち着かせることができよう。あなたの口から発せられる言葉の力で、高名なモハメッドの宗教をその堕落状態から生き返らせることができよう。」

この言葉を聞いて、アーマドの著名な弟子たちは憤慨し、嫉妬の念にかられた。その中にはママガニとコーレケがいた。しかし、カゼムがあまりにも威厳にみちていて、その知識と英知ははるかにすぐれていたため、弟子たちは畏敬の念から彼に従わざるを得ないと感じた。

こうして弟子たちをカゼムにゆだねた後、アーマドはコラサンに向かった。そしてしばらくの間、マシュハドのイマム・レザの聖廟近くに滞在し、その地方で探究者たちの心を悩ませてきた難問をこれまで以上の情熱をもって解明しながら、神の顕示者の到来準備を続けた。こうして、その町では大勢の人が約束の御方の出現がそう遠くないことをますます強く意識しはじめた。

アーマドはマザンデラン州のヌール地方の方向に約束の時代の夜明けを知らせる最初のきざしを感知した。つぎの伝承に予告された啓示が差し迫っているのを感じたのである。「まもなく、なんじらは満月のように輝く主の御顔を仰ぐであろうが、なおも、なんじらはその御方の真理を認め、その信仰を受け入れるために結束することもしないであろう。」「約束の時の到来を知らせる最大のしるしの一つはこうである。〈ある女性が、将来自分の主となる御方を出産することである〉。」

この理由から、アーマドはヌール地方に顔を向け、カゼムと主な弟子たちを伴ってテヘランに進んだ。ペルシャ国王はアーマドが首都に近づいていることを知り、テヘランの高僧と高官に彼を出迎えるように命じ、自分に代わって丁重に歓迎の言葉を述べるように指示した。こうして、この著名な訪問客とその同伴者たちは国王から王侯のもてなしを受けた。さらに、国王は自らアーマドと会見し、彼を「わが国の栄誉であり、国民に名誉をもたらす人である」と宣言した。

そのころ、ヌールの高貴な旧家に一人の聖なる子が誕生した。父親の名前はミルザ・アッバスであったが、ミルザ・ボゾルグという名で知られていた。彼は国王から寵愛を受けている大臣であった。この聖なる子こそバハオラ（実名はミルザ・ホセイン・アリ）である。一八一七年十一月十二日の夜明け時に、計り知れないほどの恩恵を世界にもたらす御方が誕生されたのであるが、そのとき世界はその重要性に気づいていなかった。

このめでたい出来事の意義を十分知っていたアーマドは、新しく誕生した聖なる王の宮居の境内で残りの生涯を過ごしたいと熱望した。しかし、それは彼の定めではなかった。彼の心の渇望は満たされなかったが、神の絶対的な命に従わざるを得ないと感じ、敬愛する御方の都に背を向けケルマンシャーに向かった。

ケルマンシャーの知事は国王の長男モハメッド・アリ皇子で、一族のうちのだれよりも有能であった。彼は、自らアーマドをもてなしたいと申し出た。国王はこの皇子を寵愛していたのですぐ許可をあたえた。一方、アーマドは完全に運命に身をまかせてテヘランに別れを告げた。出発前に、今、人民のなかに誕生された神のかくされた宝物である御方が保護され、大事に育てられ、人民がその御方の神聖さと栄光を十分認め、それを全世界の人びとに伝えることができますようにと静かに祈った。

ケルマンシャーの町に到着後、アーマドはシーア派の弟子たちが来るべき大業を積極的に支持できるようにと、心が開いている者たちを選び、とくにその教育に力を入れることにした。彼が残した著書には有名な作品があるが、その中でシーア派のイマムたちの美徳を熱烈に称えている。とくにイマムたちが約束の御方の到来に関して言及した個所には重点をおいた。また、ホセインという名に何度も言及しているが、それはまだ現われていないホセインのことを意味した。アリという名にも幾度も言及があるが、それは以前殺害されたアリではなく、最近誕生されたアリを意味していたのである。

ガエム（バブ）の出現のしるしについて質問した者たちに、アーマドは約束の時代の到来は避けられないと強調した。アーマドはバブが誕生した年に息子を失った。息子の名前はシェイキ・アリであった。彼はこの息子の死を嘆く弟子たちを慰めてこう語った。「おお、わが友人たちよ。悲しむなかれ。我々が待ち望んでいるアリの出現のために、私は自分の息子を犠牲としてささげたのだ。その子を育て準備してきたのはこのためなのだ。」

バブ、実名アリ・モハメッド、は一八一九年十月二十日にシラズの町で誕生した。彼は先祖がモハメッドにまでさかのぼる高貴な家柄の子孫であった。父モハメッド・リザと母は両人ともに予言者（モハメッド）の子孫で、身分の高い家系に属していた。バブの誕生日は、忠実なる者の司令官と呼ばれるイマム・アリが語った「われは、わが主より二年年下である」という言葉を確認するものである。しかし、この言葉にひそむ神秘は、新しい啓示の真理を求め、認めた者ら以外にはかくされたままであった。

バハオラに関してつぎの句を述べたのはバブであった。それは、バブが最初に著わしたもっとも重要な書にある。「おお神が残された御方よ。あなたのためにのみ、私の命を犠牲にしました。あなたのためにのみ、苦しみを受けることに同意しました。そして、あなたの道に殉教することだけを切望してきました。私には高遠なる者であり、保護者であり、日の老いたる者でありたもう神の証言だけで十分であります。」

ケルマンシャーに滞在中、アーマドはモハメッド・アリ皇子からこの上ない献身的なもてなしを受けた。それに感動した彼は、皇子に関して次のように述べた。「モハメッド・アリはファト・アリ国王の息子であるが、わが息子同然である。」

アーマドの家には多数の探究者と弟子が群がってきて、彼の講義に熱心に出席した。しかし、アーマドはカゼムに対して示した尊敬と愛情を、ほかの者には示したいと思わなかった。アーマドは自分の死後、任務を引き継ぐ者として、彼の下に集まってきた無数の人びとの中からカゼムを選び、そのための準備をしていたようであった。

ある日、弟子の一人が聖なる言葉に関してアーマドに質問した。それは、約束の御方が時満ちて語られる言葉で、それがあまりにもすさまじいため、地上の三十三人の統領と貴人がことごとくその重圧で押しつぶされたようになり、恐怖に駆られて逃げて行くという内容に関する質問であった。アーマドはこう答えた。「地上の統領が耐えられない言葉の重みを、あなたは支えられると思うのか。不可能な望みをかなえようとしてはならない。このような質問を私にするのをやめて、神の許しを懇願するがよい。」

その無礼な質問者は、それでもあきらめずに聖なる言葉の意味を明らかにしてもらいたいと言い張った。ついに、アーマドは次のように述べた。「神の日が到来したとき、アリが守護者であることを否認し、その正当性を非難するようにいわれたら、あなたはどうしますか。」「そのようなことは絶対にあり得ません。そのような言葉が約束の御方の口から出されるなど、私には考えられないことです。」

この男は大変な誤りを犯した。彼の立場はまことにあわれむべきである。彼の信仰を天秤で計ってみると、不足していることがわかった。というのは、出現される御方には至高の力がそなわっており、だれも問うことはできないということをこの男は認めることができなかったからである。この御方こそ「望むままに命じ、思いのままに定める」権限をもっておられるのである。この御方の権威を認めることをためらったり、一瞬でもその権威に対して疑問をもったりする者は、その御方の恩恵を失い、堕落した者とみなされるのである。しかし、その町でアーマドに耳を傾け、聖典にかくされている神秘の説明を聞いた者らの中にその意味を理解した者がいた。それはアーマドの有能で卓越した弟子のカゼムであった。

モハメッド・アリ皇子の死で、アーマドは皇子の切なる願いから解放された。それはケルマンシャー滞在を延期するようにとの願いであった。そこで、彼はカルバラに住居を移した。外部の目には、アーマドは〈殉教の王子〉と呼ばれるイマム・ホセインの廟の回りをまわっているように見えたが、心は唯一の敬愛の的である真のホセインに向けられていた。やがて多数の著名な僧侶と法学者が彼のもとに群がってきたが、彼らのうちの多くは、彼の名声に嫉妬心をもつようになった。そして何人かは彼の権威を傷つけようとさえしたが、彼らがどれだけ努力しても、アーマドの高い地位をゆるがすことはできなかった。

やがて、この輝く光であるアーマドは、メッカとメジナの聖なる都に行き、目標達成のために全力をそそいだ。その地でこの世を去った彼は、予言者（モハメッド）の埋葬地の近くに葬られた。これまで見てきたように、アーマドはモハメッドの大業を理解するために忠実に努力を続けたのであった。

カルバラに出発前、アーマドは自分が選んだ後継者のカゼムに、その使命の秘密を打ち明けた。そして、自分の内部に燃えた炎を、同じように、心の開いた人たちの心に点すように頼んだ。カゼムはナジャフの町まで同行したいと強く望んだが、アーマドはこの要請には応ぜず、つぎの最後の言葉を残した。「もう無駄にする時間はない。過ぎ去る毎時間を、有意義に、また賢く使わなければならないのだ。気をひきしめて立ち上がり、人びとを盲目にしてきた無思慮のヴェールを、神の助けにより引き裂くように昼夜努めなければならない。はっきり言うが、その時間は近づいているのだ。私はその時起こることを見ないですむように神に懇願してきた。というのも、その最後の時間に起こる地震は恐るべきものであるからだ。あなたもその日の激しい試練を免れるように神に祈るがよい。あなたも私もそのすさまじい力に耐えることはできないからだ。我々より一層強い忍耐力と能力をもった者たちが、この大変な重みを耐えるように運命づけられている。その者らの心は世俗のすべてのものから清められており、その力は神の威力によって強められているのだ。」

こう語ったあと、アーマドは彼に別れを告げ、今後の苦しい試練に勇敢に立ち向かうように励ました。その後、カゼムはカルバラで師が始めた仕事に身をささげた。教えを説き、大業を弁護し、弟子の心を悩ませた質問にはすべて答えた。ところが、彼の熱心さは無知で嫉妬心をもつ者らの敵意を燃え上がらせることになった。「我々は四十年間、アーマドの野心的な教えがひろがるのを黙って耐えてきた。また何の反対もしなかった。しかし、彼の後継者が同じ野心的な教えをひろめていることに我慢できなくなった。彼は肉体の復活の信仰を否定し、ミラージ（モハメッドの天国への上昇）に関する文字通りの解釈を否認し、来るべき日のしるしを比喩と見なし、異端的な教えを説き、イスラム教正統派の最高の教義をくつがえすようなことを説いているからだ。」

彼らの批難と抗議の声が高まれば高まるほど、カゼムの使命感は強まっていった。そして、アーマドに書簡を送り、自分が受けている中傷をくわしく述べ、彼らの反対の特徴と程度を知らせ、この執拗で無知な人びとの狂信にいつまで甘んじていなければならないかを問うた。この質問にアーマドはこう答えた。「神の恩恵に確信をもつことだ。彼らの行動を嘆いてはならない。この大業の神秘は明らかにされなければならない。またこの聖なるメッセージの秘密も公表されなければならないが、これ以上語ることはできない。その時間を定めることもできない。神の大業はヒーン（一八五二年）の後に知られるようになろう。『答えが分かれば、あなた自身が苦しむような質問はもうしないように願う。』」

神の大業はあまりに偉大であるため、カゼムほどの高貴な人物にでさえも上記のような言葉が宛てられたのである。アーマドのこの答えにカゼムの心は慰められ、力づけられた。その後カゼムは決意を一層強め、嫉妬にかられた陰険な敵の猛襲に耐え続け、まもなくして一八二六年、八十一才でこの世を去り、聖地メジナのモハメッドの墓地付近にあるバキの墓地に埋葬された。

第二章　セイエド・カゼムの使命

敬愛する師の逝去の知らせにカゼムの心は深い悲しみに包まれた。しかし、コーランの次の句に励まされ、アーマドから委任された任務を果たすために固い決意をもって立ち上がった。「不信心者は口から吐く言葉で神の光を消そうとする。彼らがどれほど憎んでも、神はその光を完成させたもう。……」

自分の保護者であった名高いアーマドの死後、カゼムはまわりの者たちが自分に悪意をもち、毒舌を浴びせかけているのを知った。彼らはカゼムの人格を攻撃し、その教えをあざけり、その名をののしっていたのである。そしてついに、悪名高いシーア派の指導者エブラヒムに扇動されて団結し、カゼムを滅ぼそうと決心した。

そこでカゼムはペルシャで最も手ごわく、すぐれた高僧で、名声の高いモハメッド・バゲルの善意ある支援を獲得する計画をたてた。この高僧はイスファハンに住んでおり、その権威は町の境界線を越えてはるか遠くまでひろがっていた。彼の友情と同情を得れば、自分の道を妨害されずに進むことができ、弟子たちへの影響もかなり強まるであろうとカゼムは考えたのである。そこで弟子たちにくり返し呼びかけた。

「皆のうちだれか世俗への愛着を断ち、イスファハンに旅し、この学識ある高僧につぎの伝言を渡してくれる者はいないか。『以前あなたは、今は亡きアーマドにこの上ない尊敬と愛情を示してくださいました。それなのに今とつぜん、なぜ師の弟子たちから離れられたのですか。なぜ私どもを敵の掌中に見捨てられているのですか。』だれか神を信頼して立ち上がり、この高僧の心を悩ましている難問を解明し、彼が弟子たちから離れた原因とみられる疑いを消せる者はいないであろうか。そして彼からアーマドの権威とその教えが真実で正当であるという宣誓書を得ることはできないであろうか。そのあとマシュハドを訪れ、その聖なる町の最高の宗教指導者アスカリから同様の宣誓書を得、使命を果たしてここに戻ってくる者はいないであろうか。」

カゼムは機会あるごとにこの訴えをくり返えしたが、この呼びかけに応えようとする者はいなかった。ただ一人、ムヒットという人がこの使命を果たしたいと申し出た。カゼムは彼に警告した。「ライオンのしっぽに触れるには注意が必要だ。この使命の重大さと困難さを見くびってはならない。」つぎに、若い弟子のモラ・ホセインに顔を向けて、次のように語りかけた。「立ち上がり、この使命を成し遂げよ。あなたこそはこの任務に耐えられる。全能なる神が慈悲深くあなたを援助され、あなたの努力を成功の栄冠で飾られるであろう。」

モラ・ホセインはうれしそうに立ち上がり、師の衣の裾に接吻し、忠誠を誓った。そして、世俗への愛着をすべて断ち、崇高な決意をもって、この目標を果たそうと出発した。イスファハンに到着直後、その学識ある高僧に会いに行った。旅のほこりのついた質素な服装で、モラ・ホセインはこの高僧の弟子たちの前に現われた。そこに集まっていた大勢の弟子たちは皆立派な服装をしていたが、その中で、モラ・ホセインはいかにも地位が低く取るに足らない人物に見えた。

モラ・ホセインはだれにも気づかれずに、また恐れることなく、その高名な指導者の座席の前に歩み寄った。そして、カゼムの言葉を思い出して勇気を奮い起こし、自信をもってモハメッド・バゲルにこう呼びかけた。「おお師よ。私の言葉に耳を傾けてください。私の訴えに応じられるならば、神の予言者の宗教（イスラム教）は安全に守られるでありましょう。しかし、それを否定されるならば、大変な害を受けることになりましょう。」この迫力ある大胆な言葉に高僧はおどろいた。彼はただちに講話を中断し、聴衆を無視してこの見知らぬ訪問者がもたらした伝言にじっと聞き入った。弟子たちは師のいつもとはちがった行動にびっくりして、この突然の侵入者に非難の言葉を投げかけ、その主張を攻撃しはじめた。

モラ・ホセインは、ひじょうに丁重で威厳のある言葉で、弟子たちの失礼な態度と思慮のなさにそれとなく言及し、そのうぬぼれと尊大な態度におどろきを表わした。高僧はモラ・ホセインが示した態度と主張のすばらしさに深い満足感をおぼえる一方、弟子たちの無礼な態度を遺憾に思い、彼に謝った。高僧は、弟子たちの感謝のなさを補うかのように、モラ・ホセインにできるかぎりの親切をつくした。そして支援を約束し、伝言を頼んだ。そこで、モラ・ホセインは自分に委任されている使命の内容と目的を彼に知らせた。これに対し、高僧はこう答えた。

「最初、我々はアーマドとカゼムは両人共に、知識を進展させ、イスラム教の聖なる利益を守るためにのみ行動されていると信じていました。それで、この両人を心から支持し、その教えを称えたいという気持ちをもったのです。ところが後年、二人の著書の中に、矛盾する叙述や、あいまいで不思議な比喩が多数あるのに気づき、しばらく沈黙を守った方がよいと感じ、非難も称賛もしないでいたのです。」

モラ・ホセインはこう答えた。「あなたの沈黙を遺憾に思わざるを得ません。そのために大業を進展させるすばらしい機会が失われていると堅く信じるからです。あなたにお願いしたいことは、二人の書物の中で、特に不可解と思われる句、またはイスラム教の教えと一致しないと思われる句を指摘してくださることです。そうしていただけば、神の援助を受けて、それらの句の真意を説明したいと思います。」

この不意に現われた使者の落着いた態度、威厳と確信はモハメッド・バゲルに深い印象を与えた。そして「今それを無理に私に要求しないで下さい。後日あなたと二人きりのとき、私の疑問と不安に思っている点をお知らせしましょう」と述べた。しかし、モラ・ホセインはこれを延ばすことは、この貴重な大業に害になると感じて、彼との対話をすぐ行ないたいと主張した。彼には高僧が抱いている重大な質問を解決できるという確信があった。高僧はこの若者の顔から、熱意と誠意とゆるがぬ確信を感じとり、涙がこみあげてくるほど深く感動した。彼はすぐアーマドとカゼムの著書をもってこさせ、納得のいかない句、意外と思った句についてモラ・ホセインに質問をはじめた。モラ・ホセインは特有の力強さと見事な知識で、しかも慎み深く全部の質問に答えた。そして、集まってきていた弟子たちにアーマドとカゼムの教えを解説し、その真理を立証し、その大業を弁護し続けた。やがて祈りの時間がきて、信者への祈りの呼びかけの声でその解説は中断された。

翌日、モラ・ホセインは前日と同じように、集まってきた大勢の弟子たちの面前に出た。そして高僧の方を向きながら、全能の神がアーマドとその後継者に委任された崇高な使命を雄弁に弁護し続けた。聴衆は静まりかえって、その説得力ある弁論と語調に驚異の念でいっぱいになっていた。高僧は皆の面で、翌日宣誓書を出すという約束をした。その内容は、アーマドとカゼム両人の卓越した地位を証言し、この二人の道からそれる者はすべて、予言者(モハメッド)の宗教に背を向ける者であると断言するものであった。さらに、この両人は鋭い洞察力をそなえており、モハメッドの宗教にかくされている神秘を正しく理解できると証言するものでもあった。

高僧は自ら筆をとり、宣誓書をしたためて約束を果たした。その宣誓書は詳細に書かれており、その中でモラ・ホセインの人格と学識が称えられていた。高僧はカゼムを賞賛し、自分のこれまでの態度をあやまり、カゼムに対する遺憾な行動を今後改めたいという決意を表明した。そして、自らその宣誓書を弟子たちに読んで聞かせたあと、封をせずにモラ・ホセインに渡した。その理由は、モラ・ホセインがその内容を思いのまま人びとに知らせることができるためであった。そうすれば、自分のカゼムに対する献身の深さをだれでも認めてくれると思ったのである。

モラ・ホセインが別れを告げて立ち去るとすぐ、高僧は信頼できる召使いを呼び、彼の後をつけて滞在場所を見とどけてくるように命じた。召使いが後をつけると、モラ・ホセインは学寮として用いられている質素な建物に入り、自室で感謝の祈りをささげたあと、敷布団に身を横たえた。が、上にかけるものはマントだけであった。それを確認したあと召使いは戻り、主人に見てきたことを全部報告した。そこで高僧は、召使いに百トマン(約百ドル)をあたえて、それをモラ・ホセインに渡し、ふさわしいもてなしができなかったことを自分に代わって心から詫びるように命じた。

この高僧からの申し出にモラ・ホセインは答えた。「あなたの主人にこう伝えて下さい。あなたの主人が私に下さった真の贈り物は、私を公平に受け入れて下さった精神そのものであります。また、高い地位にもかかわらず、この低い地位にある者が持参した伝言に応じてくださった心の広さであります。私は単なる使者で、報酬も褒美も求めてはいません。このお金はあなたの主人にお返しください。『われは、神のためにのみなんじらの魂に栄養をあたえるのであり、なんじらから報酬も感謝も求めてはいない。』(コーラン)あなたの主人が、世俗の指導者という地位に妨げられずに、真理を認め、それを証言されるように祈っております。」この学識ある高僧モハメッド・バゲルは、バブの信教が誕生した一八四四年の到来前にこの世を去った。彼は息を引き取る瞬間まで、カゼムをゆるがぬ精神で支持し、熱烈に賞賛し続けた。一方、最初の使命を果たしたモラ・ホセインは、モハメッド・バゲルの宣誓書をカルバラの師に送った。それからマシュハドに歩を向け、委任された伝言を、最善をつくしてもう一人の高僧アスカリに渡す決心をした。

カゼムはモラ・ホセインの手紙を受け取って大いに喜び、講義を中断してその手紙と同封されていた宣誓書を弟子たちに読んで聞かせた。カゼムはモラ・ホセインに返事を書き、任務達成という模範的な行動に対して感謝の気持ちを述べ、また、弟子たちにもその書簡を読んで聞かせた。さらに、同じ書簡の中でモラ・ホセインのすばらしい奉仕を認めただけでなく、その高い業績と能力と人格を熱烈にほめ称えたため、弟子たちのうち何人かは、モラ・ホセインが約束の御方ではないかと疑ったほどであった。カゼムは、たえずその約束の御方に言及し、その御方はすでに皆の中に生きているが、だれも気づいていないことをたびたび述べていたからである。

カゼムはモラ・ホセインに宛てた書簡の中で神を畏れることがどれほど重要であるかを述べた。それは敵の猛襲に耐えるための最高手段であり、この信教を真に信じる者すべての特徴でなければならないことを説明したのである。この書簡がこの上ない温かい愛情のこもった言葉で書かれていたため、それを読んだ者は、師カゼムが自分の愛する弟子への別れの言葉を述べているのではないかと感じ、この世ではもうふたたび会う望みはないと告げているのではないかと疑った。

そのころ、カゼムは約束の御方の出現時が近づいていることを一層強く意識するようになっていて、探求者が約束の御方の偉大さを理解できないのはあまりにも厚いヴェールが彼らにかかっているからだと実感した。そこで、神の宝物である御方への道に立ちふさがる障害物を徐々に取り除くために全力をそそいだ。それには英知と注意深さを要した。

カゼムは、その御方の出現場所はジャボルカーでもジャボルソー（シーア派が信じている出現の場所）でもないということをくり返し弟子たちに強調し、さらに、その御方はすでに皆の中に臨席されているかも知れないとほのめかした。そして、よく次のように語った。「みんなは自分の目でその御方を見ながら、その御方が約束の御方だと認めることができないでいる。」彼は神の顕示者の特徴についての質問にいつもこう答えた。

「その御方は高貴な血筋で、神の予言者モハメッドの子孫である。年は若く、天賦の知識をそなえておられ、その知識はアーマドから教えられたものではなく、神から来たものである。その御方の知識の膨大さにくらべると、私の知識は水の一滴にしかすぎない。その御方の美徳と威力のすばらしさを前にして、私の業績はちりの一片にしかすぎない。それどころか、その差は計り知れないのだ。その御方は中背で、喫煙はされず、ひじょうに信心深く、敬虔であられる。」

このような説明を聞いたにもかかわらず、弟子たちの中にはカゼムを約束の御方だと信じた者たちがいた。その一人メヒデイ・コイは、カゼムがその御方であると思うと一般に公表さえしたので、カゼムはこの言動をきわめて不快に思った。彼が反省し、許しを乞わなかったならば弟子たちの一団から追い出されていたであろう。ゾヌジもまた、カゼムが約束の御方ではないかと思ったと私（著者）に知らせてくれた。ゾヌジはこの思いが本当であるか、誤りであるかが明らかにされるように、この推測が正しければ確証がきますように、もし間違っていればそのような空想から解放されますようにと神に祈った。ある日、ゾヌジはこう私(著者)に語った。

「私の心の動揺ははげしく、何日も食べることも眠ることもできませんでした。当時、私は心から敬愛している師カゼムに仕えるために生きていたのです。ある日夜明け時に、カゼムの従者ノウ・ルーズからとつぜん起こされました。彼はひじょうに興奮していて、私にすぐ起きて自分についてくるよう言いました。カゼムの家に着くと、師はすでにマントを着て外出しようとされており、私にも同伴するようにと命じられました。『大変立派で重要な方が到着された。あなたと私は共にその方を訪問しなければならない。』

二人でカルバラの町を歩き出したとき、すでに朝日がさしはじめていました。やがて、ある家に着くと、我々の到着を待っていたかのように青年が入り口に立っていました。青年は緑のターバンをまき、謙虚で温和な表情をしていましたが、それを的確に表現することはできません。青年は静かに我々に近づき、腕を差しのべ、愛情をこめてカゼムを抱擁したのです。そのやさしさと慈愛に満ちた様子と、深い尊敬をこめたカゼムの態度は、不思議なほど対照的でした。カゼムは黙って頭をたれたまま青年の愛情をこめたあいさつを受けられ、それが済むと、青年はすぐ我々を二階の部屋に案内しました。その部屋には花がかざられており、甘い香水のかおりがしていました。青年は我々に座るようにすすめましたが、二人とも強烈な喜びで圧倒されていたので、どの席に座ればよいのかわかりませんでした。やっと座ったあと、青年は部屋の真ん中におかれている銀盃に飲み物をなみなみと注ぎ、カゼムに渡しながらこう言いました。『主は彼らに清らかな飲み物一盃をあたえたもう。』(コーラン)

カゼムは両手にもった盃を飲み干し、うやうやしい気持ちと深い喜びを抑えることができない様子でした。私にも盃がしずかに差し出されました。この会見は忘れがたいものでしたが、話された言葉は前述のコーランからの句だけだったのです。このあとすぐ青年は席から立ち上がり、我々を玄関まで送り、別れを告げました。私はそのときおどろきのあまり一言も出すこともできませんでした。青年の暖かい歓迎、威厳のある挙動、魅力ある顔、香り高い飲み物の美味しさをどう表現していいかもわかりません。師カゼムが何のためらいもなくその聖なる飲み物を銀盃から飲まれたとき、私は仰天したのです。銀盃を用いることはイスラム教の教えで禁じられていたからです。カゼムは青年に対してどうしてあれほどの深い尊敬を示したのか、私にはその理由がわかりませんでした。セイエド・ショーハダの廟さえもそれほどの尊敬の念を起こさせることはなかったからです。

三日後、私はその同じ青年がカゼムの弟子たちの集まりに来て席につくのを見ました。彼は入り口の近くに座り、前と同じようにつつましいが威厳のある態度で、カゼムの講義に耳を傾けました。カゼムは青年に気づくとすぐ講義を中断し、黙ってしまったのです。そこで、弟子の一人が講義を終わりまで続けるよう頼むと、カゼムはバブ（青年）の方を向いて答えました。『これ以上何が言えようか。真理はあの御方のひざに注いでいる太陽の光線よりも明らかなのだ。』私はすぐ、カゼムが言及した光線が、先日訪問した青年のひざに注がれているのを見ました。弟子はふたたび質問しました。『なぜその方の名前も身元も明らかにされないのですか。』

この質問にカゼムは、のどを指さして、もしその方の名前をもらせば、二人とも即座に殺されることをほのめかしました。これで私のとまどいは一層深まったのです。以前、私は師がこう語るのを聞いていました。すなわち、今の世代はあまりにも堕落しているので、もし師が約束の御方を指して『この方こそ最愛なる御方、心の望みの的なる御方である』と断言したとしても、彼らはその御方を認めることも、受け入れることもできないであろうと。

私はカゼムがその青年のひざに注がれた光線を指で示したのを見ましたが、そこにいた弟子たちでその意味を把握できた者はいなかったと思います。私が確信していたことは、カゼムは絶対に約束の御方ではないということだけでした。

そして、このだれにも解明できない神秘は、あの不思議で魅力ある青年のうちにかくされたままであったことが後でわかりました。

私は、その神秘を解明してもらおうと数回にわたってカゼムに近づきましたが、その度に彼の人格からにじみ出る強力な霊感に畏れを感じ、何も聞くことができませんでした。カゼムは何度も私にこう言いました。『おおシェイキ・ハサンよ、あなたの名前がハサン（賞賛に値するという意味）であることを喜びなさい。あなたはシェイキ・アーマドの時代に生きるという恩恵を得た。私とも親しく交際できた。そして今後、〈だれの目も見たこともなく、だれの耳も聞いたことがなく、だれの心も想像したことがなかった〉ものを見ることができ、計り知れない喜びを得るであろう。』

私は、しばしば、あのモハメッドの子孫である青年の面前に出て、その神秘を突き止めたいという衝動に駆られました。この青年がイマム・ホセインの廟の入口で祈っているのを何度か目にしたことがありますが、そのとき彼は祈りに没頭しており、周りの人にはまったく気づいていないようでした。彼の目からは涙があふれ、唇からはこよなく美しく、威力あふれる賛美の言葉がもれていました。それは、聖典にある崇高な言葉をはるかに凌ぐものでした。青年は『おお神よ、わが神よ、わが心の望みよ』という句を何度も熱烈に唱えたので、近くでその声を聞いた巡礼たちは、思わず自分たちの祈りを中断したほどでした。そして、その青年の表情にあふれる敬虔さを見ておどろくと共に深く感動し、彼らもまた涙を流しはじめたのです。こうして彼らは真の礼賛とはどのようなものかを学んだのでした。

青年は祈りを終えると、廟の中に入ったり、周りにいた人たちに声をかけたりはせず、沈黙したまま帰っていかれました。私は彼に話しかけたいという衝動にかられ、近寄ろうとしましたが、そのたびに説明できない不思議な力に阻止されたのです。あとで調べた結果、青年はシラズ市出身の商人で、どの宗派にも属しておらず、さらに、彼と親族はアーマドとカゼムの称賛者であったということがわかりました。

その後まもなくして、青年がナジャフに向かったことを知りました。ナジャフはシラズに行く途中にある町です。私の心はこの青年にすっかり魅惑され、その姿は私の脳裏にやきついていて、私の魂は彼の魂に結びつけられていました。そしてある日、シラズで一人の青年が、自分こそはバブであると宣言したことを聞いたとき、すぐにその人物はカルバラで見た私の心の望みであるあの青年にちがいないと思ったのです。

後日、私がカルバラからシラズに旅したとき、その青年（バブ）はすでにメッカとメジナへの巡礼に発った後でした。しかし、戻ってきた彼に会うことができ、それ以来、さまざまな障害が私の道に立ちはだかったにもかかわらず、彼と親しく交わり続けるよう努めました。その後、彼がアゼルバイジャン地方のマークーの砦に監禁されている間、彼が秘書に書き取らせた文章を写すことができました。その砦での九ヵ月間、彼は毎日夕べの祈りをささげた後でコーランの一節について解説を書き、各月の末には聖なるコーラン全体の解説文が完成しました。こうして、マークー監禁中に、九つのコーランに関する解説文が著されたのです。これらの解説文の保存は、出版の時期が来るまで秘蔵しておくようにという指示のもとに、タブリズのカーリルに任されたのですが、その後それらがどうなったか未だもって不明です。

ある日バブは『これらの解説文のひとつに関して質問したいが、この解説文と、以前に著したヨセフの章についての解説文のどちらがすぐれていると思うか』と私に訊かれました。『私には以前のものの方がより力強く魅力があるように思われます』と答えたところ、彼はその意見を聞いて微笑まれ、『あなたはまだ後で著した解説文の語調と主旨をよく知らないのだ。探求者はこの中に秘められている真理により、探究の目標により早く、より効果的に達することができよう』と言われました。

その後も、シェイキ・タバルシでの戦い（約三百人が殉教した事件）のときまで、バブと親しく交わり続けました。この事件を知らされたバブは周りにいた弟子たち全員に、その場所に直行し、勇敢ですぐれた弟子のゴッドスを最大限援助するよう指示されました。ある日、バブは私にこう言われました。『チェリグの砦に監禁されていなければ、愛するゴッドスにわれ自ら援助の手をさしのべたことであろう……。あなたはこの戦いに参加するようには定められていない。カルバラに行き、その聖なる町に住まうようになっている。自分の目で約束のホセインの美しい御顔を見るように定められているのだ。その輝かしい御顔を見つめるとき、あなたは同時に私を思い起こすであろう。その御方に、私の敬愛の念を伝えるように願う。』そして、語勢を強めて『はっきり申すが、あなたに偉大な使命を託した。気を挫かれたり、付与された栄誉を忘れたりしないように気をつけよ』という言葉を付け加えられました。

それからすぐ私はカルバラに行き、命じられた通りその聖なる町に住みはじめました。巡礼の中心であるこの町に独身で長く滞在すると住民に疑われるかもしれないので、結婚して筆写者として生計を立てました。アーマドを信じても、バブを認めることができなかった者らに侮辱され、ひどく苦しめられましたが、敬愛するバブの勧告を心に留め、耐えました。その町に住んだ二年の間に、あの聖なるバブは殉教され、この地上の牢獄から解放されたのを知りました。バブは生涯の終わりに襲ってきた激烈な迫害からついに自由になられたのです。

一八五一年十月五日、バブの殉教から十五ヵ月後のある日、イマム・ホセインの廟の中庭門のそばを通り過ぎようとしていたとき、はじめてバハオラの姿を目にしました。その経験をどのように述べたらよいのでしょうか。その顔の美しさ、だれも叙述しえないほどの優雅な目鼻立ち、人の心を見通すような鋭い目、慈愛にあふれた表情、威厳にみちた態度、やさしい微笑み、ふさふさと垂れた漆黒の髪、それらは私の魂に忘れがたい印象をあたえました。

私はそのときもう年老いていて、腰もまがっていました。バハオラは慈愛深く私に近寄って私の手を取り、惹きつけるような力強い語調でこう言われました。『今日というこの日、あなたをバビ（バブに従う者）としてカルバラ中に知られるようにした。』バハオラはずっと私の手を握りながら、私との会話を続けられました。そして一緒に市場通りに沿って歩き、最後に『神に賛美あれ。あなたはカルバラに留まり、自分の目で約束のホセインの顔を見ることができた』と言われました。そのときすぐ、私はバブの約束を思い出しました。バブの約束は遠い未来のことを指していると思い、だれにもそのことを話していなかったのですが、この言葉で私の魂は内奥まで揺り動かされ、その瞬間、約束のホセインの到来を全力つくして無思慮の人びとに宣言しなければと強く感じました。

しかし、バハオラは私にその気持ちを抑え、感情をかくすよう命じられました。そして、私の耳にささやくように言われました。『まだその時期ではない。約束の時は近づいているが、まだその時間は打たれていないのだ。確信をもって忍耐せよ。』その瞬間からすべての悲しみは私から消え去り、魂は喜びで満ちあふれました。そのころ私は大変貧しく、つねに空腹でしたが、心はひじょうに豊かで、地上のすべての宝物も私が所有しているものに比べれば無に等しく思えたのです。『これこそ神の恩恵である。神は自らあたえたいと望まれる者にあたえたもう。まことに、神は限りなく恵み深き御方でありたもう。』」

少々わき道にそれたが、ここで本題にもどりたい。これまで、当時の人びとと、約束された神の顕示者の間にかかっていたヴェールを引き裂こうとするカゼムの熱意を語ってきた。カゼムはある書の序論で、バハオラの祝福された名前をほのめかしているが、バブの名前は最後の小冊子の中で「ゼクロラエ・アザム」という言葉に言及して明確にしている。それにはこう書かれている。「この高貴なゼッカーなる御方、威力ある神の御声に私はこう申し上げます。『私は、人びとがあなたに害をあたえないかと心配しております。私自身もまた、あなたを傷つけないかと心配しております。私はあなたを畏れ、あなたの権威にふるえ、あなたが生きられる時代を恐れております。復活の日まで、あなたをわが目のひとみのように大切にしたとしても、あなたへの献身を十分に示すことはできないでしょう。』」

カゼムは、邪悪な人びとからどれほど苛酷な苦しみを受け、その下劣な世代の人びとからどれほどの害を加えられたことであろうか。カゼムは何年も黙って苦しみ、侮辱、誹謗、非難に英雄的な忍耐力で耐えた。しかしながら、生涯の終わりに、彼に敵対し陰謀をめぐらした者らが、神の復讐の手で滅ぼされるのを目撃できた。カゼムは、敵たちが「恐ろしい破壊力で滅ぼされる」のを見るよう定められていたのである。

そのころ、カゼムの悪名高き敵であるエブラヒムに従う者らは、団結して扇動を起こし、害毒を流して、カゼムの命を危険に陥れようとした。彼らはあらゆる手段を用いて、カゼムの称賛者や友人の心を毒し、彼の権威を傷つけ、その名声を落とそうとしたが、この不信実な者らの扇動に対してだれも抗議の声をあげる者はいなかった。敵は皆、それぞれ自分こそが真の学識者であり、神の宗教の神秘を解明できる者であると公言していたにもかかわらず、このような扇動を起こしたのであるが、だれ一人として彼らに警告をあたえ、目を覚まさせようとする者はいなかった。

敵は勢力を集めて大騒動を起こし、トルコ政府を代表する高官の面目を失わせ、カルバラから追い出すことに成功した。そして、卑しくも、その高官が集めた税金をすべて横領したのである。この行動を脅威と見たトルコ政府は騒動の場に一師団を送り、扇動の火を消すように命じた。指揮官は一師団で町を包囲させ、カゼムに書簡を送り、民衆の興奮が静まるよう、つぎの勧告を住民に出すように要請したのである。「節度を守り、指揮官の命令を守るように勧告する。皆がこの勧告を聞き入れれば指揮官は皆を安全に守り、その扇動行為を許し、皆の福利を促進すると約束する。しかし、これに従わなければ大災難が必ずふりかかり、皆の命は危険にさらされることになろう。」

この正式の書簡を受け取ったカゼムは、扇動の主導者たちを呼びよせ、賢明に、しかも愛情をこめて、扇動をやめ、武器を放棄するように説得した。この説得力ある雄弁、誠意と私心のない勧告によって彼らの心はやわらいだ。反抗心が鎮められた彼らは翌日砦の門を開け、カゼムといっしょにその指揮官のところに出頭した。そこでカゼムが彼らに代わって調停者となり、平安と福利の確保に意見が一致した。

ところが、反乱を主導した僧侶たちはカゼムの前から去るとすぐ、この計画をくじくために、全員一致して立ち上がった。カゼムに対して嫉妬心をいだいていた彼らは、カゼムが調停者になれば彼の名声は高まり、その権威が強まることを知りつくしていた。そこで、町の愚か者や激しやすい者を集めて、夜半に敵を攻撃するように説得した。そのとき僧侶たちは、「アッバス（イマム・ホセインの弟）が現われ、信者たちを鼓舞して、包囲軍に対して聖なる戦いをいどむように僧侶に命じ、最終的な成功を約束した」という夢を僧侶の一人がみたのでかならず勝つと保証した。

この空しい約束にまどわされた彼らは、賢い助言者の忠告をはねのけ、その代わりに、愚かな指導者の計画を実行するために立ち上がった。カゼムはこの反乱が悪質者によって起こされたことに気づき、その状況をくわしく、ありのままに述べた報告書をトルコ軍の指揮官に送った。指揮官はこの問題の平和的解決をふたたびカゼムに要請し、定められた時間に砦の門を奪取するが、そこで敗北した敵が避難できるところはカゼムの家しかないと宣言した。カゼムはこの宣言を町中に知らせたが、住民はあざけり、軽蔑するだけであった。この住民の態度を知らされたカゼムはこう述べた。
「まことに、彼らの脅威となるものは朝方起こる。朝は近づいていないか？」（コーラン）

明け方、決められた時間に軍は砦の累壁を砲撃して城内に侵入し、かなりの人数の住民を殺害した。仰天した多くはイマム・ホセインの廟の中庭に、ほかの者らはアッバスの聖所に避難し、カゼムを敬愛していた者らは彼の家に逃げてきた。あまりにも大勢が彼の家に避難してきたので、全員を収容するために隣接する家を何軒も用いなくてはならなかった。このように、多数の人がカゼムの家に殺到し、興奮状態にあったので、騒ぎがおさまったとき約二十二人が踏み殺されていたことがわかった。

この聖なる町の住民と訪問者はどれほど驚いたことか。勝利者はどれほどきびしく敵を扱ったことか。そして侵入者たちは大胆にも、これまでイスラム教徒の巡礼が礼拝してきたカルバラの聖所の神聖な権利と特典を無視し、さらにイマム・ホセインの廟とアッバスの聖なる墓を、軍の攻撃から逃げてきた群集の聖域として認めることを拒否したのである。こうして、この二つの聖廟の境内に犠牲者たちの血が流された。しかし、ただ一ヵ所だけ、無実で忠実な人びとの聖域といわれる所があった。それはカゼムの家で、その家とそれに付属する建物はひじょうに神聖とみなされ、そこはイスラム教シーア派のもっとも聖なる廟以上に神聖であると考えられたのである。この不思議な神の復讐の出現は、聖人カゼムの地位を軽んじる者らへの戒めであった。この忘れがたい出来事は一八四三年一月十日に起こった。

どの時代にも、神の教えをもたらした人物とその準備のために出現した人物は強大な敵の反対にあった。敵はそれらの聖なる人物の権威に挑戦し、その教えを悪用した。また、詐欺、虚偽、中傷や抑圧で、無知な人びとをだまし、弱い者たちをあやまり導いてきた。神の教えがかくされている間は、敵は人民の思考と意識を支配し続けたいという欲望から、不安定ながらもある期間権力を保つことができた。しかし、教えが明らかにされ、神の日の曙光がさしはじめると、敵の陰険な計画は効果を失っていった。その太陽の強烈な光を前にして、その陰謀と悪行は無と帰し、やがて忘れ去られていったのである。

同じように、カゼムの周りにも虚栄心の強い下劣な人びとが集まってきた。彼らはカゼムを敬愛し、献身しているかのように装った。そして、自分たちは信心深く、敬虔な人間で、自分たちだけがアーマドとその後継者の言葉に秘められた神秘を解明できると公言した。彼らはカゼムの弟子たちの中で栄誉ある座を占めていた。カゼムは彼らに特別の尊敬と礼儀を示しながら講演したが、微妙な言葉でそれとなく彼らの盲目さと虚栄心を何度となく指摘し、彼らが神の言葉の神秘を理解する能力にまったく欠けていることを暗示したのである。

彼が暗示するために用いた言葉の中にはつぎのようなものがある。「私から生まれた者以外には、だれも私の言葉を理解できない。」この格言もよく引用した。「私は幻に心をうばわれ、おどろきで言葉も出なくなっているが、世の人びとは聴力を失っているようだ。私は神秘を解明できない。人びとがその重さに耐えることができないのがわかるからだ。」ほかの折に、こう述べた。「最愛なる御方と交信できたと宣言する者は多いが、最愛なる御方はその宣言を拒否される。人が本当に最愛なる御方を敬愛しているかどうかはその人の流す涙で明らかとなる。」さらに、しばしば次のようにも語った。「私の後に現われる御方は高貴な血筋で、高名なファテメ（モハメッドの娘）の子孫である。その御方は中背で肉体的な欠陥がない。」

私（著者）はアブトラブから次のように聞いた。「カゼムは、約束の御方は肉体的な欠陥はないとはっきり言われました。しかし、我々のうち何人かはカゼムのこの言及は、弟子の中のある三人を暗示するためであるとみなしました。我々はこの三人に、それぞれ肉体的な欠陥を示すあだ名をつけさえしたのです。一人は、エブラヒム・カーンの息子のカリム・カーンで、彼は片目で、毛が薄かったのです。もう一人はハサン・ゴーハルで、ひじょうに太っており、三人目はムヒットで、異常にやせて、のっぽでした。

この三人の弟子こそ、カゼムが、うぬぼれが強く不誠実な人間であるとつねに言及していた者らと確信したのです。彼らはやがて正体をあらわして、いかに恩知らずで愚かであるかを暴露するであろうと、カゼムはほのめかしていたのです。カリム・カーンは長年、カゼムの足元に座り、いわゆる学問なるものを学んだ後、師のもとを離れ、ケルマンの町に落ち着きました。そこで、イスラム教の発展を促進し、イマムにまつわる伝承の普及に専心しました。

ある日、私がカゼムの書斎にいたとき、カリム・カーンの従者がきて、主人から頼まれたといって一冊の本をカゼムに差し出し、『この本に目を通し、その内容を承認する旨を自筆でしたためてください』と要請しました。カゼムはその本の一部を読んだあと、従者にもどしてこう述べました。『あなたの主人にこう言いなさい。誰よりもあなた自身が、自分の書いた本の価値を評価することができるだろうと。』

従者が去ったあとカゼムは悲しげにこう述べました。『カリム・カーンは呪われるであろう。長年私と交わり、共に学んできたのに、今、無神論的な異端教義の本を書いて、それをひろめようとしている。その上、私にそれを承認させようとしているのだ。彼は利己的な偽善者の何人かと共同して、ケルマンで自分の地位を確立し、私の死後、指導権をにぎろうとしている。彼はとんでもない誤った判断をした。導きの夜明けから吹いてくる神の啓示の微風は、かならず彼の光を消し、その影響力を滅ぼしてしまい、彼の努力の木は、やがて苦い幻滅の果実と苦しい呵責の果実以外、何も生み出さないであろう。ぜひこのことをあなたに申しておきたい。あなたはこれが実現されるのを自分の目で見ることができよう。約束の啓示に反対する彼が今後及ぼすであろう悪影響からあなたが守られるよう祈るばかりだ。』

カゼムはこの予告を復活の日までかくしておくよう命じた。「時が来れば、全能の神の御手が人びとの胸の中にかくされている秘密を明るみに出されるので、『その日がきたら、神の信教の勝利をめざして不動の目的と決意をもって立ち上がり、これまで見聞したことをすべて、いたるところにひろめるように』」と勧告した。

このアブトラブは、バブの宣言ではじまった新しい時代の初期には、自分が信者であることは一般に知られない方が賢明であると考えた。しかし、胸中では到来された神の顕示者への愛をいつくしみ、岩のように不動で確固たる信念をいだき続けていた。そしてついに、彼の魂にくすぶる火は燃え上がり、行動を起こしはじめた。そのため、バハオラが監禁されていた同じテヘランの地下牢に投獄されることになり、最後の瞬間まで不動の信念をもち続け、その愛にあふれた犠牲の生涯を、殉教という栄光の冠で飾ったのである。

カゼムは自分の生涯が終わりに近づくにつれて、弟子に会うたびに次のように勧告した。この勧告は個人的な会話や公開講演会の場であたえられたものである。「わが愛する仲間よ。私が去ったあと、この世のはかない虚栄にあざむかれないように十分気をつけよ。傲慢になって、神を忘れないようにせよ。われわれの心の望みの的なる御方を求める道においては、安楽のすべて、この世の所有物と親族のすべてを断たなければならない。広くあまねく分散し、世俗のものすべてを棄て、自分の努力が支えられ導かれるように主に謙虚な気持ちで心から祈り、栄光のヴェールの背後にかくされている御方を探し出す決意をけっしてゆるめてはならない。その御方の慈悲深い援助を受けて、その御方を認めることができるまで忍耐せよ。その御方こそあなたの真の指導者であり、師なのだ。その御方が、あなたを約束のガエム（バブを指す）の勇敢な弟子および支持者として選ばれるまで不動の信念をもち続けよ。その御方の道において殉教の盃を飲み干す者は幸いである。皆のうち、聖なる啓示の太陽（バハオラ）の先駆者である聖なる教導の星（バブ）が沈むのを目撃できる者らは、忍耐と不動の確信をもち続けなければならない。神は彼らがそれを目撃できるように守って下さるのだ。彼らはまた、たじろいだり不安に襲われたりしてはならない。というのも、やがて、地上に死をもたらす最初のラッパが響き、そのあともう一つのラッパが鳴り響いて、万物が生き返るからである。そのとき、つぎの聖なる句の意味が明らかにされよう。『ラッパが鳴りわたり、神が生きることを許された者以外は、天にあるものも地にあるものもすべて息絶えてしまう。そのあと、もう一度ラッパが吹き鳴らされると、見よ、みな起き上がってあたりを見回す。そして、大地は主の光で照り輝き、聖なる書がもち出される。そこへ予言者と証人が現われ、公正な裁きがはじまるが、だれも不当な扱いを受けることはない。』

このことをはっきり告げておきたいが、ガエム（バブ）のあとに、ガイユーム（バハオラ）が現われる。前者の星が沈んだあと、ホセインの美の太陽が昇り全世界を照らすであろう。そうしてはじめて、アーマドが予告した『神秘』と『秘密』の栄光が完全に明らかにされよう。アーマドはこう述べていた。『この大業の神秘は解明されなければならない。この教えの秘密は明らかにされなければならない』と。

このもっとも聖なる時代に生きる者は、過去の世代が頂点に達した栄光ある時代に生きる者であり、この時代のひとつの善行は、幾世紀にもわたる敬虔な礼拝に匹敵する。かの尊敬すべきアーマドは、私が前に言及したコーランの句を何回くり返されたことであろうか。矢継ぎ早に現われ、世界を栄光で満たすように定められている二つの啓示の出現を予言した句の重要性を、どれほど強調されたことであろうか。彼はつぎの言葉を叫ぶようにくり返えされた。『それらの啓示の意味を理解し、その光輝を見る者は幸いである。』彼はまた、『あなたと私はこの栄光に輝く啓示を見るまで生きられない。だが、あなたの忠実なる弟子の多くは、それを目撃することができよう。残念ながら我々には見ることができないのだが』と何度も私に言われた。

わが愛する仲間よ。この大業は実に偉大である。私は皆を非常に高い地位のもとに呼び寄せているのである。皆の使命は言い尽くせないほど重大である。私はそのため皆を訓練し、準備してきた。気を引きしめて神の約束に目をすえよ。必ず襲いかかってくる試練と苦難の嵐を乗り切り、無傷で脱し、勝利を得、高遠な運命に導かれるよう、神の慈悲深い援助を祈っている。」

カゼムは、毎年ゼル・カゼの月になるとイマムの廟を訪れるためにカルバラからカゼマインに出向き、アラフェの日にイマム・ホセインの廟を訪れることができるようにカルバラにもどるのであった。生涯の最後の年、彼はこれまでの習慣通りに、一二五九年（一八四三年）ゼル・カゼ月一日に何人もの仲間や友人を伴ってカルバラを出発した。その月の四日目、正午の祈りの時間に、バグダッドとカゼマイン間の主要道路のそばにあるモスクに到着した彼は、祈りの呼び出し人に弟子たちを集めて祈るように命じた。カゼムがモスクに面するやしの木の木陰に立ち、弟子たちの祈りに加わり、礼拝を終えたとき、アラブ人が突然現われ、カゼムに近寄り、抱擁して、こう語った。

「三日前、向こうの牧場で羊の番をしていたら突然眠気がしてうとうとしてしまいました。夢の中で神の使徒モハメッドが現われて、私にこう言われました。『羊飼いよ、私の言葉に耳を傾け、それを胸のなかに大事にしまっておくがよい。この言葉は神から下されたものであり、それをお前に託すのだ。もし、お前がこの言葉に忠実に従うなら、すばらしい報酬を得るであろう。そうでなければ、ひどい罰がふりかかるであろう。これは、お前に預ける大事なものであるからよく聞くがよい。お前はこのモスクの近くから離れないようにせよ。この夢から三日目の正午に、私の親族であるカゼムという人物が友人や仲間を伴ってモスク付近のヤシの木陰にやってくる。そこで彼は祈りをささげるが、それを見たらすぐにその人のところに行き、私からの心のこもったあいさつをし、こう伝えよ。〈よろこぶがよい。あなたのこの世からの旅立ちの時間が近づいたからだ。あなたはカゼマインでの礼拝が終わったあとカルバラにもどり、三日後のアラフェの日（一八四三年十二月三十一日）に私のところに飛び立ってくる。その直後に真理の御方が到来され、世界はその御顔の光で照らされるであろう〉と。』」

羊飼いの夢の話が終わったとき、カゼムは表情をくずし、微笑んでこう述べた。「あなたが見た夢はうたがいもなく真実である。」これを聞いた弟子たちは悲嘆にくれた。そこで、彼は弟子たちの方を向き、「皆の私への愛は、皆が待ち望んでいる真実の御方のためではないのか。約束の御方が出現されるように、私のこの世からの旅立ちを望まないのか」と言った。この出来事は、その場に居合わせたおよそ十人が、実際に起こったことであると私に話してくれたものであるが、それにもかかわらず、このおどろくべきしるしを目撃した多くの者らは、真理の御方を否定し、その聖なる教えを拒否した。

このふしぎな出来事の話は広く伝わり、カゼムを心から敬愛している人たちを悲しませた。カゼムはこの上ないやさしさと喜びをもって彼らを元気づけ、慰め、彼らの悩める心をなだめ、信念を強め、熱意の炎を燃え立たせ、威厳と平静を保ちながら巡礼を終えた。そして、カルバラにもどったその日に病に倒れたが、これを知った彼の敵は、彼はバグダッドの知事に毒を盛られたといううわさをひろめた。これはまったくの誹謗で、まぎれもない作り話であった。なぜなら、知事はカゼムを完全に信頼しており、カゼムを鋭い洞察力と非の打ちどころがない性格をそなえた有能な指導者であるとみなしていたからである。一八四三年十二月三十一日、六十才に達していたカゼムは身分の低い羊飼いの夢通りにこの世に別れを告げた。あとに残された献身的な弟子の一団は世俗の欲望をすべて捨て、約束の御方をもとめて旅立った。カゼムの聖なる遺体はイマム・ホセインの廟の境内に埋葬されている。前年のアラフェの日の夕方、勝ち誇った軍隊が砦の門を破り、多数の住民を殺戮するという騒動が起こったが、彼の死によって同じような騒ぎがカルバラに起こった。前年のその日、彼の家は平安と安全の避難所であったが、彼が死去したこの年の同じ日は、悲しみの家となり、カゼムから友情と援助を受けた人たちがそこに集まり、彼の逝去を心から嘆き悲しんだのである。

第三章　バブの使命の宣言

カゼムの死を契機に、敵たちはふたたび活動をはじめた。指導者の地位を渇望していた彼らは、カゼムがいなくなったことと、その弟子たちが意気消沈しているのを見て、いっそう大胆になった。そして、自分たちの要求を再度主張し、その野望を果たす計画を立てはじめた。しばらくの間、カゼムの忠実な弟子たちは恐れと不安でいっぱいであったが、モラ・ホセインがもどってきたので憂うつを追い払うことができた。モラ・ホセインは師から委任された使命を首尾よく果たして帰ってきたところであった。

モラ・ホセインがカルバラからもどってきたのは一八四四年一月二十二日であった。彼は敬愛する師の弟子たちが意気消沈しているのを見て、まず彼らを慰め、励ました。それから、師の固い約束を思い出させ、かくされている最愛の御方をゆるまぬ警戒心と不断の努力で探し続けるように求めた。彼はカゼムが住んでいた家の近くに住み、三日間続けて多数の会葬者たちを迎えた。彼らは、カゼムの弟子たちの代表であるモラ・ホセインに哀悼の意を表わすために駆けつけてきた人たちであった。その後、彼は主な弟子で信頼できる者らを集め、今は亡き師の念願と勧告が何であったかを聞いた。

彼らは答えた。「カゼムは我々に家を離れ国中にひろく散らばるようにと、何度も強くすすめられました。そして、我々の心からすべての空しい欲望を除き、約束の御方の探索に専念するように命じられました。師はくり返し、その御方の到来についてこう言われました。『我々が求めてきた目標なる御方は今や出現された。その御方と皆の間にかかっているヴェールはきわめて厚いが、皆の献身的な探索によって除くことができよう。真剣な努力、純粋な動機、誠実な心だけがそのヴェールを引き裂くことができよう。神はその聖典の中で〈わがために努力をする者らを、わが道に導こう〉と述べられていたであろう。』」

そこでモラ・ホセインは聞いた。「では何故あなた方はカルバラにとどまっているのか。なぜ分散して師の熱心な願いを実施するために立ち上がらないのか。」彼らは「我々がそうしていないことはわかっています。我々は皆、あなたの偉大さを認め、あなたを深く信頼しているので、もしあなたがご自分は約束の御方であると宣言されれば、皆すぐにそれを受け入れ、あなたに忠誠を誓い、ご命令には何であれ従うつもりです」と答えた。モラ・ホセインは叫ぶように言った。「とんでもない。私は、その御方の栄光からははるかに遠い存在なのだ。主の中の主である御方にくらべれば私はちりに過ぎない。あなた方がカゼムの語調と言葉に精通していれば、そのようなことは口にしないであろう。私と同様、あなた方の最初の義務は、敬愛する師の辞世の言葉をその通り実行することなのだ。」

こう言い終わるとモラ・ホセインは椅子から立ち上がり、ハサン・ゴーハルやムヒットなど、名の知られている弟子のところへ行き、一人一人に師の別れの言葉を伝え、彼らの果たすべき義務がいかに重要であるかを力説して、それを実行するよう勧めた。しかし、この懇願に彼らはあいまいな言い訳をするだけであった。一人はこう言った。「敵はとても強く大勢です。師が去られた今、私はこの場を守らなければなりません。」もう一人はこう答えた。「私はここに残ってカゼムが残された子供たちの世話をしなければなりません。」モラ・ホセインはすぐに彼らを説得するのは無駄であるということに気づいた。彼らの愚かさ、無分別、感謝のなさを知り、それ以上話すことを止め、私事に忙しい彼らを残してそこを離れた。

その時、約束の御方が出現される一八四四年が始まったばかりであった。ここでテーマからそれて、モハメッドとイマムの伝承を述べてみよう。というのは、これらの伝承はとくにこの年に言及されており、ここで述べるにふさわしいと思えるからである。モハメッドの息子イマム・ジャファーは、ガエム（バブ）が顕示される年について質問されたとき次のように答えた。「まことに、六十年（一八四四年）に彼の大業は顕わされ、その名は広く伝えられるであろう。」

高名な学識者モヘッド・ディン・アラビの著書の中には約束された顕示者の出現の年と名前に触れた個所がかなりある。そのうちのいくつかを紹介してみよう。「その御方の信教を管理し支持する人たちはペルシャ人であろう。」「守護者（アリ）の名は、予言者（モハメッド）の名を凌ぐ。……」「その御方の啓示の年は九で割ることのできる数（二五二〇）の半分である。」

モハメッド・アクバリは、自作の詩で顕示者の年に関して次のように予言した。「ガーズの年（この文字の数値は一二六〇年）に地球はその御方の光で照らされるであろう。また、ガラシの年（一二六五年）に世界はその栄光で満たされるであろう。もし、あなた方がガラセの年（一二七〇年）まで生きのびるならば、もろもろの国家、為政者、国民、および神の教えがいかに再生されるかを目撃するであろう。」忠実なる者らの指揮官と呼ばれるイマム・アリ（モハメッドの娘婿）について述べた伝承には、同じく次のようなものがある。「ガーズの年に神の教導の木が植えられるであろう。」

モラ・ホセインは仲間の弟子たちを目覚めさせ、立ち上がるよう勧告したあと、カルバラからナジャフに向けて出発した。そして、モラ・ホセインが故郷のコラサン地方のボシュルエイを訪れた時点で、弟のモハメッド・ハサンと甥のモハメッド・バゲルが同行しはじめた。モラ・ホセインはクフェ寺院に到着し、そこに四十日間滞在し、世間との交渉を絶ち、祈りに没頭した。断食と寝ずの行で、すぐ着手しようとしている聖なる冒険の準備をしたのである。弟はこの祈りの期間、彼と行動を共にし、甥は断食しながらも彼らの世話をし、時間の許すかぎり祈りに加わった。

しかし、この隠遁生活の静けさは、数日後、カゼムの主な弟子であるモラ・アリのとつぜんの到着によって破られた。十二人の仲間と共にクフェ寺院に到着した彼は、仲間のモラ・ホセインが冥想と祈りにふけっているのを知った。モラ・アリは膨大な知識をもち、アーマドの教えに深く通じていたので、多くの者は彼の方がモラ・ホセインよりすぐれているとみなしていたほどであった。彼は何度か、モラ・ホセインに、祈りの期間を終えたあとの目的地を聞き出そうと近寄ったが、モラ・ホセインがあまりにも深い祈りに没頭していたため質問できなかった。そこで、彼自身も世間との交渉を絶ち、四十日間隠遁生活をすることにした。仲間もそれに従ったが、そのうち三人は世話係となった。四十日間の隠遁生活を終えた直後、モラ・ホセインは二人の仲間と共にナジャフに向かった。夜半にカルバラを発ち、途中でナジャフの廟を訪れ、そのあとペルシャ湾にあるブシェルに直行した。そこで彼は心の望みである最愛なる御方の探索をはじめたのである。その町ではじめてモラ・ホセインは、商人としてつつましい市民生活を何年も送られた御方の芳香を吸った。その甘美で神聖な芳香は、最愛なる御方の数えきれないほどの祈りによって町に満たされていた。

しかし、モラ・ホセインはブシェルに長く留まることはなく、あたかも磁石に引かれるように北方のシラズに向かった。シラズ市に入る城門に着くと、弟と甥にイルカニ寺院に直行してそこで自分を待つよう指示し、神のご意志であれば、夕方の祈りの時間までには二人に合流できようと付け加えた。そのあと、町の城門の外をしばらく歩きまわっていたが、日没前二、三時間ごろ、緑のターバンをつけて輝かしい表情をした青年に目がとまった。その青年は彼の方に歩み寄り、笑みを浮かべてあいさつし、あたかも生涯の友であるかのように親しみをこめて彼を抱擁した。モラ・ホセインは最初、この青年はカゼムの弟子で、自分がシラズを訪れることを知って迎えに来たのだと思った。

後に殉教したアーマド・ガズビニは、モラ・ホセインが初期の信者たちにバブとの感動にみちた歴史的会見を数回にわたって語るのを聞いた人で、私（著者）に、モラ・ホセインが語った話をしてくれた。

「私（モラ・ホセイン）はシラズの城門外で会った青年の温かい愛情に満ちた歓迎に圧倒された。青年から、彼の家に行き、旅の疲れをとるようにやさしく勧められたが、私は二人の仲間が宿泊の準備をしており、私の帰りを待っているので招きにあずかることはできないと断わった。青年は『二人のことは神に任せなさい。神はかならず彼らを守ってくれるであろう』と答え、自分の後についてくるようにうながした。私はこの見知らぬ青年の温和で、逆らうことのできない語調に深く感銘を受け、彼の歩き方、魅力ある声、威厳ある態度が、この最初の出会いの印象をますます強烈にしているのを感じた。

まもなく、一見質素な家の門前にきた。青年が立ち止まり戸を叩くとエチオピア人の召使いが戸を開けた。青年はコーランから『平和で安全なこの場所に入れ』という句を引用しながら敷居をまたぎ、私にも後に続くように身振りで示した。彼の言葉は力強く、威厳に満ちており、魂を奥底から動かすものであった。シラズの町で最初に入る家の敷居に立ちながら、この言葉を聞くのは良いことが起こる前兆ではないかと感じた。この町の雰囲気はすでに、口では言い表せないような印象を私にあたえていた。この家を訪問することによって私の探索の目的である御方により近づけるように思え、これで、この探索に伴う強烈な切望感とたゆまぬ努力と深まる不安を終わらせることができるのではないかと感じた。

青年に続いて彼の部屋に入った時、私は説明できない喜びでいっぱいになった。部屋に入って座ると、青年は召使に水差しを持ってこさせ、私に手足を洗い、旅の汚れを落とすよう勧めた。そこで私は隣の部屋で手足を洗おうとしたが、彼はそれを許さず、自ら私の手に水を注いだのである。次に飲み物が出され、そのあと彼自らが紅茶を入れてくれた。

私は青年の親切なもてなしに深く感謝しながらも、そこから早く去りたかったので立ち上がり、思い切って言った。『夕方の祈りの時間がせまっています。その時間にイルカニ寺院で仲間と会う約束をしているのです。』青年は静かに、丁重に答えた。『あなたは彼らと会うのを、神の意志であればという条件つきで約束した。神は別のことをあなたに命じておられるようだ。約束を破ることを心配する必要はない。』青年の威厳と確信にあふれた言葉に私は黙ってしまった。そして、ふたたび手を洗って祈ることにした。彼もまた、私のそばに立って祈りはじめた。私は祈りで魂の重荷をおろしたかった。私の魂は、この青年との会見と探索の緊張と心労による負担で押しつぶされそうになっていたのである。私はこう祈った。『おおわが神よ。私は全力をつくして努力してきましたが、まだ約束の聖なる使者を見つけておりません。あなたの言葉には間違いはないこと、そしてあなたの約束もかならず果たされることを証言いたします。』

この忘れがたい夜、一八四四年五月二十二日の日没後一時間ほどたって、青年は私に話しはじめた。彼はこう質問した。『カゼムの後、だれを彼の後継者で、指導者だとみなしますか。』私は『私どもの師は亡くなられる前に、私どもに故郷を離れ、国中に散らばって約束の御方を探し出すように強く勧告されました。それで私は、師の望みを果たすためにペルシャに旅し、その御方を探しているのです』と答えた。するとさらに、『あなたの師はその約束の御方の特徴について、くわしく教えられなかったのか』と聞かれたのでこう答えた。『はい、教えていただきました。その御方は高貴な血筋を引くファテメ（モハメッドの娘）の子孫です。年令は二十才から三十才の間で、生まれながらに知識をそなえておられます。また、中背で肉体的な欠陥はまったくなく、たばこも吸われません。』

青年はしばらく黙っていたが、やがてふるえるような美しい声で言った。『今あなたが述べた特徴のすべてが私にそなわっているのを見なさい。』そして、それらの特徴をひとつずつ取り上げ、すべてが自分に当てはまることをはっきりとさせた。私はひじょうにおどろいたが、丁重に答えた。『私どもがその到来を待望している御方はこの上もなく聖なる人物です。そして、その御方が啓示される大業は恐るべき力をもちます。自分が神の顕示者と宣言する御方は、さまざまな条件を満たさなければなりません。カゼムは何回となくその御方の広大な知識に言及され、こうくり返えされたのです。〈その御方の知識にくらべれば、私の知識は一滴の水にしかすぎない。その御方の広大な知識の前では、私の学識はちりの一片にすぎない。いや、それどころか、その差は無限なのだ〉と。』

こう述べたとたん、私は恐怖と後悔の念に駆られたが、それをかくすことも説明することもできなかった。私は自分をひどく責め、今後は態度を変えて口調をやわらげようと決心した。もし、この青年がふたたびこの話題に触れたら、私は心から謙虚に、次のように答えようと神に誓った。『もし、あなたが本当に約束された御方であるという証拠を示して下さるなら、私の魂に重くのしかかっている不安と緊張感は確実にとり除かれるでしょう。そうして下さるならばどれほどありがたいか分かりません。』

私はこの探索をはじめるにあたって、自分が約束された人であると宣言する人物が現われたとき、その真実性を試すために二つの条件を考えていた。一つは、私自身が準備したもので、アーマドとカゼムの難解で不明瞭な教えに関する論文を解明できるかどうかであった。そしてこの論文にある神秘的な意味を解明できた人には次の質問を出すことにしていた。それは、今流行の文体や言葉の使用法とはまったく違ったやり方で、ヨセフ（旧約聖書やコーランに出てくる重要人物）の章について、何のためらいもなく、また前もって考えることもなく解説できるという条件であった。実は以前、カゼムに同じヨセフの章について解説を書いてもらうように要請したが、彼はそれを断り、『それは私の能力をはるかに超えたことだ。私の後に現われる偉大な御方は、あなたに聞かれる前に、それを書いてくれるであろう。その解説文は、彼が真実であることを示す重要なしるしの一つで、また、彼の崇高な地位を表わす明確な証拠の一つでもあるのだ』と述べていたのである。

私がこのように頭をめぐらしていたとき、威厳をそなえた青年はふたたび話しかけてきた。『カゼムが話していた人物は私ではないか、よく考えなさい。』そこで、持参していた論文を差し出さずにはいられなくなり、彼にこう頼んだ。『私が書いたこの本を寛大な目で読んでいただけますか。その際、私の弱点と誤りを大目に見て下さるようにお願いいたします。』

青年は親切にも私の願いを聞き入れ、その本を開き、数節に目を通したあと、それを閉じて語りはじめた。そして数分のうちに彼特有の魅力ある力強さでその論文の中の神秘をすべて解明し、疑問をすべて解決したのである。私の要請はほんの短時間でかなえられ、また十分満足ゆくものであった。彼は続けて、イスラム教のイマムの伝承にもアーマドとカゼムの著作にもない知識を明らかにした。それはこれまでに聞いたことがないもので、心に新たな生命力をあたえるものに思われた。

そのあと青年はこう述べた。『あなたが私の客でなければ、苦しい立場にあったが、すべてを包含する神の恩恵により、あなたは救われた。しもべを試すのは神であり、しもべが自分の不完全な基準で神を判断するのではない。私があなたの困惑をとり除けないとしても、私の内部に輝く真理が無力とみなされたり、私の知識が不完全だと非難されたりすることはないのだ。神の正義にかけて誓うが、そういうことは絶対にあり得ない。今日において東西の諸国民はこの門口にいそぎ、慈悲深き御方の恩恵を求めなければならない。これをためらう者は道を失うであろう。地上の人びとは自分たちが創造された目的は、神の知識を得、神を賛美することであると証言していないのか。彼らがすべきことは、あなたがしたように、すぐ自ら進んで立ち上がり、ゆるがぬ決意をもって約束の御方を探すことである。』

次に、彼は『さて、ヨセフの章について解説する時がきた』と言ってペンを取り、信じがたい速さでモルクの章全部を書き上げた。それはヨセフの章に関する解説文の最初の部である。彼の書くさまは強烈な印象をあたえたが、それはまた、彼が書きながら口にするやさしい声の抑揚によって一層強められた。モルクの章が全部終わるまでペンの動きは一瞬も止まることはなかった。その神秘的な声とすさまじい力で生み出されている啓示に、心を完全にうばわれた私は、茫然として座ったままであった。ようやく、不本意ながらも立ち上がり、別れを告げようとしたとき、青年は微笑みながら私に座るように合図し、こう言った。『今、その状態で外に出れば、人びとはあなたを見て〈このあわれな若者は気が狂ったようだ〉と言うにちがいない。』

そのとき、時計の針は日没後二時間と十一分を指していた。その日、一八四四年五月二十二日の夕方は、ノウ・ルーズ（新年）から六十五日目の前日の夕方にあたった。青年はこう宣言した。『今夜のこの時間は、将来、すべての祝日のうち最大で、もっとも意義深い祝日のひとつとして祝われるであろう。神に感謝せよ。あなたは神の慈悲深い援助により、心の望みを果たし、封じられていた神のぶどう酒を飲み干すことができたからである。〈それをなし得た者らは幸いである〉。』

日没後三時間たって、青年は夕食の準備を召使いに命じた。同じエチオピア人の召使いがふたたび現われ、特上の夕食を運んできた。その聖なるごちそうで私の心身は元気づけられた。この時間、聖なる青年の面前での食事はあたかも楽園の果実を口にしている感じであった。私は、このエチオピア人の召使いの献身的で丁重な態度にもおどろかされた。その生活態度すべてが彼の主人の再生力によって変革されたように見えたのである。そのときはじめて、モハメッドのつぎの有名な伝承の意味が理解できたのである。『われは、しもべらのうち神を敬う者と公正な者のために、だれも目にしたことも、耳にしたことも、心に考えついたこともないことを準備した。』この若々しい青年が、その偉大さを主張するものを何ももたなかったとしても、彼が私を迎え入れたときに示した厚遇と慈愛だけでその偉大さは十分に証明されたと感じた。実際、彼の厚遇と慈愛のほどはだれも示すことができないものだと私は確信している。

青年の言葉に魅せられた私は、時間も、私を待っている仲間のこともすっかり忘れて座ったままであった。とつぜん朝の祈りの時間を知らせる声が聞こえてきた。恍惚状態に陥っていた私ははっとわれにかえった。全能なる神が、聖典の中で楽園の人びとの貴重な所有物として述べている喜びと、表現しえないほどの栄光のすべてを、私はその夜体験したのである。私がいた場所はまさしく次の言葉通りであった。『そこには、苦しみも疲れもない。』『そこでは、無駄口や虚言を聞くことはない。〈平安あれ〉という言葉だけが聞かれる。』『そこで彼らは〈栄光あれ、おおわが神よ〉と声高く祈り、〈平安あれ〉という挨拶を交わす。そして、彼らの祈りは〈神に賛美あれ、万物の主よ〉という言葉で終わる。』（コーラン）

その夜、私は一睡もできなかった。青年の歌うような声の抑揚にまったく心が魅せられていたのである。その声はガユモーゥル・アズマ（ヨセフの章）を顕わすときに高まり、その中の祈りが唱えられるときに天国から下されたもののように清らかで、名状しがたい調べとなった。祈りが終わる毎に彼は次の句をくり返した。『全栄光なる主の栄光は、その創造物が認め得る以上にはるかに栄光あるものなり。神の使者たちに平安あれ。万物の主なる神に賛美あれ。』

それが終わると青年は私にこう告げた。『われを最初に信じた者よ。まことに、あなたに告げるが、われはバブ、神の門である。そして、あなたはバブル・バブ、その門の門である。最初に、十八人が自発的にわれを受け入れ、わが啓示の真理を認めなければならない。彼らは導かれることも、招かれることもなく、めいめい自分の意思で私を探しあてなければならないのだ。そして、十八人がそろったところで、その中から一人選び、メッカとメジナへのわが巡礼に同行させる。われはメッカの高僧に神の言葉を伝え、そこからクフェにもどり、その町の寺院でふたたび神の大業を宣言しよう。今夜見聞したことは、あなたの仲間やそのほかのだれにも漏らしてはならない。イルカニの寺院で祈りと教えの普及に専心することだ。われもまた、その寺院での会衆の祈りに参加しよう。あなたの信仰の秘密がほかに漏れないよう、われに対する態度に注意しなければならない。われがヘジャーズに出発するまであなたはこれまで通り行動し、これまでと同じ態度をもち続けることだ。われが出発する前に、十八人のそれぞれに特定の任務をあたえ、送り出すことにする。そのとき、彼らが神の言葉を教え広め、人びとの魂に生命をあたえることができるように指示を与えよう。』

こう語ったあと、バブは別れの言葉を告げた。そして、私を家の出口まで案内し、神の保護に託したのである。

この啓示はあまりにも突然、あまりにも激しく私に突きかかってきた。私はあたかも雷に打たれたようになり、しばらく身体の機能がまひしたようであった。そのまぶしい光輝に目がくらみ、その強烈な勢いに圧倒されたのである。興奮、喜び、畏れ、驚嘆の念で、私の魂は奥底までかき立てられた。とくに喜悦と力を得たという感じが強烈で、私は変わってしまったようであった。それまでの私はどれほど無力で、どれほど気が沈み、臆病であったことであろうか。それまで手足のふるえが強かったため、書くことも歩くこともできなかったのである。しかし今、神の啓示の知識を得て生き返った。自分には大いなる勇気と力がつき、たとえ世界のすべての人びとと君主たちが攻めてきても、一人でひるむことなくその猛攻撃に耐え得るとさえ感じてきたのである。全宇宙も私がつかめる一握りの土に過ぎないように思えた。自分自身が天使ガブリエルの声になったようにも思えた。その声は次のように全人類に呼びかけていた。『目覚めよ。見よ、夜明けの光が射しはじめた。立ち上がれ。神の大業が顕わされた。神の恩恵へのとびらは大きく開けられた。そこに入れ、おお世界の人びとよ。皆が待望していた約束の御方が到来された。』

私はこの状態でバブの家を出て、弟と甥が待っているところに向かった。イルカニ寺院につくと、私の到着を知ったアーマドの弟子たちが多数集まってきていた。そこで、新しく発見した最愛なる御方の指示に忠実に従い、すぐ行動に取りかかることにした。まず講座を準備し、祈りを続けているうちに徐々に大勢の人びとが私のもとに集まってきた。その町の高僧や高官も訪れてきた。彼らは私の講話から生み出される精神に驚嘆した。しかし、その知識の源は、彼らが到来を切望してきた御方であることには気づいていなかった。

そのころ私は数回にわたってバブに召された。バブはエチオピア人の召使いを寺院に行かせて、慈愛にみちた言葉で私を招待したのである。バブを訪問するたびに一晩中バブの面前で過ごすことができた。夜明けまで眠らずに彼の魅力ある言葉に魂をうばわれ、この世とその苦労を忘れて、彼の足元に座したまま過ごしたのである。何とすばやくその貴重な時間は過ぎ去ったことであろうか。夜が明けると自分の気持ちに反してそこを離れなければならなかった。当時、どれほど夕方の時間を待ち望み、どれほど悲しい気持ちと残念な思いで一日のはじまりを見たことであろうか。

このように、夜の訪問が続いていたが、ある夜バブは次のように告げた。『明日、十三人の仲間が到着する。彼らを心から歓迎し、できるかぎりのことをしてあげよ。彼らは敬愛する御方を探すために生命を捧げてきたからである。彼らが神の慈悲深い援助を受けて、その道を確実に歩くことができるように神に懇願せよ。その道は髪の毛より細く、刀よりも鋭いのだ。彼らのうち何人かは神から選ばれ、好意を受ける弟子で、ほかの者は中道を歩くが、残りの者の運命は、かくされているすべてが現わされるまで公言できない。』

その同じ朝、私がバブの家から戻ってまもない時間に、モラ・アリが、バブが予告したと同じ数の仲間を同行してイルカニ寺院に到着した。そこですぐ、彼らが楽に過ごせるように世話をはじめた。その後二、三日たったある夜、モラ・アリは仲間たちを代表して、これ以上抑えることのできなくなった気持ちを私にもらした。『私どもがあなたをどれほど深く信頼しているか、よくご存知のはずです。私どもはあなたに忠誠を誓っております。もしあなたが約束のガエム（バブ）であると宣言なさるなら、私どもは皆ためらうことなく、あなたを受け入れましょう。あなたの呼びかけに従って私どもは家を離れ、約束の最愛なる御方を探し求めてきたのです。あなたが最初に私どもに貴重な模範を示されたので、あなたの足跡に従ってきました。探索の的なる御方を見つけるまでは努力をゆるめない覚悟です。私どもはこの場所まであなたを追ってきました。あなたが受け入れる御方はだれであれ認めるつもりでおります。そうすれば、その御方の庇護の下に入り、この世の終わりの前兆として必ず現われる激動と動乱を安全に通過できると思っております。なぜあなたは今、静かに落ち着いて人びとに教えを説き、祈りと瞑想にふけっておられるのですか。あなたの顔から、以前の動揺と期待の様子が消えているようです。お願いですからその理由を教えて下さい。私どももまた、この不安と疑いの状態から解放されたいのです。』

私はしずかに答えた。『あなたの仲間は、私の落ち着いた平安な気持ちは私がこの町で優位な立場を獲得したからだと思われるかもしれない。ところがそれは事実からほど遠いのだ。この世の虚栄も誘惑も、このボッシュルイのホセイン（モラ・ホセイン）を最愛の御方から切り離すことは絶対にできない。この聖なる事業に着手したときから、私は自分の生命の血で自分の運命を定めることを誓った。約束の御方のために喜んで苦難の大洋に沈むことを受け入れた。この世のものは望まない。わが最愛の御方が満足されることだけを切望している。その御方の名のために血を流すまでは、心の中に燃える火は消えることはないのだ。あなたがその日まで生きられることを神に祈る。あなたの仲間たちはこう考えなかったであろうか。すなわち、強烈な熱望とたゆまぬ努力のゆえに、神はその限りない慈悲をもってその恩恵の門を、恐れ多くもモラ・ホセインの眼前で開けられたが、神はその計りがたい英知により、その事実をかくすためにモラ・ホセインにこれまでどおりに振舞うことを命じられたのではないかと。』

モラ・アリの魂はこの言葉に深く揺り動かされた。彼は即座にその意味を理解したのである。そして、目に涙を浮かべ、動揺を平安に、不安を確信に変えた御方がだれであるかを明かしてくれるよう懇願した。『慈悲の御手なる御方があなたにあたえた聖なる飲み物を少しでも分かち与えて下さるようお願いします。その飲み物はかならず私の渇きをいやし、私の苦しい切望を和らげてくれるでしょう。』『そのことを私に求めないでいただきたい。神に信頼を置くことだ。神はかならずあなたの歩みを導き、あなたの心の動揺を静めてくださるであろう。』」

モラ・アリはいそいで仲間たちのところへもどり、モラ・ホセインとの会話の内容を知らせた。その内容を聞いて心に熱望の炎を燃え上がらせた彼らは、ただちに散らばり、めいめい個室に閉じこもり断食と祈りに没頭した。最愛なる御方を認めることを妨げているヴェールがすばやく除かれるように神に懇願したのである。彼らは徹夜で次のように祈り続けた。「おお神よ、わが神よ。あなたのみを賛美し、あなたのみに援助を乞います。おお、われらの主なる神よ、われらを正しい道に導きたまえ。あなたが使徒を通して約束されたことを実現し、復活の日にわれらが恥をかくことがないようにしたまえ。まことに、あなたは約束をお守りになる御方でありたもう。」

隠遁して三日目に、モラ・アリは祈りの最中に幻を見た。彼の眼前に光が現われたかと思うと、その光が動きはじめたのである。その輝きに魅せられて追っていくと、ついに最愛なる約束の御方にたどりついた。それは真夜中であったが、この上ない喜びに顔を輝かせて、自室のドアを開け、モラ・ホセインのところにいそいだ。そして、敬愛する仲間の腕に身を投じた。モラ・ホセインは愛情深く彼を抱擁し、こう述べた。「ここまでわれらを導かれた神に賛美あれ。神の助けがなければわれらは導かれることはなかったであろう。」

同じ日の夜明けに、モラ・ホセインはモラ・アリを伴ってバブの家にいそいだ。バブの家の入り口に忠実なエチオピア人の召使いが待っていた。彼らを認めるとすぐあいさつし、こう述べた。「夜明け前に私は主人から呼び出され、家の門を開けて待つように命じられました。ご主人はこう申されました。『二人の客が朝早く訪れてくるので、私に代わって温かく迎え入れよ。そして、〈神の名にかけて、お入りください〉と述べよ』と。」

モラ・アリとバブの最初の会見はモラ・ホセインとバブの会見に似ていたが、一つだけ異なっていた。前の会見では、バブの使命の証拠についてくわしい調査と解説があったが、このたびは論証など一切なく、ただ深い敬慕の念と親愛の情で満たされていた。部屋全体がバブの言葉から生み出される神聖な力で生気をあたえられたようであった。その部屋のすべてが感動でふるえながら次のように宣言しているようであった。「まことに、新しい日の夜明けがはじまった。約束の御方は人びとの心の王座を占められた。その御方は神秘の不滅の聖杯を御手にしておられる。それを飲む者は幸いである。」

モラ・アリの十二人の仲間たちは、皆それぞれにだれの助けも受けずに最愛なる御方を捜し出した。ある者は夢で、ほかの者は目覚めているときに、何人かは祈っているときに、そして、残りの者は瞑想中に聖なる啓示の光を体験し、その栄光ある威力を認めたのである。モラ・アリに習い、この十二人とほかの何人かはモラ・ホセインに伴われてバブの面前に出て〈生ける者の文字〉と名づけられた。こうして、十七人の生ける者の文字が神の書簡に一人ずつ加えられていったのである。彼らはバブの選ばれた使徒、その信教の管理者、その光の普及者として任命されたのであった。

ある夜、モラ・ホセインとの対話中に、バブはこのように言われた。「これまでに、十七人の生ける者の文字が神の信教の旗のもとに集まった。十八の数が揃うにはあと一人必要だ。これらの生ける者の文字は、わが大業を宣布し、わが信教を確立するために立ち上がるようになっている。明日の夜、残りの生ける者の文字が到着し、われが選んだ使徒たちの数が揃うであろう。」

翌日の夕方、バブはモラ・ホセインを従えて家に戻ろうとしていた。そこへ、髪はぼうぼうで、旅で汚れた服装の若者が現われた。彼はモラ・ホセインに近づき、あいさつの抱擁をし、目標の御方を探しあてたかどうかを聞いた。モラ・ホセインはまず彼の興奮をしずめ、あとで知らせるからと約束して、しばらく休むように勧めた。しかし、若者はこの助言を聞こうとせず、バブに目をとめてモラ・ホセインにこう述べた。「なぜあなたはその御方を私からかくそうとなさるのですか。私は、歩き方を見ただけでその御方を認めることができます。その御方のほかに真実者であることを宣言できる人物は東西どこにもいません。だれも、その聖なる御方にそなわっている威力と威厳を現わすことはできないと思います。」

モラ・ホセインは若者の言葉におどろいたが、真実を知らせる時間がくるまで感情を抑えるよう願い、若者に別れを告げた。モラ・ホセインは若者から離れ、バブに追いつき若者との会話の内容を伝えた。バブは答えた。「その若者の一風変わった態度におどろいてはならない。われは彼をすでに知っており、精神界で交信してきたのだ。実際、彼の到来を待っていたのだ。彼のところへ行き、すぐここに案内せよ。」モラ・ホセインは、即座にバブの言葉を思い出した。それはつぎの伝承であった。「終わりの日に、見えざる人びとが精神の翼で限りなく広大な地球を横切り、約束のガエム（バブ）の面前に達するであろう。そして、その御方から秘密を学び、それにより自分たちの問題を解決し、悩みを取り除くであろう。」

この勇敢な者らは、身体は遠く離れていても、日々最愛なる御方と交信し、その言葉を聞き、その御方と親しく交わるというこの上ない恩恵にあずかった。そうでなければ、アーマドとカゼムはどのようにしてバブについて知り得たであろうか。どのようにして彼らはバブに秘められている意義を理解できたであろうか。バブと、その最愛なる弟子ゴッドスの魂が神秘の絆で結ばれていなかったなら、この二人はどのようにしてあのような言葉を書くことができたであろうか。バブはその使命の始まりに、ジョセフの章についての解説、ガュモーゥル・アズマの序論で、バハオラの栄光と意義に言及した。ジョセフの兄弟がいかに忘恩と悪意をもってジョセフを扱ったかを詳細に述べたが、その目的は、バハオラもまた弟と親族の手によって苦しみを受けることを予告するためであった。ゴッドスは、シェイク・タバルシの砦で大軍の砲火に包囲されながら、昼夜かけてバハオラへの賛辞を完成した。その賛辞はサマードのサットと呼ばれ、そのときすでに五十万語からなる不滅の解説文となっていた。このゴッドスの解説文とバブのガュモーゥル・アズマを始めから終わりまで公正な目で調べてみると、上述した事実がはっきりと証明されているのがわかる。すなわち、バブとゴッドスの魂は神秘の絆で結ばれていたという事実である。

ゴッドスがバブの啓示を受け入れたことでバブの弟子の数はそろった。ゴッドスの本名はモハメッド・アリで、母の家系をたどると予言者モハメッドの孫イマム・ハサンまでさかのぼる。生まれ故郷はマザンデラン州のバルフォルーシュであった。カゼムの講義に出席した者らの報告によると、カゼムの晩年に弟子の一人となったが、集会には最後に到着して、つねに末席に座り、集会が終わると最初にその場を離れた。ゴッドスがほかの仲間たちと違っていた点は、沈黙を守っていたことと態度の謙虚さであった。カゼムはよく次のように述べていた。「弟子の中には、末席を占め、沈黙を厳守しているが、神の目にはきわめて高い地位にある者らがおり、私自身も彼らと肩を並べる価値はないと感じるほどである。」弟子たちはゴッドスの謙虚さと模範的な振舞いを認めたが、カゼムの意味することには気づかないままであった。

ゴッドスがシラズに来てバブの教えを受け入れたのは二十二才のときであった。彼は若年であったが、カゼムの弟子のうち、だれも匹敵するものがないほどの不屈の勇気と信念を示した。そして、自分の生涯と栄光ある殉教をもって次の伝承の正しさを実証したのであった。「われを求める者はすべて、われを見いだすであろう。われを見いだす者は、われに引きつけられるであろう。われに引きつけられる者は、われを愛するであろう。われを愛する者を、われもまた愛するであろう。われから愛される者は、われのために命を落とすであろう。われのために命を落とす者は、われ自身が、その者の身受け人となろう。」

バブの本名はセイエド・アリ・モハメッドで、一八一九年十月二十日シラズに誕生した。バブはモハメッドまでさかのぼる名高い貴族の家系に属していた。彼の誕生日は、伝統的にイマム・アリを指すと考えられている「われはわが主より二才若い」という予言が正しいことを証明するものである。彼が使命を宣言したのは、誕生後二十五年四ヵ月と四日たった日であった。彼は幼少のころ父モハメッド・リザを失った。この父は敬虔と徳行でファルス地方の隅々まで知られ、人びとから深い尊敬と名誉を受けていた。両親共に予言者モハメッドの子孫で、共に人びとから愛され、尊敬されていた。父の死後バブは、後に信教のために殉教した叔父セイエド・アリに養育された。この叔父は、子供のバブの教育をシェイキ・アベドという教師に託した。バブは勉強に乗り気でなかったが、叔父の意思と指示に従った。

シェイキ・アベドはシェイキオナとして生徒たちに知られており、敬虔で学識ある人であった。彼はまたアーマドとカゼムの弟子でもあり、バブについて次のように語っている。「ある日、私はバブにコーランの冒頭にある『哀れみ深き者、慈愛深き者なる神の御名において』を詠唱するように命じました。彼は詠唱するのをためらい、その節の意味を教えてくれなければできないと主張したのです。私はその意味がわからないふりをしました。すると、私の生徒である彼はこう言ったのです。『ぼくにはその節の言葉の意味がわかります。先生のお許しがあれば説明します。』

彼の口から流暢に流れ出すそのおどろくべき知識に私は仰天しました。彼は、〈神〉、〈哀れみ深き者〉、〈慈悲深き者〉という言葉の意味を、それまで読んだことも、聞いたこともない言葉で説明したのです。彼の甘美な言葉は今でも私の記憶に残っています。そこで私は、彼を叔父に送り返えすことにしました。叔父が私に任せた大事な子供を、彼の手に戻さなければと強く感じたからです。そして、自分にはこれほど非凡な子供を教える能力はないことを伝えようと、バブを戻しに行き、一人で事務所にいた叔父にこう説明しました。『大事なご子息を戻しに参りましたので、お宅で注意深く保護して下さい。この子を普通の子のようには扱わないようお願いします。私はすでに、彼のうちに神秘的な力を感じますが、それは〈新しい時代の主〉(約束されたガエムの称号の一つ)の啓示のみが明らかにすることができるものです。彼には私のような教師は不要ですので、お宅で深い慈愛をもって育てられるようにお願いします。』

これを聞いた叔父セイエド・アリは、『私が命じたことを忘れたのか。ほかの生徒を見習って、沈黙を守り、先生の言葉に注意深く耳を傾けるように注意したではないか』と言ってバブをきびしく叱り、忠告に従うよう諭して、学校に戻らせました。しかし、このきびしい忠告もこの子の魂を抑えることはできず、どのような規律も、彼の生まれながらにそなわった知識の流れを抑制することはできませんでした。彼が毎日のように示した超人的な英知はおどろくべきものので、私の能力ではそれを述べることはできません。」ついに叔父は、教師の説得でバブをシェイキ・アベドの学校から退学させ、自分の仕事場で働かせることにしたが、そこでもまたバブは、だれも近づくことも相手になることもできないほどの威力と偉大さを示した。

数年後、バブはセイエド・ハサンとアブール・カゼムの妹と結婚した。子供が生まれてアーマドと名づけられたが、一八四三年、バブの宣言の前年に亡くなった。バブはわが子の死を悲しむことなく、次の言葉でその子の命を神に捧げたのである。「おお神よ、わが神よ。千人のイシマエル（アブラハムの息子）が私に与えられても、このあなたのアブラハムは、あなたへの愛のしるしとして息子をすべてあなたに捧げるでありましょう。おお、わが最愛の御方よ、わが心の望みの的なる御方よ。あなたのしもべであるこのアリ・モハメッドが、あなたの愛の祭壇にアーマド（バブの息子）を捧げても、このしもべの熱望の炎を消すことはできません。あなたの足元に心を捧げるまで、全身があなたの道で残酷な虐待の犠牲になるまで、この胸があなたのために無数の槍の標的とされるまで、私の魂の動揺は静められることはありません。おおわが神よ、わが唯一の神よ。わが息子、わが唯一の息子を犠牲としてあなたに捧げさせたまえ。それを、あなたの道で私の命を犠牲にする準備とさせたまえ。あなたの道で、私が捧げたいと願う生命の血に恩恵を付与したまえ。それを、あなたの信教の種に必要な水や栄養となし、その種にあなたの天上の威力をあたえたまえ。それにより、この神の小さな種がやがて人びとの心の中で発芽し、成長して大木となり、その木陰に地上の民族と国民のすべてを集合させることができますように。おおわが神よ、私の祈りに答え、私の最高の切望を実現させたまえ。まことにあなたは全能者、恵み深き者でありたもう。」

バブは商いに従事していた期間はほとんどブシェルで過ごした。真夏のうだるような暑さの中でも、金曜日ごとに屋上で数時間祈り、真昼の猛烈な日差しにさらされながらも心は最愛なる御方に向けられた。強烈な暑さも気にすることなく、まわりの世界も忘れてその御方と交信をつづけたのである。夜明け前から日の出まで、そして正午から午後おそくまで瞑想と敬虔な祈りに時間を過ごした。毎日夜明けに北方のテヘランの方向へ顔を向け、心は愛と喜びに満たされて日の出を迎えた。彼にとって日の出はやがて世界に現われる真理の太陽なる御方の象徴であった。最愛の人を見つめる愛人のように、昇る太陽をあこがれの目で凝視した。神秘的な言葉で、その輝く光体に話しかけたが、それは、かくされた最愛なる御方への彼の熱望と愛のメッセージを託しているかのようであった。彼はその輝く光線を深い喜びで迎えたが、まわりの無知な人びとは、バブはただ太陽に魅惑されているのだと思った。

私（著者）はジャヴァド・カルバラから次のように聞いた。「インドに行く途中、ブシェルを通り過ぎました。私は、すでにセイエド・アリ（バブの叔父）と知り合っていましたので、数回にわたってバブと会うことができましたが、彼はつねに、言葉では表現できないほどひじょうに謙虚で、腰が低かったのです。下方に向けられた視線、最高の礼儀正しさ、おだやかな顔の表情は、私の魂に忘れられない印象を残しました。バブと親しく交わった人たちが、彼の清純な性格、魅力的な動作、控えめな態度、この上ない高潔さ、神への深い献身を語っているのをしばしば耳にしました。

たとえば、こういう出来事がありました。あるとき、ある人がバブに品物を渡し、それを一定の値段でだれかに売ってくれるように頼みました。しばらくして、バブはその品物の価値に相当する額をその人に支払いましたが、その額が定価よりはるかに高かったため、その人はすぐバブに手紙を書き理由をたずねました。バブの返事はこうでした。『私が送った金額は全部あなたに支払うべき金額である。それ以上のものは一文も含まれていない。あなたが私に渡された品物は、一時期かなり高い値段に達したことがあるが、そのときあなたは、その値段で売りそこなった。で、私は今その金額をあなたに差し上げる義務があると思うのだ。』バブの顧客が余分の金額を戻したいとどれほど頼んでも、バブは断固として断わられたのです。

バブはまた、殉教者の王子と呼ばれるイマム・ホセインの徳行を称える集会に熱心に参加され、そこで詠唱されている賛辞にひじょうに注意深く耳を傾けておられました。その賛辞が哀悼と祈りの個所にくると、この上ないやさしさと愛情を示されたのです。彼がふるえる唇で祈りと賛美の言葉をささやかれるとき、彼の目から涙が雨のように流れ出しました。しかも彼の威厳は何とすばらしく、その顔は何とやさしい哀れみを表わしていたことでしょうか。」

バブが〈生ける者の文字〉として選び、その啓示の書に記録された弟子たちは最高の恩恵を得ることができた。彼らの名は次に示すとおりである。

モラ・ホセイン・ボッシュルエイ
モハメッド・ハサン（モラ・ホセインの弟）
モハメッド・バゲル（モラ・ホセインの甥）
モラ・アリ
モラ・コダ・バクシュ・グチャニ（後にモラ・アリと呼ばれる）
モラ・ハサン・バジェスタニ
セイエド・ホセイン・ヤズディ
ミルザ・モハメッド・ローゼ・カーン・ヤズディ
サイド・ヘンディ
モラ・マムード・コイ

モラ・ジャリル・オルミ
モラ・アーマド・イブダル・マラギ
モラ・バゲル・タブリズ
モラ・ヨセフ・アルデビリ
ミルザ・ハディ（モラ・アブドル・ヴァハブ・ガズビニの息子）
ミルザ・モハメッド・アリ・ガズビニ
タヘレ
ゴッドス

以上の者たちのうち、タヘレ以外は皆バブの面前に出て、〈生ける者の文字〉の地位を付与された。タヘレは、妹の夫であるモハメッド・アリがガズビンを出発するのを知って、彼に封書をあずけ、約束の御方に渡すように頼んだ。彼女は彼に、旅行中にかならずその約束の御方に会えるので、その御方に次のように伝えてくれるように頼んだ。「あなたの御顔は輝きにきらめいております。そして、あなたの御姿から光が高くのぼっております」と。続けてこう述べるようにも頼んだ。「『われは、あなたの主ではないか』との質問に、私どもは皆『まことに、あなたは主でありたもう』と答えます。」

モハメッド・アリはついにバブに会うことができ、バブが約束の御方であることを認めてタヘレの手紙と伝言を渡した。バブは直ちにタヘレを〈生ける者の文字〉の一人であると宣言した。彼女の父モラ・サレと父の兄モラ・タギは二人共高名な法学者で、イスラム法の伝承にくわしく、テヘランやガズビンをはじめペルシャの主な都市の住民から敬われていた。彼女は叔父のモラ・タギの息子モラ・モハメッドと結婚していた。この叔父はシーア派の信者たちから第三番目の殉教者シャヒッド・タレスのようだと呼ばれていた。タヘレの家族はバラ・サリであったが、彼女だけは最初からカゼムに傾倒していて、カゼムに対する賞賛を表わすために、アーマドの教えが正当だとする弁明書を書いて彼に送った。これに対し、彼女はすぐ深い愛情をこめた返事を受け取った。その書簡のはじめにはつぎの言葉があった。「おお、わが目の慰めである人（ヤ、ゴルラトル・エイン）よ。わが心の喜びよ。」

それ以来、彼女はゴルラトル・エインという呼び名で知られるようになった。後日、タヘレは歴史に残るバダシュトの大会に参加し大胆な発言をした。その大会に参加した者たちは、タヘレの恐れを知らない言葉に仰天し、そのおどろくべき態度についてバブに知らせる必要があると感じた。彼らはタヘレの清純な名前を汚そうとしたのである。この非難にバブは答えた。「威力と栄光の舌が彼女をタヘレ（清純なる者）と名づけられた。これに関して何が言えようか。」この言葉は彼女の地位を傷つけようとしていた者らを黙らせた。それ以来、彼女は信者たちからタヘレと呼ばれるようになった。

さて、ここでバラ・サリという言葉について説明をしておきたい。アーマドとカゼムをはじめ弟子たちは、カルバラのイマム・ホセインの廟を訪問するときは尊敬のしるしとしてその墓から離れた下座に座るのが常であった。彼らはそこから上座に進むことは決してなかったが、一方ほかの礼拝者でバラ・サリと呼ばれる人たちはその廟の上座で祈りをとなえた。シェイキ派の人びとは「真の信者は全員、この世とつぎの世の両方に生きている」と信じていて、彼らにとって完全な信者の顕現であったイマム・ホセインの眠る廟の下座から上座へ歩を向けるのは適切でないと思っていた。

モラ・ホセインは、バブがメッカとメジナに巡礼する際、自分が同伴者に選ばれるであろうと期待していたが、バブはシラズ出発を決意するとすぐモラ・ホセインを呼び、こう指示した。「我々の交わりの時期は終わりに近づいた。あなたとの約束はいまや果たされた。気を引きしめて立ち上がり、わが大業をひろめるために努力せよ。現世代の人びとの堕落と邪悪を見ても気を落としてはならない。聖約の主がかならずあなたを援助されるからである。実際、その御方はあなたを慈愛深く保護し、勝利から勝利へと導いてくれるであろう。大地に恩恵の雨を降らす雲のように国中を旅し、全能者が恵み深くあなたに付与された祝福を人びとに注ぎかけよ。僧侶や法学者たちには忍耐し、神の意志に身を委ね、次のように声高らかに呼びかけよ。『目覚めよ、目覚めよ。見よ、神の門は開かれ、朝の光が全人類に輝きを注いでいる。約束の御方が出現された。その御方のために道を準備せよ。おお地上の人びとよ。あなた方を救ってくれるこの恩恵を失わないようにせよ。また、そのさん然と輝く栄光に目を閉じないようにせよ。』

この呼びかけに応じる人がいれば、わが書簡を見せるがよい。そのおどろくべき言葉により彼らが無思慮のぬかるみに背を向け、神の面前に飛翔することができるように。まもなく、われは巡礼の旅に出発するが、同伴者としてゴッドスを選んだ。われはあなたを残し、かしゃくない敵の猛襲に直面させることにした。しかし安心するがよい。言語に絶するほどの栄光ある恩恵があなたに付与されるであろうから。北に向かって旅し、その途中でイスファハン、カシャン、クム、そしてテヘランを訪れよ。神の恵み深い援助により、その首都で真の主権の座に達し、最愛なる御方の館に入れるよう全能の神に懇願せよ。その都市にこそ秘密がかくされているのだ。それが明らかにされるとき地上は楽園に変わるであろう。わが望みは、あなたがその恩恵にあずかり、その光輝を認めることができることなのだ。テヘランからコラサンに向かい、そこでふたたび聖なる呼び声をあげよ。そこからナジャフとカルバラに戻り、そこであなたの主から呼び出されるまで待つがよい。確信せよ。あなたはこの崇高な使命のために創造されており、それをすべて成就するようになっている。あなたがその使命を果たすまでは、不信心の世界の槍がすべてあなたに向けられても、あなたの髪の毛一本さえも傷つけることはできない。万物は神の威力ある手に捕らわれているからだ。まことに神こそは全能者であり、すべてを従わせる者でありたもう。」

次にバブは、モラ・アリを面前に召して慈愛深く励ました。バブは彼にナジャフとカルバラに直行するように指示し、激烈な試練と苦難が降りかかっても最後まで確固不抜であるようにと激励した。「あなたの信念は岩のように不動でなければならない。嵐のすべてを乗り切り、あらゆる災難を切り抜けなければならない。愚か者の非難や僧侶の誹謗に傷つけられることなく、また、そのため目的から逸れることがないようにせよ。なぜなら、あなたは不滅の世界で準備されている天国の宴会に招かれるからだ。あなたはこの神の家を最初に離れ、神のために苦しみを受けるようになっている。あなたが神の道において殺されるならば、そのとき大なる報酬とすばらしい贈り物を受けることを思い起こすがよい。」

バブが話し終わるやいなや、モラ・アリは立ち上がり、自分の使命を果たすために出発した。シラズからしばらく行ったところである若者が追いついてきた。若者は興奮で頬を紅潮させ、話しかけてもよろしいですか、ともどかしげに聞いた。アブドル・ヴァハブというその若者は涙ぐみながらモラ・アリに懇願した。

「あなたの旅に同伴させて下さい。私の心は迷いに悩まされています。私の歩みを真理の道に導いて下さるようにお願いします。私は昨夜、シラズの市場通りで、町の触れ役が忠実なる者の指揮官であるイマム・アリが出現されたことを告知している夢を見ました。触れ役は群集にこのように呼びかけていました。『立ち上がってその御方を探すがよい。見よ。その御方は、燃えさかる火中より自由の宣言書を引き抜き、人びとにそれを配布されているのだ。その御方のところに急ぐがよい。その手から自由の宣言書を受け取る者は懲罰の苦しみを受けないで済むのだ。そうしない者は楽園の祝福を失うであろう。』

その触れ役の声を聞くとすぐ私は立ち上がり、店をそのままにしてヴァキルの市場通りを横切りました。そこで、あなたが同じ宣言書を人びとに渡しているのを見たのです。その宣言書をあなたの手から受け取ろうと近づいた各人に、あなたは二、三語ささやきました。その途端それを聞いた人は皆、仰天して逃げ去りました。『ああ悲しい。私はアリとその親族の祝福を失った。ああみじめだ。私は見捨てられ、没落した者らの一人となった。』

私は夢からさめて深く考え込み、店に戻ると突然、あなたが通られるのが目に入ったのです。あなたはターバンをつけた同伴者と話しておられました。私は椅子から飛び上がり、抑えられない力に駆られてあなたに追いつきました。おどろいたことに、あなたは私が夢で見た同じ場所に立って伝承や聖句を説明しておられました。私は少し離れたところで、あなたやあなたの友人からまったく気づかれないで見ていました。あなたが話しかけていた男性がはげしく抗議するのも聞こえたのです。『私には、あなたの言葉の真理、つまり山でも支え切れないその重さを認めるよりも、地獄の火で燃やされる方が容易だ。』この軽蔑したような拒絶に、あなたは『宇宙全体がその御方の真理を否定したとしても、その崇高な衣の清純さを汚すことは決してできないのだ』と答えられ、その男から離れてカゼランの門に向かわれました。そこで私は後を追ってこの場所までやってきたのです。」

モラ・アリは若者の悩む心をなだめ、店にもどって日々の仕事を続けるよう説得しようとした。「あなたが私と交わると困難なことになりかねない。シラズに戻りなさい。そして安心しなさい。あなたは救われた人びとの中に数えられるからだ。これほど熱烈で献身的な探求者に神の恩恵の杯が与えられないというのは神の正義から逸れており、これほど渇望している魂に神の啓示の波打つ大洋が付与されないというのも神の正義ではないのだ。」しかし、このモラ・アリの言葉は無駄であった。店に戻るように忠告すればするほどアブドル・ヴァハブの悲痛な泣き声は高まって、ついにモラ・アリはその望みを受け入れざるを得なくなり、神の意志に任せることにした。

アブドル・ヴァハブの父ハジ・アブドル・マジドは、よく目に涙を浮かべて次の話をした。「私は自分の犯した行為を深く後悔しています。この罪を神が許して下さるように祈るばかりです。私はかつてファルス州知事の館で愛顧を受けていました。私の地位はひじょうに高く、だれもあえて私に反対したり、傷つけたりすることはなく、だれ一人として私の権威を問うことも、その特権に干渉することもありませんでした。息子のアブドル・ヴァハブが店を見捨てて町を去ったことを聞いたとたん、私は彼を追ってカゼランの門に向かって走りました。こん棒で息子を打つつもりで、そのあたりにいた人に彼がどの道をとったかを聞くと、ターバンをつけた男が道を横切っていたが、そのあとに息子がついて行っており、二人いっしょに町を去るようであったと知らされたのです。これを聞いて怒りがこみ上げ、知事の館で特権をもつ地位にある自分が、息子の不相応な行動を許すわけにはいかないと思ったのです。息子の不面目な行動をやめさせるのは厳罰だけだと感じました。

そのあと探し回ってやっと二人を見つけました。私は猛烈な怒りに駆られてモラ・アリを打ち、大変な打撲傷を負わせました。ところが彼はおどろくほど平静にこう言ったのです。『アブドル・マジドよ、打つ手をやめよ。神があなたを見ておられるからだ。目撃者は神である。私は、あなたの息子の行動に責任がない。あなたが私に加える苦痛は気にならない。なぜなら私は自分が選んだ道に降りかかる一層はげしい苦難に耐えうるように準備しているからだ。あなたが加える危害は将来私に降りかかるようになっているものに比べれば大海の一滴のようなものだ。このことをぜひ言っておきたいが、あなたは私より長生きし、私の潔白を認めるようになり、自責の念に苦しみ、悲痛な思いをするであろう。』しかし、私はその言葉をあざけり、その訴えを無視して、疲れ果てるまで彼を打ち続けました。彼は黙って勇敢にこのひどい懲罰に耐えました。そのあと私は息子に後についてくるように命じ、モラ・アリをそこに放ったままその場を去りました。

シラズにもどる途中で、息子が自分の見た夢を語るのを聞き、後悔の念が少しずつこみ上げてきました。モラ・アリの潔白が私の眼前で立証されたからです。その後、彼にあたえた残酷な行為を思い出し、私の魂は長い間苦しみました。その痛恨の念は住居をシラズからバグダッドに移さざるを得なくなったときまで心から消え去ることはありませんでした。その後、バグダッドからカゼマインに移り、息子のアブドル・ヴァハブはそこで仕事をはじめました。そのころ彼の若々しい顔は何とも表現できない神秘に包まれたようになり、その生活が変ってきましたので、何か秘密をかくしているに違いないと感じました。一八五〇から五一年にかけてイラクに旅されたバハオラがカゼマインを訪れられたとき、息子はすぐその魅力に惹かれ、永遠の献身を誓ったのです。数年後、息子がテヘランで殉教したとき、バハオラはバグダッドに追放されておられましたが、かぎりない愛情と慈悲で私を無思慮の眠りから覚ましてくださいました。そして、彼自ら新しい時代の原則を私に教え、私が犯した残酷な行為の汚れを、神の許しの水で洗い流してくださったのです。」

この挿話は、バブの宣言後に弟子にふりかかった最初の苦難の記録である。モラ・アリは自分の経験から、師の約束が実現される道はひじょうにけわしく、難しいということを知っていた。彼はすべてを神の意志に任せ、この大業のために血を流す決意でナジャフまで旅し、イスラム教シーア派の著名な高僧であるモハメッド・ハサンとその名高い弟子たちを前にして恐れることなく、皆が熱烈に待望したバブ、すなわち門である御方が出現されたことを宣言した。「バブの証拠はその言葉であり、その証言はイスラム教徒がイスラム教の真理を立証するときのものと同じです。このモハメッドの子孫で、教育を受けていないペルシャ人の若者のペンから、祈り、説話、科学的論文が四十八時間内に流れ出ました。それは、神の預言者であるモハメッドが、二十三年間かけて啓示したコーランの全巻に匹敵する長さのものでした。」

この高慢で狂信的な高僧モハメッド・ハサンは、暗黒と偏見の時代に新しく誕生した啓示、その生命力をあたえる教えを歓迎するどころか、即座にモラ・アリを異端者と宣告し、集会から追い出した。彼の弟子たちも師の非難を支持した。モラ・アリが敬虔で、誠実な人物で学識があることをすでに認めていたシェイキ派の者らでさえ、ためらうことなく彼を非難したのである。この高僧の弟子たちは、敵と手を組んで、言うに言えない侮辱をモラ・アリに加えた。ついに彼らはモラ・アリを、イスラム教を破壊し、預言者を中傷し、悪影響を広め、イスラム教に恥辱をもたらす者として死刑に値すると断定して、彼の両手にくさりをつけてトルコ帝国の官吏に渡したのである。彼は官吏の護送の下にバグダッドに連行され、知事の命令で投獄された。

アタールという姓のハジ・ハシェムは、イスラム教の聖典にくわしい有名な商人であった。彼はモラ・アリの逮捕について次のように語った。「ある日、私が政府の建物にいたとき、モラ・アリが町の要人や政府の官吏の集まっているところへ呼び出されました。彼は異端者であり、イスラム教の法律を捨てる者であり、その儀式や習慣を否認する者であるとして告発されたのです。彼が犯したとされる違反や非行が数え上げられると、町のイスラム教法の主な解釈者であるモフティ（宗教解釈官）がモラ・アリの方を向いて宣言しました。『おまえは神の敵だ。』

私はモフティの隣の席に座っていたので彼の耳にこうささやきました。『あなたはこの不運な人についてまだ知っておられない。どうして彼に対してそんな言葉を用いられるのですか。そのような言葉を使われると、彼に反対する民衆の怒りを刺激するということがお分かりにならないのですか。あなたがすべきことは、民衆の根拠のない非難を無視して、あなた自ら彼に質問し、イスラム教で認められている正義の基準に従って判断することです。』

モフティはひどく不機嫌になって席から立ち上がり、その集会から去って行きました。そのため、モラ・アリはふたたび投獄されました。数日後、私は彼の釈放を願いながらある人に彼の行方を尋ねました。そこで私が知り得たことは、その日の夜、コンスタンチノープルに追放されたということだけでした。そのあと彼がどうなったかを調べましたが、行方は不明のままでした。コンスタンチノープルへの道中で病に倒れ、死亡したと信じる人もいましたし、殉教したと主張した人もいました。」どのような最後を迎えたとしても、モラ・アリはその生涯と死によって、神の新しい信教の道で苦難を受けた最初の者、聖なる犠牲の祭壇に命をささげた最初の者として不滅の栄誉を勝ち取ったのである。

さて、話をもとにもどそう。バブはモラ・アリに任務をあたえて送りだしたあと、残りの生ける者の文字と呼ばれる弟子たちを呼び出し、各人に特定の指示と任務をあたえた。そして、次のような別れの言葉で呼びかけた。「おお、わが愛する友らよ。皆はこの偉大な時代に神の御名を伝える者たちである。皆は神の神秘を受け入れる宝庫として選ばれた。皆は神の特性を表わし、行動と言葉で神の正義と威力と栄光のしるしを示さなければならない。身体の器官のすべてが、崇高な目的、高潔な生き方、固い信念、高尚な献身を証言しなければならない。まことにわれは言う。この時代こそは、神が聖典（コーラン）の中で予言された日である。『その日、われは彼らの口を封じるであろう。しかも、彼らの手はわれに話しかけ、彼らの足はその行動を証言するであろう。』

イエスが、弟子たちを神の大業の普及に送り出したときにあたえた言葉を熟考するがよい。弟子たちが立ち上がり、その使命を果たすよう、イエスは次のように命じられた。『皆は真っ暗な夜に、山頂にともされた火のようなものである。人びとの眼前でその光を輝かせることだ。地上の人びとが皆を通して天の父を認め、天の父に近づくことができるように、清らかな性格をもち、世俗のものへの愛着を絶たなければならない。なぜなら、天の父こそは、清純と恩恵の源である御方であるが、だれも天の父を見たことがないからである。したがって、神の精神的な子供である皆は行動で神の美徳を示し、その栄光を証言しなければならない。皆は地の塩であるが、もし塩に塩気がなくなれば、何によってその味が取りもどされようか。神の大業を教え広めるために町を訪れるとき、何らの報酬も食事の振る舞いも期待してはならない。皆の世俗超脱は、それほど高められていなければならないのだ。むしろ、町を出るときは足の埃も払い落とすことだ。清らかで汚れない姿で町に入り、同様に汚れない純粋な姿で町を去らなければならない。まことにわれは言う。天の父は常に皆と共にあり皆を見守っておられる。天の父に忠実でなければならない。そうすれば、天の父はかならず地上のすべての宝物を皆の手中に置き、皆を地上の王や支配者をはるかに超えるほど高めてくださるであろう。』

おお、わが文字たちよ。まことにわれは言。今日はいにしえの使徒たちの時代をはるかにしのぐ崇高な時代である。それどころか、その違いは計り知れないのだ。皆は約束された神の日の夜明けを目撃する証人であり、神の啓示の神秘の杯にあずかる者である。気を引きしめて準備し、神の書に著わされた言葉を心に銘記せよ。『見よ、主なる神が到来された。その面前に天使の一団が整列している。』

世俗の欲望から心を清め、天使の美徳で自らを飾らなければならない。行動をもって、神の言葉の真理を実証するように努力せよ。そして『後を振り返る』ことがないよう気をつけよ。振り返れば、神は『皆を他の人びとと取り替えられるであろう』から。彼らは『皆と異なる人たち』で、神の王国を皆の手から取り上げるであろう。無為な崇拝で十分であった時代は終わった。純粋な動機と、しみ一つない清らかな行動だけが最も高遠なる御方の王座に昇り、受け入れられる時が来たのだ。『立派な言葉は神にとどき、正義ある行為は神の面前に引き上げられるであろう。』皆の身分は低いが、神は聖典でこのように述べられている。『われは、その地で低い身分で育った者に好意を示し、彼らを人びとの精神的指導者となし、わが継承者となそう。』

皆はこの地位に達するように召喚されたのだ。もし、皆が立ち上がり、この世のあらゆる欲望を足で踏みつけ、『神が語られるまで語らず、その命にしたがう栄誉あるしもべ』となるように努力するならば、その地位に達することができよう。皆はこの最初の点（バブの称号の一つ）から生まれ出た最初の文字、この啓示の源泉から湧き出た最初の泉である。世俗のもつれ、この世の愛情、はかない現世の営みが、皆の心に流れる恩寵の清らかさを汚さず、甘さを苦みに変えないように神に嘆願するがよい。われは皆を偉大なる日の到来のために準備しているのである。今ここで指示をあたえているわれが、来世で神の座の面前に立ち、皆の行為に満足し、その成果を称えることができるように、最善をつくして努力せよ。今後出現する偉大な日の秘密は、今かくされている。その秘密をここで明かすことも、計り知ることもできない。その日に生まれた赤子は、今の世でもっとも賢く、もっとも尊敬されている人物をはるかにしのぐ能力をもち、その日のもっとも身分が低く、無学な者も、現在最高の学識をそなえた聖職者よりもはるかにすぐれた理解力をもつであろう。

この地の果てから果てまで隈なく散り、不動の足取りと、清められた心をもって、その御方の到来の準備をせよ。自分の弱さやもろさを気にかけることなく、不屈なる全能者、主なる神の力に目を据えなければならない。神はその昔、アブラハムをして、その無力さにもかかわらずニムロデの軍勢に勝利を得させたではないか。また、杖一本しかなかったモーゼに、ファラオとその軍勢に打ち勝つ力をあたえられたではないか。神はまた、人の目に貧しく、身分が低く映ったイエスに、ユダヤ人の全勢力をしのぐ力をもたされたではないか。さらに、野蛮で戦闘的なアラビアの部族を、預言者モハメッドの聖なる規律に従う者らに変えられたではないか。神の御名のもとに立ち上がり、神に全信頼を置き、最終的な勝利を確信せよ。」

バブは以上の言葉で弟子たちの信念を強め、使命遂行の旅に送り出した。各人にそれぞれの出身地を活動の場として割り当て、バブの名前と身元にははっきり言及しないように指示した。また、約束の御方への聖なる門が開かれたこと、その証拠は否定できないこと、その証言は完全であることを伝えるように指示した。その御方を信じる者は神から下された預言者をすべて信じる者であり、否定する者は神の聖者と神から選ばれた者をすべて否定する者であることを説くように命じた。以上の指示を与えたあと、バブは弟子たちを自分の前から去らせ、神の保護に任せた。この生ける者の文字と呼ばれる弟子たちのうち、最初の文字モラ・ホセインと最後の文字ゴッドスはシラズのバブのもとに残った。あとの十四人はおのおの委任された任務を全部果たす決心で夜明け時にシラズを出発した。

弟子たちが出発したあと、バブはモラ・ホセインに話しかけた。「ヘジャーズへのわが巡礼に同伴者として選ばれなかったことを嘆いてはならない。その代わりに、ヘジャーズもシラズも比べられないほど神聖な秘密がかくされている町にあなたを行かせるつもりだ。わが望みは、あなたが神の援助により強情者の目にかかっているヴェールを取り除き、悪意に満ちた者の心を清めることである。途中でイスファハン、カシャン、テヘラン、そしてコラサンを訪れよ。そこからイラクに行き、そこであなたの主の命令を待つがよい。主はあなたを見守り、御心のままにあなたを導いて下さるからだ。われはゴッドスとエチオピア人の召使いを伴って巡礼のためヘジャーズに向かい、そこでヘジャーズに向けて出帆しようとしているファルスからの巡礼の一団に合流してメッカとメジナを訪れ、神がわれに委任された使命を果たすつもりである。もし、神の御意志であれば、クフェを通って戻るが、そこであなたに会いたいと思っている。それが叶わなければ、シラズでわれに会ってくれるように願う。見えざる王国の軍勢があなたの努力を支え、強めてくれることを確信せよ。今や、強い力があなたに与えられ、神が選ばれた天使たちがあなたの周りをまわっているのだ。その全能の腕があなたを取り巻き、その聖なる精神はあなたの歩みをかならず導いてくれるであろう。あなたを愛する者は神を愛する者である。あなたに反対する者は神に反対する者である。神はあなたを助ける者を助けられるであろう。そして、あなたを拒絶する者を拒絶されるであろう。」

第四章　モラ・ホセインのテヘランへの旅

モラ・ホセインは、バブの崇高な言葉を耳に残して危険な旅に出発した。その旅の途中あらゆる場所で、すべての階級の人びとに、敬愛する師から委任されたメッセージを恐れることなく伝え、イスファハンに到着後はニム・アヴァルドの神学校に落ち着いた。モラ・ホセインは以前カゼムの使者として、高名なイスラム法学者を訪れたことがあるため、そのことを知っていた人びとが彼の周りに集まってきた。この法学者はすでにこの世を去っており、息子が後を継いでいた。息子はナジャフから戻った後すぐ父親の地位についたのである。

エブラヒム・カルバシも重態におちいり、死に直面していた。モハメッド・バゲルの死で、弟子たちは師からあれこれ言われることがなくなり、モラ・ホセインの聞き慣れない教義に警戒心を強めはじめていた。彼らは亡き師モハメッド・バゲルの息子アサドラに、モラ・ホセインに対する中傷を告げ、次のように不満を表わした。

「モラ・ホセインは以前の訪問の際、高名なあなたの父上をアーマドの大業の支持者に引き入れました。師の弟子たちは無力で、彼に反対する者はいないのです。モラ・ホセインは今、（カゼムより）一層おそるべき敵対者となり、その教えを大変な熱意と気力をもって弁じています。彼は、自分が信じている大業をもたらした人物は、聖なる書を著わし、それは神から霊感を受けたものであると執拗に主張しています。また、その書はコーランの語調にそっくりであるとも断言しています。さらに、この町の住民に『もし、皆さんが真理の愛好者ならば、これと同様のものを生み出しなさい』という言葉で挑戦してきたのです。イスファハンの全住民がその大業を受け入れる日が迫ってきています。」

アサドラはしばらく彼らの不満にあいまいに答えていたが、ついに、はっきりとした返事をせざるを得なくなった。

「これ以上私に何が言えようか。皆も認めるようにモラ・ホセインは雄弁かつ説得力のある論証で私の父ほどの高名な人物を黙らせたではないか。功績も知識も父よりはるかに劣っている私が、父がすでに是認したことに対してどうやって挑戦できようか。各人めいめいモラ・ホセインの主張を冷静に調べてもらおう。それに満足できれば、それはよいことだ。もしそうでなければ沈黙を守ってもらい、我々の信教（イスラム教）の名声を傷つけるような危険を冒さないようにしてもらおう。」

アサドラを動かすことができないと分かった弟子たちは、モハメッド・エブラヒムにこの問題をもち込み、騒々しく異議を申し立てた。「我々に災いが襲ってきました。敵が立ち上がって聖なるイスラム教を分裂しようとしています。」そして、大げさで、あくどい言葉で、モラ・ホセインが説いている考えはあまりにも挑戦的だと非難した。これにモハメッド・エブラヒムは答えた。「黙りなさい。モラ・ホセインはだれにもだまされるような人物ではない。また、危険な教えの犠牲になるような人でもない。もし皆の主張が本当で、モラ・ホセインが実際新しい宗教を信じているのであれば、まずその教えの内容を冷静に調べることが皆の義務ではないのか。前もって注意深く調べないで非難するのは止めた方がよい。健康と気力が回復し、事情が許すならば、私自身この件を調査し真実を確かめるつもりだ。」

アサドラの弟子たちは、このモハメッド・エブラヒムのきびしい咎めに当惑してしまった。あわてた彼らは市（イスファハン）の知事マヌチェール・カーンに訴えが、思慮分別をそなえた賢明な知事は、この問題はイスラム学者の権限であると述べ、これに関わることを拒否し、不和の種をまくことを避け、使者（モラ・ホセイン）の平穏を乱すことを止めるよう警告した。知事の痛烈な言葉は、害をもたらそうと企んでいた者たちの望みをくじいた。こうしてモラ・ホセインは敵の陰謀から解放され、しばらくは自由に目的を追求することができた。

イスファハン市で最初にバブの大業を受け入れたのは小麦のふるい手であった。彼はバブのメッセージを耳にするとすぐ、何のためらいもなくそれを受け入れた。そして、モラ・ホセインに献身的に仕え、彼との親密な交際を通して新しい啓示の熱烈な支持者となった。数年後、シェイキ・タバルシの砦の包囲攻撃について、魂をゆるがされるような話を聞き、信教の擁護に立ち上がったバブの勇敢な弟子たちと運命を共にしたいという衝動に駆られ、即座に手にふるいをもって立ち上がり、交戦の場に向かって興奮状態のままイスファハンの市場を走って行った。それを見た友人たちが「どうしてそんなにあわただしく出発するのか」と聞くと、彼はこう答えた。「シェイキ・タバルシの砦を守っている栄誉ある一団に加わるのだ。このふるいで、通りすぎる町の人を皆ふるいにかけるつもりだ。私が受け入れた大業を信じる人が見つかれば、いっしょに殉教の場に急ぐよう請うつもりだ。」

バブは、この若者の献身の熱烈さについて、ペルシャ語のバヤンに次のように書いている。「かのすぐれた都市イスファハンの特徴は、シーア派の住民が宗教的熱情をもち、聖職者の学識が深く、また、階級を問わず全住民がサヘオザマン（時代の主）の出現を今か今かと待ち望んでいることである。そして、都市のいたるところに宗教機関が設立されてきた。ところが、神の使者が実際現われたとき、学識の宝庫で、宗教の神秘を解説できると自認していた者らはその教えを拒否した。しかし、この学問の中心に住む住民のうちただ一人、小麦のふるい手だけが真理を認め、神の美徳という衣を与えられたのである。」

イスファハンのセイエド（モハメッドの子孫）のうち、アリ・ナリ、彼の弟のミルザ・ハディ、そしてモハメッド・リダがバブの大業を認めた。アリ・ナリの娘はその後、最大の枝（アブドル・バハ）と結婚した。以前モカダスとして知られていたサディクは、後にエスモラホル・アスダグという称号をバハオラから与えられたが、カゼムの指示に従ってそれまでの五年間イスファハンに住み、新しい啓示の出現の準備をしていた。彼もまた、バブの教えを最初に認めた弟子の一人であった。彼はモラ・ホセインのイスファハン到着を知るとすぐ会いに行った。その最初の会見はアリ・ナリ宅で夜半に行われたが、その模様を次のように語った。

「私がモラ・ホセインに、約束の顕示者であると宣言する御方の名前を教えてくれるように頼むと、『その名前を問うことも、それをもらすことも禁じられている』という答えが返ってきました。そこで私は聞きました。『生ける者の文字がしたように、独自で、全慈悲者の恩恵を求め、祈りを通してその御方を発見できるのでしょうか。』彼はこう答えました。『神の恩恵の扉は、神を求める人の前で閉ざされることは絶対にない。』私はすぐに彼のもとを離れ、家の主人に頼んで、誰にも邪魔されずに神と交信するため、個室を使わせてもらいました。瞑想中にとつぜん、カルバラに滞在していたときしばしば目にした若者の顔が出て、イマム・ホセインの廟の入り口で涙して祈るような姿で立っていました。その同じ顔が私の眼前にふたたび現われたのです。幻の中で、その同じ顔、同じ容貌を見たのです。その喜びにあふれた表情を描写することはできません。その顔はこちらをじっと見て微笑みました。私が彼の足元に身を投げ出そうと近づき、地面に顔を向けたとき、その輝く姿はふっと消えたのです。この上ない喜悦に満たされた私はモラ・ホセインのところに走っていきました。彼はうれしそうに私を迎え入れ、私がついに望みの目標である御方を見つけたことを喜んでくれましたが、私のその喜びの気持ちを押さえるように命じ、こう警告しました。

『あなたが見た幻をだれにも明かしてはならない。その時間はまだ到来していないからだ。あなたはイスファハンで辛抱強く待ったのでその報酬を得たのだ。すぐにケルマーンに行き、カリム・カーンにこの教えを伝えなさい。次にシラズに行き、無思慮な住民の目をさます努力をしなさい。シラズであなたと会おう。そこで最愛なる御方と再会し、その祝福を共にしようではないか。』」

モラ・ホセインはイスファハンからカシャンに向かった。カシャンで最初に忠実なる信者たちの一団に加わったのはジャニで、称号はパルパという有名な商人であった。モラ・ホセインの友人たちの中にはカシャンの住民で、シェイキ派共同体に属している著名な僧侶のアブドル・バキがいた。彼はナジャフとカルベラに滞在中、モラ・ホセインと親しく交際してバブの教えを聞いたが、そのために僧侶の地位と指導的な立場を犠牲にすることはできないと感じた。モラ・ホセインはクムに到着してバブの教えを伝えようとしたが、その町の住民はだれも耳をかそうとしなかった。彼がそこで蒔いた種は、バハオラがバグダッドに追放されるまで芽を出さなかったが、その時期になってクム出身のミルザ・ムサが教えを受け入れ、バグダッドに旅してバハオラに会った。その後彼はバハオラの道で殉教の盃を飲み干した。

　クムから直接テヘランへ向かったモラ・ホセインは、テヘラン滞在中、ある神学校の一室に住んだ。モラ・ホセインは、その神学校の講師でシェイキ派の共同体の指導者であったモハメッド・クラサニに神の教えを受け入れるよう誘ったが、彼はそれに応じず、「あなたに期待していたことは、師カゼムの亡き後、世に埋もれた存在になったシェイキ派共同体を救うために尽力することであった。ところがあなたはこの期待を裏切り、破壊的な教義をひろめておられる。それを続けられるなら、やがて、この都市に残っているシェイキ派の信者は全滅してしまうであろう」と言った。モラ・ホセインは、自分はテヘランに長居するつもりはないし、アーマドとカゼムが説いた教えを卑しめたり、抑圧したりする意図も一切ないと説明して彼を安心させた。

　テヘランに滞在していたモラ・ホセインは毎日早朝に部屋を出、日没一時間後に戻ってきた。戻ると一人で静かに自室に入り、翌日まで閉じこもった。バハオラの実弟ミルザ・ムサ（アガ・カリム）は、私（著者）に次のように語った。

「私は、マザンデラン州のヌール出身で、アーマドとカゼムの熱烈な賞賛者のモハメッド・モアレムから次のような話を聞きました。『当時、私はモハメッド・クラサニから好意をもたれていた弟子の一人で、彼が教えていた学校の寄宿舎に住んでいました。私の部屋と彼の部屋は隣り合っており、親密に交際できました。ある日偶然にも、彼がモラ・ホセインと討議している内容の全て耳にし、この見知らぬ若者の熱意、流暢な言葉と学識に深く心を動かされましたが、一方、モハメッド・クラサニのあいまいな返事、尊大さ、ごう慢な態度におどろかされました。この若者の魅力に強く惹かれると同時に、師の見苦しい態度に憤慨したのです。しかし、私はその気持ちをかくし、彼とモラ・ホセインとの討議には無関心を装いながら、ぜひともモラ・ホセインに会いたいと思い、事前に知らせることなく真夜中に訪ねたのです。ドアをたたくと、ランプのそばに座っていた彼は私を愛情深く迎え入れ、丁重に、親切に語りかけてくれたので、私は胸の中を打ち明けました。その間、私は感動を抑えきれず、涙があふれ出てきました。彼はこう言いました。

『私が、なぜこの場所を宿泊所として選んだかが今わかりました。あなたの師はこの聖なる教えを拒絶し、その創始者を軽蔑されました。私の望みは、彼の弟子がこの真理を認めることです。あなたのお名前は？ 出身地は？』私は答えました。『私の名はモラ・モハメッドで、称号はモアレムです。故郷はマザンデラン州のヌールです。』モラ・ホセインはさらに訊ねました。『人格、魅力、芸術と学識で高名であった故ミルザ・ボゾルグ・ヌーリの家族の中で、この家系の高貴な伝統を維持できることを証明した人が現在いるかどうか教えてもらいたいのです。』

私は答えました。『今生存している息子たちのうち、父上と同じ特徴をもち、際立ってすぐれた人が一人います。その方は、高潔な生活、高度の学識、慈愛深さと寛大さで、気高い父親にふさわしい息子であることを証明しています。』彼は聞きました。『その方の職業は？』『意気消沈している人をなぐさめ、飢えた人に食べ物を与えることです』と私は答えました。『その方の地位と階級は？』『貧しい人と見知らぬ人と親しくなるほかは何の地位もありません。』『その方の名前は？』『ホセイン・アリです。』『父親の書体のうち、その方は、どの書体で父親よりすぐれていますか？』『彼の愛好する書体は、シーカステ・ナスタリグです。』『その方は、時間をどのように過ごされますか？』『森を散歩し、田園の美しさを楽しまれます。』『年令は？』『二十八才です。』

私はモラ・ホセインの熱心な質問と、私の返事を喜んで聞く様子にとても驚きました。彼はこちらを向き、満足感とよろこびで顔を輝かせながら、もう一度私に聞きました。『あなたはその方とよく会われますか？』『たびたび訪問します。』『では、この預かり物を彼の手に渡してもらえますか？』『もちろん、確かにそういたしましょう。』そこで、彼は布に包んだ巻物を私に渡し、翌日の夜明け時にその方（バハオラ）に渡すように頼んだのです。『もし、その方が返事を下されば、それを私に知らせて下さい』と彼は付け加えました。そこでその巻物を受け取り、翌日の夜明けにこの要請を果たすために出かけました。バハオラの家に近づくと、バハオラの実弟ミルザ・ムサが門のところに立っていましたので、訪問の目的を知らせました。彼は家に入ってからまもなくして現われ、私をバハオラの面前に案内しました。私がミルザ・ムサに巻物を渡すと、彼はそれをバハオラの前に置きました。バハオラは我々二人に座るように命じてから巻き物をひろげ、その内容に目を通して何節かを声高らかに読みはじめました。私はその声の旋律的な美しさにわれを忘れてじっと座っていました。バハオラは巻物の一ページを読み終えると弟の方を向き、述べました。『ムサ、君はどう思うか？　実際コーランが神から下されたものであることを信じながら、この魂を動かす言葉が、コーランと同じ創造的な力をもつことを一瞬たりとも疑う者は、確かに判断をあやまった者であり、正義の道から遠くそれた者だ。』

バハオラはそれ以上語らず、私を面前から去らせるとき、モラ・ホセインへの贈り物としてロシアの砂糖と紅茶を渡し、感謝と慈愛を伝えるように私に託しました。私は喜びで一杯になって立ち上がり、急いで戻り、バハオラからの贈り物をモラ・ホセインへ渡して、伝言を伝えました。それを受けたモラ・ホセインの喜びようは大変なもので、その強烈な感動を言い表すことはできません。彼は座を立ち、頭を下げて、その贈り物を受け取り、それにうやうやしく接吻しました。それから私を抱擁して目に接吻し、次のように述べました。『わが心から愛する友よ。あなたが私の心に喜びをもたらしたように、神があなたに永遠の喜びをあたえ、あなたの心を不滅の喜悦感で満たされるように祈るばかりだ。』

私はモラ・ホセインのその態度にびっくりしました。この二人（バハオラとモラ・ホセイン）を結び合わせる絆とは一体何であろうかと心の中で考えました。彼らの心にそれほどの熱烈な友情の炎をつけたのは何であろうか。モラ・ホセインの目には、王族の華々しい宴はまったく取るに足らないものと映るのに、バハオラからのわずかの贈り物を見て、なぜこれほどの喜びを示すのであろうか。これはひじょうに不思議に思われましたが、その秘密を知ることはできませんでした。

数日後、モラ・ホセインはコラサンに向かいました。別れを告げるとき私にこう言いました。『あなたが見聞きしたことをだれにも知らせてはならない。このことは、秘密としてあなたの胸にしまっておくように願う。彼の名前（バハオラ）を明かしてはならない。なぜなら、彼の地位をねたむ者らが彼を傷つけようとするからだ。瞑想の時間に、全能の神がバハオラを保護され、彼を通して踏みにじられた人びとが高められ、貧しい人びとが富み、没落した人びとが救われるように祈られるように願う。物事の秘密は我々の目からかくされている。我々の義務は新しい時代の呼び声を上げ、すべての人びとにこの神の教えを宣言することである。この都市の多くの人びとがこの道において血を流すであろう。その血は神の木の水となり、その木を成長させ、全人類の上にその庇護の影を投げかけるようになろう。』」

第五章　バハオラのマザンデランへの旅

バハオラはバブの教えを広めるために旅に出た。その最初の目的地はマザンデラン州のヌールにある先祖代々の故郷であった。彼はまずタコールの村に向かった。そこは父の個人所有の土地で、その景観のいい場所に豪華に飾られた広大な邸宅があった。ある日、私はバハオラが次のように語られるのを聞いた。

「大臣であった亡きわが父上は、国民の間で羨望される地位をもっていた。その膨大な富、高貴な家系、芸術の手腕、名声と高い地位は彼を知るすべての人から賞賛されていた。ヌールからテヘランまでにひろがる親族は、二十年以上の間、だれ一人として生活に困ったり、傷害を受けたり、病気になることはなかった。このように、彼らは長期にわたり富と幸せを享受したのである。しかし、とつぜん一連の災難が襲ってきて、父の物質的繁栄の土台ははげしく揺さぶられ、その繁栄と栄光は崩れてしまった。最初の損失は大洪水で、それはマザンデランの山から起こり、その強大な勢いはタコールの村を押し流し、その村の要塞の上方にあった父の邸宅の半分を破壊した。強固な土台で知られていた邸宅の最上部分は、はげしい奔流で完全に流されてしまった。貴重な家具類は壊され、精巧な装飾品も修復できないほど破壊されてしまった。その後まもなくして大臣であった父は、嫉妬深い敵の執拗な攻撃によってその要職から免職された。このとつぜんの運命の変化にもかかわらず、父は威厳と平静を保ち、限られた資力の範囲で慈善行為を続け、不実な同僚に対しても同じ礼儀と親切さを示し続けた。同胞に対して態度を変えないのは彼の特徴でもあった。このように、父は死の直前まで心に重くのしかかってきた逆境に、見事な不屈の精神で取り組んだのである。」

バハオラはバブの宣言前にヌール地方を訪れていた。当時、法学者のモハメッド・タギの権威と影響力は頂点にあった。彼の地位はひじょうに高く、その教えを受けた者はイスラムの教えと法律を解説できる権限をもつと自認したほどであった。あるとき、この高僧が二百人以上の弟子たちの前で、イマムが語ったと伝えられている不明瞭な句について細かく論じていたところに、バハオラが数人の仲間を伴って入ってき、しばらく足をとめてその講演に耳を傾けた。高僧は弟子たちに、イスラム教の形而上学面に関する難解な理論を説明できる者はいないかと聞いた。だれもその説明はできないと告白したとき、バハオラは説得力のある言葉で簡潔にその理論を明確に解説した。高僧は自分の弟子たちの無能さをきわめて不愉快に思い、腹立たしく叫ぶように言った。「私は何年も皆を指導し、皆の心にイスラム教の深遠な真理と高尚な原理を教え込もうと忍耐強く努力してきた。皆の長年の根気強い研究にもかかわらず、羊の皮の帽子をかぶった（僧侶ではない）この若者の方が皆よりすぐれていることを証明した。しかも、この若者は学問もなく、皆の学識にもまったく通じていないのだ。」

バハオラがヌール地方から去った後のある日、この法学者は最近見た夢を二つ弟子たちに語った。夢で見た出来事がきわめて意義深いものであると思ったからである。「最初の夢で私は大群衆の真ん中に立っていた。その群衆は皆ある家を指し、サヘオザマン（時代の主）が住んでおられるところだと口々に言っていた。私は喜びで狂乱したようになって、その御方に会うためにいそいだ。その家に着くと大変おどろいたことに、『約束のガエム（バブを指す）は、他の聖なる御方と内密の話をされておりますので近づくことはきびしく禁じられています』と言われ、中に入ることを断られた。戸口に立っている守衛から、その聖なる御方はバハオラであることを知った。」法学者は続けてこう語った。「二番目の夢で、私は多数の箱があるところにいた。どの箱もバハオラの所有物であることが明記されていた。開けてみると箱いっぱいに本がつめられていた。それらの本に書かれている文字はすべて、この上なく美しい宝石で飾られ、まぶしく輝いていた。その輝きに圧倒されてとつぜん夢からさめた。」

西暦一八四四年、バハオラがヌールに到着したとき、以前の訪問の際に強大な権力をふるっていた法学者はこの世を去っていて、多数いた弟子たちの数も減り、気力を失った彼らは後継者モラ・モハメッドの指導下で、今は亡き指導者の伝統を守ろうと努めていた。バハオラが最初訪問したときの彼らの熱意と、落ちぶれた共同体に残っている者らを覆っている陰気さはきわめて対照的であった。近隣に住む多くの役人や名士がバハオラを訪れ、深い尊敬をもって歓迎の意を表した。バハオラが社会的に高い地位にあることを知っている彼らは、国王の生活や大臣たちの活動、政府の業務などについて最近のニュースを聞き出そうと懸命であったが、バハオラはそういうことにはほとんど関心を示さず、むしろ雄弁な説得力で新しく啓示された教えを弁じ、その啓示が国にもたらす計り知れない利益に彼らの注意を向けようとした。これを聞いて、彼らは、宗教とは無関係の若者が、主にイスラム教の聖職者に関わる事柄に示す強い関心におどろいた。そして、バハオラのしっかりとした議論に挑戦することも、その教えを見くびることもできないと感じ、かえってその高尚な熱意と深遠な思想を賞賛した。またその控えめな態度にも深く感銘した。

バハオラの叔父を除いては、だれも彼の見解に挑戦する者はなかった。この叔父アジズはバハオラの教えに反対し、その真理に非難をあびせた。それを聞いた者たちはこの反対者を沈黙させ、傷つけようとしたが、そのときバハオラが反対者のために仲裁に入り、彼を神の手に任せるよう忠告した。警戒心を強めた反対者アジズは、ヌールの法学者モラ・モハメッドのところに行き、即刻援助の手を差し伸べてくれるように訴えた。「神の預言者の代官様、イスラム教にふりかかったことを見て下さい。僧侶でもない若者が貴族の衣をまとってヌールに来て、正統派の拠点に侵入し、聖なるイスラム教を分裂させようとしています。この猛襲を食い止めて下さい。バハオラと会った者はすべて、すぐその魔法にかかってしまい、その威力ある言葉に心をうばわれてしまいます。彼は魔法使いなのか、それとも紅茶に不思議な物質を混ぜ、それを人に飲ませて魅力のとりこにしてしまうのか、私にはわかりません。」法学者は自分にもはっきり理解できなかったが、そのような考えがばかげたことであることを認め、おどけてこう聞いた。

「あなたも、その紅茶を飲んだのではないか？ また、彼が仲間たちに話すのを聞いたのではないのか？」「自分もそうしましたが、あなたが親切に守ってくださいましたので、その魔力的な威力に影響されずに済んだのです」と彼は答えた。法学者は住民を奮起させてバハオラに反対させることも、この強力な論敵（バハオラ）が恐れを知らずに広めている思想と直接戦うこともできないと知り、次のような一文を書いて気を休めた。「アジズよ。恐れるなかれ。だれもあなたを悩ますことはない。」法学者はこの一文で文法的な間違いをしたため、文意が曲げられたものになった。そこで、それを読んだタコール村の名士たちは憤慨し、法学者と受取人であるアジズの二人を中傷した。

バハオラからバブの教えの解説を聞いた者は、その真剣さに深く感銘し、すぐそれをヌールの人びとの間に広めるために立ち上がった。その高名な推進者（バハオラ）の美徳を称えるためでもあった。一方、弟子たちは師モラ・モハメッドにタコールに行ってバハオラに会い、この新しい啓示の内容を確かめ、その特質と目的を教えてくれるように懇願した。これに対し法学者はあいまいな言い訳をした。弟子たちはその返事に満足せず、師という立場にある人の最初の義務は、自分たちの信仰に影響を与えるすべての運動の内容を調べることであり、その任務はイスラム教シーア派の高潔さを守ることであると主張した。そこでついにモラ・モハメッドは、すぐれた弟子二人、モラ・アッバスとアブール・カゼムを代表に選んでバハオラを訪問させ、その教えの内容を調べさせることにした。この二人は両人とも前の法学者故モハメッド・タギから信頼されていた弟子であり、また両人ともその法学者の娘婿でもあった。法学者はこの二人がどのような結論を出そうとも、それを無条件に支持し、この問題に終止符を打つことにしていた。

モラ・モハメッドの代表二人がタコールに着いた時、バハオラはすでに避寒地に移っていたので、二人もそちらに向かった。彼らが到着したときバハオラはコーランの「復唱すべき七つの句」という表題の最初の章について注釈をしている最中であった。そこで二人は座ってその講話に耳を傾けることにした。聞き入っているうちに、二人共そのテーマの高遠さ、説得力、すばらしい弁舌に深く心を打たれてしまった。モラ・アッバスは自分を抑えることができなくなり、立ちあがって後の方に行き、窓のそばでうやうやしい態度で立ちすくんだ。バハオラの不思議な力に魅了されてしまったのである。彼は感激でふるえ、目いっぱいに涙を浮かべながら、連れのアブール・カゼムに言った。

「私の有様を見てくれ。私は無力で、バハオラに質問することはできない。準備してきた質問は、とつぜん記憶から消えてしまったのだ。あなたは自分の思うとおりにバハオラに質問するか、または一人で帰り、私がどのような状態になったかを師に知らせてくれ。アッバスはもはやこの敷居を離れることはできなくなった、二度と師の下にもどることはできなくなったと告げてくれ。」アブール・カゼムもアッバスと同じ行動をとる決心をし、こう答えた。「私も師の弟子であることを止めた。この瞬間、残りの生涯を唯一真実の師であるバハオラに捧げると神に誓うことにした。」

ヌールの法学者が選んだ使節二人が共に、とつぜん改宗したというニュースはその地方全体に驚くほどの速さで広がり、気力をなくし睡眠状態にあった人びとを目覚めさせた。高僧、官吏、商人、小作人たちが大勢バハオラの家にきて、かなりの人びとが進んでバハオラの大業を受け入れた。その中で著名な人たちが何人もバハオラを賞賛して次のように述べた。「ヌールの住民が立ち上がり、あなたの周りに集まってきた様子を目撃してきました。いたる所で住民が喜びにあふれています。この上モラ・モハメッド（ヌールの法学者）が住民に加わるならば、この信教は完全に勝利を収めるでありましょう。」バハオラは答えた。「われがヌールに来た目的は、神の大業を宣言するためで、そのほかの目的はない。ここから五百キロメートル離れたところに真剣に真理を求めている人がいる。その人が、われに会うことができなければ、われは喜んですぐその人の住居にいそぎ、その渇きを満たしてあげたいと思う。モラ・モハメッドはこの場所からあまり遠くない村に住んでいると聞いた。彼を訪れ、神のメッセージを伝えようと思っている。」

バハオラはこの望みを実行するためにすぐ仲間を伴ってその村に向かった。モラ・モハメッドはバハオラを仰々しく迎えた。バハオラは述べた。「われはあなたを公式に訪問するためにここに来たのではない。わが目的はイスラム教に約束されている神からの、新しいすばらしい教えをあなたに伝えるためである。耳を傾けた者は皆、この教えにひそむ威力を感じ、その恩恵の力により変身した。あなたの心を困惑させているもの、または、真理を認める妨げになっているものを知らせていただきたい。」モラ・モハメッドは見くびるように言った。「私はまずコーランから助言を得るまでは実行に移さないことにしている。このような場合は、つねに神の援助とその祝福を求め、その後、聖典を手当たり次第に開け、目に入ったページの最初の節から助言を求めるようにしている。その内容から、どのような行動をとれば賢明であるかを判断できるのだ。」

バハオラがこの慣わしを否認する様子はないことを見た法学者はコーランを持ってこさせ、それを開いてすぐに閉じた。そこに居合わせた人びとには、開いたページの節の内容を明らかにせず、次のように述べただけであった。「私は神の書に助言を求めた。その結果、この件に関してこれ以上進むことは賢明でないと考える。」これに同意した者も何人かいたが、大半の人びとは法学者の言葉を聞いて、彼が恐怖感をいだいていることを悟った。バハオラはこれ以上彼を当惑させないように立ち上がり、誠意をこめて別れの挨拶をした。

ある日、バハオラは仲間をつれて馬で田舎に遠乗りに出かけたとき、途中で一人の若者が道端に座っているのを見かけた。髪はぼうぼうとし、修行僧の衣をつけた若者は、小川のそばのたき火で料理したものを食べていた。バハオラは近づき、愛情深く聞いた。「修行僧よ、そこで何をしているのかね。」彼はぶっきらぼうに答えた。「神を料理しているのだ。神を燃やしているのさ。」この若者の気取らない無邪気な態度とその率直な返事に、バハオラは大いに満足した。そして、若者と気軽に親しみをこめて話しはじめ、短時間のうちに若者を完全に変身させてしまった。この若者は神の本質を教えられ、それまで心にいだいていた無意味な空想を取り除き、この慈愛深い見知らぬ人がとつぜんもたらした神の光をすぐ認めたのである。この若者はモスタファという名の修行僧であったが、新しい教えに深く魅了され、料理道具を残して立ち上がり、バハオラに従った。バハオラへの愛の炎で心を燃やし、楽しく歌いながら、彼の馬の後を歩きながらついて行ったのである。その歌は彼がとっさに作曲したもので、彼の最愛なる御方に捧げたものであった。それは反復句のついた喜びの歌であった。「あなたは導きの昼の星でありたまう。あなたは真理の光でありたまう。あなた御自身を人類に顕わしたまえ。」後年、この歌は人びとの間にひろまり、モスタファという名の修行僧が最愛なる御方を称えてとっさに作曲したものとして知られるようになった。しかし、その最愛なる御方が実際だれを指しているのかを知る者はいなかった。当時バハオラはまだ人びとの目からヴェールでかくされていたが、この修行僧だけはバハオラの地位を認め、その栄光を発見したのである。

バハオラのヌール訪問は大きな成果をあげ、新しく誕生した啓示の拡大に明らかなはずみをもたらした。人を惹きつけずにはおかない雄弁さ、清らかな生活、威厳のある態度、反駁できない論理、さまざまな面で示される深い慈愛でバハオラはヌールの住民を目覚めさせ、心を勝ち取り、信教の旗の下に集めた。彼がヌールの人びとに大業について説き、その栄光を顕わすにつれて、その土地の石や木までもその精神力で活気付けられたようで、万物が、新しい、より豊かな生命を与えられ、次のように声高らかに宣言しているようであった。「見よ、神の美が顕わされた。立ち上がれ、その御方は栄光のうちに到来された。」

バハオラがヌールを離れた後も住民は大業をひろめ、その土台を強化し続けた。住民の多くはバハオラのために過酷な苦難に耐え抜き、そのうち何人かは殉教の杯を喜んで飲み干した。一般に、マザンデラン州、とくにヌール地方は神のメッセージを最初に熱心に受け入れた地方としてペルシャの他の地方より名が知られている。ヌールとは「光」という意味である。この地方はマザンデランの山々に囲まれており、シラズで昇った太陽の光を最初にとらえたところ、聖なる導きの昼の星が、無思慮の谷間の影に包まれていたペルシャ全土を温め、照らすためについに昇ったことを最初に宣言したところでもある。

バハオラがまだ子供のころ、大臣であった彼の父は夢を見た。バハオラは果てしない広大な海で泳いでおり、海は、彼の身体から輝き出る光で照らされていた。彼の頭から漆黒の長い髪の毛が四方八方にひろがり、波の上にふさふさと浮かんでいた。おびただしい数の魚が彼のまわりに群がり、それぞれ髪の毛の先端をしっかりとくわえていた。魚はバハオラの顔の輝きに魅惑されたかのように、どこまでも彼の泳ぐ方についていった。無数の魚が彼の髪を強くくわえていたにもかかわらず、髪毛一本抜けることも、身体がわずかでも傷つけられることもなかった。バハオラは何によっても妨げられることなく自由に海面を泳ぎ、それに伴って魚の一群も動いていった。

この夢に深く感銘を受けた彼の父は、その地方の有名な占い師を呼んで夢の解釈を頼んだ。この占い師はバハオラの未来の栄光を予感したかのようにこう述べた。「あなたが夢で見られた果てしない海は、この世界のことにほかなりません。あなたのご子息は独力で世界の最高主権を得られるでしょう。彼は望みのまま、何にも邪魔されずに進んでいき、だれからも前進を阻まれたり、繁栄を妨げられたりすることはないでしょう。おびただしい魚の群れは、彼が地上の国民や民族の間にもたらす動揺を現わします。彼の周りに人びとが集まり、彼にすがってくるでしょう。しかし、全能なる神の確実な加護により、彼はこの動揺で傷つけられることはなく、また海上での孤独な生活も彼の安全をおびやかすことはありません。」

その後この占い師はバハオラのもとに案内された。彼はバハオラの顔をじっと見つめ、その容貌を注意深く調べた。その結果、彼はバハオラの容姿に魅せられ、絶賛せずにはおれなかった。その顔の表情に秘められた栄光のしるしを認めた占い師はバハオラを大いにほめ称えたので、父はその日以来、これまで以上の愛情を息子に注ぎはじめた。占い師の言葉で父親のバハオラに対する希望と確信は一層強まり、ヤコブと同じ様に、自分の愛するヨセフ（バハオラ）の幸福だけを望み、深い愛情で息子を保護したのである。

モハメッド国王の総理大臣アガシはバハオラの父親からは完全に遠ざかっていたが、息子のバハオラを深く尊敬し、好意を寄せていた。その尊敬の念があまりにも深かったため、当時国防大臣で、後にアガシの後を継いだアガ・カーンは羨望を感じた。若年のバハオラが自分より優れているとみられていることを不快に思い、それ以来、嫉妬の種が彼の胸に芽生えはじめた。バハオラはまだ若く、父親も生存中なのに、総理大臣から優位にあると見られている、もしこの若者が父親を継ぐことになれば自分は一体どうなるのだろうと心配したのである。

バハオラの父親の死後も、アガシはバハオラを深く尊敬し続けた。そして、バハオラの自宅を訪問し、あたかも自分の息子に対するように話しかけたりした。しかし、その献身がどれだけ誠実なものであるかが試される時がきた。ある日、アガシはバハオラの所有するグチ・ヘサールの村を通った。そのとき、その場所の魅力ある美しさと水源の豊かさに大変感動した。そこですぐその地所を手に入れたくなり、村の購入をバハオラに申し入れたのである。バハオラは次のように述べた。「この地所が私だけのものであれば喜んであなたのお望み通りにいたしましょう。このはかない人生と汚れた所有物には愛着はありませんし、この狭く、つまらない地所などに何の価値も感じません。しかし、この地所は何人ものお金持ちや貧しい人、老人、若者が共有しているものなので、この件について彼らに相談し、同意を得てください。」アガシはこの返事を不満に思い、不正な手段を用いてその地所を手に入れようとした。バハオラはその悪だくみを知らされるとすぐ地所の所有者たちの同意を得て、その権利書を国王の妹に移譲した。彼女はその地所を所有したいと何度も言っていたからである。アガシはこの取引に激怒し、すでに自分が最初の所有者から購入していると言って、強制的にその地を確保するよう代理人に命じた。国王の妹の代理人はアガシの代理人をきびしく咎め、彼女はぜったいにその権利を譲る気はないことをアガシに伝えるよう要請した。アガシはこの件に関して自分が受けた不正な取り扱いをモハメッド国王に訴えた。その夜、国王の妹は国王に次のように取引の内容を知らせた。

「陛下は私が身につける宝石類を処分し、その収益で地所を購入するように勧めておられました。やっと地所を手に入れましたところ、アガシがそれを私から強制的に取り上げようとしております。」国王は妹を安心させると同時に、アガシにはそのような要求をしないように命じた。アガシは絶望のあまり、バハオラを呼び寄せ、あらゆる狡猾な手段を用いてバハオラの名を汚そうとした。バハオラは自分に浴びせられたすべての非難に力強く応え、自分の無実を証明した。自分の腹立ちをどうすることもできない総理大臣（ハジ）は叫んだ。

「あなたが楽しんでいる宴会の目的は何なのだ。ペルシャ王の中の王に仕える総理大臣である私でさえ、毎晩あなたの宴会に集まるほどの大勢で多様な人びとを迎えたことはない。一体、この贅沢と見栄は何のつもりなのか。私に対して陰謀をたくらんでいるにちがいない。」バハオラは答えた。「とんでもないことです。同情の気持ちで自分のパンを他の人たちと分かち合うのを、悪事をたくらんでいる者と非難されるのですか。」アガシは狼狽して返す言葉を失った。ペルシャの僧侶と一般民衆から支持されていた彼も、バハオラにいどんだ論争にはことごとく敗北したのである。

ほかの折にもたびたび、バハオラは反対者よりも優位にあることが認められ、証明された。このようなバハオラの個人的な勝利により彼の地位は高まり、その名声は遠くまで広がっていった。バハオラがきわめて危険な論戦にも傷つけられず、奇蹟的に相手に打ち勝ってきたのを見て、だれもが驚嘆せざるを得なかった。そして、危険な状態に置かれたバハオラを安全に守ったのは神の力に他ならないと信じた。バハオラはどれほどの危険に直面しても、一度も、周りの人びとの傲慢、貪欲、裏切りに屈したことはなかった。当時、その地方で最高の地位にあった高僧や政府の高官と交わるときも、彼らの見解や主張をそのまま受け入れることはなく、集会などで大業の真理を恐れることなく擁護し、踏みにじられた人びとの権利を主張し、弱者を弁護し、無実の人を保護し続けたのである。

第六章　モラ・ホセインのコラサンへの旅

バブは生ける者の文字（バブの弟子となった最初の一八人）に別れを告げるとき、その一人一人に、この信教を受け入れた信者の名前をすべて記録し、その名前のリストを封筒にいれ、封をして、シラズ在住のバブの叔父セイエド・アリに渡すように命じた。それらの封書は叔父からバブに渡されることになっていた。バブは生ける者の文字たちに次のように述べた。「そのリストを、一組十九人として十八組に分けよう。各々一組は一つのヴァヘッド（この言葉の数値は十九で、和合を意味する）を成す。生ける者の文字の十八人と私（バブ）を合わせると十九人となり、もう一組できるが、これは最初のヴァヘッドである。従って、この最初の一組の名前と十八組の名前を全部合わせると、コレシャイ（この言葉の数値は三六一で、万物を意味する）となる。私は、この信者全員を神の書簡に記録しよう。われらの心の最愛なる御方が栄光の王位に着かれるとき、その一人一人に計り知れない祝福を付与し、神の楽園の住民として宣言されるように。」

バブは特にモラ・ホセインに対し、より明確な指示を与えた。それはイスファハン、テヘラン、コラサンのそれぞれの都市での活動と進歩に関する報告を文書で送ることで、信教を受け入れ信者となった人たちだけではなく、その真理を否認し、拒絶した人たちについても知らせるようにという指示であった。バブはこう述べた。「コラサンからあなたの手紙を受け取るまで、私はこの町からヘジャーズへの巡礼に出発できない。」

バハオラとの接触で活気づけられ、強められてコラサンに出発したモラ・ホセインは、その地方を訪問中おどろくべき力を発揮し、人びとに新しい生命を吹き込んだ。その力はバブの別れの言葉から得たものであった。コラサンで最初に信教を受け入れた人は、その地方の高僧の中で最高の学識と英知を備えた有名人ミルザ・アーマドであった。彼は高い地位にある僧侶たちが大勢出席している集会においても常に主な講演者で、すでに学識と能力と英知で名声を得ていたが、さらに品格の高さと献身の深さでその名声は一層高められていた。

コラサンのシェイキ派の中で次に信教を受け入れたのはアーマド・モアレムであった。彼はカルバラに住んでいたときカゼムの息子の教師をしていた。次に信者となったのはシェイキ・アリで、バブは彼にアジムという称号を与えた。それから、モハメッド・フルギが信教を受け入れたが、アーマド・モアレムを除いて、彼の学識をしのぐ者はいなかった。コラサンの宗教指導者たちのうちでは以上述べた傑出した人たちだけがモラ・ホセインと議論を交わす権限と知識を備えていた。

その次にバブのメッセージを受け入れたのはバゲルで、残りの生涯をマシュハドで過ごした人である。彼の魂はバブに対する愛ではげしく燃え上がり、誰もその強烈な情熱を抑えることも、また、その影響力を見くびることもできなかった。彼の大胆不敵さやあふれるほどの精力、確固たる忠誠心、高潔な生活は、敵に恐怖心を起こさせたが、友人にとってはインスピレーションの源泉となった。彼は、自宅をモラ・ホセインに提供して自由に使えるようにし、モラ・ホセインとマシュハドの高僧たちとの会見を別に準備し、信教の進歩を妨げるすべてのものを除くために全力をつくした。その努力に疲れたり、目的からそれたりすることなく、尽きることのない精力をもって、自分の愛する大業のために死の瞬間まで不屈の精神で努め、ついに、シェイキ・タバルシの砦で殉教したのである。ゴッドスは彼の殉教の時が迫っていたころ、モラ・ホセインの悲劇的な殉死のあと、砦の勇敢なる防御者たちの指揮を彼に命じた。彼はその任務を立派に成し遂げたのである。マシュハド市のバラ・キヤバンにある彼の自宅は今もバビの家として知られているので、その家に入るものはバビ（バブに従う者）として非難を避けることはできない。彼の魂が安らかに休まれんことを祈る。

モラ・ホセインは、前述した有能で献身的な人びとを大業の支持者として勝ち取ったあとすぐ、自分の活動報告を書きバブに送った。その報告で、イスファハンとカシャンへの旅について詳しく書き、バハオラとの接触の状況、バハオラのマザンダランへの旅、ヌールでの事件、さらにコラサンでの自分の努力の成果と、呼びかけに応えた人びと、そして、信念が固く、誠実であると彼が確信した人たちのリストを同封して、ヤズド経由で、当時タバスに住んでいたバブの叔父の仲間を通してバブへ送った。その手紙は一八四四年十月十日の前夜、イスラム教の全宗派が深い畏敬の念で迎える聖なる日であり、多くの人びとがレイラトール・カドル（威力の夜という意味）に劣らないほど神聖であり、コーランにあるように「一千の月より卓越している」とみなす夜にバブに届けられた。手紙がバブに届けられた夜、側にいたのはゴッドスだけであった。バブは手紙の内容を彼に知らせた。

私（著者）はミルザ・アーマドから次のように聞いた。「バブの叔父は、バブがモラ・ホセインの手紙を受け取ったときの状況について私に語ってくれました。『その夜、バブとゴッドスは、私には描写できないほどの喜びと満足を顔に表わされていました。当時、私はバブがひじょうに嬉しそうに次の言葉をくり返されるのをよく耳にしました。「ジャマディの月とラジャブの月の間に起こったことは、何とすばらしいことであろうか。何とまったくすばらしいことであろうか。」バブはモラ・ホセインからの通信を読みながらゴッドスに数節を見せ、このすばらしい喜びの理由を説明されました。しかし、それは私にはまったく理解できないままでした。』」

しかし、ミルザ・アーマドはこの出来事を聞いて深く感銘し、その神秘を探る決心をして私（著者）にこう告げた。「シラズでモラ・ホセインに会ってようやく私の好奇心は満たされました。バブの叔父から聞いた話を彼にくり返すと、彼は微笑んで、ジャマディの月とラジャブの月の間、自分は偶然テヘランにいたことをはっきり覚えていると述べました。彼はそれ以上何も説明せず、その簡単な言葉だけで満足している様子でした。しかし、私にはそれだけでテヘラン市に神秘がかくされていると分かったのです。その神秘が世界に明らかにされるとき、バブとゴッドスの心に最大の喜びをもたらすということを十分に確信できたのです。」

モラ・ホセインが手紙で伝えたことは、神の教えに対するバハオラの即答、彼がヌールで大胆に着手した精力的な活動、その努力がもたらしたすばらしい成果であった。その手紙を受け取ったバブは大変に喜び、この大業はかならず勝利を得るという自信を強め、たとえ今とつぜん、自分が敵の暴虐の犠牲になったとしても、自分がもたらした大業は生き延び、バハオラの指導の下で、発展、繁栄し続け、やがて最高の果実を実らせるであろうし、バハオラはそのすぐれた能力で着実に進路を進み、すべてに浸透する愛の力で、人びとの心にその大業を確立させるであろうと確信した。この確信はバブの精神を強め、心を希望で満たした。その瞬間から、バブは切迫した危機感から完全に解放された。逆境の火を不死鳥のように歓迎し、その炎の輝きと熱の中で喜びを感じたのである。

第七章　バブのメッカとメジナへの巡礼

モラ・ホセインの手紙を受け取ったバブは計画していたヘジャーズへの巡礼を実施することにした。母親に妻の世話を頼み、さらに叔父にこの二人の世話と保護を依頼して、シラズからメッカとメジナに向かうファルスからの巡礼の一団に加わった。バブの同伴者はゴッドスだけで、他にはバブの世話のためエチオピア人の召使いが伴った。バブはまず、叔父の事業の場であるブシェルに向かった。そこは以前、バブが叔父と親しく交わりながら身分の低い商人として生活していたところである。そこで、長い困難な船旅の準備をととのえて帆船で出発した。速度ののろい船で荒海を二ヵ月間旅した後、聖地に上陸した。高波の海も、船の貧弱な設備も、バブの規則正しい祈りと瞑想を妨げることはなかった。周りで荒れ狂う嵐にも気を止めず、また、同乗した巡礼たちの病気などにも阻まれずに、バブは祈りや書簡をゴッドスに書き取らせ続けたのである。

私（著者）は、バブと同じ船で旅をしていたハサン・シラジから、その忘れがたい船旅の状況について次のように聞いた。「ブシェルで乗船した日からヘジャーズの港ジャデへの上陸日まで、およそ二ヵ月間、昼夜に関係なく、バブとゴッドスはいつも二人いっしょに仕事に没頭していました。バブが口述し、それをゴッドスがせっせと書き取っていたのです。嵐で船体が揺れて船客がパニックに陥ったときも、二人はかき乱された様子もなく、落ち着いてその仕事を続けていました。二人は、暴風雨や周りの人たちの騒ぎによって平静を失ったり、仕事を邪魔されたりすることは一切なかったのです。」

バブ自らペルシャ編のバヤンの書で、この船旅がどれほど困難であったかを述べている。「何日間も飲み水の不足で苦しんだ。われれは甘いレモンジュースで満足しなければならなかった。」このつらい体験から、バブは全能なる神に懇願した。海上の旅が迅速に改善されて快適になり、危険性が完全に除かれるようにと。この祈りが捧げられてまもなく、どの海上運送にもおどろくほどの改良が加えられた。その結果、当時一艘の蒸気船もなかったペルシャ湾は、現在、毎年のように巡礼に行くファルスの住民を、二、三日間で快適にヘジャーズまで運ぶ定期船の船団を誇るまでになった。

この大産業革命は最初、西欧の人びとの間に現われたが、遺憾ながら、彼らはまだこの強大な流れ、この偉大な動力の源泉にまったく気づいていないのである。この力は物質的生活のあらゆる面に大変革をもたらした。この栄光ある啓示が顕わされた年（一八四四年）に、歴史が証明しているように、とつぜん産業・経済面に革命が起こりはじめた。西欧人自身も、その革命は人類史上、前例のないものであることを認めているのであるが、新しく発明された機械類の働きや調整などに気を取られているうちに、この神から託された威力の源泉と目的を徐々に見失ってきた。その結果、彼らはその目的を誤解し、甚だしく誤用してきた。実際は、西欧人に平和と幸福をもたらすように意図されたものであるが、逆に破壊と戦争を推進するために使用されてきたのである。

ジャデに到着すると、バブは巡礼の衣服に着替え、ラクダに乗ってメッカ向かった。ゴッドスは、彼の師（バブ）の再三にわたる要請にもかかわらず、ジャデから聖なる都市まで徒歩で同伴した。バブが乗っているラクダの手綱を握り、徒歩による旅の疲労をまったく気にする様子もなく、それどころか、喜びと敬虔な気持ちであふれ、師の世話をしながら進んでいったのである。そして毎夜、夕方から夜明けまで、休息も睡眠もとらず、敬愛する御方のそばで警戒心をゆるめず見張りを続けた。

ある日、バブがラクダからおりて、井戸の近くで朝の祈りをささげようとしたとき、一人のベドゥイン（遊牧のアラブ人）がとつぜん現われ、バブに近づいてきて、地面に置いてあった鞍袋をつかむとすばやく砂漠の果てに消え去った。その鞍袋にはバブの書簡類が入っていた。エチオピア人の召使いがベドゥインを追いかけようとしたが、バブは祈りを続けながら、追いかけるのをやめるよう手で合図した。後でバブは愛情を込めて召使いに説明した。「お前にベドゥインの後を追わせたならば、お前はかならず彼に追いついて彼を罰したであろうが、今はそうしないようになっている。あの鞍袋に入っている書簡類はこのアラブ人を通して、我々がけっして行けないような場所に届くように定められているのだ。それゆえ、このアラブ人の行為を嘆いてはならない。これは命令者であり、全能の神により定められたことなのである。」その後もこれと似た出来事が起こったとき、バブは同じような言葉で同伴者たちを慰めた。このように、バブは後悔と憤慨の苦さは、神の目的を黙って受け入れ、その意志に従うことにより、輝く心と喜びに変えられることを教えたのである。

アラファットの日（祝日の前日）、バブは静かに自分の部屋にこもり、瞑想と祈りに没頭した。翌日、ナールの日に祝日の祈りをささげた後モナに向かい、そこで昔の習慣にしたがって最高品種の羊を十九頭購入し、そのうち九頭を自分の名で、また七頭をゴッドスの名で、そして三頭をエチオピア人の召使いの名で生贄としてささげた。バブは、この生贄で清められた肉を取らず、その近辺に住む貧しい人たちや困っている人たちに惜しげもなく分け与えた。

メッカとメジナへの巡礼の月（一八四四年十二月）は冬季の最初の月にあたっていたが、その地方はひじょうに暑く、巡礼たちは通常の服装でその儀式を行うことはできなかった。そこで薄布のゆったりとしたチュニックに着替えて祝日の祭典に参加したが、バブは敬意のしるしとしてターバンもマントも脱がず、通常の衣服を身につけて、最高の威厳と平静さ、素朴ではあるが深い畏敬の念をもってカーベ神殿を巡り、定められた礼拝のすべての儀を行った。

バブは巡礼の最後の日に黒い聖石に向かって立っていたモヒートに会った。バブは彼に近づき、その手を取り、次のように語りかけた。「モヒートよ。あなたはシェイキ派共同体の中でもっとも卓越した人物の一人であり、その教えの解説で名高い者であると自認しておられる。あなたは心中、自分はかの偉大なる光であり、神の導きの夜明けを告知した星である二人の人物（アーマドとカゼム）の正当な後継者の一人であると主張しておられる。今、あなたと私は共にこのもっとも聖なる廟の中に立っているが、この神聖な境内に住まわれている御方の霊は真実を直ちに明らかにして、嘘を見分け、正義を誤りから区別されるのだ。私はこのことをはっきりと述べたい。現在、東西を問わず、私以外には人びとを神の知識へと導く門であると主張できる者はいない。私の証拠は預言者モハメッドが示した証拠と同じだ。思い通り質問するがよい。今ここで、私の使命が真実であるということを証明する数節を示そう。あなたは無条件に私の大業に従うか、それを完全に否認するかのどちらかを選ばねばならない。それ以外に取る道はないのだ。もしあなたが私の宣言する真理を否認される場合は、そのことを公表すると誓っていただきたい。そうされるまではあなたの手を放さないつもりだ。これにより、真理を語る御方が人びとに知られ、虚偽を述べる者は永久に不幸と恥にさらされるであろう。そのとき真理への道が明らかにされ、全人類に示されるのである。」

バブからとつぜん突きつけられたこの断固とした挑戦に、モヒートはひどく苦しんだ。彼はバブの率直さ、威厳と威力に圧倒された。年上で、権威と学識を備えていたにもかかわらず、この若者（バブ）の面前では強大なワシに捕われた無力な小鳥のように感じた。混乱し、心配でいっぱいになった彼はこう答えた。「私の主であり、師である御方よ。カルバラであなたの姿を目にして以来、ついに、私の探求の的である御方を発見し、認めたと思ってきました。私はあなたを認めそこなった者と絶交し、あなたの純粋さと神聖さについて少しでも疑っている者を軽蔑します。私の弱点を見過ごし、私の難問に答えて下さるようにお願いします。この場所で、この聖なる廟の境内で、あなたに忠誠を誓い、あなたの大業の勝利のために立ち上がれるように神に祈ります。もし私がこの誓いに忠実でなく、この言葉を心中信じなければ、私は神の預言者の恩恵を受ける価値はないと見なします。そしてまた、そのような行動は、神が選ばれた後継者のアリに不実な行為であると考えます。」

バブはこの言葉に注意深く耳を傾けた。そして、彼の魂の無力さと貧しさを十分悟り、次のように答えた。「私ははっきり告げるが、今すでに真理は明らかにされ、虚偽から区別された。神の預言者の廟よ。そして、私を信じたゴッドスよ。私は今、証人として、預言者の廟とゴッドスを選んだ。あなた方は、私とモヒートとの間に起こったことを見聞された。あなた方に証言していただきたい。神はまことに、あなた方を超越した存在で、確実で究極の証言者でありたまう。神こそはすべてを見、すべてを知り、すべてに賢き御方でありたまう。モヒートよ。あなたの心を悩ませているものを述べるがよい。私は神の助けをかりて、あなたの問題を解決してあげよう。そこであなたは私の言葉がいかに優れたものであるかを証言し、私以外にこの英知を示せる者はいないことを認めるであろう。」

モヒートはこの呼びかけに応えて質問を提出したが、すぐにメジナに出発しなければならないので、その前に返事をもらうように要請した。バブは次のように述べて彼を安心させた。「あなたの要請に応えてメジナに行く途中に神の援助によりあなたの質問に答えよう。もしそこであなたに会えなければ、あなたがカルバラに到着された後すぐ返事が届くようにしよう。私は道義にしたがって約束を果たすのであなたにも同じことを期待したい。『よい行為をすればあなたのためになり、悪い行動をとればあなたの利益に反することになろう。』『まことに神はすべての創造物から独立した存在でありたまう。』」

モヒートは出発前にふたたび、自分の厳粛な誓いをかならず果たすつもりであることを述べた。「あなたとの約束を果たすまでは何事が起ころうともけっしてメジナを離れることはありません」と。しかし、強風に吹き飛ばされたほこりのように、彼はバブがもたらした啓示の荘厳さに耐えることができず、恐怖のあまりバブの面前から逃げ出したのである。そして、メジナにしばらく留まったが、誓いを果たさず、良心のとがめも無視してカルバラに向かった。

バブは自分の約束に忠実に、メッカからメジナに行く途中でモヒートの心を悩ませている質問への答えを書き、それに「二廟間の書簡」と名づけた。モヒートはカルバラに到着後まもなくしてその答えを受け取ったが、その格調の高さに心を動かされることも、その教えを認めることもしなかった。それに、心中にかくしていたが、実際はバブの教えに執拗に反対していたのである。時折、彼はバブの悪名高き敵であるカリム・カーンの弟子で、支持者であると公言したり、あるいは自分は独立した指導者であると宣言したりした。彼は自分の死期が近づいたころ、イラクでバハオラに従うように見せかけて、バグダッド在住のペルシャ王子を通してバハオラとの会見を申し込んだが、そのとき会見は極秘で行われるようにと要請した。この申し込みにバハオラは次のように答えた。

「ソレイマニエ山に隠遁しているとき書いた詩で、真理の探求の道を行く旅人が備えるべき必要条件を説明したことを彼に伝えよ。そしてその詩から次の節を彼に見せよ。『もし、汝の目的が自分自身を大事にすることであれば、わが宮廷に近づくな。もし命を犠牲することが汝の心の望みであれば来れ。他の者たちを連れて来るがよい。もし汝の心がバハとの再会を求めるなら、それこそが信教の道である。もしこの道を行くことを拒否するのなら、なぜ汝はわれをわずらわせるのか。立ち去れ。』もしモヒートがこの条件をよろこんで受け入れるならば、ためらわずに、急いで私に会いにくるであろう。そうでなければ、私は彼と会うことを拒否する。」

バハオラの断固とした返事に、モヒートは冷静を失った。この返事を受け取った日に、バハオラに反対することも、その要請に応じることもできなくなったモヒートは、カルバラの自宅に向かった。自宅に到着直後病気になり三日後に死亡した。

バブはメッカへの巡礼に関わる最後の儀式を終えるとすぐ、その聖なる都市の州長官宛てに書簡を書いた。その中で、誤解の余地のない言葉で自分の使命の特質を述べ、大業を受け入れるように呼びかけた。バブはこの書簡と、その他の自著からの引用文をゴッドスにあたえ、それを州長官に贈呈するように指示した。しかし州長官は仕事に没頭しており、バブから渡された神の教えに応えることはなかった。

この州長官について、ハジ・ニヤズは次のように述べたと伝えられている。「私は一八五〇年（または五一年）、メッカに巡礼に行き、州長官に会ことができました。州長官はこう述べました。『一八四四年の巡礼の時期に一人の若者が私を訪れたことをおぼえています。彼から、内容不明の本を贈られたので、よろこんで受け取りましたが、当時多忙で読むことができませんでした。数日後、ふたたびその若者に会ったとき、その本に関して返事したいかどうかを聞かれました。しかし、差し迫った仕事があり、その本の内容を見る機会がなく、結局、満足な返事はできなかったのです。巡礼の時期が過ぎ去り、書簡類を整理していたとき、ふとその本が私の目とまりました。それを開いたところ、紹介のページには絶妙な書体で書かれた感動的な訓戒があり、それにつづいてコーランの語調に著しく似た文章が書かれていました。その本を通読して、ペルシャ人の中から、ファテメとハシェム家（モハメッドの先祖）の子孫である人が、約束されたガエム（バブ）の出現をすべての人びとに宣言していることが分かりました。しかしながら私はその著者の名前もその宣言に伴う状況についても知らされていませんでした。』

私は州長官にこう述べました。『この数年間にペルシャに大変な騒ぎが起こりました。モハメッドの子孫で、商いを仕事とする若者が、自分の言葉は神の声であると宣言したのです。その若者は、モハメッドが二十三年かけて啓示したコーランにある言葉の優雅さとその量をしのぐ句を二、三日で顕わすことができると宣言しました。ペルシャの住民のうち、身分の高い者も低い者も、一般市民も僧侶も、その若者の旗の下に集まり、彼の道によろこんで自分の生命を犠牲にしています。その若者は、昨年（一八五〇年七月）アゼルバイジャン州のタブリズで殉教しました。処刑者たちは、若者を殺害して、彼がその国に点した光を消そうとしたのですが、彼の殉教以来、その影響はかえってあらゆる階層の人びとに浸透してきました。』この話に注意深く耳を傾けていた州長官は、バブを迫害した者らの行動に憤りを表わし、叫ぶように言いました。『その邪悪な者らに神の呪いあれ。過去にも、我々の神聖で栄誉ある先祖を同じように扱った者らに呪いあれ。』こう言って州長官は私との会話を終えました。」

バブはメッカからメジナに進み、一八四五年一月十日の金曜日にその聖なる都市の近くまできた。バブはその都市に近づきながら、その城壁内で生き、亡くなられた御方の名（モハメッド）を不朽にした感動的な出来事を思い起こしていた。その不滅の天才である御方の創造的な威力を雄弁に証言する場面が眼前でおごそかに再現されるのを見たのである。バブは祈りながら神の預言者の遺体を納めた聖なる墓に近づき、その聖なる場所を歩きながら、自らの宗教制度の輝かしい先駆者（アーマド）を思い起こした。モハメッドの廟から遠くない場所にあるバキの墓地にアーマドが埋葬されていることも知っていた。アーマドは困難な生涯の残りをこの神聖な廟の境内で過ごす決心をしたのである。バブの眼前にはまた、聖なる人たち、信教の開拓者たちと殉教者たちの幻が現われた。彼らは戦いの場で名誉ある命を落とし、その生命の血で神の大業の勝利を確実にしたのである。彼らの聖なる遺体は、バブの静かな歩みにより蘇生されたように思えた。彼らの霊はバブの息吹で生気を与えられたようで、いそいでバブに近づき、歓迎の言葉を述べて次のように熱烈に懇願しているようであった。

「われらの最愛なる御方よ。故国に帰らず我々の間に住んで下さるようにお願いします。ここはあなたを待ち伏せしている敵から遠く離れており、安全だからです。あなたのことが心配です。敵の策略と陰謀を恐れています。また、彼らの悪行は彼らの魂に永遠の罰をもたらさないかと気づかっています。」バブの不屈の精神は答えた。「恐れることはない。われがこの世に現われたのは栄光ある犠牲を示すためである。皆はわが切望がどれほど強烈で、この世からの超脱がどれほどのものであるかを知っているはずだ。それゆえ、わが殉教の時間が早められ、わが犠牲が受け入れられるように主なる神に懇願せよ。喜ぶがよい。われとゴッドスは共に栄光の王への奉献の祭壇で殺害されるからである。その御方の道で流すように定められた我々の血はその不滅の喜びの庭園に水を与え、生気をもたらすであろう。この神聖にされた血は神の強大な木に育つ種である。地上の民族と国民はそのすべてを包含する木陰に集められるであろう。それゆえ、われがこの土地から去っても悲しむことはない。われは自分の運命を果たすために急いで行くのであるから。」

バブのメジナ訪問でヘジャーズへの巡礼は終わりにきた。そこからバブはジャデに行き、海路で故郷に戻った。ブシェルの港から巡礼に出発し、陰暦で九ヵ月後に同じ港に戻ったのである。その港の宿でバブは彼の帰りを歓迎するために訪れた友人や親族を迎えた。ブシェルに滞在中、バブはゴッドスを呼び、シラズに行くように慈愛をこめて命じた。

「あなたと私の交わりは終わりにきた。別離の時間がきたのだ。この別離は、栄光の王の御前、すなわち神の王国で再会するまで続くであろう。このちりの世界では、あなたには私との交わりはわずか九ヵ月しか与えられていない。しかしながら、偉大なる来世の岸辺、不滅の世界で永遠の再会の喜びが我々を待っている。まもなく、運命の手が、神のためにあなたを艱難の海に沈めるであろう。私もまた、あなたに続きその海の奥底に沈められるであろう。大いに喜ぶがよい。なぜなら、あなたは苦難の旗の旗手として選ばれ、神の御名の下に殉教者となる高貴な軍隊の先頭に立っているからだ。シラズ市の大通りであなたは侮辱を加えられ、深い傷を負わされるが、敵の卑しむべき行為を耐えぬき、我々の敬慕と愛の目標である御方の御前に達するであろう。その御方の御前であなたは自分が受けた傷と恥辱のすべてを忘れるであろう。見えざる御方の軍勢が援助に駆けつけ、あなたの英雄的行為と名誉を全世界に宣言するであろう。あなたは神のために殉教の杯を飲み干すというこの上ない喜びを感じ、私もまた、犠牲の道を歩み永遠の世界であなたといっしょになるであろう。」

このように述べたあと、バブは、ブシェルに無事帰宅したことを知らせる叔父セイエド・アリ宛ての手紙と、新しい啓示を受け入れた者たちの基本条件を述べた「七つの資質」という表題の書簡をゴッドスに託した。バブはゴッドスに最後の別れを告げるとき、シラズ在住の愛する人たちのすべてに、挨拶の言葉を伝えるよう頼んだ。

ゴッドスは師の望みを実行するために固い決意でブシェルを発った。シラズに到着するとバブの叔父セイエド・アリから愛情深い歓迎を受けた。叔父はゴッドスを自宅に迎え、愛する甥の健康と活動について熱心にたずねた。ゴッドスは彼が新しい神の教えを受け入れると感じたのでその啓示の内容を知らせた。その啓示はゴッドスの魂をすでに燃え立たせたものであった。ゴッドスの努力の結果、バブの叔父は生ける者の文字と呼ばれる人びとに次いで、シラズで大業を受け入れた最初の人となった。新しく誕生した信教の意義はまだ十分に明かされていなかったため、叔父はその内容の膨大さと栄光に気づいていなかった。しかし、ゴッドスとの会話を通して彼の眼にかかっていたヴェールは取り除かれ、バブへの信仰は不動のものとなり、敬愛の念も深まってゆき、全生涯をバブに捧げる決意で、ゆるまぬ警戒心をもってバブの大業を保護し、バブを守るために立ち上がったのである。また、疲れを顧みず、死をものともせず、たゆまぬ努力を続けた。彼はその都市の著名な事業家として知られていたが、そのような世俗の事柄によって、愛する甥のバブを守り、その大業を促進するという精神的な義務を怠ることはなかった。このように忍耐強く活動を続け、ついにテヘランの七人の殉教者たちの一団に加わり、まれに見る壮烈な状況下でバブのために命を捧げたのである。

次にゴッドスがシラズで会った人はサディクであった。ゴッドスは彼に、書簡「七つの資質」を渡し、そこに述べられている規律をすべて直ちに実行するよう強く勧めた。その中には、すべての忠実な信者は、イスラム教の伝統的な祈りの呼びかけに、次の言葉を付け加えるようにという明確な指示があった。「アリ・カブル・モハメッド（バブ）は、バキヤトラ（バハオラ）のしもべであることを証言いたします。」

当時、サディクは説教壇から大勢の聴衆に向かって、イスラム教のイマムたちの徳行を賞賛していた。彼はバブの書簡を読んでそのテーマと言葉に深く感銘したため、その中にある規律をすべて実施する決心をした。そしてある日、モスクで会衆に祈りの呼びかけをしているとき、その書簡にひそむ威力に駆られ、とつぜん、バブが定めた言葉をつけ加えた。それを聞いて会衆は愕然とした。彼らは狼狽し、肝をつぶすほどおどろいたのである。

前方の席に座っていた著名な高僧たちは正統派の信仰で大いに尊敬されていたが、サディクの言葉を聞いて騒ぎはじめ、大声で抗議した。「神の信仰の守護者であり、保護者である我々に災いがきた。見よ。この男は邪教の旗をかかげているのだ。この恥ずべき裏切り者を打倒せよ。神の名を汚したこの男を逮捕せよ。彼は我々の信仰の恥である。」彼らはさらに腹立たし気に叫んだ。「一体だれがイスラム教の法規からこれほどの逸脱を許したのか。だれがこの崇高な特権を自分のものとして用いたのだ。」

民衆も僧侶たちの抗議をおうむ返しにくり返し、騒ぎを大きくしていった。この騒ぎは町全体にひろがり、公共秩序が乱されそうになった。これを見たファルス州の知事ホセイン・カーンは介入が必要だと感じ、このとつぜんの騒動の原因を調べることにした。その結果判明したことは、メッカとメジナへの巡礼から戻り、今はブシェルに住んでいる男がシラズに来て、自分の師バブの教えを広めているということであった。知事はさらに、つぎの情報も得た。「この（バブの）弟子は、自分の師は新しい啓示をもたらし、その書は神から来たものであると主張している。サディクは、その信者となり、大勢の人びとにその教えを受け入れるように大胆に勧めている。さらに、その教えを認めることは、イスラム教シーア派の忠実で、敬虔な信者の第一の義務であると宣言している。」

知事はゴッドスとサディク両人の逮捕を警察に命じ、手錠をかけて自分の面前に連れてくるように命じた。警察官は二人を知事のところに連行してきたが、そのとき、サディクから没収したガュモーゥル・アズマ（バブのジョセフについての評釈書）も彼に渡した。それはサディクが興奮した群集に声高らかに読んで聞かせたものである。知事はゴッドスの若さと見慣れない服装を見て、最初彼を無視し、威厳のある年配のサディクに注意を向け、腹立たしそうに聞いた。「あなたは、ガュモーゥル・アズマの見開きで、バブが地上の為政者と国王に、『君主の衣を脱ぐがよい。王なる御方が実際現われたゆえに。王国は、高貴なる神のものなり。最高の神はこう命じたまう』と呼びかけているのを知っているであろう。もしこれが真実なら、わが君主であるカジャール王朝のモハメッド国王にあてはまるはずではないか。私はこの地方の行政長官として国王の代理をしている者だ。その書が命じていることによれば、国王は王冠を脱ぎ、王座を放棄しなければならないのか。」

サディクはためらわずに答えた。「その言葉の著者がもたらされた啓示が真実であることが確実に立証されるとき、その御方の口から出される言葉の真理も同様に立証されましょう。もし、それらの言葉が神の言葉であれば、モハメッド国王と他の国王の退位は重要なことではありません。だれも神の目的をそらすことも、全能で、永遠の王の主権を変えることもできないのです。」

残酷で不信心なその知事は、この返事に強い不快感をおぼえた。彼はサディクをののしり、彼の衣服をはぎとって、千回のむち打ちを加えるよう従者に命じた。さらに、ゴッドスとサディクのひげを燃やし、鼻に穴をあけ、それに細なわを通して町の通りを引きまわすように命令し、こう宣言した。「これはシラズの住民へのみせしめだ。邪教の罰がどんなものかが分かろう。」サディクは平静を保ちながら眼を天に向けて次のように祈った。「おお、主なるわれらの神よ。まことに、私どもは呼び声を挙げられた御方の声を聞きました。その御方は『主なる汝の神を信ぜよ』と呼びかけられました。そこで、私どもはそれを信じたのです。おお神よ、われらの神よ。私どもの罪を許し、私どもの邪悪な行為をかくしたまえ。そして、正義ある人びとと共に死なせたまえ。」

二人は気高い不屈の精神で運命にしたがった。この残忍な罰を与えるように命令された者たちは、力を込めて彼らをむち打ったが、だれもこの受難者たちを助けようとはせず、だれも彼らの大業を弁護しようとしなかった。このあとすぐに二人はシラズから追放された。追放前に、もしシラズに戻ってくるようなことがあれば、二人共はりつけの刑を受けるであろうと警告された。この苦しみを通して、二人は、ペルシャで信教のために最初に迫害された者として不滅の栄誉を得た。前に述べたモラ・アリは敵の容赦ない憎しみの犠牲になり、迫害を受けた最初の人であったが、それはペルシャ国外のイラクで起こった。その迫害はきわめて激しいものであったが、ゴッドスとサディクが受けた残忍な拷問に及ぶものではなかった。

信者ではないが、シラズの住民で、この胸の悪くなるような出来事を目撃した人が私に（著者）次のように語ってくれた。「私はサディクがむちで打たれるのを見ていました。虐待者たちがそれぞれ交替で、血が流れ出ている肩を打ちつづけたのです。かなりの年で、身体虚弱なサディクが、その残忍なむちを五〇回も受けても生き延びられるなどとはだれも信じませんでしたが、彼はすでに九百回以上のむちを受けていたにもかかわらず、平静を保っていたのです。それを見た我々はその不屈の精神に大変おどろきました。彼は笑みを浮かべながら、手を口にあてていましたが、自分の身体に降りかかっているむちはまったく感じていないようでした。彼がその都市から追放されるとき、彼に近づくことができたので、むちを受けているとき、彼が笑みを浮かべていたことに驚いたと述べ、また手を口にあてていた理由を聞いたところ、彼は力をこめてこう答えました。

『最初の七回のむちはとても痛かったのですが、そのあと何も感じなくなり、本当に、自分の身体はむち打たれているのだろうかと不思議に思ったほどです。私の魂はこの上ない喜悦感で満たされていましたが、それを抑え、笑いをこらえていたのです。全能の救済者は一瞬にして苦痛を和らげ、悲しみを喜びに変えられるということを今になって悟りました。神の力は人間のむなしい想像をはるかに超えて無限に高遠なのです。』」私（著者）が、何年か後にサディクに会ったとき、彼はこの感動的な出来事はすべて事実であると認めた。

ホセイン・カーンの怒りは、このきわめて残忍で不当な懲罰を与えることによっても静まることはなかった。彼の理不尽で、気まぐれな残酷さは、次にバブに向けられた。彼は自分の信頼する護衛隊をブシェルに送り、バブを逮捕してくさりをつけてシラズに連行するように命じた。護衛隊の指揮官はアリヨラヒの宗派としてよく知られているノサイリ共同体のメンバーであった。彼はこの事件について次のように語った。

「ブシェルへの旅を三分の一ほど行った荒野の真ん中で、モハメッドの子孫で、商人の身分を示す緑の肩帯と小型のターバンをつけた若者に出会いました。彼は馬に乗り、そのあとをエチオピア人の召使いが荷物をもって付いてきていました。近づくと若者は我々の目的を聞きましたが、私は本当のことを言わない方がよいと思い、ファルスの知事の命令でこの地方の調査にきたと答えました。彼は頬笑みながら言いました。『知事は私を逮捕するためにあなたを送ったのだ。私はここにいる。思うようにせよ。あなたの旅が短縮され、私を見つけやすいように私の方からあなたに会うためにここまで来たのだ。』

私はこの言葉にびっくりし、またその率直さにおどろきました。しかし、なぜ官吏の苛酷な懲戒に進んで身を任せ、自分の命と安全を危険にさらすのか理解できず、彼の言うことを無視してその場を立ち去ろうとしました。すると彼は私に近づき、こう言ったのです。『人間を創造し、ほかの創造物より卓越したものとなし、その心を神の主権と知識の座とされた神にかけて誓うが、私は生まれてこのかた真理以外の言葉は口にしたことはない。また、同胞人間の幸福と進歩以外の望みをいだいたことはない。これまで自分の安楽を無視し、他の人の苦しみや悲しみになるようなことを避けてきた。あなたが私を探しているのは分かっている。あなたとあなたの護衛隊が不必要な労力を費やされるよりも、私自身をあなたに渡したいのだ。』

私はこの言葉に深く心を動かされ、思わず馬からおりて彼のあぶみに接吻し、次のように話しかけました。『おお、神の預言者の目の光である御方よ。あなたを創造し、あなたに崇高さと威力をあたえられた神に誓って、私の願いを聞き入れ、私の祈りに答えて下さるように懇願いたします。この場から逃げ、この地方の無慈悲で卑劣な知事を避けられるようにお願いします。彼の陰謀を恐れているのです。神の預言者の子孫で、これほど潔白で、高貴な御方に対する悪だくみの手先に使われるのはいやです。私の護衛隊員は皆立派な人たちです。彼らは約束を必ず守り、あなたの逃走を口外することはありません。あなたはコラサンのマシュハドの町に行かれ、この残忍な狼の蛮行の犠牲にならないようにして下さい。』

私の熱心な懇願に、彼はこう答えました。『あなたの主なる神が、あなたの寛大さと気高い意図に報いられんことを。この大業の神秘を理解している者はいないのだ。また、だれもその秘密を探ることはできない。私は神の命令に顔をそむけることは絶対にない。神のみが私の確実な砦であり、私の支えであり、避難所でありたまうのだ。死の時間が来るまで、だれも私を攻撃することも、全能なる神の計画を妨げることもできない。そして、私の死の時間が到来したとき、神の御名のもとに殉教の杯を飲み干す喜びは何と大なるものであろうか。私は今ここにいる。あなたの師の手に私を渡すがよい。恐れることはない。だれもあなたを非難したりはしない。』私は頭を垂れて同意の意を示し、彼の望みを実行することにしました。」

バブは神秘的な力を秘めた言葉で護衛隊員の敵意を除き、その傲慢を謙遜と愛に変えたのである。バブは直ちにシラズへ向かい、護衛隊の前方を拘束されずに自由に進んで行き、その後を護衛隊が敬意を表しながら続いた。シラズ市に到着するとすぐ政府の建物に向かったが、通りを進んで行く騎馬行列を見た者は皆、そのめずらしい光景におどろかされた。知事のホセイン・カーンはバブの到着を知るとすぐ自分の前に連れてこさせ、きわめて横柄な態度で迎え、部屋の中心にある席に自分に向かって座るよう命じた。そして公然とバブをなじり、その行動を非難し、怒りをあらわに抗議したのである。

「お前はどれほど大きな害毒をもたらしたか分かっているのか。聖なるイスラム教と、我々の畏れ多い国王にとってどれほど恥になったか気がついていないのか。お前はコーランの聖なる教えを無効にする新しい啓示をもたらした者であると宣言しているのか。」バブは静かに答えた。「『よこしまな人間が何か情報を持ってきた場合にはまずよく確かめよ。（うっかり飛びついて）心ならずも他人に大変な迷惑をかけ、後で自分のしたことを悔むような羽目にならないように。』（コーラン）」

この言葉で知事の憤りはいっそうあおられ、「お前は、我々をよこしまで、無知で、愚かであると言うのか」と叫んで、バブの顔に一撃を加えるよう従者に命じた。その一撃はバブのターバンが地面に落ちるほど強烈であった。その会見に出席していたシラズの僧侶の長であるシェイキ・アブトラブは知事の行為を強く非難し、落ちたターバンをバブの頭にもどすように命じてバブを自分の席のそばに座らせた。シェイキ・アブトラブは知事の方を向き、バブが引用したコーランの節が啓示されたときの状況について説明し、彼の憤りを鎮めようとして言った。

「若者が引用した節に深く感銘しました。この英知ある節は、この事柄に関して注意深く調べ、聖典の教えに沿って彼を判断せよ、と教えているものだと感じます。」知事は直ちにその意見に同意したので、シェイキ・アブトラブはバブに啓示の内容と特質について質問した。バブは、自分は約束されたガエムの代理でも、神と忠実なる信者を結ぶ媒介者でもないと断言した。シェイキ・アブトラブは「これで我々は十分に満足した。金曜日にヴァキル寺院で公にあなたの否認の言葉を聞かせてもらおう」と答えた。

シェイキ・アブトラブがこの問答を終わりにして立ち去ろうとしたとき知事が口を出した。「この若者の身許引受人なる信頼できる人物が必要だ。その者は、今後この若者がイスラム教、または政府に害を与えるようなことをすればすぐに我々の手に引き渡さなければならない。また、あらゆる状況の下で彼の行動に責任をもつという宣誓文も書かなければならない。」その場にいたバブの叔父セイエド・アリが保証人になることに同意し、宣誓書をしたため、押印したので、それに何人かの証人が署名して知事に渡した。そこで知事は、自分が要求すればすぐにバブを渡すという条件つきでバブを叔父に任せた。

セイエド・アリは神に感謝しながらバブを自宅に連れて行き、バブをバブの母親の愛情深い世話に任せた。叔父はこの家族の再会を喜び、自分の愛する大事な甥を悪意に満ちた虐待者の手から救ったことで深い安堵をおぼえた。バブは静かな自宅で、しばらくの間だれにも邪魔されない生活を送った。妻、母親、そして叔父以外はだれとも交わることはなかった。一方、悪事をたくらむ者らはバブをヴァキル寺院に呼び出し、約束を果たさせるようシェイキ・アブトラブに圧力をかけていた。

シェイキ・アブトラブは親切な人物として知られており、その気質と性格はテヘランの聖職者たちの指導者であった故ミルザ・アブール・カゼムにひじょうに似ていた。彼は名士を無礼にあつかうことを大変嫌ったが、その名士がシラズの住民である場合は特にそうであった。それを自分の義務と感じ、良心的に守ってきたため、町の住民からひろく尊敬されるようになっていた。従って、この度も群集の憤りを和らげるためにあいまいな答えをして、バブを寺院に行かせることを延ばし続けた。しかし、扇動者たちが大衆の憤りをあおろうとやっきになっているのに気付き、ついに、バブの叔父に極秘の手紙を送らざるを得なくなった。それは金曜日にバブをヴァキル寺院に連れて行き、約束を果たさせるよう要請したものであった。その手紙に、彼はこう付け加えた。「神の援助により、あなたの甥の陳述が緊迫した状況を和らげ、あなたと我々の心に平安がもどることを願う。」

バブは叔父を伴って寺院に入った。そのときシェイキ・アブトラブが説教壇から説教をはじめようとしていた。彼はバブの姿を認めるとすぐに歓迎の言葉を述べ、説教壇にのぼって聴衆に話しかけるように要請した。バブはその招きに応じて説教壇の一番下の段にあがり、話しはじめようとした。そのときシェイキ・アブトラブは「もっと高い段にのぼって下さい」と声をかけた。バブはそれに応じてあと二段のぼった。バブは頭が説教壇の上段にいたシェイキ・アブトラブの胸をかくすように立った。そして、自分の公の宣言をまず前置きの言葉で始めた。彼が「まことに、天と地を造りたもうた神に賛美あれ」という言葉を述べはじめたとたん、セイエド・シェシ・パリとして知られている者が横柄な態度で叫んだ。

「むだ話はもうたくさんだ。今すぐ言いたいことを言ったらどうだ。」シェイキ・アブトラブはこの男の無礼さに強い憤りを感じ、彼を叱責した。「静かにして自分の無礼さを恥ずかしく思いなさい。」その後、彼はバブに向かい、聴衆の興奮を鎮めるために話を簡潔にするよう頼んだ。バブは聴衆に向かって宣言した。「われをイマムの代理、またはその門とみなす者らは神から罪の宣告を受けるであろう。神の一体性を否定し、預言者の封印であるモハメッドが預言者であることを否認し、古の神の使者たちの真理を否認し、忠実なる御方の司令官であるアリが守護者であることも、その後継者であるイマムたちも認めない者として、われを非難する者らもまた、神から罪の宣告を受けるであろう。」

こう述べたあとバブは説教壇の上段までのぼりシェイキ・アブトラブを抱擁し、下におりて聴衆に加わって金曜日の祈りをしようとした。シェイキ・アブトラブはバブに寺院から立ち去るように頼んだ。「ご親族があなたのお帰りを待っておられます。皆さんがあなたに悪いことが起こらないかと心配しておられるのでご自宅に戻り、そこで祈られるように願います。そうなさることは神の目により賞賛される行為だと思います。」

シェイキ・アブトラブはまた、バブの叔父に自宅までバブに同伴するように要請した。シェイキ・アブトラブがこの予防手段を取った理由は、集会の終了後、よこしまな心をもつ者らがバブを傷つけたり、生命を危うくしたりするかも知れないと恐れたからである。実際、それまで、シェイキ・アブトラブが見事に発揮した英知や同情心や細心の注意で、激昂した群集の野蛮行為が阻止されたことが何度もあったのである。シェイキ・アブトラブは、バブとその使命を保護するために、見えざる神の御手の手段として任命された者のようであった。

バブは自宅に戻り、しばらくの間、親族と親しく交わりながら比較的静かな生活を送ることができた。その期間に、使命の宣言後最初のノウ・ルーズ（新年）を祝った。その祝日は一八四五年三月であった。

ヴァキル寺院でバブの言葉を聞いた者らの中には、若者のバブが独力で手ごわい敵対者を沈黙させた見事な態度に深く動かされた者らもいた。この出来事の後まもなくして、彼らは皆バブの使命を理解し、その栄光を認めた。彼らの中には、シェイキ・アブトラブの甥で成年に達したばかりのアリ・ミルザがいた。彼の心に植えられた種は成長し続け、ついに彼は一八五〇年から五一年の間に、イラクでバハオラに会うことができた。この訪問で熱意と喜びに満たされ、大いに活気づけられた彼は故郷に戻り、一層の精力を傾けて大業の発展に尽くした。その年から現在までのたゆまない努力と、高潔な性格と、自国とその政府に対する真心からの奉仕は人びとに知られるようになった。最近、彼がバハオラに宛てた手紙が聖地に届けられたが、その中で、ペルシャにおける大業の進歩に深く満足していることを述べている。

「この国の人民の間に神の威力が表わされているのを見て、驚きで一言も言えないほどです。この信教を何年も残酷に迫害してきた国で、バビ（バブの信者）として四〇年間ペルシャ中に知られてきた人物が、暴君で、大業の敵である国王の息子ゼロス・ソルタンと、サヘブ・ディヴァンのミルザ・ファテ・アリ・カーンの間の論争の仲裁者になったのです。そのバビである仲裁者が下す判決は何であれ、当事者の双方が無条件で受け入れ、即刻実施されなければならないことが一般に公表されたのです。」

金曜日の集会出席者の中にモハメッド・カリムがいたが、彼もまたバブの立派な態度に惹かれた。彼はその日に見聞きしたことですぐバブの信者となった。その後、迫害を受けてペルシャからイラクに追われ、バハオラの下で理解と信仰を深めていった。後日、ババオラから指示されてシラズに戻り、生涯の終わりまでその地で大業の普及に全力をつくした。アガ・レカブという人もその同じ金曜日にバブに深い感銘を受けて以来、長期間、どれほど激しい迫害を受けても確信をゆるがせることも、大業への愛の火を弱めることもなかった。彼もまたイラクでバハオラに会うことができ、バハオラに「コーランの支離滅裂に見える文字」の解釈と、「ヌールの句」の意味について質問した。その返事として、バハオラから自筆による書簡を受け取り、その後バハオラの道に殉教した。その他ミルザ・ラヒム・カバズという人物もいた。彼は大胆不敵さと、燃えるような熱意で知られるようになり、死の直前まで大業の発展に努力をゆるめることはなかった。

バブのヘジャーズへの巡礼に同行したハジ・アブル・ハサン・バザズは、バブの使命の偉大さにかすかに気づいていたが、あの忘れがたい金曜日に心の底から動かされ、完全に変わり、バブへの深い愛と献身から涙を流し続けた。彼を知る者は皆その高潔な行動を賞賛し、その慈悲深さと公平無私を称えた。このように、彼は二人の息子同様、行動で信仰の強さを示し、他の信者たちから尊敬を得たのであった。故モハメッド・ベサットもまたその同じ日にバブに惹かれた一人であった。彼はイスラム教の形而上的な面に精通し、アーマドとカゼムを賞賛していた人で、温和な気質をもち、ユーモアに富んでいた。またシェイキ・アブトラブを友人として得、彼と親しく交わり、金曜日の祈りの集会にも欠かさず参加していた。

その年の春を告げる新年は、同時に精神的な再誕生を象徴するものでもあった。全国いたるところで、その精神的春季の最初の躍動がすでに認められるようになっていた。ペルシャのもっとも高名で学識ある人たちが何人も、荒涼とした無思慮の状態から抜け出し、新しく誕生した啓示の息吹で生命力を与えられた。全能の神の御手で彼らの心に植えられた種は最高に美しい花を咲かせたのである。それらの花々の芳香は、神の慈愛と慈悲の微風で国の隅々にまでひろがっていった。それどころか、その芳香はペルシャの国境を越えてひろく放散し、さらにはカルバラにも届き、バブの帰りを待ち望んでいた人びとの魂を活気づけた。新年直後、バブから書簡がバスレ経由で彼らに届けられた。それは、計画の変更があり、ヘジャーズからカルバラを経由してペルシャにもどる約束を果たせないので、彼らにイスファハンに行き、次の指示があるまでそこに留まるように指示するものであった。そして次のような付記があった。「状況がよければシラズに行くように。そうでなければ、神の導きが下されるまでイスファハンに留まるがよい。」

この思いがけない知らせにバブのカルバラ到着を待ち望んでいた人たちは動揺した。彼らの忠誠心が試されたのである。不満に思った何人かはこうささやいた。「バブの約束はどうなったのか。神の意志の介入により、約束を破ったというのか。」これら気迷いした者らと違って、他の者らの信仰はいっそう固まり、決意も強まった。彼らは信仰をゆるがせた者たちの批判と抗議をまったく無視し、喜んで師の招きに応じた。そして、敬愛するバブの望みのすべてに従う決意をもってイスファハンに向かった。その中には信仰を大いにぐらつかせた者も数人いたが、彼らはそれをかくして一団に加わった。

イスファハンの住民のアリ・ナリとその弟のミルザ・ハディは、栄光に満ちた崇高な信教に対する確信を、邪悪な者らの疑念の言葉でくもらせることはなかった。アリ・ナリの娘は後に最大の枝（アブドル・バハ）と結婚した人である。その他にハナ・サブという人もいた。彼もイスファハンの住民で、現在、バハオラの家で奉仕している。これらのバブの忠実な弟子たちの何人かは、シェイキ・タバルシの戦いに参加したが奇蹟的に悲劇的な死をまぬかれた。

一団はイスファハンに行く途中のカーンガヴァルの町で、弟と甥を伴ったモラ・ホセインに出会った。この弟と甥は、モラ・ホセインがシラズを訪れたときの同伴者であり、共にカルバラに向かっているところであった。皆はこのとつぜんの出会いを大いに喜び、カーンガヴァルの町にもっと滞在するように要請したので、モラ・ホセインはすぐそれに応じた。彼はその町で、金曜日の会衆の祈りを先導し、バブの弟子たちがそれに続いた。そこに居合わせた何人かは、モラ・ホセインが弟子たちから深く尊敬されているのを見て嫉妬の念に駆られた。彼らは後日、シラズで信教に対する不実を暴露することになるのであるが、その中にはモラ・ジャバド・バラガニとアリ・ハラティがいた。指導者の地位を占めたいという野心から、バブの教えを受け入れたように見せかけたこの二人は、モラ・ホセインが得た羨ましい地位をひそかに傷つけるために、ほのめかしや当てつけを用いて執拗にモラ・ホセインの権威に挑戦した。こうして、彼の名に恥辱をもたらそうとしたのである。

カリムという名でよく知られていたアーマド・カテブは、カズビンの町からモラ・ジャバドに同行して旅をしてきた人であった。私（著者）は、彼が次のように語るのを聞いた。「モラ・ジャバドは私と話しているとき何度もモラ・ホセインを批判しました。モラ・ホセインへの非難をくり返し聞いた私は、彼と交際を絶ちたいと思いました。そのたびに、モラ・ホセインは、モラ・ジャバドに対して寛容な態度をもつようにと私に忠告したのです。一方バブの忠実な弟子たちの熱意はモラ・ホセインとの交わりで一層強まっていきました。彼らはモラ・ホセインの模範で教化されたのです。そして、他の弟子たちをはるかに凌ぐ彼のすばらしい知性と精神性に惜しみない賞賛を贈りました。」

モラ・ホセインは友人の一団に加わってイスファハンに同行することにしたが、仲間の一団より五キロメートルほど前方を一人で行くことにした。日暮れになると休止し、追いついてきた仲間の一団といっしょに祈った。それが終わるとモラ・ホセインは最初に出発し、夜明けに歩を止めて祈るとき、ふたたび熱心な仲間の一団と合流した。仲間たちが強く要請したときにだけ会衆の祈りをしたが、その場合、仲間の一人に祈りをまず唱えさせ、自分はそのあとに続いて唱えることもあった。このように、モラ・ホセインは仲間たちの心に強い献身の火を点した。何人かは、歩いて旅をしている人たちに馬を提供し、自分たちは旅の疲れなどまったく気にかけずモラ・ホセインの後を徒歩で続いた。

イスファハンの郊外に近づいたところで、モラ・ホセインは、大勢の仲間の一団がとつぜん町に入ると住民の好奇心をそそり、疑惑をもたせるかもしれないと思った。そこで、人目につかないように小人数に分かれて町に入るように忠告した。一団が町に到着して二、三日後、シラズのニュースが届いた。すなわち、シラズは騒乱状態で、バブとの交際は一切禁止されており、彼らが計画しているその町への訪問はきわめて危険というのである。モラ・ホセインは、このとつぜんの悪い知らせにもひるまず、シラズに向かう決心をし、信頼できる少数の仲間だけに自分の意図を知らせた。そして、身に着けている衣服とターバンを脱ぎ、その代わりに外套とコラサンの住民が用いるペルシャ帽をかぶり、馬の世話係をよそおって、だれも予期しない時間に、弟と甥といっしょに敬愛する御方の町に出発した。

シラズ市の門に近づいたとき、モラ・ホセインは弟に、真夜中にバブの叔父の家に行くように指示した。叔父を通して自分の到着をバブに知らせてもらうためであった。翌日モラ・ホセインは、バブの叔父が日没一時間後、市の門の外で待っているといううれしいニュースを受け取った。モラ・ホセインは約束の時間に叔父に会い、彼の自宅に案内された。バブは数回、夜半に叔父の家を訪れ、夜明けまでモラ・ホセインと親しく談話し続けた。この後すぐにバブは、イスファハンに集まっていた弟子たちに、徐々にシラズに来て、そこで自分と会えるまで待つように、またその際、最大限の注意をはらうようにと警告し、シラズ市には二、三人ずつ入り、その後すぐに分散して旅人の宿舎に泊まり、めいめい仕事につくよう指示した。

モラ・ホセインの到着後二、三日してこの町に到着した最初のグループには、アリ・ナリ、彼の弟のミルザ・ハディ、カリム、モラ・ジャバド、アリ・ハラティ、そしてミルザ・エブラヒムらがいた。バブと交わっているうちに最後の三人は、徐々に、心が閉じていることを暴露し、卑しい性格をあらわしてきた。バブのモラ・ホセインに対する愛顧が深まっていくにつれて彼らの怒りは激しくなり、くすぶっていた嫉妬の炎が燃え上がったのである。激怒してもどうすることもできない彼らは、ついに詐欺と誹謗という卑しむべき武器に頼った。公にモラ・ホセインに敵意を示すことができなかったので、あらゆる狡猾な策略を用いて、彼の熱心な賞賛者たちの心をあざむき、敬愛の念を消そうとしたのである。その見苦しい振舞いのため、彼らは仲間の同情を失い、忠実なバブの弟子の一団から切り離されることになった。

その後、彼らは信教の敵と結託し、信教の教えと原則を完全に否定し、その町の住民の間に大騒動を起こしたため、行政当局もその陰謀を恐れて、ついに彼らを追放した。

バブは、彼らの陰謀と悪事を詳細に述べた書簡を書いたが、その中で、彼らをサメリの黄金の子牛にたとえた。この子牛は、発言する能力も魂もない卑しむべき手工品であり、不従順な人びとの礼賛の的である。バブはモラ・ジャバドとアリ・ハラティに関して、「おお神よ。この正道を踏みはずした者らの二つの偶像、ジェブトとタグートに罪の宣告が下されますように」と書いた。その後この三人はケルマンに行き、カリム・カーン（バブの悪名高き敵）と結束して、カリム・カーンの陰謀をいっそう進め、彼の信教に対する非難をますます激化させるために全力をつくしたのである。

彼らがシラズから追放された後のある夜、バブは叔父のセイエド・アリ宅で、アリ・ナリ、ミルザ・ハディ、およびカリムと会った。バブはとつぜんカリムに向かって聞いた。「カリムよ。あなたは顕示者を探しているのではないか。」この上なくやさしく、静かに語られた言葉にカリムは茫然となった。このとつぜんの質問に、はげしく動揺し青ざめた彼は、どっと涙を流しながらバブの足元に身を投げた。バブは彼をやさしく腕に抱きかかえ、額に接吻して、自分のそばに座るように述べ、慈愛にあふれた言葉で彼の心の動揺をしずめた。

家にもどるとすぐ、アリ・ナリと弟はカリムに、彼をとつぜん襲った激しい心の動揺の原因について質問した。彼はこう答えた。「お聞きください。今までだれにも明かさなかった不思議な体験をお話しましょう。成年になってまだカズビンに住んでいたころのことです。私は神の神秘を解明し、その聖者と預言者の本質についてどうしても理解したいという強い熱望を感じていました。ところが、学問を身につけなければこの目標に達することができないことに気がついたのです。そこで父と叔父たちの同意を得て、仕事をやめ、勉学と研究に没頭しはじめました。カズビンの神学校に入学し、あらゆる分野の学問の修得に努力し、学んだ知識について他の学生とよく討議しました。自分の経験を豊かにしたいと思ったからです。夜になると家に帰り、書斎に閉じこもってだれにも邪魔されずに何時間も勉強しました。このように学問に没頭した私は、睡眠にも空腹にも無頓着になってしまったほどでした。二年以内にイスラム教の複雑な法学と神学を修得する決心をし、カリム・イラバニの講義に欠かさず出席しました。この師は、当時カズビンで聖職者として最高の地位にありました。私は、彼の博識、敬虔、美徳を心から賞賛していました。毎夜、論文を書いて提出したところ、それに関心を向け、注意深く修正してくれたのです。彼はまた、私の進歩をとても喜んでくれているようで、私の修得した学識の深さをよく褒めてくれました。

ある日、学生たちが集まっているところで、師はこう公表しました。『学識を修得した賢明なカリムは、イスラム教の聖典の解説者として権威を獲得した。彼はもはや、私の講義にも、ほかの教師の講義にも出席する必要はない。来る金曜日に、彼が法学者としての地位を得たことを祝い、会衆の祈りの後、彼に修業証書を渡す予定である。』

この言葉を残して師がその場を去った直後、学生たちが私の方にきて私の業績を心から祝ってくれました。私は胸を大きくふくらませて帰宅しました。家に戻ると、カズビン中で深く尊敬されている父と叔父の二人が私の卒業を祝うために祝宴を準備していました。私が、カズビンの著名人への招待を延期するよう二人に頼むと、彼らは喜んでこの要請に応じてくれました。彼らは、私もそのような祝宴を望んでいるはずだから、長くは延期しないだろうと思ったのです。その夜、私は書斎に入って一人きりになって考え込みました。

私は自分にこう問いました。『お前は清められた精神をもつ者だけが、イスラム教の聖典の解説者として権威ある地位にのぼれるなどとあさはかにも想像していなかったか。また、この地位に達した者は誤りを犯さないと信じ込んでいなかったか。お前はすでに、その地位を獲得した者とみなされるのではないのか。カズビンのもっとも著名な聖職者が、お前はその地位に達したと認め、公表したではないか。公正に判断せよ。お前は胸の中で自分はそのような清純と崇高なる超脱の域に達した者とみなすのか。その状態は以前、その高い地位を切望する者の必要条件とみなしていたものではないか。また、自分を利己的な欲望の汚れをすべて捨て去った者とみなすのか。』

座って考えているうちに、徐々に、自分には価値がないという思いに襲われてきました。私はいまだに心配や困惑、誘惑や疑いに迷わされているのが分かっていました。講義の進め方、会衆の祈りの導き方、イスラム教の法律や戒律の実施方法などを考えると心が重くなったのです。自分の義務をどのように果たせばよいのか、前任者よりすぐれた業績をどのように成し遂げればよいのかなどと心配し続けました。そうしているうちに、強い屈辱感におそわれ、神に許しを求めずにはおれなくなりました。学問修得の目的は神の神秘を解明し、確信に至ることではなかったのかと心の中で思ったのです。『公正に判断せよ。おまえのコーランの解釈に確信がもてるのか。おまえが公布する法律は神の意志を反映していると確信できるのか』と自問しました。そのときとつぜん自分が間違っているということに気づき、いかに学識のさびが私の魂に食い込み、ビジョンをくもらせたかをはじめて悟りました。私は自分の過去を後悔し、これまでの無駄な努力を嘆きました。私と同じ地位にある人たちも同じ苦悩をもっていると思います。彼らは、いわゆる学識なるものを修得したとたんイスラム教の法律の解説者となり、その教義を判断する特権を得るからです。

このように、夜明けまで考えにふけっていました。その夜、私は何も口にせず、また睡眠も取らないで神に祈りました。『おお、わが神よ。あなたは私の苦境を見ておられます。あなたの聖なるご意志とご満足に沿わない望みは一切もっていないこともご存知です。あなたの聖なる宗教が多数の宗派に分かれていることを見て当惑しております。過去の宗教が分派に裂かれたことを見て深くとまどっております。当惑している私を導き、疑念を取り除いて下さい。慰めと導きを得るためにはどこを向けばいいのでしょうか。』

私はその夜、号泣のあまり意識が朦朧となっていました。そのときとつぜん、大勢の人びとが集まっている幻を見たのです。その人たちの輝く顔に私は深い感銘を受けました。セイエド（モハメッドの子孫）の衣を身につけた高貴な人物が説教壇に座り会衆に向かって、コーランのつぎの聖なる句の意味を解説していました。『わがために努力をする者らを、わが道において導こう。』私がこの人物の顔に惹かれて立ち上がり、その方に歩み寄り足元に身を投げようとしたとき、とつぜん幻は消えました。そのとき私の心は光で満たされ、言葉では表現できない喜びで一杯になったのです。

そこですぐ、モハメッド・ジャバドの父アラー・バルディに相談しました。彼はカズビンの町では、鋭い洞察力で知られている人でした。私の見た幻を話したところ、彼は笑みを浮かべ、その幻に現われたセイエドの特徴をおどろくほど正確に描写したのです。そしてこう言いました。『その高貴な人物はカゼムに他ならない。彼は今カルバラに滞在しており、毎日イスラム教の聖なる教えを弟子たちに解説している。彼の講義を聞いた者は活気づけられ、啓発されるが、彼の言葉が聴衆にあたえる影響を十分述べることはできない。』

これを聞いてうれしくなって立ち上がり、彼に真心から感謝の言葉を述べて家に戻りました。そして、カルバラへの旅の準備をしていると、以前から知っている仲間の弟子がきて、『学者のカリムという人があなたに会いたいそうです。彼の家を訪問されますか、それとも彼に来ていただきましょうか』と聞きました。私はこう答えました。『私はカルバラのイマム・ホセインの廟を訪れたいと願ってきました。その巡礼の旅を今すぐはじめることにしましたので、これ以上出発を延ばすことはできません。この町を離れるとき数分間、彼を訪れることができるかもしれません。もしできなければ、お許しください。そして、私が正しい道に導かれるように祈っていただければ幸いです。』

私は親戚の者たちに、私の見た幻とその意味を内密に明かし、カルバラへの訪問計画も知らせました。その日、私の言葉で彼らはカゼムを敬愛するようになり、また、アラー・バルディにも強く惹かれ、彼とこだわりなく交わり、彼の熱心な賞賛者となったのです。

私の弟、アブドル・ハミド（後日、テヘランで殉教）は、私のカルバラへの旅に同行しました。私はカルバラでセイエド・カゼムに会い、その講義の様子を見てびっくりしました。幻で見たのとそっくりだったからです。彼は講義の中である節の解説をしていましたが、それも幻で聞いたのとまったく同じ節の解説でしたのでさらに仰天しました。私は席につき、講義に耳を傾け、その論説の力強さと思考の深遠さに深く感銘したのです。講義が終わると彼は私を礼儀正しく迎え、大変親切にしてくれました。私も弟もこれまでに経験したこともないような喜びを感じ、夜明けに二人で彼の家に行き、彼に同行してイマム・ホセインの廟を訪問しました。

私は冬の間ずっと彼と親しく交際しました。その間、彼の講話に欠かさず出席しましたが、講話の内容はつねに約束されたガエムの顕示に関するものでした。彼はこのテーマを唯一の主題としていたのです。どの文章、どの伝承についていて解説していても、かならず最後には約束された啓示の出現に言及して講話を終え、つぎのような宣言を公にくり返したのです。『約束された御方は我々の間におられる。その御方の定められた出現時は刻々近づいている。その御方の到来のために準備するがよい。その御方の美を認めることができるように心を清めることだ。私がこの世を去るまではその御方は現われないようになっている。皆は私の死後、その御方を探すために立ち上がり、その御方を見つけるまでは一瞬たりとも休んではならならない。』

新年を祝ったあと、カゼムは私にカルバラから去るように命じ、別れの挨拶をしました。『カリムよ、安心するがよい。あなたは神の啓示の日に、この大業の勝利のために立ち上がる者らの一人だからだ。その祝福された日に私を思い起こしてくれるように願う。』私は、カズビンに戻るとその町の僧侶たちの敵意を刺激するのでカルバラに残りたいと彼に願いました。答えはこうでした。『神を完全に信頼し、彼らの陰謀をまったく無視して仕事につくことだ。彼らが反対してもあなたは絶対に傷つくことはないので安心するがよい。』私はこの忠告に従い、弟といっしょにカズビンに向かいました。

カズビンに到着後すぐにカゼムの勧告を実行しました。私はカゼムの指示に従うことにより悪意をもった反対者たちをすべて黙らせることができました。日中は仕事に励み、夜になると家にもどり、静かな部屋で祈りと瞑想に時間を過ごしました。私は涙して神と交信し、次のように懇願したのです。『あなたはこう約束されました。あなたから霊感を受けた者の口を通して私は聖なる日を見、あなたの啓示を目撃できると。あなたはまたこう約束されました。私はあなたの大業の勝利に立ち上がる者らの一人になると。ではいつその約束は果たされるのでしょうか。いつあなたの慈愛ある御手で、その恩恵のとびらを開き、その不滅の恩寵を私に付与して下さるのでしょうか。』私はこの祈りを毎夜くり返し、夜明けまで嘆願し続けました。

一八四〇年二月一三日の前夜、祈りにふけっているうちに夢うつつの状態になりました。すると私の眼前に雪のように白い小鳥があらわれ、私の頭上を舞った後そばの木の小枝に降り、言葉では言い表せないような甘美な音調で、『カリムよ。あなたは顕示者を探しているのか。一八四四年まで待つがよい』と述べて、小鳥はすぐにどこかへ飛び去って行きました。私はこの神秘的な言葉に深く動揺しました。また、その幻のすばらしさは長い間私の心に残り、まるで楽園の喜びをすべて味わっている気分で、それを抑えることはできませんでした。

このように、小鳥の神秘的なメッセージは私の魂に深く浸透し、私から一時も離れることはありませんでした。しかし、その甘美さがなくなるのを恐れ、そのことを誰にも話さなかったのです。数年後、シラズでの聖なる宣言が私の耳に届くとすぐ、その日のうちにシラズに向かい、途中のテヘランでモハメッド・モアレムに会いました。彼はその宣言の内容を教えてくれ、それを受け入れた者たちはカルバラに集まり、指導者がヘジャーズから戻るのを待っていると知らせてくれました。ところで、この旅できわめて苦痛であったのは、モラ・ジャバド（大業の違反者）がハマダンからカルバラまで同行してきたことでした。幸い、カルバラであなたや他の信者たちに会うことができましたが、その間もずっと私はあの小鳥が伝えてくれた不思議なメッセージを胸に秘めていました。その後、バブの面前に出て、彼の口から私が以前聞いたと同じ音調の同じ言葉を聞いたとき、はじめてその意味を悟ったのです。その威力と栄光にすっかり圧倒された私は思わずバブの足元にひざまずき、彼の名を称えました。」

一八四八年のはじめ、十八才になっていた私（著者）は故郷のザランドの村を出てクムの町に行った。そこでザビーという称号のエスマイル・ザバレと偶然出会った。彼は後日、バグダッドでバハオラの道に自らの生命をささげた人で、彼を通して私は新しい啓示を認めることができたのである。当時、彼はシェイキ・タバルシの砦の勇敢なる防御者たちに加わる決心をして、マザンダランへの出発準備をしていた。はじめは、私と同年の若者でクム出身のハカクと私を連れて行く予定であったが、状況の変化でそれができなくなったため、出発前に「テヘランについた後、いつ合流できるかを知らせる」と約束した。談話中、彼はカリムの不思議な経験について語ったが、それを聞いて私はどうしてもこの人物に会いたいと思った。その後、テヘランに行き、その町の寺院の神学校で会ったエスマイル・ザバレがその神学校に住んでいたカリムを私に紹介してくれた。そのころ、シェイキ・タバルシ砦の戦いが終わり、タバルシの仲間に加わろうとテヘランに集合していたバブの弟子たちは故郷に戻ったことを知った。カリムは首都テヘランに留まり、ペルシャ編のバヤン書（バブの著作）の複写に専念した。私の彼に対する敬愛と賞賛は、彼と親しく交際するうちに深まり、テヘランでの最初の出会いから三八年がたった今でもその友情とその信仰の深さを感じている。この理由で、彼の生涯の前半について長々と述べることになったのである。これはまた彼の生涯の転換点となった。読者も以上の話を読んで、この偉大な啓示を認められるようになればと願っている。

モラ・ホセインがシラズに到着してまもなく、町の住民はふたたび抗議の声をあげはじめた。モラ・ホセインがバブと親密に交際を続けているのを知って不安になり、騒ぎはじめたのである。「この男は我々の町に来て、またもや反旗をひるがえそうとしている。かしらと共に我々の伝統ある機構をこれまで以上に攻撃しようとしているのだ。」不穏な町の状況を見たバブは、モラ・ホセインにヤズドを通って故郷のコラサンに帰るよう指示した。シラズに集っていた残りの弟子たちにはイスファハンに戻るように命じた。ただ、カリムだけはそばに残し、自分の著述を書き写す仕事をあたえた。この賢明な予防策によって怒り狂う住民の暴動の危機はまぬかれ、むしろバブの教えがシラズ市外にもひろがるはずみとなった。国中に分散していたバブの弟子たちは大勢の人びとに新しく誕生したバブの啓示がもたらす再生力の偉大さを大胆に宣言しはじめた。バブの名声はいたるところにひろがり、首都テヘランと各州の権力者たちの耳にも届いた。指導者たちも一般大衆も熱心に質問しはじめた。バブの直弟子からその出現の先触れとなったしるしや状況を聞いた者たちは大変におどろき、不思議な思いでいっぱいになった。政界と宗教界の指導者たちは、自ら出かけてくるか、または有能な代表者たちを送ってこのおどろくべき運動について調べはじめた。

モハメッド国王も、バブに関する報告が真実か否かを確かめるため、臣下の間でだれよりも学識があり、雄弁で影響力をもつヤヒヤ（呼称ヴァヒド）を代表として選び、バブに会見させ、調査結果を報告させることにした。ヤヒヤが公正で、すぐれた能力と鋭敏な洞察力をそなえていることを確信していたからであった。ヤヒヤは、ペルシャの有力者たちの中でも最高の地位にあり、宗教界の指導者たちが多数出席した会合ではつねに主な講演者であった。彼に向かって意見などをだす者はなく、誰もが彼を尊敬して沈黙を守った。皆、その英知と比類のない知識と慎重な分別を認めていたからである。

当時、ヤヒヤは国王の賓客として儀式担当のルツ・アリの邸宅に滞在していた。国王はルツ・アリに、ヤヒヤをシラズに送ってバブについて調査させよとの密令を出した。「われは彼の高潔さを信じて疑わない。その高徳心と知性は賞賛すべきもので、聖職者の中でバブの調査に最も適した者と思う。彼をシラズに送り、十分に調査させ、その結果をわれに知らせよ。その後、取るべき方法が分かろう。」

ヤヒヤ自身もバブが何を主張しているかを直接知りたいと思っていたが、事情が許さず、ファルスへの旅ができないでいた。そこで、国王の要請を喜んで受け入れ、これで自分の望みも果たせると思い、すぐシラズに向けて出発した。旅の途中、バブに差し出す質問をいろいろと考えた。バブの使命が真実で、正当であるかどうかはこれらの質問への応答次第であると考えた。シラズに到着後、コラサン滞在中に親しくなったアジムという呼称をもつシェイキ・アリに会った。そこでアジムにバブとの会見に満足したかどうかを聞いた。アジムはこう答えた。「バブに実際会って、ご自分の力でその使命をよくお調べになるよう勧める。友人としてあなたに忠告するが、後になって、バブへの無礼を嘆くことがないよう最高の礼儀をつくして話されるがよい。」

ヤヒヤはセイエド・アリ（バブの叔父）宅でバブに会い、アジムの忠告通りにバブに礼儀を示した。そして、およそ二時間にわたってバブに質問した。それは、イスラム教の形而上学的な教えの難解な論題、コーランの中のあいまいな節、イマムの神秘的な伝承と予言についてであった。バブはまずヤヒヤの質問に注意深く耳を傾け、そのあと、各質問に手短ではあるが説得力のある答えで応じた。この簡潔で、明晰な答えにヤヒヤはおどろき、賞賛の気持ちでいっぱいになり、自分の生意気さと誇りを恥じた。同時に優越感も完全に消え去った。その場から去るときバブにこう述べた。「次の会見で残りの質問を提出して私の調査を終わりたいと思っています。」

そこから離れるとすぐにアジムに会い、会見の様子を語った。「バブに自分の知識を必要以上に長々と述べたあと、質問しました。バブは質問に簡潔に答え、これまで解決できないでいた問題を解いてくれました。私は屈辱感でいっぱいになり、彼の面前にいることがいたたまれなくなり、急いで別れを告げました。」アジムは前に与えた忠告を彼に思い出させ、次回にはそれを忘れないようにと念を押した。二回目の会見で、ヤヒヤはバブに提出すつもりであった質問を完全に忘れてしまっているのに気づき、仰天した。そこで仕方なく、調査とは関係のない質問を出した。

するとバブは彼が一時忘れていた質問に、以前と同じように明晰かつ簡潔に答えはじめたのである。これに一層おどろいた彼は、後日こう述べた。

「私は、深い眠りにおちいっていました。ところが、それまで忘れていた質問に答えているバブの言葉が耳に入り、はっと目が覚めたのです。その声は、私の耳にずっとこだましていました。『それは結局、偶然の一致ではなかったのか。』私の心はかき乱され、考えをまとめることができませんでした。そこで、再度許しを請うてその場を去りました。その後、アジムに会いましたが、彼は私を冷たく迎え、きびしく忠告しました。『あなたも私も学校に行かなかった方が良かったのだ。我々がつまらないことに気を取られ、うぬぼれているため、我々を救ってくれる神の恩恵を受けられないでいる。それどころか、その源泉である御方に苦しみを与えているのだ。次回の会見前に、バブの面前にふさわしい謙虚さと超脱心をもって出られるように、そして、あなたを悩ましている不安と疑問をバブが慈悲深く除いて下さるよう神に懇願されてはどうか。』」

バブとの三回目の会見で、コーサルの章（コーラン）の注釈を要請することにしました。しかし、バブにはその要請を言わないことにしたのです。もし、バブが私から求められずにその注釈を著わしはじめ、しかもそれが現在コーランの注釈者たちが用いている基準とはまったく違ったものであれば、彼の使命は神から下されたものであることを確信し、喜んで彼の大業を受け入れようと決めました。そうでなければバブを認めないことにしたのです。こう決心して行ったところ、バブの面前に案内されたとたん、自分では説明できない恐怖感におそわれました。彼の顔を見て私の四肢はふるえ出したのです。国王の面前に何回出ても、少しも臆病になることなどなかった私ですが、そのときばかりは畏敬の念でいっぱいになり、胸がどきどきして立っていることもできなくなったのです。これを見たバブは席から立ち、私の方に歩み寄り、私の手を取って自分のそばに座らせました。そして、こう言われました。

『私に望んでおられることを述べなさい。よろこんでそれを明らかにしてあげよう。』私はおどろきで何も言えませんでした。理解することも話すこともできない赤子のようになっていたのです。バブは微笑みながら私を見つめ、こう述べられました。『コーサルの章の注釈を著わせば、あなたは私の言葉が神から下されたものであることを認めますか。私の言葉は、魔術や魔力とはまったく関係がないことを認めますか。』この言葉を聞いて私の眼からは涙があふれ出てきました。そのとき、私の口からもれたのはこのコーランの句だけでした。『おお、われらの主よ。我々は自分自身を不当に取り扱いました。あなたが我々を許されず、哀れにも思って下さらなければ、我々はかならず滅びるでありましょう。』

昼過ぎに、バブは叔父に筆箱と紙をもって来させ、コーサルの章について注釈を書きはじめられました。そのときの威厳にみちた光景は述べるすべがありません。彼のペンから、おどろくべき速度で言葉が流れ出しました。信じられないほどの筆記速度、おだやかでやさしい声、そして強烈な文体に私は仰天してしまいました。バブは、日没まで書き続けたあとペンを置き、紅茶を求められました。その直後、私の前で声高らかに読みはじめられたのです。その崇高な注釈に秘められている宝を、この上なく甘美な音調で、流れるように顕わされるのを聞いて、私の心は気が狂わんばかりに躍動しました。そのあまりの美しさにわれを忘れ、三回以上も気絶しそうになりました。バブは私の意識を回復させるために、バラ香水を私の顔にふりかけられました。そこで元気を取り戻した私は彼の朗読を最後まで聞くことができたのです。

バブは朗読を終えると席を立ち、叔父に私の世話を依頼しました。『この方は、カリムと協力してこの新しい注釈文を書き写し、それが正確になされたかどうかを確認するようになっている。それまであなたの客人となるのでよろしく頼む。』カリムと私は三日三晩この仕事に専念しました。注釈文を読む仕事と、それを書き写す仕事を交代でやりながら全文を終え、その中の伝承が正確であるかどうかを確認しました。この仕事に携わったことで私の確信は不動のものとなったのです。たとえ地上の勢力が一丸となって向かってきたとしても、この偉大な大業への確信を揺るがすことはできなかったでありましょう。

私はシラズに到着以来ファルスの知事ホセイン・カーンの家に滞在していましたので、その家を長期間留守にすると知事は私を疑いだし、怒るかも知れないと感じました。そこで、バブの叔父とカリムに別れを告げ、知事の家に戻りました。私を探していた知事は、私がバブの魔力にとりつかれたかどうかを知りたがりました。私はこう答えました。『人間の心を変え得るのは神だけです。神以外には私の心をとりこにするものはありません。神から下された人だけが私の心を惹きつけることができます。その人の言葉はまさしく真理の声だからです。』

この答えに知事は黙ってしまいました。しかしその後、知事は他の者たちに、私もまた手のつけようがないほどかの若者（バブ）の魅惑のとりこになったと述べていることを知りました。彼はさらに、モハメッド国王に書簡を送り、シラズに滞在中私は市の僧侶たちとの交際をすべて断ったと訴えたのです。『彼（ヤヒヤ）は名目上私の客人ですが、何日も続けて私の家を留守にしました。彼がバビ（バブの弟子）になり、心も魂もバブのとりこになったことは間違いありません。』

国王自らも、国の式典でアガシ（総理大臣）に次のように言われたそうです。『最近、ヤヒヤがバビになったという報告を受けた。もし、それが事実であれば、かのセイエド（バブ）の大業を蔑むことを止めなければならない。』一方、ホセイン・カーン（ファルスの知事）は次のような命令を国王から受けました。『われは、ヤヒヤの高い地位を損なうような非難の言葉を口にすることを臣下に厳しく禁じる。ヤヒヤは高貴な家柄の出身で、深い学識を身につけ、最高の美徳を備えている。また、いかなる場合でも、国益とイスラム教に役に立たない運動に耳をかすような人物ではない。』知事は、この国王の命令で公には私に反対できませんでしたが、ひそかに私の権威を傷つけようとしました。知事が敵意を抱いていることは顔に表れていました。しかし、国王が私に好意を寄せておられるので、私を傷つけることも、私の名声を落とすこともできなかったのです。

その後バブは、ボルジェルドに旅し、私の父に新しい神のメッセージを細心の注意をはらって伝えるようにと私に命じられました。父は私の話を聞いてバブのメッセージを否認しようとはしなかったのですが、それに関わることはせず、自分の道を選びました。」

もう一人、その国で高い地位にあってバブのメッセージを冷静に調査して受け入れた人はモラ・モハメッド・アリであった。彼はザンジャン出身で、ホッジャトという呼称をバブから与えられていた。彼は独立心とすぐれた独創性をもち、伝統的なものからまったく離脱していた。そして、聖職者の階級制度、すなわち高い地位のアブヴァブ・アルバエ（不在のイマムと信者の媒介者）から一番低い地位にある僧侶にいたる階級制度を非難し、聖職者たちの品性を軽蔑し、その堕落と悪徳を嘆いていた。

ホッジャトはまた、バビになる前にシェイキ・アーマドとセイエド・カゼムの両人をも軽蔑していた。シーア派の歴史を汚した悪行をひどく憎んでいたので、その派に属する者はたとえ高い学識をそなえていても、考慮に値しないとみなしていたのである。彼はザンジャンの僧侶たちと激しい論争をすることもあった。国王の仲裁がなかったらそれらの論争は危険な騒動と流血になっていたであろう。そしてある日、彼はついに首都テヘランに召されることになった。テヘランと、他の都市の聖職者代表たちの面前で、自己の主張の正しさを証明するように求められたのである。彼は独力でその卓越性を証明し、代表たちを黙らせることができた。代表者たちは胸中ではホッジャトの意見に反対し、その行為を非難したが、表面では彼の権威を認め、その意見に同意せざるを得なかった。

同国人を信頼せず、その判断力を軽蔑していたホッジャトは、他人の賞賛にも、非難にもまったく関心がなかった。彼は聖なる呼び声がシラズから届くやいなや、自分の信頼する弟子の一人エスカンダールに、シラズに行ってこの件を十分調査し、結果を報告するよう命じた。エスカンダールはバブの面前に出るとすぐ新しい生命力を感じ取った。そしてシラズに四十日留まったが、その間バブの栄光ある知識をできるかぎり吸収した。

エスカンダールがバブの許しを得てザンジャンに戻ったとき、その市の有力な僧侶たち全員がホッジャトのところに集まっていた。彼が姿を現わすとすぐ、ホッジャトはバブの教えを信じたかどうかをたずねた。エスカンダールは持参したバブの書き物を差し出し、「私の師であるあなたの判断に従うのが自分の義務だと思います」と述べた。ホッジャトは怒って叫んだ。「何だと? 名士の方々がおられなければお前をきびしく罰するところだ。信仰上の問題を他人の賛否によって決めるとは何ごとだ。」

ホッジャトは、エスカンダールからガューモゥル・アズマ(バブの書)を受け取り、その一ページに眼を通した瞬間、地面にひれ伏し叫んだ。「この書の言葉はコーランと同じ源泉から来たものだ。この聖なる書が真実であると認めた者は皆、その中の言葉が神から下されたことを証言し、その著者の教えに従わなければならない。この集会に集まった方々に証人となってもらおう。私はこの書の著者に真心からの忠誠を誓う。たとえその御方が夜を昼と呼び、太陽を蔭と宣言されたとしても私はためらわずにその判断に従い、その意見を真理の声とみなそう。その御方を否認する者は誰であれ、神自身を否定する者とみなす。」こう述べて彼は集会を終えた。

前章で、ゴッドスとサディクが貪欲な暴君ホセイン・カーン（ファルスの知事）からきびしく罰せられ、シラズから追放された件について不十分ながら述べてみた。ここでは両人がシラズ市から追放された後の活動を見ることにする。二人は二、三日共に旅をした後別れた。ゴッドスはカリム・カーンと会見するためにケルマンに向かい、サディクはヤズドに歩を向けた。ファルスで強制的に放棄させられた宣布活動をヤズドの僧侶たちの間で続けるためであった。

ゴッドスはケルマンに到着後、カルバラ滞在中に知り合ったジャヴァドの家に迎え入れられた。この人の学識と能力はケルマンの住民にひろく知られていた。ジャヴァドは自宅での集会で、若者の客人（ゴッドス）にかならず名誉の席をあたえ、最高の敬意と礼儀を示した。ひじょうに若く、一見平凡な人物ゴッドスが特別扱いを受けていることをカリム・カーンの弟子たちはねたましく思った。そこで弟子たちはそのことを大げさに誇張して述べ、師（カリム・カーン）の内部にひそんでいる敵意をかき立てようとした。「見て下さい。バブから深い愛情と信頼を受けている弟子（ゴッドス）が、今ケルマンで最高権威をもつ人物の賓客になっています。ゴッドスと親密に交われば、ジャヴァドの魂には毒が盛られるに違いありません。こうして、ジャヴァドが手段となってあなたの権限は失われ、あなたの名声は消されることになりかねません。」臆病者のカリム・カーンはその悪口を聞いて不安になり、ジャヴァドとゴッドスの危険な交わりを止めさせるよう知事に要請した。知事はその要請をジャヴァドに伝えた。穏健さを欠く彼は、その知事の要求に憤慨し、はげしく抗議した。

「この悪質な陰謀者カリム・カーンの毒舌を無視するよう何度あなたに忠告したことか。私が我慢していたのでこの男は大胆となったのだ。自分の限界を超えないように注意されるべきだ。彼は私の地位を奪いたいのか。彼こそ自宅に卑劣で恥ずべき者らを大勢迎え、彼らに卑しいへつらいを浴びせかけている男ではないか。不信心者をほめ称え、潔白な人の発言を封じてきたばかりか、毎年悪人と結託し、物欲を満足させてきた。さらに、神聖なイスラム教に向かって悪口雑言を吐き続けてきた。私が黙っていたのでますます無遠慮になり、横柄になってきたのだ。自分は大変に汚い行為をしながら、私が深い学識と高尚な品性を備えた人をわが家に迎えることをいやがるのだ。悪行を止めないなら、町の悪党たちを扇動して彼をケルマンから追放するので、その警告を受けるべきだ。」

知事はこの激しい非難にうろたえ、自分の言ったことを謝った。そして去る前に、自らカリム・カーンを目覚めさせてその愚行に気づかせ、反省させるので心配はないとジャヴァドを安心させた。知事から報告を聞いたカリム・カーンは激しいうらみで身もだえしたが、それを抑えることも、発散させることもできなかった。そしてついに、ケルマンで指導権をにぎる望みを一切放棄した。このように、知事への要請は長年の野心の消滅を弔う鐘の音となったのである。

ジャヴァドは自宅でゴッドスと二人きりになり、カルバラを出てケルマンに到着するまでの活動を聞いた。ゴッドスがバブの弟子となった情況とバブに同行した巡礼の話に、ジャヴァドの想像力はかきたてられ、心に信仰の炎が点されたが、むしろ自分の信仰をかくすことにした。その方が新しい共同体の利益をより効果的に擁護できると思ったからである。ゴッドスは愛情をこめて次のように述べた。「あなたの高尚な決意は神の大業への大いなる奉仕とみなされます。全能の神はあなたの努力を援助し、常に勝利をもたらされるでありましょう。」

上述の出来事を私に（著者）に語ってくれたのはガウガであった。彼はケルマン滞在中、ジャヴァド自身の口から直接このことを聞いていた。ジャヴァドの前述の意図が誠実なものであったことが、後日はっきりと証明された。すなわち、尽力を重ねて、ついに陰険なカリム・カーンの攻撃を防ぐことができたのである。このジャヴァドの挑戦がなかったら、カリム・カーンは信教に計り知れない害をおよぼしていたであろう。

さてゴッドスは、ケルマンを離れてヤズドに向かうことにした。そこから、アルデカーン、ナイエン、アルデスタン、イスファハン、カシャン、クム、そしてテヘランへと進んでいった。いずれの都市においても邪魔者に出会ったが、耳を傾ける人びとに新しい教えの根本原則を理解してもらうことができた。

私は（著者）はババオラの実弟アガ・カリムがテヘランでゴッドスと会ったときの状況を話すのを聞いた。それは次のようであった。「ゴッドスの魅力ある人格とひじょうに温和で、しかも威厳のある態度は、それまで無頓着であった人びとの心をも引きつけました。彼と親しく交わった者は皆、ゴッドスの魅力のとりこになったのです。ある日、彼が祈りの前の洗浄をしているのを見ましたが、そのあたりまえの行為に他の者にはない優雅さがあり、深く心を動かされました。我々の眼には、彼は清らかさと優雅さの権化に見えたのです。」

ゴッドスはテヘランでバハオラの面前に案内された。その後マザンダランに向かい、生地のバルフォルーシュの実家で親族の愛情にかこまれて二年を過ごした。彼の父は最初の妻の死後再婚していた。この第二の妻は、実母以上のやさしさをもってゴッドスの世話をした。この義母はゴッドスの結婚式を見たいと願っており、その「最大の喜び」の日を見る前に自分は死ぬのではないかとよく心配していた。これに対してゴッドスは、「私の結婚の日はまだです。その日は言葉では表現できないほどすばらしいものでありましょう。結婚式はこの家ではなく、サブゼ・マイダンの真ん中、天蓋の下で、大衆の面前で行われるでしょう。そのとき私の望みが果たされるのです」と述べた。

この義母は三年後、ゴッドスがサブゼ・マイダンで殉教したことを知らされたとき、ゴッドスの言葉を思い出し、はじめてその意味を理解することができた。さて、ゴッドスはマークーの砦に監禁されているバブを訪問してきたモラ・ホセインと合流し、バルフォルーシュからコラサンに向かって出発した。この旅で二人が示した勇敢な行為は忘れがたいものとなった。それは同国人のだれにも匹敵しないものであった。

ここでゴッドスと別行動をとったモラ・サディクについて述べてみよう。彼はヤズドに到着後すぐ、コラサン出身の信頼できる友人にその地方の大業の進歩についてたずねた。とくにアーマド・アズガンディの活動について聞き、彼が不活発になっていることを知っておどろいた。というのは、アーマド・アズガンディは信教の神秘がまだ明かされていなかった時期に大変な熱意をもって活動していたからであった。友人は彼について次のように語った。

「アーマド・アズガンディはかなり長い期間自宅に閉じこもり、約束された新しい宗教制度の到来時期と、その特性に関するイスラム教の伝承と予言の編さんに集中しました。彼は一般に真実であると認められている伝承を一万二千以上収集し、その編さん書を書き写して普及させる手段を講じました。さらに、礼拝集会や会合の度に、その書から引用した句をためらわずに用いるように仲間の弟子たちに勧めました。そうすれば自分の敬愛する大業の進歩を妨げる障害物を除けると考えたのです。

アーマド・アズガンディはヤズドで市の最高のイスラム法学者である叔父セイエド・ホセインに温かく迎えられました。この叔父は甥の到着の二、三日前に手紙を彼に送っていました。その内容は、ヤズドに急いで来て、カリム・カーンの陰謀から自分を救い出してもらいたいという要請でした。叔父はカリム・カーンをイスラム教の、公然ではないにしても、危険な敵であるとみなしていました。法学者の叔父は甥のアーマド・アズガンディに、あらゆる手段をつくしてカリム・カーンの有害な影響力と戦うように頼んだのです。そして、ヤズドに永住して、敵であるカリム・カーンのひそかな意図を人びとに悟らせるように求めました。アーマド・アズガンディは、最初の目的であるシラズ行きを叔父にかくし、ヤズド滞在を延期することにしました。そして、自分が編さんした書を叔父に見せ、さらに、市の隅々から集まってきた僧侶たちにその内容を知らせました。僧侶たちは皆アーマド・アズガンディの勤勉と学識と熱意に深い感銘を受けました。

アーマド・アズガンディを訪れてきた人たちの中にミルザ・タギという人がいました。この男はよこしまで、ごう慢な野心家で、最近ナジャフから戻ってきたばかりでした。彼はナジャフで学問を修め、イスラム法学者の地位を得ていました。彼はアーマド・アズガンディとの対談中に、その編さん書を詳細に調べ、その内容を十分理解したいので二、三日借りたいと言い出しました。彼と叔父はその願いを聞きいれて貸すことにしました。しかし、ミルザ・タギは約束を破ってその書を返却しなかったのです。かれの意図が誠意のないものであることをすでに察知していたアーマド・アズガンディは、叔父に頼んでその書を返してもらうことにしました。ところが、ミルザ・タギは編さん書を取り戻しに来た使いの者に横柄な態度でこう答えたのです。『お前の師にこう言え。その編さん書が有害な内容であることが分かったので処分することにし、昨夜、池に投げ捨てたと。』

この無礼な行為に憤った叔父は、彼に復讐しようと決意しました。が、甥のアーマド・アズガンディは、その激しい怒りを上手な説得で和らげ、復讐をやめさせました。そして、つぎように勧告しました。『あなたが考えておられる復讐は民衆を興奮させ、かえって扇動の原因となりかねません。さらに、カリム・カーンの影響を絶やすために私に依頼されている任務を大きく妨げるでありましょう。カリム・カーンはこの機会を利用して、あなたがバビ（バブの信者）であることを非難し、あなたの改宗の責任を確実に私に負わせるでありましょう。こうして、あなたの権威を損ねると同時に、ひそかに自分の方に人びとの尊敬と感謝を引きつけるに違いありません。最上の方法は彼を神の手に委ねることです。』」

以上の話を聞いたモラ・サデクは、アーマド・アズガンディが今もヤズドに住んでおり、自由に会えることを知ってひじょうに喜んだ。そこで彼は、セイエド・ホセインが会衆の祈りを先導し、その甥のアーマド・アズガンディが説教をしているモスクに行った。モスクで参拝者席の最前方に座り、祈りに加わった。祈りが終わったあとセイエド・ホセインに近づき、会衆の前ではばからずに彼を抱擁した。その直後、招かれないのに説教壇にのぼり、信者たちに話しかけようとした。セイエド・ホセインは最初おどろいたが止めることはしなかった。というのは、このとつぜんの侵入者の動機を知り、彼の学識の程度を確かめたいと思ったからである。セイエド・ホセインは甥にも彼を止めないように身振りで合図した。

モラ・サデクは、見事に書かれ、よく知られているバブの説話の一つを用いて説教をはじめた。それが終わって、次のように会衆に話しかけた。「学識ある方々よ。神に感謝しなさい。なぜなら、皆さんは神の知識のとびらは閉じていると思っておられるが、今や大きく開かれているからです。永遠の生命の川の水がシラズ市から流れ出し、わが国の人民に多大な祝福を与えています。この天国から下された恩恵の大洋から一滴の水を受ける者は、身分が卑しく、無学の者でも、自分の内部に神秘を解明する能力を発見し、昔から難問とされてきたものも理解できると感じるでありましょう。一方、イスラム教について最高の知識をもった人でも、自分の能力と権威だけに頼り、神のメッセージを軽蔑するならば、救いようのないほど堕落し、道を失ってしまうでありましょう。」

この重大な宣言が鳴り響いたとたん、憤りと狼狽の波が会場にひろがった。激怒した会衆は恐怖のあまり「冒涜だ！」と叫び、どよめいた。その喧騒の中でセイエド・ホセインは「説教壇から下りなさい」と命じ、同時に、黙って去るようにモラ・サデクに身振りで合図した。モラ・サデクが説教壇から下りるやいなや、大勢の参拝者たちが押しかけ、彼を殴りはじめた。セイエド・ホセインはすばやく間に入り、彼らを追い散らしてモラ・サデクの手をつかみ、力ずくで自分の方に引き寄せた。そして、次のように会衆に訴えた。

「この男は私に任せ、皆さんは手を引いてください。わが家に連行し、この件に関してきびしく調べます。あのような発言をしたのは、とつぜん気が狂ったせいかもしれません。私自ら彼を調べ、その発言が計画的なもので、彼もそのことを堅く信じていることが分かれば、イスラム教の法律にしたがって罰するつもりです。」この堅い約束で、モラ・サデクは敵たちの残忍な攻撃から救われた。彼はマントとターバンをはぎ取られ、サンダルと杖もうばわれた上、打撲傷を負って動揺していた。セイエド・ホセインの従者たちは、モラ・サデクを守りながら、群集の間を力ずくで通り抜け、師の自宅に送り届けることができた。

同じ時期に、アルデビリはモラ・サデクがヤズドの住民から受けた攻撃よりもっと激烈な迫害を受けた。アーマド・アズガンディの介入とその叔父の援助がなかったならば、残忍な敵の怒りの犠牲となっていたであろう。モラ・サデクとアルデビリはケルマンに到着後、同じような侮辱と迫害をカリム・カーンとその仲間たちから受けた。しかし、ジャヴァド（ゴッドスを歓待したケルマンの名士）のねばり強い努力により、ついに迫害者たちから解放され、コラサンにおもむくことができた。

バブの直弟子たちとペルシャの各地方に居住していた仲間たちは、敵から追跡され苦しめられたが、それでもくじけず、任務を達成することができた。確固たる目的と不動の確信をもって、一歩進むごとにおそってきた暗黒の勢力と戦い続け、たゆまぬ献身と不屈の精神で、信教の高貴な力を多くの同国人に示すことができたのであった。

ヴァヒド（バブがヤヒヤにあたえた呼称、バブの調査のため国王が送った最高の学者）がまだシラズにいたころ、ジャヴァド・カルバラが到着した。セイエド・アリ（バブの叔父）は彼をバブに紹介した。バブは、ヴァヒドとジャヴァド・カルバラにあてた書簡の中で、この二人の信念の堅さと献身の深さを賞賛した。後者（ジャヴァド・カルバラ）は、バブがその使命を宣言する以前からバブを知っていた。バブが幼少のころから見せていた驚嘆すべき能力を熱烈に賞賛していたのである。後日、彼はバグダッドでバハオラから特別目をかけられた。数年後バハオラがアドリアノープルに追放されていたころ、かなり高齢であったがペルシャに戻った。しばらくイラク州にとどまり、その後コラサンに向かった。そして、温和な性質、寛大さ、気取らない素朴さで、「セイエド・ヌール」（輝かしいセイエドという意味）と呼ばれるようになった。

ある日、ジャヴァド・カルバラがテヘラン市の道を横切っていたとき、とつぜん、馬で通り過ぎる国王の姿が目に映った。彼は平静を保ちながら国王に近づきあいさつした。その立派な姿と威厳ある態度に国王は大いに満足し、宮殿に招待した。国王がジャヴァドをあまりにも親切に歓待したため、廷臣たちは嫉妬心をあおられ、次のように異議をとなえた。「このジャヴァドなる者は、バブの宣言以前にすでにバビであると公言し、バブに永遠の忠誠を誓った者であることを陛下はご存知ないのですか。」国王はその非難の背後には悪意があることに気づき、きわめて不快に思った。そして、彼らの無遠慮な態度と心の卑しさを叱責した。「わが廷臣たちは、公正で礼儀正しくすぐれている者はすべてバビ教徒であると非難し、国王のわれもその者を罰すべきだと思っておる。」ジャヴァド・カルバラはケルマンで残りの生涯を送り、不動の確信をもって大業の普及のために努力を惜しまず、死ぬまで大業を忠実に支持し続けた。

カルバラの指導的な高僧を先祖にもつソルタンは、セイエド・カゼムの忠実な支持者で、親しい同僚でもあった。彼もまた、当時シラズでバブに会い、後日、バハオラを探すためにソレイマニエに出かけた人であった。さらに、彼の娘は後にアガ・カリム（バハオラの実弟）の妻となった。彼は、この本の冒頭に述べたゾヌジといっしょにシラズに到着した。バブはゾヌジにカリムと共同して自分が最近著わした書簡を書き写すように命じた。ソルタンはシラズに到着した時、病気のためバブに会えなかったが、まだ病床にあったある夜、最愛の御方（バブ）からメッセージを受け取った。それは、日没二時間後にバブ自ら彼を訪れるという内容であった。その夜、バブは召使いのエチオピア人にこう指示した。すなわち、住民の注目をそらすために、バブからかなり離れた前方をランタンをさげて歩き、目的地に着いたら即刻それを消すようにというものであった。

私（著者）はソルタンからその夜の訪問について聞いた。「バブは、ご自分の到着前に私の部屋のランプを消しておくように言われました。家に入るとすぐ私のベッドの脇に来られました。暗闇の中、私は彼の衣の裾にしっかりとすがり、懇願しました。『最愛なる御方よ。私の望みをかなえて下さるよう願います。あなたのために私の命を捧げさせて下さい。あなた以外にこの恩恵をあたえて下さる方はおられません。』バブはこう答えられました。『おおシェイキよ。われわれもまた、最愛なる御方の祭壇に命を捧げるのを切望しているのだ。我々は共に最愛なる御方の衣にすがり、その御方の道で殉教の喜びと栄光を求めなければならない。安心するがよい。あなたがその御方の面前に出られるよう全能なる神に懇願しよう。その偉大なる日にわれわれを思い起こすがよい。その日は、世界がこれまでに目撃したことのない日なのだ。』

別れの時間が迫ったときバブは私に贈り物を渡し、私のために用いるよう言われました。断ろうとしましたが、ぜひ受け取るようにと強く言われたので受け取ることにしました。その後すぐバブは出発されました。その夜、バブが『最愛なる御方』に言及されたことを不思議に思い、好奇心をそそられました。その後何年間か、バブが言及された御方はタヘレではないかと思ったこともしばしばありました。また、セイエド・オロヴ（自分が聖霊の権化と宣言して害をおよぼした人物）がその人物ではないかとさえ想像したのです。私はまったく途方にくれ、この神秘をどう解明してよいか分かりませんでした。カルバラに着き、バハオラの面前に出たとき、私はこの方のみがバブの深い敬愛を受け、この方のみがバブの敬慕にふさわしい人物であると確信しました。」

バブの宣言から二年目のノウ・ルーズ（新年）は一二六二年（一八四六年）のラビオル・アヴァール月の二十一日であった。そのころ、バブはまだシラズの比較的のどかで気楽な環境の中で家族や親戚と交わりながら、めぐまれた生活を送っていた。バブは自宅で儀式ばらない静かな新年を祝ったが、それはこれまでの慣習に従い、母上と妻にこの上ない思いやりと愛情を注いだものであった。そして賢明な勧告と愛情をこめたやさしさで母と妻を元気づけ、不安を取り除いた。さらに、所有物をすべて彼女らに与え、不動産の所有権も彼女らの名義に変えた。すなわち、直筆の文書の中で、家屋と家具、その他の不動産を母と妻の所有物とし、母の死後その財産は妻に渡るように指示したのである。

バブの母は最初、息子の使命の重大さを理解できず、その啓示に秘められた威力にも気がついていなかった。しかし、生涯の終わりが近づくにつれて、自分が宿し、この世に生み出した宝物バブの貴重な特性を認めることができた。母親の眼から長年かくされてきたその宝物の価値を発見させたのはバハオラであった。彼女が残りの生涯を過ごすためにイラクに居住していたとき、バハオラは忠実な信者で、彼女と親交のあったジャヴァド・カルバラとアブドル・シラジの妻二人に、信教の原則を彼女に教えるよう指示したのである。その結果、バブの母は大業を認めることができ、一八八二年この世を去るまで、全能なる神から自分に付与された慈悲深い贈り物を十分認識していた。

母と違ってバブの妻は、バブの宣言時からその栄光ある使命と比類ない特性に気づき、またその威力をも感じとっていた。同世代の女性のうち、献身と信仰の厚さで彼女をしのぐ者はタヘレ以外にはいない。バブは将来自分にふりかかる苦難を妻に知らせ、現代に起こる出来事の意義を明らかにしたが、この秘密は母には知らせないように忠告した。そして忍耐し、神の意志に身を委ねるように助言した。最後に自ら著わした特別の祈りを与えて、それを唱えれば困難が除かれ悲しみが和らげられると妻を安心させた。「困ったことが起こったとき、床につく前にこの祈りを唱えるがよい。われ自ら、汝のもとにきて不安を取り除いてあげよう。」彼女はその忠告通り、祈りの中でバブに向かった。その度に、彼女の道は確実な導きの光で照らされ、問題は解決されたのであった。

バブは家事を整理し、母と妻の今後の生活の準備をしたあと、自宅を離れ、叔父のセイエド・アリ宅に移った。そこで苦しみの時間がくるのを待った。バブは自分の身にふりかかろうとしている苦難の時がもはや延ばされないことを知っていた。まもなく、災難の旋風に巻き込まれ、生涯の最後を飾る目標、すなわち殉教の場へとすばやく運ばれていくことを知っていたのである。彼はシラズに定住した弟子たちに、イスファハンに向かい、そこで指示を待つように命じた。弟子の中にはカリムとゾヌジが含まれていた。さらにバブは、最近シラズに着いた「生ける者の文字」の一人、ホセイン・ヤズディにもイスファハンに行き、その市にいる弟子の仲間に加わるように指示した。一方、ファルス州の知事ホセイン・カーンは、バブをもう一度苦境に陥らせ、公衆の面前でさらなる屈辱を与えようとしていた。知事は、バブがだれにも妨げられずに活動を続けていること、いまだに仲間と交際していること、家族や親族と自由に交わっていることを知ってがまんできなくなったのである。そこで、スパイを使ってバブの運動の特質と影響力について正確な情報を入手したり、ひそかにバブの動きを監視したり、彼が人びとにもたらした熱意の程度を確かめ、大業を受け入れた人びとの動機、行為、および数をくわしく調べたりもした。

ある夜、ホセイン・カーンの密使団長が報告をもってきた。その内容は、バブに会おうと群がってくる人の数があまりにも多すぎるので、当局は市の安全を守るため、即刻手を打つ必要があるというものであった。団長は次のように説明した。「毎夜、バブを訪れてくる熱心な人びとの数は、毎日知事の建物の入り口に群がる市民の数をしのいでいます。彼らの中には、高い地位と学識で有名な人たちも見うけられます。バブの叔父が州政府の官吏たちを上手にあつかい、とても寛大なので、あなたの部下はだれも本当のことをあなたに知らせようとしないのです。許可を下されば、あなたの従者に手伝わせて真夜中にバブを奇襲し、彼の仲間に手錠をつけて連行し、あなたの手にお渡ししましょう。その者はバブの活動をあなたに知らせ、私の報告が真実であることを証言するでしょう。」ホセイン・カーンはその提案を拒否し、こう答えた。「政府が何をすべきかは私の方がよく分かっている。こちらで対処の仕方を考えるので、離れたところから私を見守っているがよい。」

知事はすぐ、シラズ市の警察署長アブドル・ハミド・カーンを呼び出し、次のように命じた。「今すぐセイエド・アリ（バブの叔父）宅に直行せよ。だれにも気づかれないように壁をよじ登って屋根にあがり、彼の家に侵入せよ。バブを即座に逮捕し、同時に、そこに居合わせた訪問者を全員逮捕してこの場に連行せよ。また、その家にある書物と書簡をすべて押収せよ。セイエド・アリは約束を果たさなかったので、翌日処罰するつもりだ。モハメッド国王の王冠にかけて誓うが、その夜、バブとそのみじめな仲間ともども処刑する。彼らの恥ずべき死は、彼らが起こした火炎を消し、それと同時に、今後、バブの信者になれば、平安を乱す者として処罰されるということを住民に見せしめることになろう。この処置により、国家に重大な脅威となる異端は根絶されよう。」

警察署長は任務を果たすためにその場を退いた。彼は助手を伴ってセイエド・アリ宅に侵入した（一八四五年九月二十三日の出来事）。そして、バブとバブの叔父とカゼム・ザンジャニを直ちに逮捕した。ちなみに、カゼム・ザンジャニはその後マゼンダランで殉教した人で、彼の弟モルタダはテヘランの七人の殉教者の一人であった。警察署長は家にあった文書をすべて没収し、バブの叔父には家に残るように命じたが、残りの者たちを州政府の建物に連行した。バブはこの逮捕にひるむどころか冷静にコーランの句をくり返した。「彼らの脅威となるものは朝方起こる。朝は近づいていないか？」

市場を通りかかった警察署長は、住民がパニックにおそわれたかのように四方八方に逃げ出しているのを見た。また、多数のひつぎがいそいで運ばれており、それぞれのひつぎのあとには悲痛に泣き叫ぶ男女の行列が続いていた。この光景に署長は恐怖を感じた。人びとの悲しみや恐怖におののく表情と叫び声を聞いて署長の心は痛んだ。通行人に騒ぎの原因を聞いたところ、次のような返答がきた。「今夜、ものすごい伝染力をもつ疫病（コレラ）が発生し、多数の住民が感染しています。深夜からすでに百人以上が命を失いました。どの家でも不安と絶望におそわれています。住民は家から逃げ出し、苦しい状況の中で、全能なる神に助けを求めているのです。」

アブドル・ハミド・カーン（警察署長）はこのおそろしい情報におびえ、ホセイン・カーン（知事）の家に走って行った。家の門衛をしていた老人は、疫病がこの家を荒らし、家族は家を放棄して去ったことを知らせてくれた。「エチオピア人の女の召使い二人と男の召使い一人がすでにこの疫病の犠牲となりました。また、家族に危篤状態の人もいます。私の主人は絶望のあまり死人も葬らずに家を捨て、残りの家族といっしょにバゲ・タク（シラズ市郊外の庭園）に避難しました。」

警察署長はバブを自分の家に連行し、知事の指示がくるまで拘引することにした。自宅に近づくと、家族の悲痛な泣き声が聞こえはじめた。胸がえぐられる感じで家に入ると、自分の息子が瀕死の状態にあるのを見た。彼は絶望のあまりバブの足元にひざまずき、彼の衣の裾にすがり、涙ながらに息子の命を助けてくれるよう懇願した。「あなたをこの高遠なる地位に高められた御方にかけて懇願いたします。私に代わって息子が回復するように祈って下さるようお願いいたします。まだ若い息子の命が取られませんように、また、父親が犯した罪のために息子が罰せられませんように。私は自分の行為を反省し、すぐ辞職するつもりです。今後、たとえ餓死しそうになっても、そのような要職は一切受け入れないと堅く誓います。」夜明けの祈りの準備に顔と手を洗っていたバブは、署長の願いに応え、洗顔に用いた水を彼に与え、息子に少し飲ませれば彼の命は助かるであろうと述べた。

息子が回復のきざしを見せはじめたとき、署長は知事に手紙を書き、今回の事件の全容を知らせ、バブへの攻撃を中止するように要請した。「あなたご自身と、神があなたに委ねられた人たちを哀れんで下さるよう願います。この疫病が猛威をふるい続ければ、今日の終わりまで生き延びる者はいないと思います。」この要請を受けた知事はすぐにバブを釈放して、望み通りどこにでも行けるようにした。

この事件の報告を受け取った国王は憤り、即刻、知事ホセイン・カーンに免職命令を出した。免職の日以来、この恥知らずの虐待者ホセイン・カーンはさまざまな災難におそわれ、最後には日々の糧も得ることができない状態になったが、窮状にあえぐ彼を救おうとする者も救える者もいなかった。後日、ホセイン・カーンは、追放先のバグダッドに在住していたバハオラに手紙を送り、悔い改めていることを述べ、自分が前の要職に戻ることができれば過去の悪行をつぐなうと約束した。バハオラは返事を拒んだ。だれからも見放された彼は死ぬまで貧窮と恥辱に苦しみ続けた。

アブドル・ハミド・カーン（警察署長）宅に滞在していたバブは、セイエド・カゼムを送って、セイエド・アリ（バブの叔父）に自分に会いに来るように求めた。いそいで駆けつけてきた叔父に、バブは自分がシラズから出発する予定であることを告げ、彼に母と妻の世話をまかせ、二人に自分の愛情を伝えるように頼んだ。また、必ず神の援助が下されることを述べて彼女らを安心させるようにとも頼んだ。そして、叔父に別れを告げながら次のように語った。「母と妻がどこにいようとも、神はそのすべてを包含する愛と保護で彼女らを取り巻かれるであろう。あなたとはアゼルバイジャンの山中で再会し、そこで私は、あなたが殉教の王冠を勝ち取れるように送り出そう。私自身も、忠実な弟子の一人と共にあなたの後に続き、永遠の領域で再びあなたに会おう。」

第十章　イスファハンでのバブ

バブが生まれ故郷のシラズ市に最後の別れを告げ、イスファハンに向かったのは一二六二年（一八四六年）の夏の終わりであった。その旅にはカゼム・ザンジャニが同行した。イスファハンの郊外に近づいたとき、バブはその州の知事モタメッド・ダオレという称号をもつマヌチェール・カーンに、滞在できる所を紹介していただきたいという依頼の手紙を送った。バブがセイエド・カゼムに持たせたその手紙の文面は、ひじょうに丁重で書体も実に見事であったので、知事は心を動かされた。そこで、イスファハンの僧侶の長で、その州の宗教の最高権威者であるサルタヌール・ウーラマーにバブのもてなしを依頼した。知事はその依頼書にバブから受け取った手紙も同封した。ウーラマーは自分の弟に、お気に入りの仲間たちを連れてバブを迎えに行くよう命じた。この弟は残忍な男で、後にバハオラからラックシャー（雌へビ）と呼ばれた人物である。ウーラマーは、近づいてきたバブに歩みより、自宅まで丁重に案内した。

このように当時バブは大いに敬われていた。ある金曜日、バブが公衆浴場から家に戻ろうとしていると、バブが祈りの前の洗浄に用いた水を得ようと多数の人びとが群がってきた。バブの熱心な崇拝者たちは、その水には病気を治す力があると堅く信じていた。ウーラマー自身も最初の夜からバブに強く心を惹かれ、自ら従者の仕事を引き受け、バブの世話をしはじめた。従者の手から水差しを取り、自分の地位を高ぶることなく、バブの両手に水をかけたのである。

ある夕食後、この若い客人の並みはずれた性格に好奇心をそそられたウーラマーは、思い切ってヴァル・アスルの章（コーランにある章）についての解説を頼んでみた。バブは快くそれに応じ、ペンと紙をもってこさせ、家の主人の面前で、あらかじめ考えようともせず、その解説をおどろくべき速度で著わしはじめた。真夜中近くになって、バブはその章の最初の文字「ヴァヴ」に含まれるさまざまな意味を解明しはじめた。その文字「ヴァヴ」についてはすでにシェイキ・アーマドが自著のなかで強調していたものである。バブにとって、それは神の啓示の新しい周期がはじまったことを象徴するものであった。バハオラも後日、ケタベ・アグダス（最も聖なる書）の「大いなる逆転の神秘」や「主権のしるし」といった句で言及している。その後すぐ、バブは家の主人と仲間たちの面前で、コーランのある章について解説した序文を詠唱しはじめた。その威力にみちた言葉に、そこに居あわせた人たちは仰天した。そして、あたかもバブの声の魔力に惹かれたかのように立ち上がり、ウーラマーと共にバブの衣の裾にうやうやしく口づけした。著名な高僧のタギ・ハラティは、とつぜん歓喜と賞賛の言葉を述べはじめた。「この（バブの）ペンから流れ出す言葉のすばらしさに比べられるものはない。短時間のうちに、しかも読み取れる書体で、コーランの四分の一、いや三分の一に匹敵する句を著わせたのは神の援助があったからである。人間の力だけでできることではない。月を裂いたり、海の小石を動かしたりする力も、この威力にはかなわない。」

バブの名声がイスファハン市全体にひろまるにつれて、四方八方から訪問者がウーラマーの家に集まってきた。好奇心をみたそうとする人たち、バブの教えの基本となる原理をより深く理解しようとする人たち、そして病気や苦しみを癒そうとする人たちであった。知事（マヌチェール・カーン）自らもある日バブを訪れ、イスファハンで最高の権限をもつ聖職者たちと同席し、モハメッドの「特定の使命」について解説し、その正当性を実証してくれるように頼んだ。知事はすでに、同じ会合の同席者たちにこの質問を出していたが、その要望に応じられる者はいなかったのである。バブは知事に聞いた。「あなたの質問には口頭で答えた方がよろしいのか、それとも書簡を好まれるのか。」知事は答えた。「書簡の方がここに集まっておられる皆さんに満足していただけるでしょうし、また、今日と未来の世代の人びとを啓発し、教育することにもなりましょう。」

バブはすぐペンを取り書きはじめ、二時間とたたないうちに、イスラム教の起源、特質、影響について、きわめて斬新で詳細な解説を五十ページにわたって書き上げた。バブは独創性のある論述、迫力のある文体、詳細かつ正確な描写でこの崇高なテーマにあたった。その場に出席していた者たちのうち、だれ一人としてそのすばらしさを認めない者はいなかった。この解説文の結論で、バブは中心となる理念を見事な洞察力で、約束されたガエムの到来とイマム・ホセインの「再来」（バブ自身とバハオラの出現を指す）に結びつけた。

この解説文は強烈かつ雄弁に論じられていたので、バブの読誦を聞いた者はその偉大さに圧倒され、だれ一人として反論する者も挑戦する者もいなかった。知事は熱意と喜びを抑えることができなくなり、叫ぶように言った。「お聞きください。ここに集まられている皆さんに証人になっていただきたいのです。今日にいたるまで私はイスラム教が真実か否か確信がもてませんでした。皆さんに誓いますが、この青年（バブ）が著わされた解説文のおかげで、今私は、神の使徒（モハメッド）の教えを固く信じる者となりました。また、この青年はだれの知識も匹敵できない超人的な能力を備えておられることを真心から証言いたします。」この結びの言葉をもって知事は集会を閉じた。

バブの人気がますます高くなるにつれ、イスファハンの宗教指導者たちはバブに対して妬みをいだくようになった。無学の青年が信者たちの考えと意識を徐々に啓発していく勢いを見て、心配と羨望が生じてきたのである。この大衆にひろがった熱意の流れを止めないかぎり、自分たちの存在の基盤がこわされると確信した。賢い人たちは、バブやその教えを直接攻撃することは避けた方がよいと考えた。というのは、そのような行動はかえってバブの威信を高め、その地位を固めると感じたからである。しかし、扇動者たちはすでにバブの性格と主張に関して根拠のないうわさをまき散らしていた。やがてこのうわさはテヘランに届きモハメッド国王の総理大臣アガシの耳に入った。この尊大で、横暴な大臣は、国王がバブに理解を示す日がくるかもしれないと心配になった。そうなれば自分は確実に失脚するであろうと考えた。さらに、国王から信頼されている知事（マヌチェール・カーン）が、バブと国王の会見を取り計らうかもしれないと不安になった。そのような会見が実施されれば、感じやすく、やさしい心をもった国王はバブの信条の魅力と斬新さに完全に影響されるであろうことを彼は知り尽くしていたのである。

不安に駆りたてられた総理大臣ハジ・ミルザ・アガシは、激しい言葉でつづった手紙をウーラマーに送り、イスラム教を守る義務を怠ったと責めた。「我々はあなたに、国家と国民の利益に反する運動を全力で阻止することを期待していた。ところがあなたは、あの不可解で卑しむべき運動の創始者と親しくなるだけでなく、かえって彼を賞賛しているのではないか。」さらに総理大臣は、イスファハンの僧侶たちに何通もの激励の手紙を送った。以前は彼らを無視していたのであるが、このときばかりは好意をふんだんに示しはじめたのである。ウーラマーは、客人（バブ）に敬意を表することはやめなかったが、総理大臣から受け取った手紙に影響され、日々増え続けるバブの訪問者たちの数を減らす案を出すよう同僚の僧侶たちに要請した。故ハジ・カルバシの息子モハメッド・メヒディがその要請に応じた。彼は総理大臣の要望に応えて、また彼の好意を得るために、説教壇から見苦しい言葉でバブを中傷しはじめた。

この事態を知った知事はただちにウーラマーに手紙を送り、知事としてバブを訪問したときのことを思い起こさせた。そして、彼とその客人（バブ）を自宅に招待した。知事は故バゲル・ラシュティの息子アサドラをはじめ、ジャファル、モハメッド・メヘディ、ハサン・ヌーリ他何人かを招待したが、アサドラは招待を断り、他の者たちにも出席しないように説得した。

「私は、出席はごめんこうむりたいと申し出た。あなた方もそうなさるように強く勧める。バブと直に顔を合わせるのはひじょうに浅はかなことだと思うからだ。バブはかならず自分の主張をくり返すにちがいない。そして、あなた方が求める証拠を、実例をあげて示し、自分の主張する真理を証明するために、コーランの半分に匹敵する句を一瞬のためらいもなく著わすであろう。最後に、このような言葉であなた方に挑戦するであろう。『もし、皆が真理を語る者たちであれば、同様に証拠を示すことだ。』我々は彼に証拠を示すことなど絶対にできない。もし彼の要請に応じなければ、我々の無力さが暴露されてしまう。かといって、彼の主張を受け入れれば、我々は名声、特権、権限を失うどころか、今後、彼が主張することも認めなければならなくなるのだ。」

この忠告を聞いたジャファルは知事の招待を断った。モハメッド・メヒディとハサン・ヌーリと他の何人かはアサドラの忠告を無視し、定められた時間に知事宅に行った。そのバブとの会見の場で、プラトン哲学の研究者として名高いハサン・ヌーリは知事から求められてバブに質問した。それは、モラ・サドラ（ペルシャの哲学者）の思想に関連する難解な哲学上の学説の解明であった。これまでにその学説の意味を解明できた者は少なかった。バブは因襲にとらわれない言葉で、簡潔にすべての質問に答えた。ハサン・ヌーリはその答えの意味をとらえることはできなかったが、現代のいわゆるプラトン学派とアリストテレス学派の学者たちの学識がこの青年の知識にどれほど劣っているかを悟った。

次にモハメッド・メヒディがイスラム教の法律についてバブに質問した。バブの説明に満足しなかった彼はとりとめのない論争をはじめたが、知事の介入ですぐ中止された。知事は従者に、モハメッド・メヒディを直ちに自宅まで送るように命じた。その後、知事はウーラマーに自分の心配を打ち明けた。「バブの敵の陰謀を恐れています。国王はバブをテヘランに召喚され、その出発準備を私に命じられました。しかし、バブがこの町を安全に離れられる時期がくるまで私の家に留まっていただいた方がよいと思っています。」ウーラマーはその意見に同意し、一人で自宅に戻った。

バブはウーラマーの家に四十日間滞在した。その期間、毎日バブと会うことができたモラ・タギ・ハラティは、バブの同意を得て、バブが著わした「レサレイ・フル・アドリエー」という題の本をアラビア語からペルシャ語に翻訳した。このように、彼はペルシャの信者たちに貢献したのであるが、後日とつぜん恐怖におそわれ、仲間の信者たちとの関係を断ってしまったのである。

バブが知事の家に移る前のある夜、ミルザ・エブラヒムはバブを自宅に招いた。サルタノシ・ショーハダの父親で、前述したアリ・ナリ（娘がアブドル・バハと結婚）の兄であった彼はまた、ウーラマーと親しく、その業務をすべて管理していた。その夜バブのためにすばらしい晩餐会が開かれた。その市の役人も名士もこれほど立派な晩餐会を開いたことはなかった。サルタノシ・ショーハダと兄のマーブブシ・ショーハダ（後に二人共に殉教）は当時九才と十一才の少年であったが、晩餐会で給仕の手伝いをしてバブから特別に目をかけられた。

晩餐中にミルザ・エブラヒムはバブに懇願した。「私の弟のアリ・ナリには子供がありません。彼に子供ができますように祈願して下さい。」バブは自分に出された食べ物を少し取り、それを別の皿においてミルザ・エブラヒムに渡し、弟とその妻のところにもって行くよう言った。「二人にこれを食べさせるがよい。望みが叶えられるであろう。」アリ・ナリの妻はバブから与えられた食べ物のおかげで妊娠し、時が満ちて女の子を生んだ。この女の子は成長して最大の枝と呼ばれる人物（アブドル・バハ）と結婚した。こうして、彼女の両親が抱いていた望みが果たされることになった。

イスファハンの僧侶たちの敵意は、バブへの尊敬が高まれば高まるほど激しさを増した。バブの影響がいたるところに広がり、イスラム正統派の本拠地にも届き、その基盤をくつがえそうとしているのを見てうろたえたのである。彼らは集会を開き、バブに死刑を宣告した文書を作成した。市で権力をもつ僧侶たちがそれに署名し、封印された。アサドラとジャファルの二人以外の僧侶全員がこの判決に同意した。この二人はその文書の内容があまりにも白々しく、毒舌に満ちていたので、それに関わることを拒否したのである。ウーラマーは、署名は拒否したが、臆病者で野心もあったので、直筆で次の証言を文書につけ加えた。「この青年と交際し始めて以来、彼がイスラム教の教えに反する行動を取ったのを見たことはありません。それどころか、彼はイスラム教の教えを忠実に守る敬虔な人物です。しかし、彼の途方もない主張と現世の事物を軽視する態度は、理性と判断力を欠いているためであると思わざるを得ません。」

イスファハンの僧侶たちがバブに死刑宣告をしたことを知らされた知事（マヌチェール・カーン）は、その残酷な判決が実施されないように、すぐ救助計画を立てた。その計画というのは、まず日没時にバブを五百人の騎兵隊に護衛させてテヘランの方向に向かわせるが、約六キロメートル進むごとに、百人の騎兵隊をイスファハンに戻らせるというものであった。そして、百人の騎兵隊が残った時点で、その先取るべき行動を完全に信頼できる指揮官に内密に知らせた。それは、一キロメートル進むごとに、二十人をイスファハンに戻らせ、残りが二十人になったとき、その半数を税金徴収のためにアルデスタンに向かわせ、確実に信用できる残りの十人に、変装させたバブを人通りの少ない横道を用いてイスファハンに連れ戻すという計画であった。さらに、翌日の夜明け前にイスファハンに到着できるように時間を調整し、到着後すぐバブを自分のところに連れてくるように命じた。

この計画はすぐ滞りなく実施された。だれにも怪しまれない時間に、騎兵隊はバブを市内に連れ戻し、知事公舎の横の入り口を通って知事宅に送りとどけた。知事宅に落ち着いたバブに、知事は自ら食事を出すなどしてバブの世話をし、快適で安全に過ごせるように万全を整えた。

一方、バブのテヘランへの旅について、でたらめなうわさが町中にひろまった。テヘランに行く途中で拷問を受けた、または処刑されたなどのうわさが飛び交った。イスファハンに住む信者たちがそのうわさを聞いて深く嘆き悲しんだのを知った知事は、バブに、信者たちに会ってくれるように懇願した。そこでバブは、カリム（バブの親密な弟子）に宛てて短い手紙を書き、それを知事に託し、信頼できる者を通してカリムの手に渡るように頼んだ。町の神学校に宿泊していたモラ・アブドル・カリムは、その手紙を受け取った一時間後にバブのもとにきた。その訪問は知事だけしか知らなかった。バブはカリムに自著の書簡を何通か渡し、それらをホセイン・ヤズディとゾヌジと共同して書き写すよう命じた。カリムはバブが安全であるというううれしいニュースをもって、急いでこの二人のところに戻って行った。イスファハンの信者たちのうちバブに会うことを許されたのはこの三人のみであった。

ある日、バブと知事が屋敷内の庭園で休んでいたとき、知事は自分のひそかな願望をバブに告げた。「全能なる神は私に巨大な富を与えて下さいましたが、その使い道が分かりませんでした。しかし今、神の援助により、この大業を認めることができましたので、全財産をその発展のために捧げたいと願っております。そこで、あなたの許しを得てテヘランにおもむき、私を完全に信頼して下さっている国王に、最善を尽くしてこの大業の教えを伝えたいと思います。国王はこの大業を進んで受け入れ、その発展を促進されるでありましょう。さらに、放埒な総理大臣ハジ・ミルザ・アガシを免職されるように国王を説得するつもりです。その愚劣な政治で国は破滅寸前になっているからです。次に、あなたと国王の妹との結婚が成立しますよう、彼女から承諾を得、その結婚式を私に準備させていただきたいと望んでいます。最後に、地上の為政者と国王がこの最高にすばらしい大業に心を向けるように努力し、同時に、イスラム教の清い名を汚している腐敗した宗教組織の影響を根絶したいと願っております。」

これに対してバブは次のように答えた。「あなたの気高い決意に神が報いられんことを。あなたの崇高な意図は、行為そのものよりももっと貴重なのだが、あなたと私は余命いくばくもないのだ。あなたの念願が実現されるには時間があまりにも短すぎるし、たとえ達成されてもそれを見ることはできない。全能の神は、あなたが考えられる方法ではなく、他の方法でこの大業に勝利をもたらされるであろう。最高の主権者である神は、この国の身分の低い貧しい人びとが神の道に流す血で大業の土台を揺るぎないものとされよう。神は来世で、不滅の栄光の冠をあなたの頭上に置かれ、計り知れないほどの祝福をあなたに注がれるであろう。この世でのあなたの命はあと三ヵ月と九日しか残っていない。その期間が過ぎれば、あなたは堅い信念をいだいて永遠の住まいに急がれるであろう。」

知事(マヌチェール・カーン)はこのバブの言葉を聞いて喜びで満たされた。自らを神の意志に委ね、この世からの旅立ちの準備をしはじめた。旅立ちの日をはっきりと予告されたからであった。彼は家事を整理し、遺書を作成し、全財産をバブに贈与したが、知事がこの世を去った直後、欲の深い甥ゴルジン・カーンが遺書を見つけ、その指示を無視して財産をうばい取った。

死期が近づくにつれて、知事は頻繁にバブと親密に対話し、信教に生気を与える精神をより深く理解できるようになった。ある日、彼はバブにこう告げた。「この世から出発する時間が迫るにつれ私の魂は言いようのない喜悦感で満たされてきましたが、あなたのことが心配です。私の後継者であるゴルジン・カーンのような無情な男の手にあなたを委ねなければならないと思うと身ぶるいがしてきます。彼は、あなたがこの家にいることをかならず発見し、あなたを激しく迫害するにちがいありません。」

バブはいさめるように言った。「私は命を神の御手に任せた。私は神だけを信頼している。神は私に強大な力を与えられたので、もし私が望めば、小石さえもすばらしく高価な宝石に変えることができ、極悪犯罪人の心に高尚な道徳観念を植えつけることもできるのだ。私は『神の意志が成就されるために』（コーラン）敵に苦しまされることを選んだのである。」

バブとの貴重な時間が刻々と過ぎてゆくにつれ知事の心には熱烈な信仰心がわき、神のそば近くにいるという意識がますます強くなっていった。バブの啓示に秘められた永遠の実在に直面して、現世の虚飾や見せびらかしは無意味なものとなった。現世の野心の空しさと人間の努力の限界に気がつけばつくほど、バブの栄光ある啓示、その無限の可能性と計り知れない祝福のビジョンがますます鮮やかとなっていった。このような考えを胸にいだきながら時を過ごしていた知事は、ある日発熱し、それが一晩中続いたあと、突然この世を去った。平安な気持ちと確信に満たされて偉大なるかなたの世界へと飛び立ったのである。（一八四七年初春）

知事の生涯が終わりに近づいたころ、バブはホセイン・ヤズディとカリムを呼び出し、知事の死が間近になったことを告げた。そしてこの二人を通して、イスファハンに集まってきていた信者たちに、カシャン、クム、そしてテヘランに散らばり、神の英知ある導きを待つように命じた。知事の死後二、三日たって、知事がバブの救助を計画・実施したことを知っていたある人物が、後継者のゴルジン・カーンにバブの居場所と知事がバブを礼遇していたことを告げた。この思いがけない情報を得たゴルジン・カーンは、使者をテヘランに送り、国王に手紙を渡すように指示した。

「四ヵ月前、私の前任者の知事はご命令に従ってバブを陛下のもとに送ったと、イスファハンでは一般に信じられていました。ところが、バブは公舎内の知事宅に住んでいることが明らかとなったのです。前任者自ら、バブに自宅を提供して世話をし、そのことを市民と役人に極秘にしていたのです。陛下はこれに関してどのような命令を下されますか。私はご命令にすぐ従うつもりでいます。」

国王は、今は亡き知事（マヌチェール・カーン）の忠誠心を堅く信じていたので、この手紙から知事の本当の意図を知った。すなわち、国王とバブの会見の好機を待っていたのであるが、突然の死で計画が妨げられたということを悟ったのである。そこで、国王はバブを首都テヘランに召喚することにし、バブを変装させ、ベッグの指揮する騎兵隊に護衛させてテヘランに連れてくるよう、文書でゴルジン・カーンに指示した。また、この旅は極秘で行い、その途上はバブに最高の礼をつくすようにとも付け加えた。

ゴルジン・カーンは、ただちにバブに国王の召喚状を手渡し、ベッグを呼び出し、国王の命令を伝え、すぐ旅の準備にかかるように命じた。そしてこう警告した。「バブの身許がだれにも知られないよう注意せよ。また、この任務の内容をだれにも疑われないようにせよ。あなた以外は、護衛の者らにさえも、バブであることが知られてはならない。もし質問されたら、この人物は商人で首都に連行するように命じられたが、我々にも身許は知らされていないと答えよ。」バブは、夜半過ぎに、指示通りにイスファハンからテヘランに向けて出発した。

第十一章　バブのカシャン滞在

バブがカシャン市に着く前の夜、その地の知名人で、パルパという名称で知られているハジ・ミルザ・ジャニという人が夢を見た。夢の中で、ある日の午後おそく、市の城門アッタールの前に立っていると、とつぜん馬に乗って近づいてくるバブの姿が見えた。ところが、バブはいつものターバンではなく商人が通常用いる帽子をかぶっており、前後に騎兵隊が整列して進んでいた。一団が城門に近づいたとき、バブは彼にあいさつをしてこう述べた。「ジャニよ、三日間あなたの客になるのでその準備をするがよい。」

目をさましたジャニは、夢があまりにも鮮やかだったので、正夢であると確信し、この思いがけないバブの出現は神からのお告げであり、それに従うのは自分の義務であると感じた。そこで、バブが快適に過ごせるように万全の用意を整えた。その夜、バブのために晩餐を準備したあとでアッタールの門に行きバブの到着を待った。夢で予告された時間がきたころ、はるか彼方の地平線に、市の城門に向かって近づいてきている騎兵隊の一団が見えはじめた。

そこで、一団を迎えるために急いで近づいて行くと、護衛隊に囲まれたバブの姿を認めることができた。バブは、前夜夢で見たのと同じ服装で、同じ表情をしていた。ジャニがうれしそうにバブに近づき、あぶみに口づけしようと身体をかがめたところ、バブはそれを止めてこう述べた。「われは三日間あなたの客人となる。明日はノウ・ルーズ（新年）なので、あなたの家で共に新年を祝おうではないか。」

バブを護衛してきた隊長のモハメッド・ベッグは、ジャニとバブは親密な友であると思い、こう述べた。「バブのお望みには何でも従うつもりです。しかし、私と一緒にバブの護衛をしている同僚の意見も聞いて下さるようお願いします。」そこで、ジャニがその同僚に聞いたところ、きっぱりと断られた。「この青年（バブ）が首都に到着するまではどの町にも入ってはならないと強く命じられています。日没時に進行を中止し、夜間は市の城門外で睡眠をとり、翌日夜明けと共に旅を続けるようにという特別の指示を受けているのです。この命令を変えることはできません。」

この同僚の反対ではげしい議論が起こったが、結局、モハメッド・ベッグの意見が通り、三日目の朝、バブを安全に彼らのもとに戻すという条件で、バブはジャニにあずけられることになった。ジャニは護衛隊全員も自宅に招待するつもりであったが、バブはその考えを捨てるよう勧めた。「あなたの家に行くのはわれだけだ。」ジャニは、騎兵隊の三日間のカシャン滞在費を負担させてくれるようにとバブに頼んだ。その要請にバブは「その必要はない。われが望まなかったならば、だれもわれをあなたに手渡すことはできなかったのだ。この世のすべては、神の威力ある手に握られている。神に不可能なことはない。神はすべての困難を除き、すべての障害を克服したまうのだ」と答えた。結局、騎兵隊は市の城門近くの隊商宿に泊まることになった。モハメッド・ベッグはバブの指示に従い、ジャニの邸宅近くまでバブを護衛し、その場所を確認したあと騎兵隊のところに戻った。

バブがカシャン市に到着した夜はバブの宣言後三年目の前夜で、一二六三年（一八四七年）ラビオシ・サニ月の二日目であった。その夜、ホセイン・ヤズディ（バブの信頼する秘書）がその邸宅に招かれ、バブの面前に案内された。彼はバブの指示に従ってカシャンに来ていたのである。バブが家の主人(ジャニ)のために書簡を書き取らせていたとき、主人の友人が訪れてきた。この人物はアブドル・バキという名で、学識者としてカシャンで名を知られていた。バブは彼を招き入れ、書き取らせている言葉を聞かせたが、自分の身分は明かさなかった。その書簡の結びの言葉として、ジャニのための祈りを著わした。それは、ジャニの心が神の知識で照らされ、大業への奉仕とその宣布に際して雄弁に語ることができますようにという祈りであった。この祈りのおかげで、彼は無学ながらも、雄弁さでカシャン最高の僧侶るを感銘させるほどになった。さらに、その能力はますます磨かれ、バブの教えに挑戦してくるすべての、自称学識者らを沈黙させることができるようになった。かの尊大で傲慢なナラキさえも、その雄弁さにもかかわらず、ジャニの議論の勢いに逆らうことはできなかった。ナラキは心中ではその真理を否定したが、表面では敵の大業の価値を認めざるを得なかった。

アブドル・バキは座ったままバブに聞き入った。バブの声を聞き、その動作を見守り、顔の表情を見、その口から間断なく流れ出す言葉に注目したが、空しい想像と学識のヴェールに包まれた彼は、バブの言葉の意味を理解することができず、その威厳と威力に心を動かされることもなかった。彼は、自分に紹介された客人の名前と身分を聞こうともせず、また、その家で見聞したことに感動一つおぼえることなくバブのもとを去り、このまたとない機会を自らの無関心で失ってしまったのである。そして、数日後その青年の名前を知らされたときはじめて、自分の軽率で無神経な態度を無念に思ったが、バブの面前に出て、自分の失礼な態度をつぐなうには遅すぎた。バブはすでにカシャンから出発していた。その後、彼は悲嘆のあまり世を捨て、生涯の終わりまで隠遁生活を続けた。

ジャニ宅でバブに会うことができた人たちの中に、一二六八年(一八五一年から五二年)にテヘランで殉教したメヘディという人がいた。彼とそのほか何人かは、その三日間にジャニから愛情深いもてなしを受けた。バブさえもジャニの寛大さを賞賛したほどであった。同じもてなしを受けたバブの護衛たちは、彼の心の大きさと魅力ある態度に感謝を忘れることはなかった。新年の二日目に、ジャニは約束どおりバブを護衛隊に渡し、悲しみで胸は張り裂けそうになりながらバブに最後の別れを告げた。

第十二章　バブのカシャンからタブリズへの旅

護衛隊に守られながらバブはクムの方向へ進んで行った。護衛隊は、バブの魅力と威厳、そして情け深さにすっかり心を惹かれ、態度を変えた。バブの望みに従うために自分たちの権限と義務をすべて放棄したかに見えた。彼らは、バブに仕えたい、喜ばせたいという熱望から、ある日、次のように述べた。「私どもは、あなたをクム市に入れてはならないときびしく命じられています。また、人通りの少ない道を通ってテヘランに直行するよう指示されており、とくに、その境内は最悪罪人でも逮捕を免れると言われているハラム・マスーメ（西暦八一六年に亡くなったファテメの廟）を避けるように厳命されています。しかし、あなたのためでしたら私どもが受けた命令はすべて無視いたしますので、お望みであればすぐクム市内を通ってその聖なる廟にご案内いたしましょう。」

これにバブは答えた。「『真の信者の心は神の王座なり。』救済の箱舟であり、全能者の難攻不落のとりでである者は今、この荒野をあなたがたと共に旅している。われは、堕落した都市に入るより田園の道を好む。その廟に葬られている清純なる方、その方の兄上と名高い先祖は、この邪悪な人びとの状態を嘆かれているにちがいない。彼らは口先では敬意を表するが、行動でその方の名誉を汚しているからだ。外面ではその方の廟に仕え、尊敬を示しているように見せかけるが、内面ではその方の尊厳を傷つけているのだ。」

バブに随行してきた護衛隊員たちはバブを心から尊敬し、信頼するようになっていたので、バブが突然去ったとしてもだれ一人としてうろたえることはなく、またバブを追跡しようともしなかったであろう。バブと護衛隊の一団はクム市の北端に沿って進み、クムルッドの村に立ち止まった。この村はモハメッド・ベッグの親族の所有で、村人はすべてアリヨラヒ派（イスラム教の一派）に属していた。村長の招きでバブは一夜をその村で過ごした。素朴な村人の温かい歓迎に感動したバブは、彼らの祝福を祈り、愛情をこめた感謝の言葉で彼らを元気づけた。

村を出発した二日後の午後、バブと護衛隊はテヘランの南方四十五キロメートルに位置するケナル・ゲルドの要塞に到着した。新年から八日目であった。一団は翌日首都に到着予定で、その夜は要塞の近くで過ごすことに決めた。ところが突然一人の使者が現われて、アガシ（総理大臣）の手紙をモハメッド・ベッグに渡した。それは、バブを連れてただちにコライン村に直行せよという命令状であった。その村にはオサル・カフィの著者とその父が葬られており、その廟は近隣の人びとから大いに尊敬されていた。

モハメッド・ベッグが受け取った命令状には次の指示があった。つまり、その村には適切な宿泊所がないので、バブのために特別のテントを張るように、そして護衛隊はその近くに待機させ、次の指示を待つようにというのである。新年から九日目の朝、一二六三年のラビオシ・サニ月十一日（一八四七年三月二十九日）の朝、村のすぐ近くにバブのためにテントが張られた。その村はアガシ（総理大臣）の所有で、そのテントは彼がその村を訪れるときに使用していたものであった。テントは一面にひろがる果樹園と牧草地に囲まれた丘の上に張られた。その場所の静寂さ、こんもりとした草木、絶え間ない小川のせせらぎにバブはこの上ない喜びを感じた。

二日後に、ホセイン・ヤズディ、ハサン、その弟のカリム、ゾヌジの四人がバブに招かれ、全員バブのテントの近くに泊まった。新年から十二日目のラビオス・サニ月十四日に、メヒディ・コイとメヒディ・カンディがテヘランから到着した。後者はテヘランでバハオラと親しく交わっていた人で、バハオラから封印された手紙と贈り物をあずかってきていた。それを受け取ったバブは大いに喜び、顔を輝かせて使者に深い感謝の意を表した。

その手紙は、不安定な状態に置かれていたバブに慰めと力を与えた。バブの心をおおっていた憂慮の陰は消え、確実な勝利感で満たされた。長い間バブの顔をかげらせていた悲しみは、危機をはらんだ監禁生活で一層深まっていたが、たちまち消え去ったようであった。逮捕され、シラズから追放されて以来、彼の目からあふれ出ていた苦悩の涙はもはや流れることはなかった。「わが最愛なる御方よ！」と、彼が悲嘆と孤独のなかで叫んだ嘆願の声は、感謝と賞賛、希望と勝利の声と変わった。こうして彼の顔は歓喜で輝き、しばらくの間それをくもらすものはなかった。しかし、シェイキ・タバルシの砦で勇敢な信者たちにふりかかった大災難の知らせにバブの表情はふたたびくもり、心の喜悦感は消え去った。

カリムは、バブがバハオラから手紙を受け取った夜の出来事を私（著者）に語ってくれた。「私は仲間といっしょにバブのテントの近くで深い眠りにおちいっていましたが、突然、馬のひづめの音で目がさめました。やがて、テントから姿を消したバブを探しに行った者らが、バブを見つけることができないために騒ぎが起こっていたということが分かりました。モハメッド・ベッグは護衛の者らをいさめました。『どうしてあわてふためいているのか。バブの高尚な人格がお前たちは分からないのか。バブは自分の安全のためにも、他人に恥をかかせるような行為をする人ではないことが信じられないのか。彼は、月夜の静けさの中で神と交信するために、だれにも邪魔されない場所に一人でいるにちがいない。彼はかならずテントにもどってくる。我々を見捨てるようなことはしない。』

モハメッド・ベッグはこう言って、護衛隊を安心させるためにテヘランの方に向かって歩きだしました。私もまた仲間といっしょに彼のあとに続きました。やがて、護衛隊もそれぞれ馬に乗って我々のあとを追ってきました。百メートルほど行ったところで曙光のうすがりの中、遠くにいるバブの姿が認められました。バブはテヘランの方角からこちらへ歩いてきていました。そして、モハメッド・ベッグに近づくと言われました。『われが逃げたとでも思ったのか？』モハメッド・ベッグは、『とんでもありません。そのような考えをいだくはずはありません』と、バブの足元に身を投げるようにして答えましたが、バブの輝く顔に落ち着きと威厳を見て畏敬の念に打たれ、それ以上の言葉を口にすることはできませんでした。バブの顔は確信に満ち、その言葉は人知を超えた力にあふれていました。我々は崇敬の念でいっぱいになり、バブの言葉と態度がおどろくほど急変した理由を聞くことさえできませんでした。バブ自身も我々の好奇心と驚異の念に応えようとはされませんでした。」

その後二週間、バブはこの美しい自然に囲まれた場所に滞在した。しかし、その静かな日々はとつぜん一通の手紙で破られた。それはモハメッド国王自らがバブに宛てたもので、次のように書かれていた。「あなたとの会見を大いに望んでいたが、われは首都から即刻出発せねばならないので、あなたを適切に迎えることができない。あなたをマークーの砦に案内させるが、そこの看守長にあなたを丁寧に扱うように指示している。ここに戻ってき次第、あなたを召喚し、はっきりした判決を下そう。今回は会見できないが失望されないように。何か不満なことが起これば、ためらわずにわれに知らせるように願う。わが安寧とわが国の繁栄を続けて祈られることを切に望んでいる。」（一二六三年ラビオス・サニ月－一八四七年三月十九日から四月一七日の間）

国王がこのような手紙をバブに出したのはアガシ（総理大臣）の説得があったからにちがいない。アガシはただ恐怖感からそのような行動を取ったのである。バブと国王の会見が実施されれば、国務に重要な権限をもつ自分の地位がうばわれ、権力の座から追われるかもしれないと感じたのである。彼はバブには悪感情も恨みもなかったが、国王を説き伏せてバブを遠隔の辺鄙な場所に移すことに成功した。これで悩みから解放されたと思った。ところがそれはとんでもない誤算であった。この陰謀により、国王も国家も神の教えの恩恵を受けることができなくなったのである。この比類ない神の教えのみが、堕落の淵に落ち込んだ国家を救うことができたのであるが、そのときアガシはそれに気づいていなかった。

こうして、先見の明に欠けた総理大臣は、急速に没落していた帝国を復興できる最高手段が国王の手に入るのを阻止したのである。同時に、ペルシャがもろもろの国民と国家に優位を占め得る精神力をも奪ってしまった。その愚行、濫費、国王への不誠実な勧告は、国家の基盤を危うくし、その威信をそぎ、人民の忠誠心を弱め、彼らを不幸のどん底へ突き落とした。アガシは先任者の例からも学ぶことなく、国民の要求と利益を無視して、自らの権力の増大を追求してやまなかったのである。さらに、その放縦と無節制は、国家を近隣諸国との破壊的な戦争に巻きこませた。

サディ・マージという歴史上の人物は、王家の血を引かず何の権力もなかったが、公正な行為とモハメッドの大業へのたゆまぬ献身の結果、高い地位を得ることができ、今日にいたるまでイスラム教の長老や指導者たちは彼を尊敬し、その美徳を称えてきた。一方、ボゾルグ・メヒルという人物は、ヌシラヴァン・アデルの家臣たちのうち、もっとも有能で、もっとも賢く、経験豊かな政治家であったが、不正行為のため公に恥辱を受け、軽蔑とあざけりの的となった。彼は自分の苦境を嘆き、号泣し続けたためついに目が見えなくなってしまった。

前者の模範と後者の破滅の例を見ても、うぬぼれの強い総理大臣は自分の地位が危険にさらされていることに気がつかず、自分の考えを押し通し続けた結果、ついに、彼もまた総理大臣の地位と財産を失い、屈辱を受け面目をつぶされた。身分の低い良民からうばい取った数知れない不動産、高価な家具類、莫大な経費をかけた家屋もすべて失ってしまったのである。それは、バブをアゼルバイジャンの山中に監禁する命令を出してから二年後であった。アガシは全財産を政府に没収され、国王の寵を失い、恥辱を受けてテヘランから追放された。その後、病と貧困におそわれ、希望もうばわれた彼は、みじめな生活を強いられてカルバラで息を引き取るまで苦しみ悩んだ。

さて、話をバブにもどそう。バブがタブリズに向かうように命じられたことはすでに述べた。この北西のアゼルバイジャンへの旅には、モハメッド・ベッグを隊長とする同じ護衛隊が随行した。その旅には、信者の中から付添い一人と従者一人を選ぶことが許された。そこでバブはホセイン・ヤズディとその弟を選んだ。旅の費用は政府から支給されたが、バブはそれを自分のために用いることを断って全額を貧しい人びとに与え、自分の個人的な必要経費には、ブシェルとシラズで商人として働いていたときに得た金を用いた。タブリズへの途中、町を通ってはならないという命令が下されていたので、ガズビンの町の信者たちは、敬愛する指導者が近づいてくるのを知ってシヤ・デハンの村に行き、そこでバブに会うことができた。

バブに会った信者の一人、エスカンダールはホッジャトを代表してシラズのバブを訪れ、その大業を調査した人である。バブは次の手紙を故セイエド・カゼムの賞賛者であったソレイマン・カーンに渡すよう彼に命じた。「故セイエドがその美徳を賞賛してきた人物、その啓示の接近を絶え間なく言及してきた人物は今現われた。我こそがその約束された人物である。立ち上がって圧制者の手から我を救い出すように頼む。」バブがエスカンダールにこの手紙を託したとき、ソレイマン・カーンはザンジャンからテヘランに向けて出発しようとしていた。彼はその手紙を三日後に受け取ったがバブの要請には応じなかった。

二日後、エスカンダールの友人がバブの要請をホッジャトに知らせた。そのときホッジャトはザンジャンの僧侶たちの扇動で首都テヘランに監禁されていたが、すぐ自分の故郷の信者たちに指示を与えた。バブを救出するために必要な人数を集め、その準備をせよという指示であった。そして、注意深くバブの居場所に近づき、時機がきた瞬間バブを連れ出すように命じた。やがてカズビンとテヘランから多くの信者たちが集まり、ホッジャトの指示に従ってその救出計画を実施した。彼らが真夜中にバブの居場所に着いたとき護衛隊全員熟睡中であった。そこでバブに近づき、その場所から逃げるように懇願した。バブは「アゼルバイジャンの山も我を要求している」と落ち着いて答え、彼らに救出計画をすてて故郷に戻るように慈愛深く忠告した。

護衛隊はバブを連れてタブリズ市の城門に近づいた。隊長のモハメッド・ベッグは、囚人（バブ）との別れの時間がせまってきたので、バブの面前に出て自分の短所と罪を見逃してくれるよう懇願した。「イスファハンからここまでは長くきびしい旅でした。その間私は自分の義務を果たすことも、あなたに十分仕えることもできませんでした。私を許し、祝福を与えて下さるように願います。」バブはこう答えた。「安心するがよい。あなたを信者たちの一人であると見なしているからだ。わが大業を受け入れる者らはあなたを永遠に祝福し、称えるであろう。また、あなたの行為を賞賛し、あなたの名を高めるであろう。」

他の護衛隊員たちも隊長の例にならってバブの祝福を懇願し、彼の足に口づけし、目には涙を浮かべながら最後の別れのあいさつをした。バブは隊員全員に、その献身的な働きを感謝し、彼らのために祈ることを約束した。彼らは不本意ながらもバブをモハメッド国王の後継者（皇太子）であるタブリズ知事に渡さざるを得なかった。バブの超人的な英知と能力を目撃した護衛隊員たちは、その後会う人ごとに自ら体験した奇跡的な出来事を、畏れと賞賛の気持ちにあふれながら語り聞かせた。こうして自分たちのできる方法で新しい啓示についての知識を広めたのである。

バブが近づいてきているという知らせにタブリズの信者たちの気持ちは高まり、敬愛する指導者を歓迎するために集まってきた。しかし、バブを迎えることになっていた市当局は信者たちがバブに近づいて祝福を受けることを禁じた。ところが、一人の若者が敬愛する御方の顔を見たい一心から自制できなくなり、裸足で市の城門から飛び出してバブに向かって走りより、バブの前方を進んでいた護衛隊に近づくと隊員の衣服の裾にすがり、そのあぶみにうやうやしく口づけして、涙ながらに叫ぶように言った。「敬愛する御方を護衛されている皆さんは、私のひとみのように大事な方々です。」

彼はバブに会わせてくれるようにと熱心に懇願した。この若者の異常な行動と熱意に打たれた護衛隊はその懇願を聞き入れバブに会わせた。若者はバブを見た瞬間、感極まって叫び、顔をふせて泣きくずれた。バブは馬からおり、若者を抱くようにして彼の涙をふき、心を落ち着かせた。タブリズの信者たちのうちこの若者だけがバブに敬意を表し、バブの手に触れて祝福を受けることができた。残りの信者たちは皆、遠くから敬愛する御方の姿を一瞥するだけで満足しなければならなかった。

バブはタブリズ市に到着後、市の高官の家に案内された。バブを監禁するために用意されたその家の門外の警備には、ナセリ連隊の特別班があたった。彼らは、セイエド・ホセインと彼の弟以外はバブに会わせなかった。この連隊はカムセの住民から召集され、特別の栄誉を受けていたが、後日、彼らの銃弾はバブを殺害することになるのである。バブのタブリズ到着で市民の動揺は高まり、バブの姿を見ようと興奮した群衆が集まってきた。ある者は好奇心から、ある者はうわさが本当であるかを確認するために、また、ある者はバブに忠誠を誓うためであった。街路を歩くバブに向かって、あちこちで群衆の歓呼があがった。群衆の大半はバブを見て「アラホアクバー」（神は偉大なり）と叫び、他の者は声高らかにバブの栄光を称えた。神の祝福を祈った者もあり、何人かはバブが踏んだ土にうやうやしく口づけした。

このように、バブの到着で大騒ぎになったため、当局はバブに会おうとする者は処罰を受けると、町内の触れ役を通して住民に警告した。「バブに近づこうとする者、あるいは彼に会おうとする者は、全財産を没収され、終身監禁の刑を受けることになる。」

バブが到着した翌日、その市の有名な商人タギ・ミラニとアリ・アスカルが危険を冒してバブとの会見を試みた。彼らの友人や、彼らに好意を寄せている人は、そういうことをすれば財産を失うばかりでなく命も危険にさらさられると警告して止めさせようとした。しかし、二人はその警告を無視して、バブが監禁されている家の入り口に近づき、即座に逮捕された。バブとの会談を終えて出てきたばかりのセイエド・ハサンはその場で厳しく抗議をした。「私はバブからこのメッセージを伝えるように命じられました。『この訪問者たちを中に入れるがよい。私が彼らを招いたのだ』」。

私（著者）はハジ・アリ・アスカルからそのときの状況について次のように聞いた。「このメッセージを聞いたとたん逮捕者たちは沈黙しました。そこで、我々はすぐバブの面前に案内されたのです。バブは我々を迎え入れ、次のように説明されました。『家の入り口で警備にあたっているみじめで哀れな者らは、家に群がってきている群衆からわれを守るようにわれが定めたのだ。彼らはわれが会見したいと望む者を阻止することはできない。』

我々は二時間ほどバブの側にいました。その場を去るとき、バブはコーネリアンの指輪用の宝石を二個私に渡し、それらに、以前彼が私にあたえていた二つの聖句を刻み込み、台にはめて持参するように命じられました。そして、だれも妨げたりしないので何時でも自由に来るようにと我々を安心させました。私は依頼された仕事に関してバブの意向を確認するために数回そこを訪れましたが、警備員は我々を一度も阻止したり、無礼な言葉を用いたりすることはありませんでした。また、大目に見たことに報酬を期待している様子もまったくありませんでした。

モラ・ホセインと共に過ごした期間、彼のおどろくべき洞察力と異常な能力を何度も目撃し感動したことを今になって思い出します。私はシラズからマシュハドへの旅に彼に同伴し、ヤズド、タバス、ボッシュルエイ、トルバットを訪れました。当時、シラズでバブに会えなかったことをとても遺憾に思っていた私に、モラ・ホセインは次のように述べて安心させてくれました。『嘆くことはない。全能なる神はかならず、あなたがシラズで失った機会をタブリズで補って下さるであろう。失った一回の機会に対して一度ならず七度、神はあなたをバブの面前に出させて下さるであろう。』私は強い確信に満ちたその言葉にびっくりしました。後日、タブリズの困難な状況の中で数回バブの面前に出ることができてはじめて、モラ・ホセインのこの驚くべき先見の明を思い出したのです。七度目にバブを訪れたとき、バブの次の言葉を聞いて仰天しました。『あなたに七度の訪問をさせ、あなたを慈愛深く保護された神に賛美あれ。』」

第十三章　バブのマークー砦監禁

ホセイン・ヤズディは、タブリズでのバブとの談話を次のように語った。「バブがタブリズで監禁された最初の十日間は、その後バブに何が起こるかを知る人はいませんでしたが、でたらめなうわさが町中に広がっていました。ある日、私は思い切ってバブに、現在の場所にずっとおられるのか、それとも他の場所に移られるのかを聞きました。バブは即座に答えられました。『イスファハンで質問したことを忘れたのか。約九ヵ月間〈開かれた山〉（マークーの砦）に監禁され、そこから〈嘆きの山〉（チェリグの要塞）に移されるのだ。この二つの場所はコイ山岳にあり、これと同じ名の町がこの両要塞の間にある。』この予告から五日後に命令が下され、バブと私はマークーの砦に移動することになり、我々の身柄はアリ・カーン（看守長）に引き渡されることになりました。」

山頂に築かれたマークーの砦には堅固な岩石で造られた塔が四つあり、そのふもとにあるマークーの町に下る道は一本しかなく、最終点には城門があり、それに隣接して町役場があった。その門は砦からかなり離れており、つねに閉ざされていた。砦はオスマンとロシア両帝国の境に位置し、見晴らしがよく戦略的に有利な場所であることから偵察本部として用いられてきた。戦時中その場に配置された士官は、敵の動きを観察し、まわりの状況を確かめ、非常事態が起こると当局に報告した。砦の西にはペルシャとロシアの境界をなすアラクセス川があり、南はトルコと境を接していて、国境の町バヤジッドはマークー山からわずか三十キロメートルほどにあった。

砦の看守はアリ・カーンであった。マークーの町の住民はクルド人で、イスラム教のソンニ派に属していた。ペルシャ国民の大多数はシーア派に属し、長い間ソンニ派の公然の敵であった。クルド人はとくにシーア派のセイエド（モハメッドの子孫）を忌み嫌っていた。彼らはセイエドを敵の精神的な指導者であり、主な扇動者とみなしていたからである。マークーの住民は、クルド人を母親にもつ看守のアリ・カーンを大いに尊敬し、彼の言うことには黙って従った。

彼を自分の共同体の仲間であるとみなし、心から信頼していたのである。

バブをペルシャの最北端の荒涼とした危険な場所に追放したのは総理大臣のアガシで、その唯一の目的は、バブの影響の拡大を差し止め、全国の信者と彼を結ぶきずなを断ち切るためであった。総理大臣は、動乱で荒廃したその地、反抗的な民族で占められているその地に侵入する者などいるはずがないと確信していた。この囚人（バブ）を信者たちから離してしまえば、その発生地でこの運動は徐々に息が止まり、ついに消滅してしまうと安易に考えていた。しかしその後まもなくして、彼はバブの啓示の真の性格を誤解し、その影響力を過小評価していたことに気がついたのである。

反抗的なクルド人の激情はバブの温厚な態度で次第にしずまり、心は彼の慈愛でおだやかになっていった。彼らの自尊心はバブの謙虚さでつつましさに変えられ、理不尽な横柄さはバブの英知ある言葉でやわらいだ。こうして、心に熱意の炎を点された彼らは、毎朝起きるとすぐにバブの姿が見えるところに行き、彼と言葉を交わし、日々の仕事に祝福を与えてくれるよう願った。争論が起こるとすぐその場にいそぎ、バブの監禁されている部屋に目を向け、彼の名を唱え、おのおの自分の主張を述べて判決を願った。看守のアリ・カーンはそのような行為を止めるように説得したが、クルド人たちの熱意を抑えることはできなかった。しかし、アリ・カーンは自分の任務を厳格に守り、バブの信者がマークーの町に宿泊することは一夜も許さなかった。

セイエド・ホセインは当時の状況についてこう語った。「最初の二週間は、バブとの会見は一切許されず、バブの面前に出ることができたのは私と弟だけでした。弟のハサンは毎日必需品を購入するため警備員の一人に伴われて町に下りて行きました。マークーに来ていたゾヌジは町の門外のモスクに宿泊して、マークーに時折訪れてくる信者の訴えを私の弟に渡す役目をし、弟はその訴えをバブに提出し、バブはその返事を弟に知らせるのでした。

ある日、バブは私の弟に、ゾヌジにこう告げるように命じられました。それは、バブ自ら看守のアリ・カーンに、マークーを訪れる信者に対するきびしい態度を変えるよう要請するという内容でした。バブは加えてこう言われました。『我は看守に指示して、あなたを我のところまで案内させると、明日ゾヌジに伝えなさい。』

私はこの伝言に大変おどろきました。あの横暴で頑固なアリ・カーンのきびしい規則をどのようにして緩めさせることができるのだろうかとひそかに疑問に思ったのです。翌朝早く、砦の門がまだ閉ざされていた時間にドアをノックする音を聞いてびっくりしました。夜明け前にはだれも中に入れてはならないという命令を十分知っていたからです。看守のアリ・カーンが警備員をいさめている声が聞こえてきました。そのうち警備員が入ってきて、看守がぜひバブに会いたいと主張していると告げました。この伝言に対し、バブはすぐ彼を自分のところに案内するように命じられました。私がバブの部屋に通じる入口の間から出ようとしたとき、敷居のところに立っているアリ・カーンの様子がまったく変わっているのに気づきました。彼はとてもうやうやしい態度で立ち、顔にはそれまで見たことがない謙虚さとおどろきが表れていました。いつもの自己主張と自尊心はまったく消えていたのです。彼は私のあいさつに丁重に応え、バブの面前に出させてくれるように頼みました。彼をバブの部屋に案内しましたが、そのとき彼の手足はふるえ、顔にはかくせない心の動揺が表れていました。

バブは立ち上がり、アリ・カーンを迎えました。アリ・カーンはうやうやしく頭を下げ、バブに近づくとその足元に身を投げて懇願しました。『私の心は混乱しています。あなたの高名な先祖、神の預言者（モハメッド）に誓って、私の疑念をはらして下さるようにお願いします。その重荷で私の心は押しつぶされそうになっています。先ほど夜明け時に、馬に乗って荒野を通りぬけ、町の城門に近づいたところ、とつぜん、川辺りで祈りをささげているあなたの姿が目に映りました。あなたは両手をのばし、天に向かって神の御名を唱えておられました。私はじっと立ってあなたを見守りました。祈りが終わったところで、私に無断で砦を離れたあなたに戒告を与えようと思って待っていたのです。あなたは神との交信に没頭し、ご自身さえも完全に忘れておられるようで、私がそっとあなたに近寄っても私がいることにまったく気がつかれませんでした。その時とつぜん、私は恐怖感におそわれ、忘我の状態におられるあなたを起こしてはならないと思ったのです。そこであなたをそこに残して警備員たちのところへ行き、彼らの職務怠慢をとがめようと決心したのですが、おどろいたことに外門も内門も閉ざされていたのです。私が門を開けさせ、あなたの部屋に来ると、不思議なことに、今、あなたは私の前に座っておられるのです。私の頭はまったく混乱しています。気が狂ったのでしょうか。』

バブはこう答えられました。『あなたが目撃されたことは否定できない真実だ。あなたはこの大業を見くびり、その創始者を軽蔑した。すべてに慈悲深き神は、あなたを罰するのではなく、あなたの日に真実を明らかにすることを望まれた。その神の介入により、あなたの心に神から選ばれた者（バブ）への愛を入れ、あなたがその信教の威力を認めるようにされた。この信教はだれも滅ぼすことはできないのだ。』」

このおどろくべき体験はアリ・カーンの心をすっかり変えてしまった。バブの言葉で彼の心の動揺とはげしい敵対心はしずめられた。彼は全力をつくして過去の悪行を償う決心をし、こう自分の望みを伝えた。「貧しい男があなたにお会いしたいと望んでおります。彼はマークーの門外のモスクに宿泊しております。私自ら、その人をあなたのところに案内し、この行為で、私の悪行が許され、あなたの仲間に残酷な態度をとった心を洗い清めたいと望んでいます。」この要請が受け入れられるとすぐゾヌジのところへ行き、バブの面前に案内した。

それ以来、アリ・カーンは、自分のできる範囲内で、バブのきびしい監禁生活をやわらげるために努力した。夜間は砦の門は閉められたが、昼間はバブが望む者は会うことを許され、その指示を受けることができた。

バブは砦内に監禁されている間、ペルシャ語のバヤンという本を著わすために時間を費やした。その書はバブの全著作のうち最も重要で、最も啓蒙的で、包括的な書である。その中で、バブは自分の宗教制の法律や規則を定め、自分の後に現われる啓示を明確に、力強く宣言した。そして、信者たちに「神が顕わされる御方」（バハオラ）を探し出すようにくり返し力説し、バヤン書中の難解な隠喩に妨げられることなく、その御方の大業を認めるようにと警告した。

私（著者）はゾヌジの次の証言を聞いた。「バブが教えや原則を口述されるときの声、山のふもとの住民にはっきりと聞き取れました。彼の口から流れ出す聖句の快い調べは我々の耳をとらえ、我々の魂にしみ込んでいったのです。山も谷もその威厳にあふれた声にこだましているようでした。我々はその言葉の魅力にとらわれ、心の奥底まで感動で打ちふるえたのです。」

バブに課せられたきびしい規律が徐々にゆるめられていくにつれ、ますます多くの弟子たちがペルシャの各地からバブを訪れてくるようになった。アリ・カーンの情けと寛大さにより、敬虔な巡礼たちが次から次へと砦の門に案内された。三日間の滞在が終わると、バブはかならず彼らに奉仕の場に戻って信教の強化に尽くすよう指示して、自分のもとを去らせた。アリ・カーンは毎金曜日に欠かさずバブのところへ行き、変わらぬ忠誠と献身を誓った。そしてマークーの近隣で入手できる珍しい選り抜きの果物をしばしばバブに供し、また、その他バブの好まれると思われる珍味をつねに食卓に出すようにした。

このようにしてバブは夏と秋を砦で過ごした。その冬は格別に冷え込み、銅製品さえもその寒さの影響を受けたほどであった。その冬の始まりは一二六四年のモハラム月（一八四七年十二月九日より一八四八年一月八日の間）にあたった。バブが顔と手を洗うために用いた水は氷のように冷たく、そのしずくは顔で凍って光った。祈りが一つ終わるごとに、バブはかならずセイエド・ホセインを呼び寄せ、カマロドの曾祖父、故モラ・メヒディの書いた本の一節を詠唱するように要請した。その本にはイマム・ホセインの美徳が称えられ、その死が痛まれ、その殉教の情況が描写されていた。イマム・ホセインの受難の場面が詠唱されると、バブの心は強烈な悲痛感におそわれた。イマム・ホセインが受けた言語に絶する侮辱、不実な敵の手によるはげしい苦難の物語に、バブの目からとめどもなく涙が流れた。眼前でこの悲劇が展開するにつれて、バブは約束されたホセイン（バハオラ）の出現に伴うさらなる悲劇を思った。しかしこの残虐行為も、バブにとっては敬愛するホセインがやがて同胞国民の手から受けるであろうはげしい苦しみの前ぶれでしかなかった。神が顕わされる御方（バハオラ）に定められている苦難を心に描くとき、バブは涙を流さずにはおれなかったのである。

六十年（一八四四年）に著わした書の中でバブは次のように宣言した。「わが魂を活気づける祈りの精神は、わが使命の宣言の前年に見た夢から来たものである。夢の中で、われはイマム・ホセインの首が木に吊り下げられているのを見た。首から多量の血がしたたり落ちていたが、われはこの上ない喜びを感じ、木に近寄り、両手を差しのべてその聖なる血を何滴か受け、うやうやしく飲んだ。夢からさめて、われは神の聖霊がわが魂に充満したことを感じ、わが心は神のそば近くにいることを喜悦した。そして神の啓示に秘められた栄光がすべて、わが目に明らかにされた。」

モハメッド国王が、バブをアゼルバイジャン山中の砦に監禁するように命じた直後、国家の基盤をくつがえすような災難がとつぜん降りかかってきた。それは、国王がそれまで経験したことのないものであった。国内の秩序を守ってきた警察軍は、その想像を絶する動乱に仰天した。コラサンで反抗の旗があがり、その反乱に恐怖を感じた政府は予定していた国王のヘラトへの旅を中止した。総理大臣のアガシの無謀さと浪費は、人民の中でくすぶっていた不満の炎を燃え上がらせ、大衆の反感を悪化させ、暴動の原因となったのである。コラサン州のクチャン、ボジヌアルド、およびシラヴァンの住民の不平分子たちは、国王の叔父アセフド・ダオレの息子で州知事のサラールと結束して中央政府の権威を否認し、反旗をひるがえした。中央政府が送った軍隊はすぐ反乱軍に打ち負かされた。コリ・カーンとサラールの息子アルスラン・カーンは、国王軍との戦いを指揮して極度の残虐さをみせた。彼らは敵軍を撃退した後、捕虜を容赦なく殺害したのである。

当時、モラ・ホセインはマシュハドに滞在していて、反乱軍が引き起こした暴動にもかかわらず、新しく啓示された教えを広めるために全力を尽くしていた。彼は、サラールが反乱拡大のために支持者を集めようとしていることを知ってすぐに町を去る決心をした。傲慢で反抗的な首領の陰謀に巻き込まれることを避けるためであった。モラ・ホセインは人の寝静まった時刻に、従者のガンバル・アリだけを伴って徒歩でテヘランに向かい、そこからアゼルバイジャンを訪れ、バブと会見することを願っていた。モラ・ホセインの出発の事情を知った仲間たちは、その困難な長旅を少しでも楽にするようなものを持って彼に追いついた。しかし、モラ・ホセインは仲間の援助を拒み、次のように述べた。「私は最愛なる御方と私を隔てている道のりを歩いて行く誓いを立てた。目的地に達するまでこの決意をゆるがすことはできない。」モラ・ホセインは、従者のガンバル・アリにもマシュハドに戻るよう説得したが、従者の懇願を聞き入れてアゼルバイジャンへの巡礼の旅に同行させることにした。

テヘランへの旅の途中で通過した町々で、モラ・ホセインは信者たちから熱烈な歓迎を受けた。信者たちはそれぞれ同じ願いごとをしたが、モラ・ホセインは同じように応えた。私（著者）は、アガ・カリム（バハオラの実弟）の次のような証言を聞いた。「モラ・ホセインがテヘランに到着したとき、私は多数の信者たちといっしょに彼を訪問しました。彼は不動の信仰と美徳を体現しており、その高潔な行動と高度の忠誠心に我々は鼓舞されたのです。彼の品格のすばらしさと信仰の深さを見て、彼こそは、だれからも援助を受けずにただ一人で神の信教に勝利をもたらすことができると確信しました。」テヘランで、モラ・ホセインは内密でバハオラの面前に案内された。そして、会見が終わるとすぐアゼルバイジャンへと向かった。

マークー到着の前夜、アリ・カーン（看守）は夢を見た。それは、バブの宣言から四年目の新年の前夜で、一二六四年（一八四八年）のラビオシ・サニ月の十三日であった。アリ・カーンはその夢を次のように語ってくれた。「神の預言者モハメッドがまもなくマークーに到着され、砦に直行してバブを訪れ、新年の祝辞を述べられるという情報を受けてびっくりしました。私はその聖なる御方に真心から歓迎の意を表したいと、家から走り出ました。言葉では言い表せないような喜びを感じながら、いそいで川の方に向かい、マークーの町から百メートルほどのところにある橋にさしかかった時、こちらへ近づいてきている二人の人物を目にしました。一人は預言者だと思いました。そのあとを歩いているもう一人は預言者の高名な弟子のようでした。私はいそいで預言者に近寄り、その足元にひざまずき、衣の裾に口づけしようとしたとき目がさめました。そのとき、私の魂はこの上ない喜びでいっぱいになり、あたかも楽園がそのまま私の心に入ってきたような気がしました。翌朝、その夢は正夢であると確信し、顔と手を洗って祈り、正装して香水をつけ、夢で預言者を見た場所に向かいました。前もって足の速いすぐれた馬三頭を橋のところに連れてくるよう従者に命じておきました。私が、マークーの町から川の方へ向かって一人で歩き出したのはちょうど太陽がのぼった時でした。橋に近づいて、夢で見た二人の男性がこちらに進んできているのを見たとき、私の心臓はおどろきではげしく鼓動しました。私は思わず預言者と思われる人物の足元にひざまずき、うやうやしく足に口づけしました。そして、その人物とその仲間に準備した馬に乗るように懇願しましたが、『いや、そうすることはできない。私はこの旅を徒歩で終えると誓ったからだ。この山の頂上まで歩いて登り、そこで、あなたの囚人を訪れたいと思っている』という返事が戻ってきました。」

この不思議な経験で、アリ・カーンのバブに対する畏敬の念は一層深まった。バブの啓示にひそむ威力への信念は一層不動となり、敬愛の念もますます深まっていった。アリ・カーンは、あたかも従者であるかのように砦の門までモラ・ホセインの後に従った。モラ・ホセインは門の敷居に立っているバブの顔を見るとすぐ歩みを止め、深く頭を垂れ、立ちすくんだ。バブは両手を差し延べて、愛情深くモラ・ホセインを抱擁したあと、彼の手を取り自室に案内した。つぎに弟子たちを呼び集め、新年のフィーストを祝った。バブは砂糖菓子や選り抜きの果物などを弟子たちに配り、モラ・ホセインにはマルメロやりんごを与えながら言った。「この美味しい果物は『楽園の地』と呼ばれるミランから送られてきた。モハメッド・タギがこのフィーストにささげるために摘んだものだ。」

そのときまで、ホセイン・ヤズディとその弟以外の弟子はだれも砦内で夜を明かすことは許されていなかったが、その日、看守のアリ・カーンはバブにこう述べた。「もし、今夜モラ・ホセインを泊めたいとお望みなら、どうぞそうして下さい。私には自分の意思というものはありません。何日でもモラ・ホセインを泊めていただいて結構です。私はあなたのご命令に従います。」その後もマークーに到着した弟子の数は増していったが、彼らは阻止されることは一切なく、すぐにバブとの会見を許された。

ある日、バブはモラ・ホセインを伴って砦の屋根から周辺の景色を見下ろしていた。バブは西の方を向き、アラクセス川が遠くまでうねって流れている様子を見て、こうモラ・ホセインに言った。「あれが詩人のハフェズが詩に歌った川とその川岸だ。『おお、西風よ。アラクセスの川岸を通るなら、その谷間の土に口づけし、なんじの息吹で芳香を与えよ。なんじに幸いあれ。永久に幸いあれ。おお、サルマの住まいよ。なんじのラクダ追い人の声は何と愛しく、なんじの鈴の音は何と心地よいことか。』この地でのあなたの滞在は終わりに近づいてきた。あなたの滞在が長ければ、〈アラクセス川岸〉を見せたように、〈サルマの住まい〉も見せることができたであろうに。」

バブが言及した〈サルマの住まい〉はサルマスの町を意味した。その町はチェリグの近郊にあり、トルコ人によってサルマスと名づけられた。バブはさらに次のように説明を続けた。「詩人の口からこのような言葉を出させるのは、聖霊の力に他ならない。詩人自身も言葉の意味を理解できないことがしばしばある。つぎの言葉もまた神から霊感を受けたものである。『シラズ市は大騒ぎになるであろう。甘美な言葉を話す青年が現われるからである。その若者の息吹はバグダッドを動揺させるであろう。』これらの言葉にひそむ神秘はまだかくされたままである。しかしそれは、ヒンの年（一八五二年）の翌年に明らかにされるであろう。」その後でバブは「神の王座の下に宝物がかくされている。それらの宝物を探し出すかぎは詩人の言葉である」という有名な伝承を引用した。

それからバブは、次々に、将来起こるべきもろもろの事件について述べ、だれにもそれを明かさないよう命じた。そして、今後すぐ起こることを次のように知らせた。「あなたがこの場所を離れた後、二、三日して私は他の山に移されるであろう。あなたが目的地に到着する前に、私がマークーから出発した知らせが届くであろう。」

バブの予示はすばやく実現した。アリ・カーン（看守）の行動をひそかに監視するように命じられた者らは、総理大臣のアガシに詳細な報告を出した。その中で彼らは、アリ・カーンの囚人に対する異常と思われるほどの献身を長々と説明し、それを裏付ける出来事を述べた。「マークーの砦の看守は、昼夜を問わず囚人と自由に親しく交わっています。アリ・カーンは自分の娘とペルシャ国王の継承者である皇太子との結婚を頑固に拒絶してきました。娘を結婚させればソンニ派に属する母方の親族を激怒させ、自分と娘はすぐ死刑に処せられるという理由で拒絶してきたのです。それにもかかわらず、その娘をバブと結婚させようと熱心に望んでいます。バブはそれを拒絶しましたが、それでもなお嘆願し続けています。バブが拒まなかったならその結婚はすでに成立しているはずです。」事実、アリ・カーンはバブにそのような要請をしており、モラ・ホセインにまでとりなしを頼んだが、バブの同意を得ることはできなかった。この悪意に満ちた報告は効果を生み出した。気まぐれなアガシは恐怖感と怒りに駆られ、バブをチェリグの要塞に移動させるという厳しい命令を出したのである。

新年から二十日後、バブはマークーの住民に別れを告げた。住民は九ヵ月にわたるバブの監禁の間に、バブの威力と立派な品格にはっきり気がついていた。バブの予示したチェリグへの移動の知らせを聞いたとき、モラ・ホセインはすでにバブの指示に従ってマークーを離れ、タブリズに滞在中であった。モラ・ホセインとの最後の別れの際、バブは次のように語っていた。「あなたは生まれ故郷からこの場所までずっと歩いてきた。帰りも同じく徒歩で目的地に着かなければならない。あなたが乗馬の腕前を見せる日はまもなく到来する。そして、過去の英雄が見せた偉大な行為をしのぐ手腕と武勇を示すように定められているのだ。その大胆不敵な行為は永遠の王国に居住する人びとの賞賛を得るであろう。途中で、コイ、ウルミエ、マラゲ、ミラン、タブリズ、ザンジャン、ガズビン、そしてテヘランの信者たちを訪れ、一人一人に私の心からの愛を伝え、彼らの心が神の美への愛の火で新たに燃え立ち、神の啓示への信念が強まるように努力せよ。テヘランからマゼンダランに行けば、神のかくされた宝物が明らかにされるであろう。あなたはそこで過去の最大の業績も小さく見えるほどの偉業を為すように求められるであろう。また、そこで任務の内容が明らかにされ、神の大業への奉仕に必要な力と導きが与えられるであろう。」

新年から九日目の朝モラ・ホセインはバブから命じられた通り、マゼンダランへの旅に出発した。バブはガンバル・アリ（モラ・ホセインの従者）につぎの言葉を与えた。「過ぎし日のガンバル・アリは、神の日を実際に目撃した同じ名前のあなたを称えるであろう。この神の日は、主のなかの主である御方（モハメッド）さえも見ることができなかった日である。モハメッドは自らの強い願望をこう述べていた。『神の日に生き、その光栄を得たわが同胞の顔をこの目で見ることができれば！』」

第十四章　モラ・ホセインのマゼンダランへの旅

アリ・カーン（看守）は、マークー出発前のモラ・ホセインが、自分の家に二、三日間滞在してくれればと望んだ。そこで彼を招待し、マゼンダランへの旅に必要な備品をすべて彼のために整えた。しかし、モラ・ホセインは出発を延ばすことも、アリ・カーンが心をこめて準備した備品を用いることも拒否した。モラ・ホセインは、バブが指示した町や村に立ち寄り、信者たちを集めてバブの愛情と激励の言葉を伝え、熱意を新たにし、神の道に確固不動であり続けるように勧告した。テヘランではふたたびバハオラの面前に出る光栄を得、精神的な糧を受け取った。この糧により、生涯の終わりにおそってきた危機に勇敢に立ち向かうことができたのであった。

モラ・ホセインは、バブが約束したかくされた宝物が明るみに出されるのをこの目で見たいと念願しながらテヘランからマゼンダランに向かった。当時、ゴッドスはバルフォルーシュ市内の父親所有の家に住み、階層を問わずいろいろな人びとと自由に交わっていた。また、その温和な性格と深い学識で、町の住民の敬愛と賞賛を集めていた。モラ・ホセインはその町に到着してすぐゴッドスの家に向かった。ゴッドスは彼を愛情深く迎え、彼が快適に過ごせるように最善をつくした。自分の手でモラ・ホセインの衣服についたちりをはらったり、水ぶくれのした両足を洗ったりもした。ゴッドスはまた、信者たちの集会でモラ・ホセインに名誉の座を与え、丁重に彼を皆に紹介したのである。

モラ・ホセインが到着した日の夜、夕食会に招かれた弟子たちが去ったあと、ゴッドスはマークーの砦でのバブとの親密な交わりについてくわしく教えてくれるように頼んだ。モラ・ホセインは次のように答えた。「バブとの九日間の交わりの期間にさまざまなことを見聞しました。バブは信教に直接、または間接に関わることを話されましたが、私が大業の拡大のためにどのような行動をとるべきかについてははっきりした指示は与えられませんでした。ただ私にこう申されました。『テヘランに行く途中、すべての町村の信者たちを訪れよ。テヘランからマゼンダランに行けば、そこでかくされた宝物が明らかになろう。その宝物によって、あなたに定められている任務の内容が明らかにされるであろう。』

バブのこの暗示的な言葉で、わずかながらもこの啓示の栄光を感じ取り、今後の大業の勝利を確信しました。そしてやがて、この取るに足らない自分が神の道で犠牲になることを知ったのです。以前は、バブと会って別れる際にはかならず次の会見を約束されましたが、今回の別れではそのような約束も、この世で彼と顔を会わせる可能性さえもほのめかされませんでした。バブの最後の言葉はこうでした。『犠牲の宴はすばやく迫ってきている。立ち上がり、気を引き締めて準備せよ。自分の運命を成就するまでは何によっても妨げられてはならない。目的地に到達したならば、われを迎えるために準備せよ。われもまた、まもなくあなたを追って来るであろう。』」

ゴッドスはモラ・ホセインに、バブの著わした文書を持参したかどうかを聞いた。持参していないことが分かると、彼は自分の所有していた文書をモラ・ホセインに見せ、その中の何節かを読むよう頼んだ。一ページに目を通すやいなや、モラ・ホセインの表情が変わった。その表情には賞賛とおどろきが表われていた。文書の言葉の崇高さ、深遠さ、とくに心の奥底まで浸透するような力に強烈な感動をおぼえたモラ・ホセインは最高の賛辞を口にせずにはおれなかった。彼は文書をそばに置き、こう述べた。「この文書を著わした人物は聖なる源泉から霊感を得ていることが明らかです。それは人間が普通に修得する学問の源泉をはるかに超えたものです。それゆえ、私はこの文書の崇高な言葉を心底から認め、その中の真理を無条件に受け入れたいと思います。」

ゴッドスが沈黙したままであることと、その表情から判断して、この文書を書いたのはゴッドス自身であるとモラ・ホセインは察した。そこですぐ席を立ち、入り口の敷居のところに行き、頭を垂れ、尊敬の念をこめて宣言した。「バブが言及されていたかくされた宝物が今、私の眼前で明らかになりました。この光で私の困惑と疑問の暗闇は消滅しました。現在、私の師であるバブはアゼルバイジャンの山中の砦にかくれておられますが、その光輝と威力のしるしは眼前ではっきりと示されています。私はマゼンダランでついにバブの栄光の反映を発見しました。」

総理大臣は何と重大な間違いを犯したことであろうか。この愚か者はバブをアゼルバイジャンの辺鄙な場所に追放し、望みなき生活を強いれば、同胞国民の目からこの神の不滅の炎をかくせると自慢げに思っていたが、神の光（バブ）を山の上に置いたため、かえってその光輝はあまねく注がれ、その栄光ある大業は広く宣言される結果となった。しかし、彼自身はそれにまったく気づいていなかった。策略とあきれるほどの誤算を通して、かの聖なる炎を人びとの目からかくすどころか、一層有名にし、ますます輝きあるものとなしたのである。

一方、モラ・ホセインの行動はいかに公正で、その判断はいかに鋭敏で確実なものであったろうか。彼に会った人はだれも、その学識、魅力、高潔さ、そしておどろくべき勇気を疑わなかった。もしモラ・ホセインが、セイエド・カゼムの死後、自分こそが約束されたガエムであると宣言したとしても、主な弟子たちは異口同音にその主張を受け入れ、その権威に従ったであろう。シェイキ・アーマドの弟子で著名な学識者のママガニは、タブリズでモラ・ホセインから新しい啓示の出現を知らされたとき、次のように述べた。「神は私の証言者でありたまう。バブの宣言がモラ・ホセインによってなされたのであれば、その人格のすばらしさと知識の深さを見て、私はだれよりも先にその大業を支持し、それを全国民に広めるであろう。しかし彼は他の人物に従うことを選んだので、彼の言葉を信じることができなくなり、その訴えにも応じられなくなったのだ。」

さらに、バゲル・ラシュティは長い間悩まされてきた難問をモラ・ホセインが見事に解明するのを聞き、その高い業績を賞賛して次のように証言した。「私はセイエド・カゼムを困らせて沈黙させることができると安易に考えていた。ところが、彼の弟子にすぎないモラ・ホセインにはじめて会い言葉を交わしたとき、どれほど自分の判断が誤っていたかに気がついた。この若者はひじょうにすぐれた能力を備えており、もし彼が昼を夜であると断言したとしてもそれを推論で証明でき、それを学識ある聖職者たちに明確に示すことができるといまだに私は信じているほどだ。」

バブとはじめて会った夜、モラ・ホセインは自分の方がはるかにすぐれていると感じ、シラズ出身の名もない商人の息子の主張を軽視しようとした。しかし、バブがそのテーマ（ジョセフの章）を展開しはじめたとたん、そこに秘められている計り知れない恩典を認めることができたのである。そして、バブの大業を進んで受け入れ、それを正しく理解し、その促進を阻むものをすべて無視した。その後ゴッドスの人知を超えた高尚な書き物を読んだときも、いつもの明敏さと誤りのない判断力で、ゴッドスの人物と言葉に備わっている能力の真の価値を理解できたのである。

モラ・ホセインの広範囲にわたる深い知識も、この若者（ゴッドス）のすべてを包含する知識の前では意味のないものとなった。ゴッドスの知識は神から付与されたものであったからである。その瞬間、モラ・ホセインは敬愛する師（バブ）の光輝を強烈に反映しているゴッドスに永遠の忠誠を誓った。自分の最初の義務はゴッドスに完全に服従し、その模範にならい、その意志に従い、あらゆる手段をつくして彼の安全を守ることであると感じ、殉教の時までこの誓いを忠実に守った。それ以後、モラ・ホセインはゴッドスに最高の敬意を示したが、それは他の仲間の弟子をはるかにしのぐ神秘的な能力を確信していたからである。それ以外には、自分と同等と見なされるゴッドスに尊敬と謙遜な態度を示す理由はなかった。このように、モラ・ホセインはその鋭い洞察力ですばやくゴッドスの内部に秘められている力の偉大さを理解し、それを態度で表わしたが、それは彼の人格の高潔さゆえであった。

翌朝ゴッドスの家に集まってきた信者たちは、モラ・ホセインの態度が極端に変わったのを見ておどろいた。前夜、栄誉の座を占め、懇切なもてなしを受けていた客人が、その座を家の主人であるゴッドスにゆずり、敷居のところに謙遜な態度で立っていたからである。集まっている信者の前でゴッドスがモラ・ホセインに語った最初の言葉はこうであった。「今、この時間に立ち上がり、神の信教の聖なる名を傷つけようとする多数のよこしまな陰謀者たちを英知と威力のつえで沈黙させなければならない。彼らに立ち向かい敗北させなければならないのだ。神を完全に信頼し、彼らの陰謀は大業の光輝をさえぎる無駄な試みであることを理解すべきである。あなたは、かの悪名高く、信義のない圧制者であるサイドル・オラマー（高僧）と会見し、この啓示のすぐれた特性を恐れずに明らかにしなければならない。次に、コラサンに向かい、マシュハドの町に、我々の個人用住居と、客人用の家を建てることだ。まもなく、我々もその町に向かいその家に住むつもりだ。その家に心の開いた人びとを招待するがよい。その人たちが永遠の生命の川に導かれるように。我々は、彼らが団結して神の大業をひろめるように勧告するつもりだ。」

翌日夜明けに、モラ・ホセインはサイドル・オラマー（高僧）との会見に出かけた。だれの助けも受けずに一人で彼と会い、ゴッドスから命じられた通り、新しい時代のメッセージを伝えた。サイドル・オラマーの弟子たちが集まっている中で、敬愛する師バブの大業を恐れることなく大胆に弁じた。無駄な想像で彫られた偶像を粉砕し、その粉々になった断片の上に神の教導の旗を立てるように要請し、過去の教義の束縛から心を解放して自由になり、永遠の救済の岸にいそぐよう求めた。

モラ・ホセインは彼特有の力強さで、その見かけ倒しの妖術師が神のメッセージを否定するために持ち出したすべての議論をくつがえし、その教義の誤りを反ばくできない論理ですべて明らかにした。自分の弟子たちが全員、モラ・ホセインのまわりに集まるのではないかという恐怖感におそわれたサイドル・オラマー（高僧）はついに卑劣な手段に訴えた。すなわち、自分の地位を守るために悪態をつきはじめたのである。モラ・ホセインの顔に誹謗をあびせかけ、彼が提出した証拠をさげすむように無視し、何の理由もあげずに、この大業は無用であると自信たっぷりに主張した。

モラ・ホセインは、この高僧には神のメセージの意義を理解する能力がまったくないと悟るとすぐ、席から立ってこう述べた。「私の論証は、あなたを怠慢の眠りから覚ませることはできなかった。将来、私の行動自体があなたの蔑んだ神のメッセージの威力を証明するであろう。」高僧は激しい情熱をもって語られたこの言葉にすっかり狼狽し、返事することさえできなくなった。モラ・ホセインは聴衆の中で自分の言葉に共鳴したと思われる一人に、この会見の情況をゴッドスに伝え、つぎの伝言を与えるよう頼んだ。「あなたに会う指示は受けていないので、このますぐコラサン州に向かうことにしました。あなたから与えられた任務をすべて実施するために出発します。」

モラ・ホセインは一人で、神以外のすべてのものへの愛着を断ち、マシュハドに向かって出発した。ゴッドスの望みを忠実に果たす願いをこめてコラサンへ向かったのである。彼の支えは、ゴッドスの確かな約束を思い起こすことであった。マシュハドに着くとすぐ、バラ・キヤバンにあるバゲルの家を訪ね、その近くに土地を購入し、ゴッドスから命じられた通り家を建てバビイエという名をつけた。この家は現在もその名で呼ばれている。家の完成後まもなくゴッドスがマシュハドに到着し、そこに住みはじめた。モラ・ホセインが全力をそそいで信教を受け入れるように準備した人たちが後を絶たずその家を訪れてきた。彼らはゴッドスと会見し、大業の教えを認め、進んでその旗の下に参加した。モラ・ホセインが細心の注意をはらいながら新しい啓示の知識を普及し、ゴッドスが見事な手腕で増え続ける信者たちを教化した結果、人びとの熱意と興奮の波がマシュハド市全域にまでおよび、さらにその波はコラサン州の境を越えて急速に広がっていった。バビイエの家はやがて大勢の信者たちの集会所となり、彼らは信教にひそむ偉大な力を全力つくして普及させる決意で燃え立った。

第十五章　タヘレのカルバラからコラサンへの旅

バブの信教の基本原則をおおっていたヴェールがはがされる時がついに来た。コラサン州の中心で、強烈な炎が大業の発展を阻んできた最大の、恐るべき障害を燃え尽くしたのである。その火は人びとの心の中で燃えさかり、その勢いはペルシャの遠隔の地においてさえ感じられた。信者たちは心に残っていた不安と疑問のため、信教の威力を十分理解できないでいたが、それも消え去った。敵は神の美を顕わす御方（バブ）を終身監禁の身となし、信者たちの愛の火を消そうとした。こうして悪人たちの一団がバブを陥れようと陰謀をめぐらせていた間、神の手は彼らの策略をくじき、その努力を無にするためにたゆまず動いていたのである。ペルシャの東側の州で全能の神がゴッドスの手を通してコラサンの住民の心に点した火は、激しい炎となって燃え上がった。また、西側の国境を越えたカルバラでは、神はタヘレ（女性の信者）という光を点したが、その光はやがてペルシャ全体に輝きわたるようになっていた。

見えざる神の声はこのペルシャの東と西の二つの偉大な光に向かって、ターの地（テヘラン）に急ぐように呼びかけた。その地は栄光の発祥地であり、バハオラの故郷であった。神はこの二人に、その真理の昼の星である御方（バハオラ）に近づき、その忠告を求め、その活動を助け、その大業が顕わされる準備をするように命じたのである。

ゴッドスがマシュハドに滞在している間、バブは神の命令に従いペルシャの信者全員に書簡を顕わした。それは、忠実な信者全員にコラサン州、すなわち「カーの地に急いで行くように」と命じたものであった。このニュースはおどろくほどの速度でひろがり、信者たちは熱く興奮した。それは、カルバラに住み、信教の発展に全力を注いでいたタヘレの耳にもとどいた。タヘレはセイエド・カゼムの死後、師が予言していたしるしを求めて故郷のガズビンの町を離れ、その聖なる都市に来ていた。前の章で、彼女が直観力でバブの啓示を発見し、自ら進んでその真理を受け入れた経過について述べた。タヘレはだれにも教えられることなく、だれからも招かれずに、約束された啓示の曙光がシラズ市に輝き出すのを認め、その光の啓示者である御方（バブ）に忠誠の誓いを立てたのである。

タヘレは実際にバブに会うことなく信仰の誓いを立てたが、それに対するバブの答えに熱意と勇気は一層強まった。そして、バブの教えを広めるために立ち上がり、同世代の人びとの腐敗と邪悪をはげしく非難し、国民の習慣と態度に根本的な革新が求められていることを大胆に唱導した。その不屈の精神はバブへの愛の火で一層燃え立ち、その遠大なビジョンはバブの啓示にひそむ計り知れない恩恵を発見してより高められた。生まれつきの大胆不敵さと性格の強さは、大業の最終的な勝利を確信して百倍も強まり、その尽きることのない精力は、大業の永続的な価値を認めて更なる力を得た。カルバラで彼女に会った人はすべて、その魅惑的な雄弁のとりことなり、その魅力に逆らうことはできず、ほとんどが彼女の信仰の感化力を逃れることはできなかった。彼らは彼女の人格のすばらしさを証言し、そのおどろくべき個性を賞賛し、その確信が誠実なものであると信じたのである。

タヘレは故セイエド・カゼムの未亡人に大業を教えた。この未亡人はシラズで生を受け、カルバラの女性の中では最初にその真理を認めた人であった。彼女はタヘレに心から献身し、タヘレを自分の精神的導きとして、また愛情深い仲間として尊敬していた、とソルタンは述べている。ソルタンはこの未亡人の人格を心から称え、その優しさに賞賛の言葉を惜しまず、よく次のように語っていた。「未亡人はタヘレをひどく慕っておられた。彼女の家に客人として滞在していたタヘレから一時間たりとも離れるのを嫌がられました。それを見て、彼女の家をよく訪れていたペルシャ人とアラブ人の女友達は好奇心をそそられ、信仰をもつようになったのです。未亡人はバブの教えを受け入れた年にとつぜん病にかかり、三日後に主人のセイエド・カゼムと同じようにこの世を去られました。」

カルバラで、タヘレの努力でバブの大業を受け入れた人たちの中にシェイキ・サレがいた。彼はその町に住むアラブ人で、後日テヘランで最初に殉教した人である。タヘレは彼を大いに賞賛したので、多くの人たちが彼はゴッドスと同じ地位にあるのではないかとさえ思った。ソルタンもまたタヘレの魅力に惹かれた一人であった。ソルタンはシラズから戻ると自分をバビ教徒と宣言し、大業を大胆に、たゆみなく促進し、タヘレの指示を実施するために最善をつくした。もう一人の賞賛者はモスタファの父親シェブルであった。彼はバグダッド出身のアラブ人で、その市の僧侶の中で高い地位を占めていた。タヘレは忠実で有能なこれらの支持者たちの助けにより、かなりの数にのぼるイラクのペルシャ人とアラブ人を信者となすことができた。信者の大半は、タヘレの導きでペルシャの仲間と団結し、やがて模範的な行為で神の大業の運命を定め、生命の血をもってその勝利を確立することになった。

バブの要請はもともとペルシャの信者に向けられたものであったが、まもなくしてイラクの信者たちにも伝えられたので、タヘレはそれに大変な熱意をもって応じた。やがて、忠実な賞賛者たちが多数、彼女の模範に従ってコラサンへの旅を希望した。カルバラの僧侶たちはタヘレがその旅に出ないよう説得にかかったが、その背後には悪意にみちた陰謀がかくされていた。それに気づいたタヘレは、詭弁者である僧侶たちの各人に宛てて長い書簡を書き、自分の動機を説明し、彼らの偽装を暴露したのである。

タヘレはカルバラからバグダッドに進んだ。その都市で、イスラム教のシーア派とソンニ派、キリスト教、ユダヤ教の有能な指導者たちから構成された代表団がタヘレに会見を申し込み、彼女の行動の愚かさを悟らせようと努力した。しかし、彼女は彼らの反対の声を黙らせ、強烈な論証で彼らを仰天させたのである。幻滅を感じた彼らは混乱したまま、自らの無能を強く感じて彼女のもとを去った。

ケルマンシャーの僧侶たちはタヘレを歓迎し、尊敬と賞賛のしるしにさまざまな贈り物を贈った。しかしハマダンでは、宗教の指導者たちの態度は二つに分かれ、何人かは住民を扇動して密かに彼女の威信を傷つけようとした。他の者たちは公に彼女の美徳を称え、その勇気を賞賛し、説教壇からこう呼びかけた。「我々は彼女の高尚な模範に従わなければならない。そして、コーランの神秘を我々に説明し、その聖典の難解な点を解明してくれるように頼まなければならない。なぜなら、我々の最高の知識も彼女の広大な知識に比べれば単なる水の一滴にすぎないからだ。」

タヘレがハマダンに滞在中、彼女の父モラ・サレはガズビンから使者を送り、故郷の町に戻って長期間滞在するよう説得させた。彼女は気が進まなかったがそれに同意した。そして、出発前にイラクから同行してきた信者たちに、それぞれ自分の故郷に帰るように命じた。その中にはソルタン、シェブルとその息子のモスタファ、アベドとその息子で後にハジ・アッバスという名を与えられたナセルがいた。さらに、ペルシャに住んでいた彼女の仲間たち、すなわち、タエルというペンネームをもち、タヘレがファタル・マリという呼称を与えたモハメッド・ゴルペイエガニと他の者たちも故郷に帰るよう指示された。仲間のうちサレとエブラヒム・ゴルペイエガニの二人だけが彼女に同行するために残った。この二人は後日それぞれテヘランとガズビンで殉教した。彼女の親族の中では、生ける者の文字の一人で、彼女の義兄にあたるモハメッド・アリと彼女の娘と結婚したアブドル・ハディが、カルバラからガズビンまで彼女に同伴した。

タヘレが父親の家に到着した後、彼女の従兄弟で夫のモラ・モハメッドは自分の家に住む女性を使いに送ってタヘレに自分の家に移ってくるよう説得しようとした。この尊大で、不実な夫は、モラ・タギの息子で、自分をペルシャの僧侶たちの中で父親と叔父に次いで学識を身につけた者と考えていた。タヘレは使いの者にきびしい返事をした。「傲慢で厚かましい私の親族にこう伝えてください。『あなたの望みが、本当に忠実な伴侶となることでしたら、あなたは私を迎えるために急いでカルバラに来て、私の荷物をガズビンまで押して行ったはずです。そうされたならば、旅の途中で、眠っているあなたの心を目覚めさせ、真理の道を示すことができたことでしょう。でも、そういう定めではなかったのです。私たちが別れて三年がたちました。今後、現世においても来世においても、あなたと交わることは一切ありません。私の生涯からあなたを永遠に除いたからです。』」

この断固としたきびしい返事に、モラ・モハメッドと彼の父親は激怒した。彼らは直ちに彼女を異端者であると宣告し、昼夜を問わず彼女の地位を傷つけ、その名声を汚そうとした。タヘレは熱烈に自分の正当性を主張し、彼らの性格の邪悪さをさらした。平和を愛し、公正な心をもった彼女の父は、この激しい論争をなげき、両者を和解させようとしたが無駄であった。

この緊張状態は、シラズ出身でシェイキ・アーマドとセイエド・カゼムの熱心な賞賛者であるモラ・アブドラがガズビンに到着するまで続いた。その到着日は、一二六三年ラマダンの月（一八四七年八月十三日から九月十二日の間）の初旬であった。その後、モラ・アブドラは裁判中にサヘブ・ディヴァン（調停者）の前で次のように述べた。「私は、確信をもったバビ（バブの信者）ではありませんでした。バブを訪問してその大業を調べようとマークーに行く途中、ガズビンに立ち寄ると町中が大騒ぎになっていました。市場を通りがかったとき、悪党らしき一団がある男のターバンと靴をはぎ取り、それを男の首に巻きつけて街路を引きずっているのが目に入りました。怒った群衆がその男をなぐったり、ののしったりしていました。何が起こっているのかという私の質問に次のような答えが返ってきました。『この男が犯した罪はシェイキ・アーマドとセイエド・カゼムの美徳を公の場で称えたことだ。そのため、僧侶の長モラ・タギ（タヘレの義父）が彼を異端者として町から追放するよう命じたのだ。』

この説明に私はおどろきました。シェイキ（長老）と呼ばれる人がどうして異端者とみなされ、残酷な扱いを受けなければならないのかと不審に思ったのです。そこで、モラ・タギ本人から真実を教えてもらうために彼の神学校へ行き、その男に異端者の宣告をしたのは事実かどうかを聞きました。彼はきっぱりと答えました。『そうだ。故シェイキ・アーマドが崇拝していた神は、私には絶対信じられない神だ。彼と彼の弟子たちは大きな誤りを犯している。』これを聞いたとたん、私は彼の弟子たちの面前で、彼の顔を殴ってやろうと思いました。そのときは自制しましたが、機会があれば、もう二度と悪態をつけないように彼の唇をやりで突き刺そうと誓ったのです。

そこですぐ市場に向かい、短剣と鋭いやりの穂先を買い入れ、それらを胸にかくして、腹の中で煮えくり返っている怒りをはらす準備をしました。ある夜、モラ・タギが会衆の祈りを先導していた寺院に行き、彼が来るのを待ちました。夜明けごろ老女が入ってきて、寺院の重要な場所に持参したじゅうたんを敷きました。その後すぐモラ・タギが一人で寺院に入ってきて、じゅうたんのところに行き祈りを唱えはじめました。私は音を立てないように彼の後を追い、床にひれ伏している彼に飛びかかり、やりの穂で彼の首をうしろから突き刺しました。大声をあげた彼を仰向けにし、短剣を抜いて彼の口にずぶりと刺しました。その後、同じ短剣で胸と横腹を数回刺し、血を流している彼をその場に残して、すばやく寺院の屋根に上がりました。

私は屋根の上から大騒ぎをしている群衆を見守っていました。大勢の人が寺院に入り、モラ・タギを担架にのせて彼の家に運びました。人びとは殺人犯が不明なため、このときとばかり卑しい本能をむきだしにし、知事の前で互いにはげしく責め合いました。その結果、多数の罪のない人たちが逮捕され、投獄されたのです。それを見た私は良心の呵責から知事のところに行き、こう聞きました。『殺人犯をあなたの手に渡せば、投獄されている人たちを全員釈放して下さいますか？』知事の同意を得るとすぐ罪を告白しましたが、彼は私を信じようとしなかったのです。次に、寺院にじゅうたんを敷いた老女を証人として呼んでもらいましたが、彼女の証言も聞き入れられませんでした。最後に、死ぬ間際のモラ・タギのそばに連れて行かれました。彼は私を見ると興奮し、こちらを指して私が彼を襲った犯人であることを示しました。彼は、その場から私を去らせるように合図した後、まもなくして息を引き取りました。私は即座に逮捕され、有罪の宣告を受け投獄されたのですが、知事は囚人たちを釈放するという約束を守ることはありませんでした。」

サヘブ・ディヴァン（調停者）はモラ・アブドラの率直さと誠実さに好感をいだき、従者に命じてひそかに彼を監獄から逃走させた。モラ・アブドラは真夜中近くに、セパ・サラールの妹と結婚したばかりのレザ・カーンの家に逃げ込んだ。そこでシェイキ・タバルシの砦での戦いを知り、その砦を勇敢に防御している者たちと運命を共にしたいと願ってマゼンダランに向かった。そしてついにタバルシの砦で、後を追ってきたレザ・カーンと共に殉教した。

モラ・タギ（タヘレの義父）が殺害されたので親族は怒りをつのらせ、タヘレに復讐をはじめた。親族はタヘレを彼女の父親の家に厳重に監禁し、数人の女性に監視させた。彼女らの任務は日々の洗浄以外には部屋を離れないようタヘレを見張ることであった。モラ・タギの息子たちはタヘレを殺人の扇動者と非難し、次のように主張した。「我々の父上を殺害するような者はお前以外にいない。父上の暗殺を命令したのはお前だ。」彼らはこの事件で逮捕した者たちをテヘランに連行し、区長の家に監禁した。モラ・タギの友人と息子たちは全国いたるところを訪れ、この囚人たちはイスラム教の教えを否認する者らであると非難し死刑を要求した。

タヘレの支持者たちが区長の家に監禁されていることを知ったバハオラは、当時テヘランに在住していたが、区長と面識があったので、囚人たちを訪れ援助の手をさしのべようとした。この区長は欲が深く、ずる賢い人間であった。バハオラが寛大であるのを知って、財政上の援助を受け、それを自分のものとしようとして囚人の苦しみを誇張して述べた。「囚人たちは大変みじめな状態にあります。いつもお腹を空かしており、着る物もほとんどありません。」

バハオラは囚人たちの生活を楽にするためすぐ財政的援助を与え、区長に禁則を和らげるように頼んだ。区長はそれに同意し、重い鎖に耐えられない者たちから鎖をはずし、残りの者たちの苦痛をできるだけ和らげるようにした。区長はさらなる欲にかられて、囚人たちの情況を上官たちに知らせ、彼らの食べ物とお金はバハオラから定期的に支給されていると強調した。この報告を受けた上官たちは自分たちもバハオラの寛大さを利用しようと考え、バハオラを召喚してその行動に異議を申し立て、囚人たちとの共謀関係を非難した。それに対してバハオラは次のように応じた。「区長自ら、囚人たちの苦しみと貧窮を誇張して我に訴えてきたのだ。彼自ら囚人たちの無実を証言し、わが援助を要請したのだ。その要請に応えたわれを非難されるのか。」

彼らはバハオラを処罰するとおどし、監禁して帰宅させなかった。これはバハオラが神の大業の道で最初に受けた苦しみであり、彼の愛する人たちのために受けた最初の監禁であった。二、三日後、コリ・カーンとその他の友人たちが援助にくるまでバハオラは監禁されたままであった。コリ・カーンは総理大臣となったアガ・カーンの弟であった。彼らは手きびしい言葉で区長を脅し、バハオラを釈放させた。ババオラを監禁した者らは釈放の報酬として千トマン（一トマンは一ドルの価値）ほどを受け取れると信じていたが、それどころか、コリ・カーンの要請に従わなければならなくなった。もちろん、バハオラからもコリ・カーンからも報酬は一切もらえなかった。最後に彼らは自分たちの行動を後悔して何度も謝り、バハオラを引き渡した。

一方、モラ・タギ（殺害されたタヘレの義父）の親族たちは、父親の復讐に全力をそそいでいた。これまでにした復讐（タヘレの監禁など）に満足できず、モハメッド国王に直訴して同情を得ようとした。国王は次のように答えたと伝えられている。「あなたの父上モラ・タギは、〈忠実なる者の司令官〉であるイマム・アリ（モハメッドの後継者、六六一年に殉教）より優れているはずはない。イマム・アリは弟子たちに、もし敵から殺されたらその殺人者本人だけが死刑を受けて罪をつぐなうべきだと教えたではないか。モラ・タギの殺人犯を私に知らせよ。そうすればその者を捕えてあなたに渡すので適切な罰を与えたらよかろう。」

国王の断固たる態度に、彼らはこれまで抱いてきた野望を捨てざるを得なくなった。そこでシェイキ・サレを殺人犯として逮捕し、死刑に処した。シェイキ・サレはペルシャ国内において神の大業の道で血を流した最初の殉教者で、聖なる信教の勝利を、生命の血で決定的なものにした勇敢な一団の最初の人となったのである。殉教の場に連行されていくとき、彼の顔は熱意と喜びでかがやいていた。彼は絞首台に足早に近づき、死刑執行人に親しい生涯の友であるかのようにあいさつした。彼の口から勝利と希望の言葉が間断なく流れ、それは死の直前、歓喜の声となった。「あなたを認めた瞬間、私はこれまでの願望や信仰を捨てました。あなたこそ私の望みであり、信仰の的であります！」彼の遺体はテヘランのイマム・ザデ・ザイド廟の境内に葬られている。

モラ・タギの親族はシェイキ・サレを死刑に処したが、それでも彼らの憎しみは飽くことを知らなかった。さらに陰謀を進めるために、アガシ（総理大臣）に訴えたが拒否された。総理大臣は調停者から彼らの裏切り行為を聞いていたからであった。彼らはそれでも思いとどまらずに、サドル・アルデビリ（高僧）にこの殺人事件を訴えた。この高僧はペルシャの宗教的指導者の中でも厚かましさで知られている尊大な男であった。彼らは次のように申し立てた。

「イスラム教の法を擁護すべき僧侶たちが、どれほど侮辱されているかを見て下さい。イスラム教の指導者であるあなたは、イスラム教に大きな恥辱をもたらしている者らを処罰されないのですか。あなたは殺害された高僧の復讐をなさらないのですか。これほどの凶悪な犯罪を黙認していると、イスラム教の教えと原理の宝庫であるべき僧侶たちに誹謗がどっと押し寄せてくることがお分かりにならないのですか。沈黙を守っておられると敵は大胆になり、あなたの築かれた機構を破壊しかねません。その結果、あなたご自身の命まで危険にさらされるのではないですか。」

サドル・アルデビリ（高僧）は恐怖感におそわれたが自分では何もできないので国王をだますことにした。そして、次のように要請した。「殉教された方（モラ・タギ）の親族がガズビンに戻るとき、囚人たちを同行させて下さるようお願いします。そうすれば、親族はガズビンで囚人たちの罪を許し、自由の身となすことができます。それによって彼らの地位は高まり、住民からさらなる尊敬を得るでありましょう。」この狡猾な高僧の陰謀に全く気づかなかった国王はその要請にすぐ同意した。ただし、保証つきの文書をガズビンから国王に送るという条件つきでその要請は許可された。それは、釈放後の囚人たちが安全な生活ができ、今後も彼らに危害を加えることはないという内容の文書であった。

ところが、モラ・タギの親族は、囚人たちが自分たちの手に渡されるやいなや、根深い憎悪感をもって囚人たちに復讐しはじめたのである。最初の夜、まずハジ・アサドラを情け容赦なく殺害した。彼はアラー・バルディの弟でモハメッド・ハディとモハメッド・ジャバドの叔父であり、著名な兄同様、敬虔で正直な生活態度によってガズビンで知られた商人であった。モラ・タギの親族たちは、故郷の町ガズビンではハジ・アサドラを殺害できないことを十分承知していたので、殺人の疑惑がかからないテヘランで彼の命を取ることにしたのである。真夜中にその恥ずべき行為を犯し、翌朝ハジ・アサドラは病死したと発表した。彼の友人や親戚の者らの大半はカズビン出身であったが、だれもハジ・アサドラの高貴な生命を消した犯罪に気づかないまま彼にふさわしい埋葬を行った。

バジ・アサドラの残りの仲間のうち、学識と人格で深い尊敬を受けていたタヘルとエブラヒム・マハラッティは、ガズビンに到着直後に惨殺された。前もって扇動されていた住民は二人の姿を見るとすぐ処刑せよと大声で叫んだ。恥知らずの悪党の一団が、ナイフ、剣、やり、斧で二人に襲いかかり、めった切りにした。この残虐行為で彼らの身体は細かく裂かれたため、埋葬しようにも身体の断片さえ見つからないほどであった。

何たることであろう。このような信じがたい残忍な犯罪行為が、イスラム教の最高指導者が百人も居住すると誇るガズビンで発生するとは！　しかも、全住民のうちだれもこの卑劣な殺人に抗議する者はいなかった。これほど極悪で、恥ずべき罪を犯す権利があるのかどうかを質問する者もいなかった。自分たちだけがイスラム教の神秘に通じていると主張する者らによる野蛮行為と、イスラム教の光を最初にこの世にもたらした者らによる模範的な行為にある矛盾にだれも気がついていなかった。さらに、だれ一人として、憤慨して次のように叫ぶ者もいなかったのである。「おお、よこしまで強情な世代の者らよ。お前らは何という汚名と恥辱の深みに落ちたことか。おまえらの忌まわしい行為は卑劣きわまる人間の行為より残忍である。どの野獣も生き物も、お前の行為の獰猛さに比べることができないことが分かっているのか。お前はいつまで無思慮でいるのか。会衆の祈りを先導する人物が高潔でなければ、その祈りの効果はないことを信じないのか。その祈りは、それを先導する者の心が清められない限り神には受け入れられないとお前自身くり返し宣言してきたではないか。しかも、お前らは残虐行為を扇動し、それに加わる者らをイスラム教の真の指導者であり、正義を体現する者らであるとみなすのか。お前らは自分の宗教を彼らに支配させ、自分の運命を彼らに牛耳らせているではないか。」

この残虐行為のニュースはテヘランにとどき、市のすみずみまでおどろくべき速度でひろがった。総理大臣のアガシは、これにはげしく抗議し次のように叫んだと伝えられている。「一人の殺害に復讐するために何人もの人びとを虐殺してよいとコーランのどの節にあるのか！」モハメッド国王もまた、サドル・アルデビリとその共犯者たちの裏切り行為に強い不満の意を表明した。国王はその卑怯行為を非難し、彼を首都テヘランからクムの町に追放した。総理大臣もずっと彼の没落を試みていたがいずれも成功しなかったので、この左遷を大いに喜んだ。総理大臣がガズビンでの虐殺を非難した理由は、防御の術のない犠牲者たちの大業に同情するというよりも、サドル・アルデビリのとつぜんの解任で、彼が苦境に陥り、その権威がひろがる不安が除かれたからである。

しかしながら、国王と政府は犯行者たちに直接罰を与えなかったため、彼らは自信をつけ、他の復讐方法を探しはじめた。そしてついにタヘレに目を向け、仲間と同じ運命をたどらせようと決めたのである。監禁中のタヘレは敵の陰謀を知らされるとすぐ、父親（殺害されたモラ・タギ）の後を継いでガズビン町の僧侶の長となっていたモラ・モハメッド（タヘレの前夫）に次のメッセージを送った。

「『彼らは口にもの言わせて神の光を消そうとする。だが神の方は、その光をますます見事に輝かせたまう。信仰なき者はそれを忌み嫌うのであるが。』（コーラン）もし、この大業が真実のものであり、私の賛美する主が唯一真実の神でありたまうのであれば、神は九日以内に私をあなたの暴虐から自由にしてくださるでしょう。もし神がそうしてくださらなければ、あなたは思い通りに私を扱って結構です。そのときあなたは私の信仰の誤りを最終的に証明されるでしょう。」この大胆な挑戦を受けることができないと悟ったモラ・モハメッドは、タヘレのメッセージを完全に無視することにし、自分の目的を達成するために陰険な方法を探しはじめた。

バハオラは、タヘレが自由の身になると定められた時間前に、彼女を監禁状態から救い出し、テヘランに連れ出すことにした。バハオラはタヘレの言葉が真実であることを敵に証明し、敵が企てている彼女の殺害計画をくじく決意をしたのである。そこでバハオラはモハメッド・ハディ（タヘレの親族に殺害されたハジ・アサドラの甥）を呼び、タヘレを助け出してすぐテヘランの自分の家に移動させるように指示した。それに従い、モハメッド・ハディは妻カチュヌにバハオラからの封書を渡し、乞食に変装してタヘレが監禁されている家に行き、その封書を彼女に手渡し、家の門のところでしばらく待つように指示した。そして、彼女が出てきたら待機している自分（モハメッド・ハディ）のところにいそいで連れて来るように指図した。

バハオラはさらに、使者のモハメッド・ハディに次のように命じた。「タヘレがきたらすぐテヘランに向かうがよい。今夜、ガズビンの城門の近くに一人の使いと三頭の馬を送っておくので、その使いと馬をガズビンの城壁外の場所に待機させよ。タヘレが出てきたら彼女をその場所まで案内し、馬に乗せてほとんど人通りのない道を通り抜け、夜明けにテヘランの郊外に到着し、城門が開いたらすぐテヘラン市内に入り、タヘレの身許がだれにも知られないように細心の注意を払いながらわが家に直行するがよい。全能なる神は必ずあなたの歩みを導き、あなたを間違いなく守ってくださるであろう。」

モハメッド・ハディはバハオラの言葉で確信を強め、その指示を実行するためにすぐ出発した。彼は何にも妨げられずに、指示通り定められた時刻にタヘレをバハオラの家に案内することができた。タヘレがガズビンからこつ然と姿を消したので、彼女の友人も敵も同様に仰天した。彼らは夜中、家々を探し回ったが彼女を見つけることはできなかった。彼女の予言が的中したことで、敵の中で最も猜疑心の強い者もおどろき、タヘレの信じる信教には神秘的な力があるにちがいないと思って信者となった者もいた。タヘレの実弟ヴァハーブもその日大業を認めたが、その後の行動でその信仰が不誠実なものであることが明らかとなった。

タヘレは、自分が定めた救出時間が到来したときすでにバハオラの家に保護されていた。彼女はどういう人物の面前に自分が案内されたかを十分知り尽くして、自分が受けている手厚いもてなしが神聖なものであることも深く感じ取っていた。バブの信教をだれからも知らされずに受け入れたと同様、将来のバハオラの栄光を直観力で感知したのである。六十年（一八四四年）カルバラで書いた詩の中で、彼女はバハオラが将来顕わす真理をすでに受け入れたことを暗示している。私（著者）もテヘランのセイエド・モハメッドの自宅で、タヘレ直筆の詩句を見せてもらったことがあるが、その詩の句のすべてはバブとバハオラの崇高な使命への彼女の信念を雄弁に表わしていた。次の句もその一つである。

「アブハの美（バハオラ）の光輝は暗闇のヴェールを破った。見よ！　その御顔から輝き出た光の中で、蛾のように踊る彼の愛人たちの魂を。」彼女が確信をもって予言したり、敵に向かって大胆に挑戦できたりしたのはバハオラの威力を堅く信じていたからであった。その威力への不動の信仰があってこそ、監禁されていた暗黒の期間に勝利が近づいていることを勇気と確信をもって主張できたのである。

テヘラン到着後二、三日して、バハオラはコラサンに向かおうとしていた信者たちにタヘレを同行させることにした。バハオラ自身も二、三日後にテヘランを去り、同じ方向に向かうことにした。彼はアガ・カリム（バハオラの実弟）を呼び、すぐにタヘレと付添いの女性ガネテをテヘラン郊外のある場所に連れて行き、そこからコラサンに向かうよう指示した。そして、テヘラン市の城門の守衛は、許可証を持たない女性は門を通さないように命じられているので、タヘレの身許が知れて出発を阻まれないよう細心の注意を払うように警告した。

私（著者）は後日アガ・カリムから次のように聞いた。「タヘレと付添いの女性と私は、神を信頼して郊外まで馬に乗って行きました。城門に配備されている守衛たちは我々の通過を止めたり、目的地を聞いたりはしませんでした。テヘランから五キロメートルほど行ったところで馬からおりました。そこは山のふもとにある果樹園で、真ん中に家がありましたが、だれもいないようでした。持ち主を探していると、草花に水をかけている老人を見かけました。私の質問に彼はこう答えました。家の持ち主と借家人との間に争いが起こり、その結果、借家人が去ってしまったと。そしてこう付け加えました。

『私は争いが解決するまでこの土地と家の番をするよう持ち主から頼まれております。』これを聞いた私は大変うれしくなり、彼を昼食に招きました。その日の午後、私はテヘランに戻ることにしましたが、この老人は私のいない間タヘレと付添いの女性を守ってくれることになりました。夕方には信用できる者が来ること、また翌朝には私もコラサンへの旅に必要な備品をもって戻ってくることを彼に約束しました。

テヘランに到着後、生ける者の文字の一人であるバゲルと従者をタヘレのいる場所に送りました。バハオラに、タヘレがテヘランから無事出発したことを報告すると大変喜ばれ、その果樹園を〈楽園〉と名づけられ、こう言われたのです。『その家は、あなたが神から愛される人たちをもてなすことができるように神が準備されたものだ。』タヘレはそこに七日間滞在した後、ファタという呼び名のモハメッド・ハサン、その他数人と共にコラサンに向かいました。バハオラは私にタヘレの旅に必要な品を整えるよう命じていました。」

第十六章　バダシュトの大会

タヘレの出発直後、バハオラはコラサンへの旅の準備を実弟のアガ・カリムに指示し、さらに、家族が安全に不自由なく生活できるようにその世話も彼に頼んだ。バハオラがシャー・ルッドに到着するとゴッドスが迎えにきていた。彼はバハオラがシャー・ルッドに近づいているのを聞いてすぐに、それまで住んでいたマシュハドから出てきてバハオラを待っていたのである。当時コラサンの全州は激動の最中にあった。ゴッドスとモラ・ホセインがはじめた活動と、彼らの熱意、勇気、雄弁は住民を眠りから覚まし、多数の人びとの心に気高い信仰心と献身の炎を点したが、一方、他の者らの胸は狂信と悪意でいっぱいになった。モラ・ホセインは、四方八方から絶えずマシュハドに来て、彼の家を訪れる多数の探求者たちをゴッドスの面前に案内したのである。

探求者の数がますます増えてきたので市当局は不安になった。警察署長は、この聖なる都市のいたるところに流れ込んでくる興奮した大勢の人びとを見て、心配になり、うろたえた。彼は、自分の権威を誇示するためにモラ・ホセインを脅迫してその活動を抑えようと決心した。そこで、モラ・ホセインの従者ハサンを逮捕し、過酷な刑をあたえるよう命じた。命令を受けた部下たちはハサンの鼻に穴を開け、それにひもを通して路上を引っ張りまわした。モラ・ホセインは従者ハサンが受けた屈辱的な苦しみを知らされたときゴッドスの面前にいた。この悲痛なニュースが敬愛する師ゴッドスの心を苦しめないようモラ・ホセインは静かに立ち上がり、そこを離れた。仲間たちはすぐ彼のまわりに集まってきて、潔白な信者をおそった残虐行為を憤り、それに復讐するようにせき立てた。モラ・ホセインは彼らの怒りをなだめてこう言った。「ハサンが受けた侮辱に心を痛めたり動揺したりしてはならない。ハサンはまだ生きていて、明日皆のところに安全に引き渡されるからだ。」

モラ・ホセインの断固とした言葉に仲間たちは沈黙したが、胸中ではこのむごい傷に仕返ししたくてたまらなかった。

やがて、仲間の多くが団結して立ち上がり、マシュハドの街路を「おお、この時代の主よ！」と大声で叫びまわりはじめた。これは、彼らの信教に加えられた侮辱に抗議するものであった。この叫びは、神の大業の名のもとで、コラサンで最初にあげられたものであり、町を越えてその州の最遠隔の地方までひびきわたり、住民の心を大きく動揺させた。それはまた、その後起こるべき大事件のはじまりを合図するものであった。その後の混乱状態の中で、モラ・ホセインの仲間はハサンを路上で引っ張りまわした者らを切り殺し、救い出したハサンをモラ・ホセインのところに連れて行き、虐待者たちを殺害したことを知らせた。モラ・ホセインはこれを聞いて次のように言ったと伝えられている。「皆はハサンが受けた試練にさえ耐えられなかった。では、どのようにホセインの殉教に耐えられるというのか。」

マシュハド市は、サラールが起こした暴動のあと、平和と静穏を取り戻したばかりであったが、ふたたび混乱と苦難に陥ったのである。ミルザ王子は軍団を従えてマシュハド市から十五マイルほどのところに駐屯していたが、このあらたな騒動の知らせを聞いて緊急事態に対処しはじめた。まず、特別班を即刻マシュハド市に送り、知事の援助をかりてモラ・ホセインを逮捕し、自分のもとに連れてくるように命じた。そのとき砲兵隊長のカーンが、「私はモラ・ホセインを敬愛し、賞賛しています。彼を傷つけようとされているのなら、まず私の命を取り、その後何なりとあなたの計画を進めてください。私が生きているかぎり、モラ・ホセインがわずかでも無礼に扱われることに耐えられないからです」と懇願した。

王子はこの突然の懇願にはたと困った。どれほどこの隊長を必要としているかを知っていたからである。そこで、彼の不安を取り除こうと、こう述べた。「私もまた、モラ・ホセインを深く敬愛している。野営地に来てもらうことにより騒動の拡大を防ぎ、彼の身を安全に守られると思っているのだ。」王子はさらに自筆でモラ・ホセインに手紙をしたため、「数日間、本営に移られるよう心から望んでいます。激怒している反対者たちの攻撃から必ずあなたをお守りします」と約束した。王子はモラ・ホセインのために、自らのテントの近くに、私用のために作らせたもので、凝った飾りのついたテントを張らせた。

モラ・ホセインは、受け取った手紙をゴッドスに見せると、ゴッドスは王子の招きに応じるように助言した。そして「危害を加えられることはない」と安心させ、こう述べた。「私は、今夜、生ける者の文字の一人であるモハメッド・アリを伴ってマゼンダランに向かう。神の御意ならば、後日あなたもまた〈黒旗〉をかかげて、大勢の忠実なる信者たちの先頭に立ってマシュハドを出、私と合流できよう。全能の神が定められたところで再会しよう。」

モラ・ホセインは喜んでこの助言に応じた。そして、ゴッドスの足元に身をかがめ、自分にあたえられた任務を忠実に果たすことを約束した。ゴッドスは愛情深くモラ・ホセインを抱擁し、眼と額に口づけし、全能の神がかならず守ってくれると安心させた。同じ日の午後早くモラ・ホセインは馬に乗り、平静に、威厳をもって王子の野営地に向かった。王子は砲兵隊長と数人の士官にモラ・ホセインを歓迎し、特別に張られたテントに案内するように命じていたので、彼が到着すると砲兵隊長のカーンが丁重に彼を迎えた。

その夜、ゴッドスはバビの家を建てたバゲルをはじめ、特にすぐれた弟子たちを何人か呼び寄せ、モラ・ホセインに真心からの忠誠を誓い、その望みのすべてに従うよう命じ、「我々の前には大嵐が待っている。はげしい動乱が間近に迫ってきている。彼に忠実であれ。彼の指示に従えば、皆救われるであろう」と述べて仲間たちに別れを告げ、モハメッド・アリを伴ってマシュハドに向かった。二、三日後、ゴッドスはソレイマン・ヌーリと出会い、タヘレがガズビンの監禁から解放され、コラサンに向かったこと、そのあとバハオラが首都テヘランを離れたことなどを知った。

ソレイマン・ヌーリとモハメッド・アリはバダシュトに到着するまでゴッドスに同伴した。夜明けにバダシュトに着くと、その小さな部落に大勢の信者の仲間が集まっていることが分かったが、彼らは旅を続けることにしてシャー・ルードの村に向かった。村の近くまで来たとき、かなり後を歩いていたソレイマン・ヌーリはバダシュトに行く途中のハナ・サブに出会ったので、なぜ大勢がバダシュトに集まっているのかを彼に訊ねたところ、二、三日前に、バハオラとタヘレがシャー・ルード村を出てその部落に向かったこと、多数の仲間がすでにイスファハン、ガズビン、その他の町から到着し、バハオラのコラサンへの旅に同行するために待機していることを知らされた。ソレイマン・ヌーリは、「バダシュトにいるアーマド・イブダルに『まさしく今朝、光(ゴッドスのこと)があなたを照らしたが、あなたはその輝きを認めることができなかった』と伝えて下さい」とハナ・サブに言った。ハナ・サブからゴッドスのシャー・ルード到着を聞いたバハオラは、すぐゴッドスに会うことにし、同じ日の夕方、モハメッド・モアレムを従えて馬で村に行き、翌日の夜明けにゴッドスを伴ってバダシュトに戻ってきた。

夏のはじまりであった。バハオラはバダシュトに三つの庭園を借りた。一つはゴッドス専用で、一つはタヘレと従者、もう一つは自分のためであった。バダシュトに八十一人が集まってきていたが、全員が到着の日から解散の日までバハオラの客であった。バハオラは毎日書簡を顕わし、それをソレイマン・ヌーリが皆の前で唱えた。バハオラはまた各人に新しい名前を与えた。バハオラ自身はそのとき以来〈バハ〉と呼ばれるようになり、最後の生ける者の文字は〈ゴッドス〉という名前を授かり、ゴルラトル・エインは〈タヘレ〉の名を与えられた。その後、バブはバダシュトに集まった各人に特別の書簡を書いたが、その中ではそれらの新しい名前が用いられていた。後日、弟子たちの中の頑固で保守的な何人かが、タヘレが伝統を捨てたことを非難し、バブにその不満を訴えた。そのときバブはこう答えた。「タヘレに〈純粋なる人〉と名づけた威力と栄光の舌なる御方(バハオラ)に関して、我に何が言えようか。」

毎日、その忘れがたい集まりで昔からの伝統が一つずつ廃止され、新しい法律が紹介されていった。イスラム教法の尊厳を守ってきたヴェールが容赦なく引きはがされ、盲目の崇拝者たちが長い間賛美してきた偶像が荒々しく壊された。

しかし、これらの大胆な革新がどこからきているのか、その源泉は何なのか、だれにも分からなかった。自分たちの道を誤りなく導いている聖なる手にだれも気づいていなかったのである。その村に集合してきた各人に新しい名前を与えた人物（バハオラ）の身元さえも、皆にはわからないままであった。もし気づいた者が少数いたとしても、この遠大な変革をもたらした人はバハオラではないかとおぼろげに思った位であった。

バダシュトでの状況に一番よく通じている人、アブトラブは、そこで起こったことを次のように述べた。「あるとき、バハオラは病気で床につかれました。それを聞いたゴッドスはバハオラのところに駆けつけました。バハオラの面前に案内されると、その右側に座りました。残りの仲間たちも徐々に入ってきてバハオラのまわりに集まってきました。皆が集まった直後、タヘレの使者モハメッド・ハサンがとつぜん来て、タヘレのところに来てくれるようにというタヘレの要請をゴッドスに伝えました。ゴッドスは断固とした口調でこう答えました。『彼女とは完全に関係を断った。彼女と会うのはお断りだ。』使者はすぐにそこを去りましたが、間もなくして戻ってきて同じ伝言を伝え、タヘレの緊急な願いを聞いてくれるように訴えました。『タヘレ様はあなたのおいでを強く望んでおられます。そうなさらなければ、タヘレ様自らあなたのところにいらっしゃいます。』それでもゴッドスの態度が変わらないのを見た使者は剣を抜き、ゴッドスの足元に置いて言いました。『あなたが行かれるまで、私はここから離れません。私といっしょにタヘレ様のところに行ってくださるか、この剣で私の首をはねてくださるか、どちらかにしてください。』ゴッドスは、『タヘレの所には行かないとすでに言ったであろう』と腹立たしげに答え、こう述べました。『むしろ、お前が申し出たようにお前の首をはねることにしよう。』

ゴッドスの足元に座っていたモハメッド・ハサンが、はねられやすいように首を前にのばしたとき、とつぜん、盛装したタヘレがヴェールなしで現われました。それを見た瞬間、皆仰天しました。ヴェールをつけないタヘレの顔を見るなど想像もおよばなかったのです。彼女の影を見ることさえもったいないと思われていたからです。仲間たちは皆、タヘレを純潔の最高の象徴であるファテメ（モハメッドの娘、イマム・アリの妻）の顕現とみなしていたのです。

タヘレは威厳をもって静かに進み、ゴッドスの右側に座しました。彼女のまったく冷静な態度は、そこに集まっていた仲間たちのおどろいた顔と著しい対照を現わしていました。皆の魂は恐れと怒りと当惑で奥底までかき乱され、身体の機能が麻痺してしまったようでした。アブドル・コーレケはタヘレを見て強烈な衝撃を受け、それに耐えきれずにのどを切り、血まみれになり、興奮で悲鳴をあげながら逃げ去りました。その他、同じようにその場から去り、信仰を捨てた弟子たちもいました。仲間の大半はおどろきと狼狽のあまり口がきけなくなり、タヘレの前に立ちすくんだままでした。その間ゴッドスは剣のさやに手を置き、言葉では表現できない怒りを顔に浮かべて、その場に座ったままでした。その様子はあたかもタヘレを切る機会を待っているかのようでした。

しかし、タヘレはこの威嚇的な態度に左右されることなく、最初に来たときと同じ威厳と自信を保ったままで、その顔は喜びと勝利で輝いていたのです。タヘレは仲間たちの心を動揺させたことには気をとめないで、席から立ち、その場に残っていた仲間たちに話しはじめました。コーランの言葉にきわめて似た言葉で、大変な熱意をもって雄弁に訴えたのです。しかも、その言葉は前もって準備したものではありませんでした。そして最後に、『まことに、敬虔なる者は庭園と川にかこまれた真理の場である強大な王の面前に住まうであろう』というコーランの句を引用しました。タヘレはこの句を口にしながらバハオラとゴッドスの両人にそっと視線を投げかけましたが、どちらを指しているかはだれにもわかりませんでした。その直後タヘレはこう宣言しました。『私の言葉はガエム（バブのこと）が話される言葉です。それは地上の統領と貴人を逃げ出させるほどのものです。』

次に顔をゴッドスに向け、コラサンでの彼の行動をいましめました。それは、彼女が信教にとって重要と思ったことを彼がしなかったからでした。そこでゴッドスは言い返しました。『私は自分の良心に自由に従えるのだ。同じ弟子の意に服従しなくてもいいのだ。』タヘレはゴッドスから目を離し、その場にいる人たちに、この大いなる出来事を祝うよう勧めました。『今日は祝日で、世界中の人びとが喜ぶべき日です。これまでの束縛が断ち切られた日です。この大いなる業績にあずかる皆さんは、立ち上がって抱擁し合おうではありませんか。』」

この忘れがたい日からしばらくの間、その場に集まっていたバブの弟子たちの生活態度と習慣に大きな変革が起こった。彼らの礼拝の仕方がとつぜん根本から変わり、敬虔な信者たちがそれまでに習慣としていた祈りや儀式の方法が最終的に廃止されたのであった。

しかし、この変革を熱烈に唱導してきた弟子たちの間には大混乱が生じた。何人かはこれほど徹底的な改革は異端であると非難し、イスラム教の神聖な法律を棄てることはできないとした。ある者たちは、これに関して判断を下すのはタヘレだけであるとみなし、彼女は弟子たちに無条件の服従を求める資格があるとした。他の者たちは、タヘレのゴッドスに対する態度をとがめ、ゴッドスこそバブの代表であり、そのような重要な事柄に関して判断を下す権威は彼にあるとした。さらに別の者たちは、タヘレとゴッドス両人の権威を認め、この出来事はすべて神から送られた試練であるとみなした。つまり、真理と誤りを分け、忠実者と不忠者を区別するために下されたものであるとみなしたのである。

タヘレは幾度かゴッドスの権威を否定し、次のように述べたと伝えられている。「ゴッドスは皆を啓発し、導くためにバブが送られた弟子とみなされます。しかし、それ以上の権威は彼にありません。」ゴッドスの方もタヘレを「異端をもたらす者」と非難し、彼女の説を支持する者らに「誤謬の犠牲者」という汚名を着せた。この緊張状態はバハオラが仲裁に入るまで二、三日続いた。バハオラは見事な手腕で二人の間に完全な和解をもたらした。はげしい論争で受けた傷をいやし、両人の努力を建設的な奉仕の道へと導いたのであった。

この忘れがたい集会の目的は達成された。新しい秩序を知らせるラッパの音が鳴りひびいた。人間の良心を束縛していた因襲が大胆に問われ、一掃された。こうして、新しい時代の法律や教訓を宣布するための道が開かれたのである。そこで、バダシュトに集まった残りの仲間たちはマゼンダランに向かう決心をした。ゴッドスとタヘレは同じハウダ（馬に乗せられた屋根つきの座席）に座した。それはバハオラが二人のために準備したものであった。途上、タヘレは毎日歌を作り、従者たちに歌わせた。その熱烈な一団の歌声は山や谷にこだました。彼らは古い時代の消滅と新しい時代の誕生を祝いながらマゼンダランに向かったのである。

バハオラはバダシュトに二十二日間滞在した。マゼンダランに向かう途中でバブの弟子の何人かがイスラム教の法律や規律から自由になったことを濫用しようとした。彼らは、ヴェールを棄てるという前例のないタヘレの行動を、節度を無視して利己的な欲望を満たしてよいという合図とみなして極端な行動に走ったため全能の神の怒りをかい、即刻分散となった。彼らはニヤラ村できびしい試練を受け、敵から重傷を負わされた。この分散で、無責任な弟子たちが起こそうとした騒動の火は消され、大業の栄誉と威厳は保たれた。

私（著者）はバハオラからこの出来事を次のように聞いている。「我々は皆ニヤラ村に集まり、山のふもとで休んでいた。夜明けにとつぜん小石を投げつけられて目をさました。近隣の住民が山の頂上から我々に向かって小石を投げつけていたのである。その攻撃があまりに激しくなったので仲間たちはおどろき、恐れて逃げ去った。ゴッドスにわれの服を着せ、安全な場所に行かせ、あとで自分もそこに行くことにした。ところが、後でそこに行ってみると彼の姿はなかった。この攻撃で我々のキャンプ場は荒らされてしまい、残っていたのはタヘレとシラズから来た若者ミルザ・アブドラだけであった。タヘレの保護を頼める者はこの若者しかいなかった。彼はこの事件で実におどろくべき勇気と決断力を示した。剣を手にし、村人の猛烈な襲撃にもひるまず前に飛び出して、我々の所有物を略奪しにきた敵の手を阻止した。彼自身は数ヵ所の傷を負いながらも、我々の所有物を命がけで守ったのである。われは彼にその行動を止めるように命じた。騒動がおさまったとき、われは村の住民のところに行き、彼らの行動は残酷で恥ずべきものであることを納得させた。その後、略奪された所有物の一部を取り返すことができた。」

バハオラはタヘレと従者を伴ってヌールに向かった。バハオラはアブトラブにタヘレを安全に守る役目をあたえた。その間、敵たちは、モハメット国王がバハオラに対して怒りをいだくように全力をつくしていた。バハオラこそシャー・ルッドとマゼンダランの暴動の主導者であると報告し、ついにバハオラを逮捕させることに成功したのである。国王は怒りをこめて次のように言ったと伝えられている。「これまでバハオラに対する非難は黙認してきた。それは、バハオラの父上がわが国に大いなる貢献をしたからである。しかし今、バハオラを死刑に処する決意でいる。」

国王は、従者の一人にこう命じた。「マゼンダラン在住のお前の息子にバハオラを逮捕させ、首都に連行させよ。」バハオラのために準備した歓迎会の前日にその命令状を受け取ったその息子はバハオラを深く敬愛していたので、大変心を痛めたが、だれにもそのことは知らせなかった。しかし、バハオラは彼の悲しみを察し、神に信頼を置くように助言した。翌日、バハオラが彼に伴われて家に向かっているとき、テヘランの方から馬に乗って近づいている使者に出会った。彼はその使者と話したあとバハオラのところに急いで戻りながら「モハメッド国王は亡くなられました」とマゼンデランの方言で叫んだ。そして国王の命令状を出してバハオラに見せたが、その命令状は無効となった。その夜、バハオラは平穏で喜びに満ちた時間をほかの客と過ごすことができた。

一方ゴッドスは敵にとらえられ、サリの高僧モハメッド・タギに監禁されていた。残りの仲間はニヤラで分散した後、四方八方に散らばり、めいめいバダシュトで起こった重大な出来事のニュースをほかの信者たちに伝えた。

第十七章　バブのチェリグ牢獄監禁

ニヤラの事件は一八四八年七月中旬に起こった。その月の下旬、バブはタブリズに連行され、圧制者から屈辱的な傷を負わされた。バブの尊厳に対する侮辱と、ニヤラの住民がバハオラとその仲間に向けた攻撃はほとんど同時に起こった。ニヤラでの攻撃は無知でけんか好きな住民による投石であったが、バブが受けたのは残忍で、不信実な敵によるむち打ち刑であった。

ここで、迫害者がバブにひどい侮辱を与えるようになった状況について説明してみよう。バブは総理大臣アガシの命令によりチェリグの牢獄に移され、看守ヤーヤ・カーンに引き渡された。この看守の妹はモハメッド国王の妻で、ナエブス・サルタネの母親であった。看守は、総理大臣からだれもバブに会わせてはならないという厳しい命令を受けていた。とくに、マークー砦の看守アリ・カーンのように、命令を無視して徐々に監視をゆるめてはならないと強く警告されていたのである。

権力を牛耳っていた総理大臣アガシのバブに対する敵対感は強烈で、その命令は絶対的であったが、看守ヤーヤ・カーンは命令を守り続けることはできないと感じた。彼もまた、囚人バブに惹きつけられていった。バブの精神に接触したとたん自分の義務を忘れたのである。バブと会った最初の瞬間からその愛は心に深く浸透し、全身とらわれてしまったのである。チェリグの住民のクルド人でさえ、バブの影響で変わった。マークーの住民はクルド人を嫌っていたが、クルド人はそれ以上に狂信的な憎しみをシーア派に対していだいていたのであるが、バブから愛の火を心に点された彼らは毎朝仕事をはじめる前に牢獄に歩を向け、遠くからそこに監禁されているバブの名前を唱え、祝福を願い、地面に身を伏し、魂を活気づけてくれるように懇願したのである。

彼らは互いに、バブのおどろくべき威力と栄光を語り合った。看守のヤーヤ・カーンは、牢獄にだれが入ってきても阻止しなかった。やがて牢獄の門に群がる訪問者があまりにも多くなってきたため、チェリグの町では皆を収容することはできなくなり、牢獄から一時間のところにある旧チェリグ街に宿泊所を確保した。バブの生活備品はこの古い町で入手され、牢獄に運ばれたのである。

ある日、バブは従者に蜂蜜を買いに行かせた。ところが、バブは従者が払った値段が不当に高すぎると思ったので、それを受け取ることを拒否し、こう述べた。「これよりも上等の蜂蜜さえ、もっと低い値段で買えるはずだ。あなたの模範であるわれは以前商人であった。今後の取引はすべてわれの模範に従うがよい。隣人からだまし取ったり、隣人にだまし取られたりしてはならない。これが、あなたの師であるわれが取った道なのだ。どれほど抜け目のない者も、われをだますことはできなかった。しかし、われはそのような卑劣な者も無力な者も寛大に扱った。」そして、その蜂蜜を返却し、もっと上等で安い値段の蜂蜜を買ってくるよう従者に命じた。

バブがチェリグの牢獄に監禁されている期間に、おどろくべき出来事が続けざまに起こったため、政府はきわめて不安になった。コイ町のセイエド（モハメッドの子孫）や僧侶や政府の高官といった著名人の多くが、四人バブの大業を心から信奉していることがやがて明らかになったのである。その中には、セイエドで高い業績をもつミルザ・モハメッド・アリとその弟ブユク・アガがいた。この二人は、あらゆる階層の人びとに熱心にバブの信教をひろめた。その結果、探求者と信者がコイ町とチェリグ町の間をいそがしく行き交うようになった。

そのころ、次のような出来事が起こった。ミルザ・アサドラという著名な官吏ですぐれた文筆能力をそなえた人がいたが、彼は後日バブからダヤンという称号を与えられた人でもある。彼はバブの教えをはげしく非難していたため、彼を信者にしようと努力していた人たちは困ってしまった。ミルザ・アサドラはある日夢を見た。しかし、夢のことはだれにも話さないことにした。そして、コーランの二つの句を選び、つぎの要請を書いて、それをバブに渡してもらうように、ミルザ・モハメッド・アリに頼んだ。それは、「私は三つのことを心に抱いています。その意味を明かしてくださるようにお願いします」という内容であった。二、三日して、バブから直筆の返事を受け取った。その中で、バブはミルザ・アサドラの夢を全部説明し、彼が選んだコーランの句をその通り書いた。ミルザ・アサドラは、その内容がまったく正確であったのですぐ信者となった。彼は歩くのに不慣れであったが、コイから牢獄までの険しいごつごつとした小道を歩きはじめた。友人たちはチェリグまで馬に乗って行くように勧めたが、それを断った。バブとの会見で彼の信仰は固まり、生涯の終わりまで燃えるような熱意をもち続けた。

同じ年、バブは四十名の弟子たちに、聖句や伝承を参照してバブの使命が正当であることを証明する論文を書くように要請した。弟子たちはすぐにこの要請に従い、書き上げた論文をバブに提出した。その中で、ミルザ・アサドルの論文は最高と評価され、バブの賞賛を得た。バブは彼にダヤンという名をあたえ、彼のために「文字の書簡」を著わした。その中には「バヤンの点(バブ)の教えが真理であることを証明するものが他にないとしても、これだけで十分である。すなわち、どれほど学識があっても書けないような書簡を著わしたということである」と述べられている。

バヤンの人びと(バブの弟子たち)はこの書簡の根本にある目的を完全に誤解し、易学の解説に過ぎないと思った。後日、バハオラがアッカの牢獄都市に監禁されたころ、シラズ在住のジェナブ・モバレゲがその書簡のかくされた意味を解明してくれるようバハオラに頼んだ。バハオラはこれに応えて説明を書いた。バブの言葉を誤解した者たちはこの説明を深く考えるべきであろう。バハオラはバブの文章から反駁できない証拠をあげ、「ヨゼロホラ」(バハオラのこと)の出現はバブの宣言後十九年後でなければならないことを証明した。「モスタガス」(祈願される御方)の秘められた意味は、バヤンの人びとの中で熱心に探求している人たちを長い間悩ましてきていた。彼らはその障害を乗り越えられないため約束の御方を認められないでいたのである。バブはその書簡の中でかくされた意味を解明していたが、だれもそれを理解できないでいたため、バハオラが皆の目にその神秘を解き明かすことになったのである。

ミルザ・アサドラの父親は自分の息子がバブの大業にひじょうに熱心なのを見て、親友の総理大臣アガシに息子の改宗について報告し、彼が政府の任務を怠っていることを告げた。さらに、有能な政府の官吏であるこの息子が大変な熱意をもって新しい師に仕え、その努力が実っていることもくわしく述べた。

政府の懸念は、インドの修道僧がチェリグを訪れたことによって強まった。この僧はバブに会見してすぐその使命が真実であることを認めたのである。この修道僧がエスキ・シャハールに旅した際、バブは彼にガハルラという名前をあたえた。ガハルラに会った者は皆、その熱意を感じ取り、強い確信に動かされた。そして、彼の魅力にひかれてその信仰の力を認める人がますます増えていった。その影響力の強さに、信者の中には彼を神の啓示の解説者であると言いはじめた者さえいたが、もちろん、彼自身はそれをまったく否定した。

ガハルラはよく次のように述べていた。「私がインドで高い地位を占めていたころ、バブが夢に現われ、私をじっと見つめました。私の心は完全にとらわれてしまいました。立ち上がってバブのあとに続こうとしたとき彼は私を愛情深く見つめ、こう言われました。『その立派な衣を脱ぎ、故郷を離れ、徒歩で、アゼルバイジャンのわれのところに急いで来るがよい。チェリグで、あなたの心の望みはかなえられよう。』私はバブの指示に従い、目標に達することができたのです。」

身分の低い修道僧がチェリグのクルド人の指導者たちを動揺させたニュースは、タブリズに届き、そこからテヘランへと報告された。このニュースを受け取った政府は、バブの長引く滞在で、チェリグの住民が興奮状態になったのを鎮めるため、すぐさまバブをタブリズに移す命令を下した。このあらたな命令がチェリグに届く前に、バブはアジムを通して、ガハルラにインドに戻って大業の奉仕に身を捧げるように命じた。「ガハルラは一人で歩いて故国に戻り、ここへ巡礼に来たと同じ熱意と超脱心をもって大業の発展に尽くさなければならない。」

次にバブは、後で自分も合流するので、ウルミエに直行するよう、コイ在住のアブドル・ヴァハブに指示した。アジムがバブから受けた指示は、タブリズに行き、カリールにバブの到着が近づいていることを知らせることであった。バブはこう付け加えた。「彼にこう伝えよ。『まもなくタブリズでニムロデの火が点けられるが、その猛烈な火炎にもかかわらず、わが友らは安全である。』」

ガハルラは師（バブ）の指示を受けるとすぐインドに発つ準備をした。同伴したいと申し出た者らに次のように忠告した。「あなた方はこの旅の試練に耐えることはできない。同行の望みを棄てることだ。かならず途中で倒れる。バブは私に、一人で故国に帰るように命じられたからだ。」この強い言葉に、同行を懇願した者らは黙ってしまった。ガハルラは誰からもお金や衣服を受け取らず、質素な身なりで、つえを手に一人で故国へと旅立った。その後、彼に何がふりかかったかを知る者はいない。

モハメッド・アリ・ゾヌジはアニスとも呼ばれるが、タブリズでバブのメッセージを聞いた者の一人であった。バブの言葉に鼓舞された彼はチェリグにいるバブに会うことを熱望し、その道に自分を犠牲にしたいという抑えきれない願望を感じた。タブリズの名士であった継父セイエド・アリ・ゾヌジは、アニスが町を離れるのに極力反対し、ついに自宅に監禁して厳重に監視した。アニスの苦しい監禁は、バブがタブリズに到着し、ふたたびチェリグの牢獄に入れられるまで続いた。

私（著者）はシェイキ・ハサン・ゾヌジ（バブの秘書）から次のように聞いた。「バブがアジムを送り出したころ私もバブから指示を受けました。それは、バブがマークーとチェリグの牢獄に監禁されている期間に著わした書簡をすべて集め、タブリズ在住のカリールに手渡すことでした。エブラヘムは細心の注意をはらってそれらの書簡をひそかに保存しました。

タブリズに滞在中、私は親戚のセイエド・アリ・ゾヌジをよく訪ねましたが、そのたびに彼は息子にふりかかったことを嘆き、強い不満をもらしました。『息子は理性をなくしたようだ。彼の行動は父親の私に恥辱と不名誉をもたらした。興奮をしずめ、その信念をかくすよう彼を説得してくれないか。』私は親戚であるその息子アニスを毎日訪ねましたが、彼はいつも涙にくれていました。

バブがタブリズを離れられた後でした。ある日、アニスを訪れたところ、彼の顔が喜びで輝いているのを見てびっくりしました。その端正な顔は私を迎え微笑みに変わったのです。彼は私を抱擁しながらこう言いました。『最愛なる御方が私を見つめ、私もその御方を見つめました。私が喜んでいる理由をお話ししましょう。バブがチェリグに連れ戻されたあと、監禁されている部屋でバブに向かい懇願しました。〈わが最愛なる御方よ。あなたは私が監禁され無力であることをご覧になっています。そして、どれほどあなたの御顔を仰ぎたいと願っているかもご存知です。あなたの御顔の光で私の心をおおっている陰鬱を打ち払って下さい。〉そのとき、苦悶の涙がとめどなく流れ、胸がいっぱいになり、意識がもうろうとしてきました。するととつぜん、バブの声が聞こえてきたのです。バブは私を呼び、立ち上がるように命じられました。彼の荘厳な御顔が私の眼前に現われたのです。彼は私の目を見つめて微笑まれました。そこでバブの方に急いで近づき、その足元に身を伏せると、彼はこう言われました。〈喜ぶがよい。まさしくこの都市の大群衆の眼前でわれは吊り上げられ、敵の射撃の犠牲となるときが近づいているからだ。われは、殉教の杯をわれと分かち合う者としてあなたを選んだ。この約束はかならず果たされるので安心せよ。〉

このまぼろしのすばらしさに私はうっとりとなっていました。意識を取り戻したとき、自分が喜びの大洋に浸っているのが分かったのです。この喜びの光は、世界中の悲しみによっても曇らすことはできないものでした。バブの声は私の耳にひびき続け、バブの幻は昼夜を問わず私に現われ続けたのです。その神聖な微笑で、監禁中のさびしさは追い払われました。バブの約束が果たされる時間はもはや遅らすことはできないと確信しています。』

私は彼に我慢して感動をかくしておくよう忠告し、彼もこの秘密をだれにも明かさないことを約束しました。そして、継父に対しても寛大な気持ちをもち続けました。私は、彼の継父のところに説得に行き、息子の決意を告げて監禁を解いてもらいました。その後アニスは殉教の日まで両親と親族と交わりながら、まったく平静で、喜びに満ちた日々を過ごしました。このような態度に、彼が最愛なる御方のためにいのちをささげた日、タブリズの住民はすべて彼のために嘆き悲しんだのです。」

第十八章　タブリズでのバブの取り調べ

バブは近づく苦難の時を察知し、チェリグの牢獄周辺に集まっていた弟子たちを分散させてタブリズへの召集命令を静かな心で待った。バブの護送団は、途中のホイ町を迂回し、ウルミエ湖畔を経由してアゼルバイジャン州の州都（タブリズ）に向かうことにした。そうすれば政府の暴政に抗議するホイの住民の暴動を避けることができると考えたからである。バブがウルミエに到着すると、その地に住むカゼム・ミルザ（王子）はバブを丁重に迎え、手厚くもてなした。王子はバブを大いに敬い、バブとの面会を許された人たちに無礼にならないよう細心の注意を払った。

王子は、客人（バブ）の勇気と威力のほどを試そうと考え、ある金曜日、バブが大衆浴場に出かけようとしたとき、馬丁に命じて一番のあばれ馬をバブのために準備させた。馬丁はこの馬が馬術にたけた勇敢な人たちを落馬させていたのを知っていたので、バブが怪我しないかと心配し、その馬に乗らないようひそかに進言した。バブは「恐れることはない。命じられた通りにせよ。われに関しては全能なる神に委ねるがよい」と答えた。

王子の計画を知ったウルミエの住民は、バブの落馬を見ようと広場を埋めつくした。馬が連れてこられると、バブはしずかに近寄り、馬丁から手綱を受け取って馬をしずかに撫で、あぶみに足をかけた。馬は自分を支配している威力を感じとっているかのように、微動だにしなかった。この馬のあまりにもふしぎな様子に群集はおどろいた。素朴な町の住民にとってこの異常な出来事は奇跡以外のなにものでもなかった。彼らは熱狂のあまり、そのあぶみに口づけしようと駆け寄ってきたが、王子の従者たちにさえぎられた。大勢の人が突進してくればバブに危害が加えられるかもしれないからであった。王子自ら、徒歩で浴場の近くまでバブに同行したが、入り口に着く前に、バブは王子に家に戻るように求めた。途中、王子の従者たちは、バブを一目見ようと道の両側から押し寄せてくる住民を懸命に制止した。浴場に着くと、バブは、同行してきた者らをすべて立ち去らせ、王子の召使いとセイエド・ハサンだけを脱衣場まで同伴させて脱衣を手伝わせた。入浴を終えたバブはふたたび同じ馬に乗り、同じ群集から歓呼で迎えられながら帰途についた。王子もまた徒歩でバブを迎えに出て、家まで伴った。バブが帰途につくとすぐウルミエの住民は浴場に殺到し、バブが顔と手を洗った水を最後の一滴まで持ち去った。大変な興奮が終日続いた。その光景を見て、バブはイスラム教の有名な伝承を思い起こしていた。それは、イマム・アリ（モハメッドの後継者）がとくにアゼルバイジャン地方について語ったものとされているもので、その伝承の終わりに、ウルミエの湖水が沸騰し、町を氾濫させると記されている。その後、ウルミエの住民の大半がバブの教えを全面的に信じたいと言っていることを聞いたバブは、冷静に次のように述べた。「人間は、『信じます、信じます』と言いさえすれば、もうそれで干渉されず、試されることもないと考えているのか。」（コーラン）

後日、この言葉の真理が証明された。すなわち、バブに忠誠を誓った同じ人びとが、タブリズでバブが受けた残酷な仕打ちを知らされたとき態度を一変させたのである。バブに見栄をはって信仰を誓った人たちのうち、試練に直面してもバブの教えに忠実であり続けた者は数えるほどしかいなかった。その中で最初にあげられるのはイマム・ヴァルディである。彼の信仰はあつく、同じウルミエ出身で、生ける者の文字（バブの最初の弟子十八人）の一人であったモラ・ジャリル以外には彼と比べられる者はいなかった。彼の熱意は試練を受けてますます強まり、自分の受け入れた大業の正しさに確信をもった。後年、彼はバハオラに会い、その教えの真理をすぐ認めた。そして、その大業の促進のために以前と同じ熱意をもって身を捧げた。バハオラは、ヴァルディとその家族の長年の奉仕を称え、直筆の書簡を数多く送り、その中でヴァルディの業績をほめ称え、彼の努力が神に祝福されることを祈っている。ヴァルディは八十余年の生涯を閉じるまで、ゆるがぬ決意をもって信教の発展に努力し続けた。

バブにかかわる不思議な現象は多くの人びとに目撃され、人から人へと伝えられた。それはやがて、これまでだれも経験したことのないほどの熱狂と興奮の波となり、おどろくべき速度で全国に広がった。首都テヘランをも飲み込んだこの波は国の宗教上の指導者たちに衝撃をあたえ、バブの影響力を阻止するためにふたたび立ち上がらせることになった。彼らは、バブの運動が発展していくのを恐れた。そのまま放置しておけば、彼らの権力と存在の基盤となっている制度がやがて押し流されてしまうと確信したからである。彼らはまた、自分たちでは呼び起こすことができなかった信仰と献身の精神がいたるところに広がり、自分たちが築いてきた制度をくつがえそうとする忠誠心が人びとの中で強まっていくのを見たが、いかなる手段を用いてもその精神の波をさえぎることはできなかった。

とくにタブリズは興奮のるつぼと化し、バブの到着が間近にせまっているという知らせに、住民は何が起こるかと想像をめぐらせた。一方、アゼルバイジャン州（タブリズはその州都）の宗教上の指導者たちの心には激しい敵意の炎が燃え上がっていた。タブリズ市民のなかでバブの二度目の来訪に感謝と喜びを示さなかったのは彼らだけであった。民衆のあまりの興奮ぶりに当局はバブをタブリズの郊外の民家に置くことにした。バブ自身が許可した者だけが彼と会うことができ、それ以外の者はバブに近づくことはできなかった。

タブリズ到着二日目の夜、バブはアジムを呼び、自分こそ約束のガエム（救世主）であると力強く宣言した。しかし、アジムはその主張を素直に受け入れようとはしなかった。彼の心の迷いに気づいたバブは言った。「明日、われは皇太子の前で、またこの都市の僧侶や名士の面前でわが使命を宣言しよう。われが著わした聖句以外の証拠をわれに求める者は、自分が空想の世界で作り上げたガエムに満足するしかないのだ。」

私（著者）はアジムが当時のことを次のように語るのを聞いた。「あの夜、私はひどく動揺していました。眠ることはおろか、じっとしていることさえできずに夜明けを迎え、朝の祈りを唱えた直後、自分の心に大きな変化が起こっているのに気づきました。新しい門戸が私の眼前でひろく開け放たれたようで、私の中に確信がめばえてきました。すなわち、神の使者であるモハメッドに忠実であるためには、バブの主張を無条件に認め、バブの定めには恐れもためらいもなく従わねばならないという確信でした。この確信から、私の心の動揺は鎮まりました。そこで、急いでバブのもとに戻り、許しを乞いました。バブはこう述べられました。

『アジム（偉人という意味）と呼ばれる者でさえ、この大業の威力とその主張の強大さに心をひどく悩まされ、混乱させられた。それ自体、この大業の偉大さのもう一つの証拠である。』バブは続けて言われました。『安心せよ。全能なる神の恩寵により、あなたは弱き心の者に力を与え、ためらう者の歩みを確固となすであろう。あなたの信仰はひじょうに強力なものとなり、敵があなたの身体をずたずたに切り裂いても、あなたの愛の熱意をわずかでも変えることはできないであろう。あなたはまた、来るべき日に、かならず諸々の世の主なる御方（バハオラ）に直々に会うことになろう。そして、その面前にいる喜びにあずかるであろう。』バブのこの言葉で、私の心をおおっていた不安の暗雲は消滅しました。その日以来、恐怖と動揺は私からまったく去ってしまいました。」

バブがタブリズの郊外に足止めされても、市内の興奮はおさまることはなかった。当局はできる限りの規制を敷き、予防策を講じたが、すでに険悪になっていた状況を悪化させるばかりであった。そのとき総理大臣のミルザ・アガシは命令を下した。それは、タブリズの宗教面の指導者を直ちにアゼルバイジャン州知事の公邸に召集するというものであった。その目的はバブを法廷に召喚することと、その影響力を消滅させるための最上策を見いだすことであった。召集されたのは、「学問の長」の称号をもち、皇太子の個人教授をつとめるモラ・マムード、ママガニ、「イスラムの長老」の称号をもつアリアスギャルであった。ほかシェイキ派の長老や僧侶たち数人が集まった。皇太子のナセルディン・ミルザも会合に出席した。議長をつとめたのは「学問の長」のモラ・マムードであった。会合が始まるとすぐ、議長はバブを会場に連れてくるよう軍の指揮官に要請した。会場の入り口にはすでに大勢の人がバブを一目見ようとじりじりして待っていた。指揮官は押し合う群集の間に分け入って通路を確保しながらバブを会場へと案内した。

会場に入ったバブは、皇太子の席の他には空いた席がないのに気づいた。そこで、会場の全員にあいさつをし、一瞬のためらいもなく、その空いている席に向かった。バブの威厳ある足取り、自信に満ちた表情、全身にあふれる威力は、瞬間、会場の全員を圧倒した。とつぜん、不思議な静けさが会場をおおった。名士たちのうちのだれも一語も口にすることはできなかった。ついに、議長のモラ・マームドが長い沈黙を破ってバブに質問した。「あなたは自分をだれだと主張しているのですか。あなたは何を伝えるために来られたのですか。」

バブは「われこそは約束された者なり、約束された者なり、約束された者なり」と三度くりかえした。「われこそは、皆がその名を一千年も唱え続けてきた者、皆がその名を聞いて起立した者である。皆がその到来を待望し、その啓示の時が早められるよう、神に祈ってきたのだ。まことに我は言うが、洋の東西を問わず、人びとはすべて、わが言葉に従い、我に忠誠を誓わなければならない。」だれもこの言葉に答えようとはしなかったが、ママガニただ一人が反論にあたった。彼はシェイキ派の長老で、カゼムの弟子でもあった。生前、カゼムは弟子のママガニの不誠実を涙ながらに訴え、そのつむじ曲がりの性格を嘆いていた。このカゼムの嘆きを直接聞いていたハサン・ズヌジは、次のように私（著者）に語ってくれた。

「師のカゼムがママガニについて話すときの批判的な口調に私は大変おどろいていました。そして、彼はそのような批判に値するような行動を将来とるのであろうかと疑問に思っていました。かの日（タブリズで）、彼のバブに対する態度を見るまでは、私はその傲慢さと盲目のほどに気づいていなかったのです。そのとき私はほかの人たちと共に会場の入り口あたりにいましたが、中の会話を聞くことができました。ママガニは皇太子の左手の席を占め、バブはこの二人の中間に座っていました。バブが自分は約束された者であると宣言された直後、出席者全員が畏敬の念に打たれたようでした。そして、狼狽して頭を垂れ、沈黙したままでした。蒼白になった彼らの顔から、心の動揺がうかがわれました。そのとき、片目で白ひげをたくわえた裏切り者のママガニが、横柄な態度でバブを非難しました。『この恥知らずの未熟なシラズのやつ！　おまえはイラクの地に騒動を起こし、堕落させた。アゼルバイジャンでも同じ騒動を起こす気か。』バブは答えました。『閣下、私は自分の意思でこの地に来たのではありません。この場所に召喚されたのです。』ママガニは怒りのあまり叫ぶように言いました。『だまれ、この強情者、おまえは卑劣な悪魔の手先だ！』バブは再度答えました。『閣下、わが主張に変わりはありません。』

議長のモラ・マームドはバブの主張に直接挑戦した方がよいと考えてこう言いました。『あなたの（約束された者という）主張は途方もなく大きな意味をもつものです。その主張は、まったく論争の余地のない証拠を必要とします。』これにバブはこう答えられました。『神の予言者を証明するものは、その言葉です。これが、最上でもっとも説得力をもつ証拠です。〈われは聖典を顕したが、彼らにはそれだけではまだ足りないのか〉とコーランにもある通りです。神はこのような証拠を示す力を私に与えられました。二日と二晩のうちに、私はコーランの全巻に匹敵する量の聖句をあらわすことができます。』

これを受けて議長は要請しました。『あなたが真実を申しておられるのならば、コーランの聖句と同じような言葉と表現方法を用いてこの会合の議事について口頭で述べてください。そうしてくだされば、ここにおられる皇太子殿下も僧侶の方々も、あなたの主張が真実であることを証言されるでありましょう。』バブは、この要請を進んで受け入れ、陳述をはじめられました。

『慈悲者、憐れみ深き者なる神の御名において、天と地を創造された神に賛美あれ。』この言葉を聞いたとたん、ママガニはバブを止め、文法上のあやまりを指摘し、横柄でさげすむような声をはりあげて言いました。『この自称ガエムは、冒頭からして初歩的な文法さえ知らないことを暴露したではないか!』これに対し、バブは次のように答えられました。『コーラン自体、通常の決まりや慣例とまったく一致していません。神の言葉は人間のかぎられた能力で推しはかることはできません。否むしろ、人びとが定めた決まりや基準は、神の言葉に由来するものであり、また、それに基づいて作られています。人びとは、コーランの中に今あなたが批判しておられると同じような文法上のあやまりが三百箇所以上あることを発見しました。しかし、それは神の言葉であるゆえ、それを受け入れて神の意志に従うしかなかったのです。』

こう説明して、バブはふたたび前と同じ言葉をくり返しました。それに対してママガニは前と同じように反論しました。その後すぐ、他の者が思い切ってバブに質問しました。『イシタルタンナという動詞の時制は何か言ってみてください。』これに応えて、バブはコーランから次の聖句を引用しました。『もろもろの偉大さの主に在す汝らの主の栄光は、人間が主に帰するすべてをはるかに超えたものである。彼の使徒に平安あれ。もろもろの世の主に在す神に賛美あれ。』バブは、この言葉を終えてすぐ席を立ち、会場を去られました。」議長(モラ・マムード)は取り調べの方法と経過をきわめて不満に思った。後になって彼はこう述べた。「あのタブリズ市民の無礼な態度はまったく恥ずかしい。あのような無意味な質問と、我々が検討しようとしていた最も重大な問題とは一体どう結びつくというのか。」

その他にも、そのときのバブに対する失礼な扱いを非難した者が何人かいた。しかし、ママガニの猛烈な攻撃は続いた。彼は声高らかに断言した。「皆に警告したい。この青年の活動をそのまま放っておけば、タブリズの全市民が彼の旗の下に結集する日が来る。その日になって彼が、タブリズのすべての僧侶と皇太子殿下を追放し、政府とイスラム教の全権力を独占しようとしたらどうなるであろうか。今、彼の運動に無関心な者たちのだれも、それを防ぐことはできないようになろう。その時が来ると、タブリズの全市だけでなく、アゼルバイジャンの全住民が一致して彼を支持するようになろう。」

この悪質な陰謀者（ママガニ）の執拗な攻撃はやがてタブリズ市政を動かした。そこで、権力の座にある者たちが、バブの教えの拡大を阻止するための最良策について相談した。その結果、次のような案が出された。バブが断りもなく皇太子の席に座り、また会合の議長の許しも乞わずに会場を去っていったという無礼さを口実に、バブをふたたび召喚して、同じような会合を開いて査問会議のメンバーが直接バブに屈辱的な罰を加えるという案であった。しかし、皇太子はこの案を拒否した。結局、知事の護衛に頼んで、バブに懲罰を加えさせることにした。その場所は、タブリズ市の「イスラムの長老」の地位にあり、セイエド（モハメッドの子孫）であったアリアスギャルの自宅と決まった。しかし、護衛は市の僧侶のことに関する問題に関与したくないという理由でこの要請に応えることを拒んだ。そこで、アリアスギャル自ら刑を執行することにし、バブを自宅に連行させて足底に十一回のむち打ち刑をあたえた。

その同じ年、この横柄な圧制者（アリアスギャル）は身体がまひし、長い間激痛におそわれたあと悲惨な死をとげた。彼の不信実で、貪欲で、自己本位の性格はタブリズ市民にひろく知れわたっていて、人びとは彼の残虐さと卑劣さを恐れ憎み、その圧制から解放されることを願っていた。その無残な死を見て、敵も味方も同じことを思い起こした。つまり、神を恐れず、良心の声も無視し、同胞である人間に残酷な仕打ちを与える者はかならず罰を受けるということである。人びとは彼を憎むあまり、その汚名と関連のある制度の存続を認めなかったため、タブリズでは、彼の死後「イスラムの長老」という称号が廃止された。

ところが、それほど卑劣で不誠実なアリアスギャルの悪行も、バブに対する国の宗教指導者たちの極悪行為の単なる一例に過ぎなかった。彼らは、公正と正義の道からどれほどそれてしまったことであろうか。彼らは、予言者（モハメッド）とイマムたち（モハメッドの後継者）の忠告を軽蔑し、投げ捨てたのである。その忠告は次のように明確なものであった。

「ハシェム家（モハメッドの先祖）から若者が出、新しい聖典と新しい法をもたらしたら、すべての人びとは彼のもとに集まり、その大業を受け入れなければならない。」また、イマムたちは、「その若者の敵の大半は僧侶たちであろう」とはっきりと述べていたにもかかわらず、盲目で、下劣な人びとは僧侶たちの例にならい、彼らの行動を公正と正義を示す手本であると見なした。人びとは僧侶たちの命令に盲目的に従いながら、自らを「救済の人民」、「神から選ばれた者ら」、「神の真理の擁護者ら」とみなしたのであった。

一方バブは、タブリズからチェリグの牢獄に戻され、ふたたび看守のヤーヤ・カーンに身柄をあずけられた。迫害者たちは、バブを召喚して脅迫すれば、自分の使命を断念するであろうと甘く考えていた。しかし、バブはタブリズでの集会で、その市の名士たちを前に自分の主張の重要点を力説し、簡潔で説得力のある言葉で敵の攻撃に反論した。そのときの、重大な意味をはらんだバブの宣言は、たちまちペルシャ全土に広がり、バブの弟子たちにも以前よりも一層深い感銘をあたえた。その宣言で彼らの熱意は高まり、使命感は強められた。それはまた、やがてペルシャの国を震撼させることになる大事件の幕開けをしるすものであった。

チェリグに戻ったバブはすぐ総理大臣のミルザ・アガシに宛てて、大胆で、感動的な言葉で、彼の人格と行動を非難する書簡を書いた。バブは「怒りの説法」と呼ばれるこの書簡の冒頭で、モハメッド国王の総理大臣に次のように呼びかけた。「神を信じず、そのしるしに顔をそむけた者よ！」この長文の書簡は、まずテヘランに軟禁されていたホッジヤトに届けられた。バブは彼に直接ミルザ・アガシに手渡すように命じた。

私（著者）は、牢獄の町アッカで、バハオラ自身から次のような話を聞くことができた。「ホッジャトは、ミルザ・アガシにあの書簡を届けた後まもなくしてわれを訪ねてきた。そのとき、われはマシー・ヌーリと他の信者何人かと共にいた。ホッジャトは、書簡を届けたときの様子を話し、その書簡の全文を暗唱した。それは三枚ほどあったが、全部を暗記していたのである。」ホッジャトについて話すときの語調を聞いて、バハオラは、ホッジャトの純粋さと気高さにどれほど満足し、彼のひるむことのない勇気、不屈の意志、解脱の精神、そして揺るがない誠実さをどれほど賞賛していたかをうかがい知ることができた。

第十九章　マゼンダランの動乱

バブがタブリズで侮辱（むち打ち刑）を受け、バハオラとその仲間たちがニヤラで災い（投石）にあったと同じ月、モラ・ホセインはハムゼ・ミルザ王子の野営地からマシュハドに戻った。彼は、七日後に自分の選んだ同伴者と共にマシュハドからカルバラに向かうことになっていた。王子は旅の費用をモラ・ホセインに与えたが、彼はそのお金を、「困窮者のために用いてください」というメッセージをつけて戻した。マラゲイもまた、モラ・ホセインの巡礼に必要な備品のすべてをととのえ、同伴者の費用も自分がもちたいと申し出た。しかし、モラ・ホセインは、剣と馬を除いて他のものは一切断った。これら二つは、後日、彼が見事な勇気と、達人の技で不実な敵の襲撃を撃退するために用いられた。

モラ・ホセインがマシュハドの住民の心に点した献身の火を適切に述べることはできないし、また、彼の影響の大きさを計ることもできない。当時、彼の家には、旅に同行したいと願う熱心な人びとが詰めかけていた。母親は息子を、姉妹は兄弟を、真心からの贈り物として受け入れてくれるよう涙ながらに懇願したのである。

モラ・ホセインがマシュハドに滞在中、一人の使者がバブのターバンをもって到着した。使者はまた「セイエド・アリ」という新しい名前がモラ・ホセインに与えられたことも告げた。バブのメッセージにはこう書かれていた。「わが血統のしるしである緑のターバンで頭を飾り、黒旗をかかげて〈緑の島〉にいそげ。そこでわが愛するゴッドスを援助せよ。」

このメッセージを受け取ったモラ・ホセインは師の望みを果たすためにすぐ立ち上がった。マシュハドから五キロメートル離れたところに黒旗を立て、バブのターバンを頭につけて仲間を集めた。そして馬に乗り、「緑の島」に向かって出発の合図をした。仲間の数は二百二人で、皆熱心にモラ・ホセインに従った。この忘れがたい日は一八四八年七月二十一日であった。

旅の途中の村々に止まるたびに、モラ・ホセインと仲間は、新しい時代のメッセージを大胆に宣言し、その真理を信奉するよう呼びかけた。そして、呼びかけに応じた者たちの中から何人かを選んで旅に加わるように求めた。ニシャプールの町で、バディの父親で著名な商人のアブドル・マジドがモラ・ホセインの旗の下に加わった。彼の父はその町で有名なトルコ石の鉱山の所有者であったが、名誉も物質的利益も棄て、モラ・ホセインに忠誠を誓ったのである。ミヤマイ村では三十名の住民が信者となり一団に加わった。そのうち、モラ・イサ以外は皆シェイキ・タバルシの戦いで殉教した。

モラ・ホセインはマゼンダランに行く途中のガムガン町の近くで二、三日休むことにした。小川のほとりの大木の下に野営することにし、仲間に告げた。「分かれ道に来た。神がどの方向に進むべきかを知らせてくれるまで待とう。」一八四八年、九月下旬にはげしい突風が起こり、その木の大枝が折れた。そのときモラ・ホセインが言った。「モハメッド国王の木が神の意志により根こそぎ地面に投げ倒された。」それから三日後、マシュハドに向かう使者がテヘランから到着し、国王の死を知らせた。

翌日、一団はマゼンダランに出発することにした。一団のリーダー（モラ・ホセイン）は立ち上がり、マゼンダランの方を指して言った。「我々をカルバラに導く道はこの方向である。前途に横たわる多大な試練に耐えられない者は、今すぐ旅を中断して家に戻るがよかろう。」モラ・ホセインはこの警告を何度かくり返し、サヴアド・コーに近づいたとき、はっきりと宣言した。「われは、七十二名の仲間と共に最愛の御方のために命をささげることになる。現世を棄てられない者は直ちにここから離れるがよい。後で逃れることはできないからだ。」そこで、二十名が家に戻ることを選んだ。モラ・ホセインがくり返し警告した試練に打ち勝つことはできないと感じたからであった。

バルフォルーシュの町に一団が近づいてきているという知らせに、サイドル・オラマー（高僧）は不安になった。モラ・ホセインの名声がますます広がっていること、彼がマシュハドから出発した際の状況、掲げている黒旗、とくに仲間の数と規律と熱意などが、この残酷で傲慢な高僧の執念深い悪意を刺激したのである。高僧は触れ役を送って、イスラム教に忠誠を誓う者なら誰も無視できない重大な説教をするのでモスクに集合するよう町民に命じた。男女の大群衆がモスクに詰めかけた。高僧は説教壇にのぼるとターバンを床に投げ、シャツの襟を開き、イスラム教が陥った苦境をなげき、大声で言った。「目覚めよ。敵が入り口まで来て、我々が大事にしてきたイスラム教を一掃しようとしているのだ。阻止しなければ、その猛攻撃に耐えられる者はいなくなる。以前、敵の一団のリーダーが一人で来て、われの講話に出席した。その男はわれを完全に無視し、わが弟子たちの眼前でわれをひどく軽蔑した。彼は期待していた栄誉が得られなかったので怒って立ち上がり、われに挑戦してきた。この男は無鉄砲だ。モハメッド国王の権威が頂点にあった時、われに対して深い恨みで攻撃してくるとは。この男は大変な騒動を起こす扇動者で、野蛮な一団を率いて進んできている。国王の保護がなくなった今では何をしでかすか分からないので、バルフォルーシュの住民は老若男女を問わず、全員、このイスラム教の卑劣な破壊者たちに対して武器を取り、あらゆる手段をつくしてその攻撃を阻止しなければならない。明日夜明けに皆で立ち上がり、この勢力を根絶しようではないか。」

この呼びかけに聴衆の全員が応えた。町民は高僧の熱弁とその絶対的な権威と、自分たちの生命や財産が失われるかもしれないという恐れから懸命に戦いの準備をした。そしてイスラム教の敵を殺害し、その所有物を略奪する堅い決意をもって、入手した武器や手作りの武器を手に、夜明けにバルフォルーシュの町を出た。

モラ・ホセインはマゼンダランに向かう決心をした。そして、朝の祈りをささげるとすぐ、仲間に「馬と剣以外の持ち物を放棄せよ。我々が、どれほど世俗への愛着を断っているかを全町民に目撃させ、神から選ばれたこの一団が、他人の所有物を欲しがるどころか、自分の物さえ守る気のないことを知らせよ」と命じた。仲間はすぐに馬の荷をおろし、喜んでモラ・ホセインの後に従った。モラ・ホセインの一言で、バディの父親が最初に皮袋を捨てた。袋には、彼の父親の鉱山から持参したトルコ石が大量入っていたが、その貴重な所有物を捨てたのであった。

モラ・ホセインとその仲間は、バルフォルーシュから二キロメートル進んだところで敵に出くわした。大勢の町民が武器や弾薬をそろえて集合し、一団の進行を阻止したのである。彼らは残忍な表情で、汚らわしい呪いの言葉を吐き続けていた。一団の仲間たちがこの怒った大衆を前にして剣を抜こうとすると、リーダーのモラ・ホセインは命じた。「まだ抜いてはならない。敵が攻撃を始めるまでは剣はさやに収めておかなければならない。」こう言ったとたん、敵の射撃がはじまり六名が地に倒れた。仲間の一人が叫んだ。「敬愛するリーダーよ、我々は大業の道で命をささげるためにあなたに従ってきました。お願いですから、防衛させて下さい。敵から撃たれて不名誉な死を遂げさせないで下さい。」モラ・ホセインはこう答えた。「その時間はまだだ。数がそろっていないのだ。」

その直後、弾丸が一人の仲間の胸を貫いた。この仲間はヤズド出身のひじょうに忠実な信者で、マシュハドからずっと歩いて来ていた。この献身的な仲間が自分の足元で倒れたのを見て、モラ・ホセインは目を天に向けて祈った。「お神よ、おお神よ、あなたは選ばれた仲間たちの窮状を見ておられます。民衆が、あなたの愛する人びとをどのように迎えたかも目撃されました。あなたもご存知のように、我々の唯一の望みは彼らを真理の道に導き、あなたの啓示の知識を与えるということだけです。あなたは、敵の攻撃から自分の身を守るよう命じられました。その命令に従い、敵が始めた襲撃を食い止めるために仲間と共に立ち上がります。」

モラ・ホセインは剣を抜き、馬に拍車を入れ、敵の最中に突進した。そして、仲間を倒した者を大いなる勇気をもって追った。その敵はモラ・ホセインと戦うのを恐れ、木の後ろにかくれ、銃をとって身を守ろうとした。モラ・ホセインはすぐにその男を見つけ出し、突進して剣の一振りで木の幹と銃身と敵の身体を二つに切り裂いた。この一振りの激しさに、敵どもは皆うろたえ、一瞬動けなくなり、この異常な技能と力と勇気を眼前にしてパニックにおそわれ、逃走してしまった。この目覚しい技は、モラ・ホセインの勇気と英雄行為を証言する最初のもので、バブの賞賛を受けたものであった。ゴッドスもまた、モラ・ホセインがそのとき示した冷静な豪胆さを誉め、コーランの次の句を引用したと伝えられている。「彼らを殺したのは汝らではない。神が殺されたのだ。槍は汝のものではなく、神のものである。これは信者たちに恩寵を体験させるためにされたことである。まことに神はすべてを聞き、すべてを知りたまう。神は信仰なき者どもの計略をすべて無効になしたまう。」

シェイキ・タバルシの戦いの終結から一ヵ月後、西暦で一八四八年から一八四九年にかけてのころ、私（著者）は、ガズビニがこの戦いの状況を多数の信者の前で語るのを聞いた。その中にはモハメッド・ホセイン、モラ・エスマイル、ハビボラ・エスファハニ、およびモハメッド・エスファハニがいた。

後日、私（著者）はコラサン州のマシュハドの町で大業を教え広めるために招かれ、サディク宅に滞在していた。そのころ、ナビル・アクバールやバディの父親をはじめとする信者が大勢集まっている前で、タバルシの戦いに関するおどろくべき報告が事実かどうかをフォルギに尋ねた。彼はきっぱりと言った。「私自らモラ・ホセインの技を目撃したのです。この目で見ていなかったならば、決して信じられないことです。」そして彼は、次のように語った。「ヴァス・カスの戦いの後、メヘディ・ゴリ王子が完敗し、バブの弟子たちの眼前から素足で逃げ去ったとき、総理大臣のタギ・カーン（アガシの後任）は王子をひどく叱り、次のような手紙を送りました。『卑劣な若僧のわずかばかりの学生を鎮圧する任務をあなたに与え、国王軍を思い通り使えるようにしたにもかかわらず、不面目にも敗北してしまった。ロシアとトルコの連合軍鎮圧の任務を与えていたら、どんなことがあなたに降りかかっていたことであろうか。』

王子は、モラ・ホセインが剣で二つに割った銃身の破片を、直接総理大臣に渡すのが最善と考え、それを使者にもたせました。総理大臣へのメッセージにはこう書かれていました。『卑劣な敵の力は相当なもので、木と銃と男を一振りの剣で六つの断片に断ち割ったほどです。』

総理大臣は、敵の力がいかに強大であるかを聞いて、自分ほどの地位と権限をもつ者はこの挑戦を無視できないと思い、自分の軍隊に刃向かってきた敵の力を抑える決心をしました。しかし、大勢の兵士をもってしても、少数のモラ・ホセインの一団を征服することができないのを見て、卑劣な手段に訴えることにしたのです。つまり、王子に命じて、今後、軍は、砦の一団に対して敵対行動は一切取らないと、コーランに総理大臣の印章を押して誓わせたのです。これにより、モラ・ホセインの一団は武器を放棄せざるを得ず、防御の術を失った一団は、不名誉にも敗北してしまったのです。」

しかし、モラ・ホセインが示した驚異的な手腕と力は、偏見や悪意にまだ染まっていなかった多数の人びとの注目を引いた。また、ペルシャ各市に住む詩人たちは熱意を呼び覚まされ、その大胆不敵な行動を讃える詩を書いた。それらの詩によって、モラ・ホセインの偉大な行為はひろく知られることになり、彼に不朽の名誉を与えることになった。その武勇を称えた者の中に、レザ・ゴリがいた。彼は詩の中で、モラ・ホセインの驚異的な力と無類の腕前を大いに賞賛している。

私（著者）は思い切ってフォルギにつぎのことを聞いた。すなわち、モラ・ホセインは少年の頃から剣術を学び、長い間訓練を受け、すぐれた技術を身につけた、とある文献に書いてあるが、そのことを知っているかどうかと聞いたのである。彼はこう答えた。「それはまったくの作り話です。私はモラ・ホセインを子供の頃から知っており、同級の友人として長い間交際してきましたが、彼があれほどの力と技能をもっていたことはまったく知りませんでした。むしろ私の方が、精力と忍耐力ですぐれていると思っていた位です。彼は、書く時も手がふるえ、思う存分に書けないとよく言っていました。この身体面の障害で、マゼンダランに行くまで苦しんでいたのですが、あの残忍な攻撃に反撃するために剣を抜いた瞬間、神秘的な力が彼を変えてしまったのです。その後に続いた交戦で、彼は、馬に拍車を入れて敵の陣営に一番乗りして、だれの助けも受けずに、一人で相手の総力に立ち向かい、勝利をおさめました。彼の後に続いた我々は、すでに彼によって無力にされた敵と戦うだけでした。彼の名を聞いただけで敵の心は恐怖に打たれ、逃走してしまったのです。ずっと彼と行動を共にした仲間たちも、その恐るべき力と不屈の決意と大胆さに肝をつぶされ、おどろきで言葉を失ってしまったほどでした。我々全員が確信したことは、モラ・ホセインは我々が以前知っていた人ではなくなり、神のみが付与できる精神でみなぎった人になっていたということでした。」

フォルギはまた次のようにも語った。「モラ・ホセインは、あのおどろくべき一撃を敵に加えたあと姿を消しました。我々には、彼がどこに行ったのか見当がつきませんでした。彼を見つけることができたのは彼の従者ガンバル・アリだけでした。後でこの従者は、モラ・ホセインが敵の中に突入し、攻撃してきた敵の一人一人を剣の一振りで倒していったことを知らせてくれました。彼は、雨と降ってきた弾丸にも気をとめず、敵軍を押し分けてバルフォルーシュに向かいました。そして、サイドル・オラマーの家に行き、家のまわりを三周して叫びました。『この町の住民を扇動して我々に聖戦をしかけておきながら、自分は自宅に隠れこもっている卑怯者よ、恥ずべきかくれ場から出て来い。その大業が公正であることを自ら模範を示して証明せよ。聖戦をはじめる者は最前線で指揮し、自らの行動で従者たちの心に献身の火を点し、熱意を持ち続けさせなければならないのだ。』

モラ・ホセインの声は群衆のどよめきを打ち消した。町の住民は降伏し、「平和を！平和を！」と叫びはじめた。この降伏の声が上げられたとたん、モラ・ホセインの仲間たちの歓呼があちこちに響いた。彼らは大急ぎでバルフォルーシュに駆けつけて来ていたのである。人びとは、高々と響きわたる「おお、この時代の主なる御方よ！」という彼らの呼び声に不安になった。モラ・ホセインは死んだと思っていた仲間たちは、彼が背を伸ばして馬に乗っているのを見ておどろいた。はげしい攻撃にも傷ひとつ負っていなかった彼をみて、仲間たちは一人ずつ彼に近づき、あぶみに接吻した。

同じ日の午後、町の住民が求めていた平和が受け入れられた。モラ・ホセインはまわりに集まってきた群衆に次のように語った。「神の予言者（モハメッド）を信じる者らよ。なぜ我々を攻撃してきたのか。なぜ、我々の血を流すことが神の目に称賛に値すると見なすのか。皆は、我々がイスラム教を否定したと思っているのか。神の使徒（モハメッド）は、信者と異教徒両方を厚遇するよう教えなかったか。このような非難を受けるようなことを我々がしたのか。考えてみるがよい。私は一人で、剣だけをもって町民が浴びせかけた弾丸の雨に立ち向かい、火炎に取り巻かれたが、傷ひとつ受けずにそこから出てきた。つまり、私も馬も、皆のはげしい攻撃で傷つくことはなく、顔にかすり傷を負っただけだ。神は私を保護し、皆の眼前で、この信教の威力を示されたのだ。」

モラ・ホセインはその後サブゼ・マイダン（市場）の隊商宿に向かった。そこに着くと馬からおり、宿の入り口で仲間たちの到着を待ち、皆が集まり、宿に落ち着くとすぐ、パンと水を入手するために仲間を使いに出した。しかし、彼らは何ももたずに戻ってきて、パンを購入することも広場で水を汲むこともできなかったと報告した。「あなたは神を信頼し、神の意志に身を任せるようにと勧告されました。『神が我々に定められたこと以外は何もふりかかることはない。我々の主は神でありたまう。信仰する者は神を信頼せよ』（コーラン）と。」

モラ・ホセインは仲間たちに宿の門を閉めさせ、皆を集めて、日没の時間まで自分のそばにいるよう言った。夕闇がせまってきたとき、モラ・ホセインは、「信仰のために命をかけて、屋根に上がり、祈りの呼びかけをする者はいないか」と皆に聞いた。ひとりの若者が喜んで応えた。この若者は「アラホ・アクバール（神は偉大なり）」と言いはじめたとたん、飛んできた弾丸に倒れ、命を落とした。モラ・ホセインは残りの仲間に強く求めた。「だれか、この若者と同じ犠牲の精神で立ち上がり、祈りを続けたい者はいないか。」別の若者が出てきて、「モハメッドは神の予言者なり」と唱えはじめた時、敵に撃たれた。モラ・ホセインの指示で、三番目の若者が、前の二人が終えることができなかった祈りを、「神の他に神は存在しない…」という言葉で終えようとした時、同じように彼も弾丸で命を断たれたのである。

三人目の仲間が倒れたとき、モラ・ホセインは宿の門を開き、仲間と共に卑劣な敵を撃退する決断をした。馬に飛び乗り仲間に突撃の合図をし、門前に詰めかけていた敵に向かい、剣を手にして後に続いた仲間と共に、攻撃してきた敵軍を大勢殺害した。命拾いをした者らはパニックになって、再度、平和と慈悲を請いながら逃げていった。あたりが暗くなった頃には敵はすべて消えてしまっていた。二、三時間前まで大勢の殺気立った敵であふれていたサブゼ・マイダン（市場）は、すっかり見捨てられてしまった。こうして群衆の騒ぎはしずまった。死体が散らばったマイダンとその周辺は悲哀を感じさせたが、それはまた神の勝利を証言する光景でもあった。

モラ・ホセインの圧倒的な勝利におどろいた町の名士や指導者は、市民に代わって和解を求めてきた。彼らは歩いてモラ・ホセインのところまで嘆願書をもって来たのである。「我々の目的は、ただ平和と和解をもたらしたいことを神はご存知です。馬に乗ったままで、我々の説明を聞いていただきたい。」彼らの嘆願が真剣なのを見て、モラ・ホセインは馬からおり、彼らを隊商宿に招き入れた。「この町の住民と違い、我々は見知らぬ人びとをどう迎えるかを知っています」と言って、彼らを自分のそばに座らせ、お茶をもって来るよう従者に指示した。

彼ら（名士や指導者）はこう述べた。「この大騒動を起こしたのはサイドル・オラマー（悪名高き高僧）です。バルフォルーシュの住民は彼の犯罪には関わっていません。もうこれまでのことは忘れましょう。双方のため、あなたは仲間とアモルに向かうようにお勧めします。バルフォルーシュの住民は興奮状態にあり、再度そそのかされて、攻撃に出る恐れがあります。」モラ・ホセインは彼らの不誠実さを感じたが、その提案に同意した。そこで、アッバス・ゴリ（敵の指揮官）とモスタファ・カーンの二人が立ち上がり、持参してきたコーランに誓った。「今夜、あなたと仲間を客として扱い、明日、コスローに命じて百人の騎馬隊に護衛させて、シール・ガーを通過させます」と約束して、次のように付け加えた。「もし、あなたとその一団がわずかでも傷つけられるようなことがあれば、現世と来世において、神とその予言者の呪いが我々にふりかかるでしょう。」

この誓いの後、一団と馬のために食物が運びこまれた。モラ・ホセインは、仲間に食事をするように命じた。その日は一八四八年十月十日の金曜日で、だれも夜明けから飲食していなかったからである。しかし、隊商宿には多数の名士や従者が群がってきたため、モラ・ホセインと仲間は差し出された茶を飲むことはできなかった。

モラ・ホセインと仲間がアッバス・ゴリとモスタファ・カーンと共に食事をしたのは、日没後四時間たってからであった。夜中に、サイドル・オラマー（悪名高き高僧）はコスローを呼び出し、都合のよい場所と時間を選んで、モラ・ホセインの一団の所有物を全部略奪し、全員を殺害せよとひそかに命じた。コスローは質問した。「この人たちはイスラム教徒ではないのですか。祈りの呼びかけを終わらせるために仲間を三人も犠牲にしたのではないですか。彼らを殺害することが何故イスラム教の名に値するというのですか。」恥知らずの悪党サイドル・オラマーはこの質問を無視して、命令を忠実に守るよう命じ、自分の首を指さしながらこう言った。「自分が責任を取るから恐れずに殺せ。審判の日に、お前に代わって神に対して責任を取る。権力の座にある我々はお前よりも情報をもっており、この異端者どもを絶やす最上の方法を知っているのだ。」

アッバス・ゴリは夜明けにコスローを呼び出し、モラ・ホセインとその仲間に不自由させないで、安全にシール・ガーを通過させるよう、また、彼らから報酬を出されても絶対に受け取らないよう命じた。コスローはこの指示に従うふりをし、自分や騎馬隊員は警戒を緩めずに彼らの世話をすると約束した。「我々の待遇に満足した旨をモラ・ホセインに書いてもらい、戻ってきたときに、それをお見せしましょう。」

アッバス・ゴリをはじめ、町の名士たちは、コスローをモラ・ホセインに紹介した。そのとき、モラ・ホセインはこう述べた。「『お前たち善いことをすれば、わが身のためになり、悪いことをすれば、それはわが身の悪となる。』（コーラン）この男が我々をよく扱えば、大いに報いられるであろう。我々を裏切るような行動をとれば、大きな罰がふりかかろう。我々は神の大業のためにだけ仕え、神の意志に身を任せるのみである。」

この言葉を残してモラ・ホセインは出発の合図をした。従者のガンバル・アリは、その合図に従ってかけ声をあげた。「神の英雄たちよ。馬に乗れ！」この声に応えて、仲間は急いで馬に乗った。コスローの特別班が最前線を進み、そのあとコスローとモラ・ホセインが一団の中心を並んで行進し、後方を仲間たちが進み、その両側に百人の騎馬隊が陰謀（殺害）を実行するために武装して行進した。一団はバルフォルーシュを早朝に出発し、同日正午にシール・ガーに到着すると約束されていた。夜明けから二時間後、一団は目的地に向かった。コスローはわざと森を抜ける道を選んだ。（殺害の）計画が実行しやすいと考えたからであった。

森に中に入るとすぐコスローは攻撃の合図を出した。この合図に騎兵隊はモラ・ホセインの仲間をはげしく攻撃しはじめ、持ち物を略奪し、多数を殺害した。その中にサデェクの弟がいた。彼の苦悶の叫びを聞いたとたん、モラ・ホセインは行進をやめ、馬からおりてコスローの裏切り行為に抗議した。「ずっと前に正午は過ぎた。だが、まだ目的地に着いていない。あなたと一緒に行くのはお断りだ。あなたの案内も騎兵隊の護衛も必要ない。」次に従者のガンバル・アリに、祈りのためのじゅうたんを敷くよう命じた。モラ・ホセインが祈りの準備に手と顔を洗っているとき、コスローも馬からおり、従者に命じてモラ・ホセインに次のように知らせた。「目的地に安全に着きたければ、あなたの剣と馬を渡すがよい」と。モラ・ホセインは答えずに祈りはじめた。そのあとすぐ、すぐれた文筆家で、剛勇なモハメッド・タギが、タバコの水パイプを準備していたコスローの従者のところに行き、水パイプをコスローのところに運ばせてくれるように願った。その願いはすぐ入れられた。モハメッド・タギは水パイプに火を点けるふりをして腰をかがめ、コスローの胸にさっと手を突っ込み、短刀を抜いて、コスローの急所を深く刺した。

「この時代の主なる御方よ！」という仲間の叫び声が聞こえたとき、モラ・ホセインはまだ祈りの最中であった。彼らは卑劣な敵に反撃し、一回の攻撃で、水パイプを準備した従者以外の全部を倒した。この従者は恐ろしくなり、モラ・ホセインの足元にひれ伏し、助けを求めた。モラ・ホセインは彼に、コスローの所有物であった宝石で飾られた水パイプを与え、バルフォルーシュに戻って自分が見たすべてのことをアッバス・ゴリに話すよう命じた。「コスローは任務を忠実に果たしたことを知らせるがよい。あの悪党は、おろかにも、私の使命が終わり、私の剣と馬の仕事も終わったと思ったのだ。ところが仕事ははじまったばかりであり、それが完全に終わるまでは、彼も、その他の者も、私から剣と馬をうばい取ることはできないことを彼は知らなかったのだ。」

夕闇がせまっていたので一団は夜明けまでそこに留まることにした。翌朝、モラ・ホセインは祈りを捧げたあと、仲間を集めて「我々は、最後の目的地であるカルバラに近づいてきた」と言ってカルバラに向けて出発した。そのあとを仲間が続いた。モラ・ホセインは、仲間の何人かがコスローとその仲間の所有物を持っているのを見て、剣と馬以外はすべて捨てるように命じた。「皆は、俗世への愛着を完全に断った状態で、かの聖なる場所に到着しなければならないのだ。」

しばらくして一団はシェイキ・タバルシの聖堂に着いた。ここに葬られているシェイキはイスラム教のイマムに関する伝承を伝えた者であり、その聖堂は近隣の住民が訪れるところでもあった。モラ・ホセインはそこでコーランの次の聖句を詠唱した。「おおわが主よ、この聖堂を訪問したわれを祝福したまえ。あなたのみが祝福を授けることができたまう。」

一団が到着した前夜、聖堂の管理人は、イマム・ホセインが七十二人の戦士と多数の仲間とともに聖堂に到着したという夢を見た。この一団はその場所に留まり、雄々しく戦い、すべての会戦で敵軍を倒した。さらに夢の中で、ある夜、予言者自らが現われて、その聖なる一団に加わった。翌日、モラ・ホセインが到着したとき、管理人はすぐに、彼が前夜夢で見た英雄であることに気づき、足元にひざまずいてうやうやしく接吻した。モラ・ホセインは管理人をそばに座らせ、夢の話を聞いた後、次のように述べた。「あなたが夢で見たことはすべて起こる。その栄光ある場面はあなたの眼前で実際に演じられるであろう。」これを聞いた管理人はその後、この砦（聖堂）を守って戦った勇敢な一団と運命を共にし、砦内で殉教した。

一団が到着した日は一八四八年十月十二日であった。その日、モラ・ホセインは、以前バビの家を建てたバゲルに防御用の砦の設計について指示を与えた。夕方、馬に乗った者らが大勢森から出てきて一団を取り巻き、銃を構えて叫んだ。「我々はガディ・カラの村民だ。コスローの復讐をしにきた。お前たちを皆殺しにするまではやめないぞ！」今にも襲いかかろうとしている野蛮な大勢に取り囲まれて、モラ・ホセインとその仲間は身を守るために剣を抜かざるを得なかった。「この時代の主なる御方よ！」と叫び、前方に突入し、敵を撃退した。その叫び声の壮烈さに圧倒された敵は、とつぜん出現したと同じ速度で見る間に消え去った。この戦いを指揮したのは、自らこの任務を申し出たモハメッド・タギ（コスローを殺した本人）であった。

モラ・ホセインの一団は、敵がふたたび攻撃をしかけ、大虐殺を計ることを恐れ、近くの村まで彼らを追跡した。一団は、この場所を敵の村ガディ・カラと思ったのである。一団を見た村の男たちは皆恐怖にかられて一目散に逃げ去った。しかし、村の所有者ナザール・カーンの母親が暗闇の混乱の中であやまって殺された。「私たちは、ガディ・カラ村民とは何の関係もない！」とはげしく抗議している女たちの叫び声がやがてモハメッド・タギの耳にとどいた。彼はすぐ、仲間に攻撃をやめて、その村の名を確かめるように命じた。調査の結果、その村はナザール・カーンの所有で、殺された女性は彼の母親であることがわかった。モハメッド・タギは、自分の仲間が大変な間違いを犯したことに心を痛め、叫んだ。「男女にかかわらず、この村の住民を苦しめるつもりはなかった。唯一の目的は、我々を皆殺しにしようとしているガディ・カラの住民の暴力行為を抑えることであったのだ。」モハメッド・タギは、仲間が知らずに起こした惨事を真心から謝った。

一方、自宅に身をかくしていたナザール・カーンは、モハメッド・タギの後悔は誠実なものであると確信し、母親を失って悲しみに打ちひしがれながらも、モハメッド・タギを自宅に招いた。そして、モラ・ホセインに紹介してほしいと頼んだ。また、信者にこれほどの熱意をおこさせる大業の教えをぜひ知りたいと願った。

モハメッド・タギは、夜明けにナザール・カーンを伴ってシェイキ・タバルシの聖堂に到着した。そのとき、モラ・ホセインは会衆の祈りを導いており、その顔は歓喜で輝いていた。それを見て、ナザール・カーンは会衆に加わっていっしょに祈りの言葉を唱えたいという衝動にかられた。祈りが終わったあと、モラ・ホセインはナザール・カーンの母親が殺害されたことを知らされ、真心から弔いの言葉を述べた。それは、人の心に深い感動を与えるものであり、また、仲間の全員が、深い悲しみにある彼に対して感じたものであった。モラ・ホセインは、「我々の唯一の目的は命を守ることであり、近隣の平安を乱すことではないということを神はご存知である」と言って、ナザール・カーンを納得させ、バルフォルーシュの住民が一団を攻撃した状況とコスローの裏切り行為を説明した。さらに「母上の死で大変悲しんでおられるであろう」と弔意を表した。ナザール・カーンはとっさに答えた。「心配はご無用です。私に百人の息子が与えられたとしても、喜んで全部をあなたのところに送り、『この時代の主なる御方』のために犠牲として捧げるでしょう。」彼はモラ・ホセインに変わらぬ忠誠を誓い、一団に必要な備品を運んでくるため急いで自分の村に戻った。

モラ・ホセインは、設計通りに砦の建設をはじめるよう仲間に命じた。グループに分けてそれぞれに仕事を与え、早急に完成するよう励ました。建設中に、近隣の村々の住民はサイドル・オラマーにしつこくけしかけられて攻撃してきたが、そのたびに失敗に終わり、恥をかいた。このように、敵の度重なる猛攻撃にもかかわらず、モラ・ホセインの仲間は勇敢に戦い、ついに四方から取り巻いてきた敵を一時的に抑えることができた。砦が完成したとき、モラ・ホセインは敵の包囲攻撃にそなえる準備に取りかかった。邪魔が入って困難であったが、砦にこもる一団の安全に必要な備品を整えることができた。

砦がほぼ完成したとき、アブトラブが現われ、ババオラがナザール・カーンの村に到着したと知らせた。彼は、ババオラの言葉をモラ・ホセインにこう伝えた。「今晩、皆さんはババオラの客として招かれております。午後、ババオラご自身が砦に来られます。」私（著者）は、フォルギが次のように語るのを聞いた。「アブトラブの嬉しい知らせはモラ・ホセインにこの上ない喜びをもたらしました。彼はいそいで仲間のところに行き、ババオラを迎える準備をするように指示しました。そして自ら、仲間といっしょに聖堂の入り口までの道を掃き、水をまいて清め、敬愛する御方を迎えるために必要な準備をすべて自分で整えたのです。

ババオラがナザール・カーンを伴って近づいて来られるのを目にしたモラ・ホセインはすばやく前に出て、ババオラを温かく抱擁し、特別に準備した席に案内しました。当時、我々には見る目がなく、ババオラの栄光を認めることはできませんでした。我々のリーダーであるモラ・ホセインがババオラを深い尊敬と愛情をこめて我々に紹介されたのですが、我々の鈍い視力は彼のようにはババオラを認めることができなかったのです。どれほどの敬愛の念をこめて、彼はバハオラを抱擁したことでしょう。バハオラを目にしたとき、彼の心は、どれほどの喜悦感で満たされたことでしょう。彼は深い感動で、周囲にいる我々をまったく忘れてしまったようでした。彼の魂はバハオラを思うことでいっぱいだったのです。その間、我々は立ったままで、『座れ』という命令を待っていました。ついに、バハオラご自身が我々に座るよう命じられました。やがて、我々もまた、バハオラの言葉に魅惑されてしまいましたが、だれもその言葉にひそむ無限の威力に気がついた者はいませんでした。

訪問中に、バハオラは建造された砦を調べ、満足の意を表されました。また、一団の安全保護に何が必要かをモラ・ホセインにこまかく説明され、最後にこう言われました。『この砦と仲間に必要なものが一つだけある。それはゴッドスである。彼が皆に加わることによって、この砦は完成する。』バハオラは、モラ・ホセインにこう指示されました。すなわち、メヘディ・コイほか六名をサリに送り、モハメッド・タギ（高僧）にゴッドスの即刻釈放を要請させることでした。さらに、次のように言ってモラ・ホセインを安心させられました。『モハメッド・タギは、神とその懲罰を恐れ、監禁していたゴッドスをすぐ引き渡すであろう。』

バハオラは去る前に、忍耐し、神の意志に身を任せるよう励まされました。そして、こう付け加えられました。『神のおぼしめしであれば、この場所をまた訪問し、皆を援助しよう。皆は神の軍勢の前衛であり、その信教を確立する者たちである。神の軍勢はかならず勝利を得よう。いかなることが起ころうとも、皆の勝利は確実である。』この言葉で、バハオラは勇敢な仲間の一団を神に委ね、ナザール・カーンとアブドラブを伴って村に戻られ、そこからヌール経由でテヘランに向かわれました。」

モラ・ホセインは直ちにバハオラの指示を実施するためメヘディ・コイを呼び、六名の仲間と共にサリに行き、モハメッド・タギに監禁されているゴッドスの釈放を要請するように指示した。モハメッド・タギは要請を聞くとすぐ、無条件でゴッドスを釈放した。要請の言葉にひそむ威力で、彼は力を完全にうばわれたようであった。そして、使いの者たちにこう言った。「私は、ゴッドスを大事な客人とみなしています。彼を釈放するなどと言うのは相応しくないことです。彼は自由に思いのまま行動できます。彼が望めば、私は同伴することもできます。」

一方、モラ・ホセインはゴッドスが近づいてきていることを仲間に知らせた。そして、バブに対して示すと同じ尊敬の念で彼に接するように指示し、こうつけ足した。「皆は私をゴッドスのしもべとみなさなくてはならない。皆は彼に忠誠を誓わなければならないが、それは、彼が私の命を取れと命じられたら、一瞬のためらいもなく、それを実行するほどでなければならないのだ。もしためらうなら、皆は信教に対して不忠を示すことになるのだ。彼から呼び出されるまでは、けっして彼を邪魔してはならない。皆は自分の欲望をすて、彼の望みに従わなければならない。また、彼の手足に接吻しないように。彼の清らかな心は、そのような尊敬の表現を好まれないからだ。私が誇りに思えるような態度で彼に接するように。彼には栄光ある権威が与えられており、どれほど身分の低い仲間でもそれを当然認めなければならないのだ。この訓戒の精神に背く者にはひどい懲罰が下されるであろう。」

ゴッドスは、サリの著名な高僧で、親戚にあたるモハメッド・タギ宅に九十五日監禁されていた。監禁中であったが、尊敬をもって厚遇され、バダシュトの大会に参加した仲間の大半の訪問も受けることができた。しかし、ゴッドスはだれもサリに滞在させず、モラ・ホセインのかかげる黒旗の下に集まった一団に加わるよう強く勧めたのである。神の予言者モハメッドは、この黒旗について次のように語っていた。「黒旗がコラサンから出て行くのを見たら、雪の上を這ってでもその旗の下にいそげ。その旗は、約束されたメヘディ、神の使者の出現を宣言するものであるから。」

この旗は、バブの命令により、ゴッドスの名前の下にモラ・ホセインがマシュハド市からシェイキ・タバルシの聖堂まで、高く掲げて運んできたものであった。一八四八年七月初旬から一八四九年五月下旬まで十一ヵ月間、天上の主権の象徴である黒旗は、小人数ではあるが勇敢な一団の頭上にひるがえり、多数の人びとに、俗世への愛着を断って神の大業を受け入れるように呼びかけ続けた。

サリに滞在中、ゴッドスは、モハメッド・タギにこの新しい神のメッセージを信じてもらおうと努めた。ゴッドスは、バブの啓示に関する未解決の重要問題について思う存分討議した。彼は大胆で挑戦的な見解を述べたが、そのとき丁重で、温和で、しかも説得力のある言葉を用い、また親切な態度でユーモアを交えながら提出したので、聞き手を怒らせることはまったくなかった。かえって、彼の聖典への言及は聞き手を楽しませるためのユーモアに富んだ所見であると誤解されたほどであった。モハメッド・タギは残酷で邪悪な性質をもっていた。それは後日、シェイキ・タバルシの砦の戦いで生き残った者たちを皆殺しにすることを主張したことで明らかになった。しかし、ゴッドスを自宅に監禁していた間、無礼な態度をとることはなかった。さらに、ゴッドスをサリの住民の攻撃から守り、彼らの態度をしばしば非難さえしたのである。

ゴッドスの到着が迫っているニュースにタバルシの砦の仲間はふるい立った。ゴッドスは使者を送って、自分が砦に近づいていることを知らせたのである。この嬉しいニュースに、皆は新たな勇気と力を得た。モラ・ホセインはわきあがってくる熱意を抑えきれず、ゴッドスを迎えるためにおよそ百人の仲間を伴って歩きだした。各人に二本のローソクを持たせ、自ら火をつけ、前進するように命じた。夜の暗闇も、喜びにあふれて進む一団の明かりで消散した。こうして、マゼンダランの森の中で、彼らは待望してきた方の顔を認めることができたのである。皆ゴッドスの馬のまわりに集まり、心から敬愛を示し、変わらぬ忠誠を誓った。彼らは両手にローソクをもったまま、ゴッドスの後に続いて砦に向かって歩いた。ゴッドスが一団の真ん中を馬に乗って進む光景は、あたかも衛星の真ん中で輝く太陽のようであった。

ゆっくりと砦に向かう一団の中から賛美の歌声が聞こえはじめた。「聖なるかな、聖なるかな、主なるわが神よ。もろもろの天使と聖霊の主よ。」モラ・ホセインが唱えた句を一団が反復した。マゼンダランの森はこの歓呼の歌声で鳴りひびいた。

この状態で一団はシェイキ・タバルシの聖堂（砦）に到着した。ゴッドスは馬からおり、聖堂に寄りかかって最初の言葉を口にした。「皆のためには神が残された御方が最高である。皆が本当に信じる者らであれば。」この句で、次のモハメッドの予言が満たされたのである。「メヘディ（神の使者）が出現されるとき、その御方は聖所に背をもたれかけ、集まってきた三百十三人の弟子にこう語られるであろう。『皆のためには神が残された御方が最高である。皆が本当に信じる者らであれば。』」ゴッドスが「神が残される御方」と呼んだ人はバハオラのことであった。フォルギはこれを証言して、私（著者）に次のように語ってくれた。

「ゴッドスが馬からおりたとき私もそこにいました。この目で、彼が聖所に背をもたれかけるのを見、この耳でその言葉を述べるのを聞きました。そしてすぐ、モラ・ホセインの方を向いてバハオラについてたずねました。そこでゴッドスが知ったことは、神のおぼしめしであれば、バハオラが一八四八年十一月二十七日前にこの聖堂に戻られる予定ということでした。

間もなくして、ゴッドスはモラ・ホセインに説話を何枚か渡し、皆に読んで聞かせるように頼みました。最初の説話はバブに捧げたもの、次はバハオラに関するもの、三番目はタヘレに言及されたものでした。我々は思いきって、二番目の説話はバハオラにあてはまるものかを、モラ・ホセインに質問しました。その方は高貴な衣を着た方として描写されていたのです。質問はゴッドスに渡されました。ゴッドスは、時がくればこの秘密は明らかにされると、我々を納得させました。当時、バハオラの使命がいかなるものであるかにまったく気づいていなかった我々は、その意味を把握できず、とりとめのない推測をするしかありませんでした。約束されたガエム（バブを指す）に関する伝承の秘密を知りたいと思い、数回、ゴッドスに教えてくれるよう頼みました。最初は気が進まないようでしたが、そのうち、私の望みをかなえてくれました。納得力のあるその説明を聞いて、畏れと尊敬の念は高まるばかりでした。彼は、我々の心に残っていた疑問を取り除いてくれたのです。その優れた洞察力を前にして、彼には我々が奥底に秘めている思いを読む力と、我々の胸中のはげしい動揺をしずめる力が与えられていると確信しました。

私は、モラ・ホセインが、毎夜、ゴッドスが休んでいる聖堂の境内の周りをまわり、ゴッドスを迎えたときに皆で詠唱した句をささやくのを見たのです。私が、しずまった夜中に一人で祈りと瞑想にふけっていたとき、モラ・ホセインが近寄ってきて次のようにささやきました。今でもそのときのことを思い出すと深い感動であふれるのです。「フォルギよ。あなたを悩ませている疑問を払いのけ、心を解放させるがよい。そして、私と共に殉教の杯を飲み干そうではないか。そうすれば、今はかくされている事柄の神秘が、一八六三年（バハオラの使命宣言の年）に理解できるであろう。」

さて、シェイキ・タバルシの聖堂に到着したゴッドスは、集まった仲間の人数をモラ・ホセインに調べさせた。一人ずつ数えながら門内に入らせたところ、総数三百十二人いた。その結果をゴッドスに知らせようと、門の中に入ろうとしたとき、バルフォルーシュから徒歩で駆けつけてきた若者が飛び込んできた。彼はモラ・ホセインの衣の裾にすがり、仲間に入れてくれるよう懇願した。敬愛する御方の道に命を捧げさせて下さいと懇願したのである。この懇願はすぐ受け入れられた。ゴッドスは仲間の総数を聞いて次のように述べた。「神の予言者が、約束された御方に関して述べた予言は実現されなければならない。自分たちだけが、イスラム教の法や伝承の解釈ができると思っている僧侶の目に、予言の実現が証明されるように。彼らを通して、イスラム教徒たちは真理を受け入れ、予言が満たされたことを認めるであろう。」

当時、ゴッドスは毎日、朝と午後にモラ・ホセインと主な仲間を呼び出し、バブの書簡を詠唱するように求めた。ゴッドスは砦に隣接する広場に座り、忠実な仲間に囲まれて、師であるバブの言葉に熱心に聞き入り、時折、注釈を入れた。敵の脅しとそれに続いたはげしい攻撃にもかかわらず、祈りと瞑想は定期的に続けられた。危険がせまる苦しい状況の下でも、自分のことは忘れ、敬愛する御方と交信し、その御方への賛美を書き、砦の仲間を元気づけた。敵の弾丸が雨と降り注ぐ中でもまったく平静を保ち、敬愛する御方に次のように呼びかけたのである。「私の魂は常にあなたに思いはせております。それが私の生命の支えであり、慰めです。私は、あなたのためにシラズで最初に屈辱を受けたことを栄誉に思っています。あなたの道に、あなたの大業にふさわしく命を捧げたいと念願しております。」

ゴッドスは時折、イラク出身の仲間にコーランのさまざまな聖句を唱えるように求めた。彼は熱心に聞き入り、その意味を解明することもしばしばであった。あるとき、次の聖句に出くわした。「われらは、皆を少々こわい目に合わせたり、飢えで苦しめたり、また財産、人命、収穫などの損傷を与えたりして試みることがある。が、忍耐強く耐えている者らには喜びの音信を与える。」ゴッドスはこの聖句を説明した。「これは、本来ヨブと、彼にふりかかった苦難を述べたものである。しかし今日、我々にも当てはまるものであり、我々はヨブと同じ苦難を受けるように定められているのだ。その苦難はあまりにも激烈で、ゆるがぬ確信と忍耐をそなえた者しか耐えることができない。」

ゴッドスの知識と明敏さ、確信に満ちた言葉、そして仲間に与えた賢明な指示は、彼の権威と威信を高めた。最初は、モラ・ホセインがゴッドスに示した深い敬意は心から自然に生じたものではなく、急迫した事情の下でそうせざるを得なかったのではないかと思われたが、ゴッドスの著作や態度で、その疑いは徐々に消され、仲間からより深い尊敬を受けるようになった。

ゴッドスはサリ町に監禁中、モハメッド・タギから求められてコーランのある章について論文を書いた。その一部でさえ、コーランよりも三倍になるほどの大作であった。モハメッド・タギはその見事な解説に深く感動し、ゴッドスへの敬意を深めた。しかし、後日、彼はサイドル・オラマー（悪名高き高僧）と手を組み、シェイキ・タバルシの砦の勇敢な防御者たちの殉教をたくらむことになる。

ゴッドスは敵の猛烈な攻撃にもかかわらず、砦の中でコーランの同じ章について解釈を書き続け、以前書いたものと同じ量の文章を完成させた。ゴッドスの書く速度とおびただしい量と計り知れないほど貴重な内容に仲間は驚嘆し、彼が指導者であるのは正当とみなした。仲間は皆、モラ・ホセインが毎日ゴッドスから運んでくる解説文を熱心に読んだ。モラ・ホセインも同様にそれに称賛を惜しまなかった。

砦の建設が完成し、防御に必要な備品がそろった時、モラ・ホセインの仲間は熱意であふれたが、それは同時に近隣の住民の好奇心を刺激した。ある者は単なる好奇心から、他の者は物質的な利益を求めて、また、何人かはその砦が象徴している大業に献身したいという望みから、門内に入る許可を求めた。彼らは、砦があまりにも迅速に完成したので不思議に思ったのである。

ゴッドスは、仲間の数を確認したあとは訪問者が中に入ることを禁じた。その前に砦を調べた人たちは砦の出来ばえを大いにほめ称えたので、それは人から人へと伝わり、ついにサイドル・オラマーの耳にも届いた。彼の胸には嫉妬の炎がはげしく燃え上がり、この砦を建てた責任者たちに対する憎しみから、住民がその砦に近づくことを禁じ、モラ・ホセインの仲間をボイコットするように命じた。

このきびしい命令にもかかわらず、それを無視して、不当に迫害された人たちにできる限り援助の手を差しのべた人たちもいた。砦内のモラ・ホセインとその仲間の苦しみは大きく、最低限の生活必需品にもこと欠いた。しかし、この暗い艱難の日々にとつぜん神の援助の光が射し、思いがけない救済の門が開くことになった。

砦の一団に重くのしかかっていた苦難が神の援助により緩和されたことで、強情で横柄なサイドル・オラマーの怒りは再度あおられた。憎しみに駆られ、国王の座についたばかりのナスル・ディン・シャーに強い言葉で訴え、王朝が脅威にさらされていることを長々と説明した。「卑しむべきバビ派が反旗をひるがえしております。この無責任な扇動者の一団は陛下の権威をくつがえそうとしております。彼らの本部付近にある村々の住民は、すでにその旗の下に集結し、その大業に忠誠を誓っております。そして頑丈な砦を建設し、その中に立てこもり、陛下に向かって攻撃の準備をしているのです。彼らは主権の独立宣言をしようと固く決心しています。そうなれば、陛下の高名な先祖代々の王冠が屈辱を受け、葬られるでありましょう。陛下は統治を始められたばかりです。陛下に対して陰謀を企てているこの憎むべき一派を根絶やしにし、その功績をもって統治を開始されることはすばらしいことです。それにより、人民の陛下への信頼は深まり、陛下の威信も高まり、王冠に不滅の栄誉をもたらすことになりましょう。もし陛下が、何の方策も取らず、わずかでも彼らを大目に見たりされるなら、私の義務としてこう警告させて下さい。マゼンダラン州だけでなく、ペルシャ全国が隅から隅まで、陛下の権威を否定し、バブの大業に身を委ねる日がすばやく近づいてきていると。」

国王は国政に未経験であったので、この件をマゼンダランの軍を指揮した将校たちに委託した。国内に騒動を起こしている者らを適切な手段を用いて根絶せよと命じたのである。モスタファ・カーンは自分の見解を国王に提出した。「私はマゼンダラン州の出身で、この一団がどれほどの力をもっているかを判断できます。彼らは訓練も受けていない、ひ弱な身体をもつ神学生たちで、陛下の軍力に対抗できる力はまったくありません。陛下が送ろうとされている軍団は必要ないと思います。特別派遣隊だけで彼らを絶滅させるに十分です。彼らに思いやりは不要です。もし、陛下のご希望であれば、私の弟アブドラ・カーンに権限を与え、その一団を征服させることもできます。二日とたたないうちに反乱は鎮圧され、彼らの願望はくじかれるでありましょう。」

国王はこの提案を受け入れ、ただちに全国から徴兵し、その一団（バビ）を全滅させよという命令書をアブドラ・カーンに出した。国王はまた、彼の能力に信頼を置いているというしるしに王家の記章を与えた。アブドラ・カーンは、国王からの命令と栄誉の記章に勇気づけられ、使命を果たそうと、短期間におよそ一万二千人の兵士を集めた。兵士の大半はオサンルとアフガンとクダール地方出身者であった。そして、兵士に必要な武器を与え、アフラ村に配置した。この村はナザール・カーンの所有で、タバルシの砦を眼下に見下ろす地であった。その高台に野営を設置してすぐ、モラ・ホセインの仲間に毎日運ばれるパンを途中でうばいはじめた。敵の攻撃で砦を出ることができなくなった一団は、やがて水も得られなくなった。

兵士たちは砦の前にいくつものバリケードを置き、砦から出てくる者にはだれといわず発砲するように命じられた。ゴッドスは仲間に水を汲みに出ないように指示した。仲間の一人バネミリは不満そうに、「敵は我々のパンをうばっています。水も得られなければどうなるというのですか」と言った。そのとき日が沈もうとしていた。モラ・ホセインといっしょに砦のテラスから敵軍を偵察していたゴッドスは、ふり向いて言った。「水の不足で仲間は苦しんでいる。神のおぼしめしであれば、今夜、我々の敵にどしゃぶりの雨が降り注ぎ、それにつづいて大雪が降ってくるであろう。そうなれば、彼らの攻撃を撃退することができよう。」

その夜、滝のように雨が降って、砦近くに駐屯していたアブドラ・カーンの兵士たちをおどろかせた。この雨で彼らの武器の大半は破壊された。砦の内部では長期間使用できる水が確保できた。翌日、その辺りの住民が真冬でも経験したこともないほどの大雪が降り、大雨で困っていた軍隊をさらに苦しませた。次の日一八四八年十二月一日の夜、ゴッドスは砦の門外に出ることにした。門に近づきながらバネミリに言った。「神に賛美あれ。神は我々の祈りに答え、敵に大雨と大雪を降らされた。それにより敵の陣営は破壊されたが、我々の砦はうるおった。」

敵の大軍は雨と雪で打撃を受けたが、再攻撃を全力で準備していた。攻撃の時間が迫ってきたとき、ゴッドスは反撃して敵軍を追い散らす決心をした。夜明けから二時間たって、ゴッドスは馬に乗り、モラ・ホセインほか三人の仲間と共に横に並び、門を出た。その後方に一団全員が徒歩で続き、門を出るやいなや「この時代の主なる御方よ！」という叫び声をあげた。それは敵軍の陣営に響きわたり、兵士たちを仰天させた。バブの勇猛な弟子たちがマゼンダランの森であげたこの轟きに、待ち伏せしていた兵士たちは恐れおののいて逃げ去った。弟子たちが抜いた剣のきらめきで兵士たちの目はくらみ、肝をつぶして武器と持ち物をすべて残して逃げていったのである。四十五分とたたないうちに、勝利の叫び声があげられた。ゴッドスとモラ・ホセインは敗北した敵の生存者を支配下においた。この戦いで、アブドラ・カーンと二人の士官をはじめ四三〇名以上の兵士が戦死した。

ゴッドスが砦に戻ったあとも、モラ・ホセインは勇敢な戦いを続けた。そこで、アブドル・アジムがゴッドスに代わって、モラ・ホセインにすぐ砦に戻るよう呼びかけた。ゴッドスは言った。「我々は敵を撃退した。これ以上の罰を加える必要はない。人びとの再生に尽くせるように、我々の身を守ることが目的で、だれにも不必要な害を与えるつもりはない。すでに達成したことだけでも、神の無敵の威力を示すに十分である。小人数の信者の一団が神の恩寵に支えられて、訓練された敵軍を鎮圧することができたのだ。」この戦いで、バブの信者の中で命を落とした者はいなかった。ただ一人、ゴッドスの前方にいたゴリという者が重傷を負っただけであった。彼らは、剣と馬以外は敵軍から何も取ってはならないと命じられた。

アブドラ・カーンが指揮していた軍団が、ふたたび集結しはじめたのを知ったゴッドスは、再攻撃から身を守るために、砦のまわりに濠を造るよう仲間に命じた。早期完成のために皆が昼夜努力したおかげで、濠は十九日後に完成した。完成直後、メヘディ・ゴリ王子が大軍をひきいて砦に進軍してきている知らせが届いた。王子はすでにシール・ガーに野営していて、二、三日後にはヴァス・カスに本部を移した。そこから、モラ・ホセインに使いを送り、「国王から依頼されて、あなたの活動の目的を確認しに来た」と告げた。モラ・ホセインはこう答えた。「国王にこう報告して下さい。我々には君主制の土台を覆したり、国王の権威をうばったりする意図はまったくありません。我々の大業は約束されたガエムの啓示に関するもので、主にわが国の僧侶階級の利益に関わるものです。我々は、明確な論証で、(バブの)教えが正当であると立証することができます。」

モラ・ホセインは誠意と熱意をこめて大業を弁護し、その正当性を詳細に説明した。これに感動した使者は目に涙を浮かべ、叫ぶように言った。「どうすればよいのでしょうか。」モラ・ホセインは答えた。「サリとバルフォルーシュの僧侶たちをこの場所におもむかせ、バブがもたらした啓示の正当性を我々に問わせるようにしてください。だれが真理を語るかは、コーランに決めさせせましょう。王子自らこの件の判事となり、判決を下します。もし、我々がこの大業の真理を、聖句や伝承によって証明できなかった場合、我々をどう扱うかは王子が決めます。」使者はこの答えに満足し、三日以内に僧侶たちを召集することを約束した。

使者の約束は果たされない運命にあった。三日後、メヘディ・ゴリ王子は、これまで以上の規模で砦の一団を攻撃することにした。砦を見下ろせる高台に、歩兵の三連隊と騎兵の数連隊を置き、発砲の命令を下した。夜明け前に、ゴッドスは「神の英雄たちよ、馬に乗れ!」と合図を出し、砦の門を開かせた。モラ・ホセインと二百二人の仲間は馬に飛び乗り、ヴァス・カスに向かうゴッドスに続いた。圧倒的に大多数の敵軍にもひるまず、道路に積もった雪やぬかるみにもためらうことなく、暗闇の中を敵の陣営へと突進した。

モラ・ホセインの動きを偵察していた王子は、彼が近づいてきているのを見て兵士たちに発砲を命じた。しかし、その射撃もモラ・ホセインの突撃を止めることはできなかった。彼は敵軍の陣営の門を突き抜け、王子の宿営場所に突進した。王子は身の危険を感じて、後ろの窓から濠に飛び込み、はだしで逃げ去った。司令官を失った軍隊は、パニックにおそわれ敗走した。圧倒的に多数の兵士と国王から供給された十分な兵器をもってしても、少数のモラ・ホセインの一団を征服することはできなかったのである。

仲間の一団が王子専用の部屋へと突入しようとしたとき、別の二人の王子が向かってきたが、二人共に倒された。一団は王子の部屋にはいり、金銀の一杯つまった箱を発見したが、それに手をつけたりはしなかった。彼らは王子が残していった高価な装飾品などは無視し、ただ、火薬の入ったビンと王子が愛用していた剣を、勝利の証拠としてモラ・ホセインのところに持っていった。そこでかれらは、モラ・ホセインはゴッドスの剣を借りて敵軍を撃退していたことを知った。かれの剣は銃弾を受けて壊れていたからであった。

モラ・ホセインの仲間の一団が敵の手中にあった監獄の門を開けようとしていたとき、アルデビリの声が聞こえてきた。かれは砦に行く途中でとらえられ、囚人仲間とともに監禁されていたのである。アルデビリは苦しんでいる他の囚人たちも釈放されるように懇願したため、全員すぐに解放されることになった。

かの忘れがたい戦いの朝、ヴァス・カスのふもとで、モラ・ホセインは仲間をゴッドスのまわりに集めた。その間も敵の再度の攻撃を予期して、馬に乗ったまま敵の動きを見守っていた。とつぜん、大軍が左右の方向からこちらに向かって突撃してくるのが見えた。仲間は全員立ち上がり、「この時代の主なる御方よ！」の叫び声をあげながら敵に向かって突進した。モラ・ホセインは一方向に拍車を入れ、ゴッドスと仲間は別の方向に進んだ。モラ・ホセインに向かってきていた一隊は、とつぜん向きを変えて彼から逃れ、他の軍団に加わってゴッドスと仲間を取り巻いた。敵軍が同時に一千の弾丸を発射したとき、その一つがゴッドスの口に当たり、歯を折り、舌と喉を傷つけた。一千の弾丸の大轟音は二十キロメートル離れたところまで聞こえた。この音で心配になったモラ・ホセインは、急いで仲間の援助にかけつけた。その場につくとすぐ馬からおり、従者のガンバル・アリに馬をあずけてゴッドスのところに走った。そして、敬愛する指導者の口から大量にしたたる血を見て恐怖と不安におそわれ、両手をあげ、頭を打ちつけようとした。ゴッドスが止めるように命じると、その動作を止めて、ゴッドスの剣を使わせてくれるように懇願した。剣を受け取るやいなや、それを抜いて、百十人の仲間と共に、周囲に群がってきていた敵軍に向かった。一方の手に敬愛する指導者ゴッドスの剣をふるい、別の手に面目を失った敵（王子）の剣を使いながら必死に戦い、三十分内に敵軍を全部敗走させた。こうしてモラ・ホセインは見事な武勇を示したのである。

メヘディ・ゴリ王子の軍隊の敗走で、モラ・ホセインと仲間は砦に戻ることができた。彼らは、後悔の念で苦しみながら、傷ついた指導者のゴッドスを砦に避難させた。砦に到着したゴッドスは、自分が傷を受けたことで悲しんでいる仲間を文書で励ました。「我々は神の意志に従わなければならない。この試練の時こそ、ゆるがぬ確信を持たなければならない。不信心者の石は神の予言者の歯を折った。わが歯は敵の銃弾で折れた。わが身体は苦しくても、わが魂は喜びに浸っており、神への感謝の念ははかりしれない。われを愛するならば、この喜びがうすれないように悲しんではならない。」

この忘れがたい戦いの日は、一八四八年十二月二十一日であった。同じ月の初めに、バハオラは、モラ・ホセインとの約束どおり、数人の仲間と共にヌールからタバルシの砦に向かった。同伴した仲間の中には、ジャニと、生ける者の文字の一人バゲルと、バハオラの弟ヤーヤがいた。バハオラは彼らに、途中で止まらずに砦に直行するよう指示していた。バハオラの意図は、夜半に砦に到着することであった。と言うのは、アブドラ・カーンが指揮し始めて以来、砦の一団の援助を禁止する厳しい命令が出されており、一団を孤立させるために、あちこちに監視人が置かれていたからである。しかし、バハオラの同伴者たちは、旅の途中で二、三時間だけでも睡眠を取りたいと要請した。この休息で到着が遅れると、敵の不意打ちにあう危険があると知っていたが、バハオラはその熱心な願いを聞き入れた。一行は道路近くの一軒家で泊まることにした。夕食後、皆は眠りについたが、バハオラだけは疲労にもかかわらず寝ずに見張っていた。自分と仲間がさらされている危険に十分気づいていたからであった。

その間、敵の密使は、その区域に配置されていた監視団に、バハオラとその仲間が近くに来ていることを知らせた。監視団は一行のところに来て、バハオラが指導者であることをすぐ認めてこう言った。「この辺りで見つかった者は全員逮捕して、取り調べはせずにアモルに連行し、知事に渡すよう指示されています。」バハオラは警告した。「あなた方は、我々の目的を誤解している。後々、後悔しないような行動を取るように忠告する。」監視団の主任はバハオラのこの威厳ある忠告に心を打たれ、バハオラと仲間を丁重に扱うことにした。主任は馬に乗り、自分についてアモルに向かうよう一行に命じた。川岸に近づいた時、バハオラは監視団から離れて進んできていた仲間に、持参している書簡をすべて川に捨てるように合図した。

夜明けがきて、一団が町に近づいた。知事代理は、タバルシに行く途中に逮捕された一団の到着を前もって知らされていた。知事自身は、知事付の護衛団と共にメヘディ・ゴリ王子の軍団に加わるように指示されて不在であった。また、その留守中は、血族の者を代理に置いておくよう命じられていた。知事代理は、知らせを聞くとすぐアモルの寺院に行き、町の高僧と有力者を呼び集め、一団と会うよう命じたが、一団の指導者がバハオラと分かったとたん、自分が出した命令を深く後悔した。そこで、バハオラの行動を咎めるふりをした。そうすることで騒ぎがしずまり、寺院に集まってきた人びとの興奮が治まるだろうと思ったからであった。バハオラは強く言った。「我々のせいにされている罪は犯していない。我々の潔白はやがて、皆の目に明らかになるであろう。後で後悔しないような行動を取るように忠告する。」知事代理は、高僧たちに質問はないかと聞いた。そこで出された質問に、バハオラは明白で納得のゆく答えをした。

バハオラが質問を受けている最中に、仲間の一人がたずさえていた書簡が監視人たちにみつかった。彼らはそれをバブの書簡だと思い、高僧に渡した。高僧はその書簡を何行か読んだ後、そばに置き、皆を見まわして声をあげて言った。「途方もない要求をしているこの者たちは、今読んだ書簡で明らかであるが、正しい綴字方の基本的な規則さえも知らないことを暴露した。」バハオラは答えた。「学識ある僧侶の方々よ。皆さんが批判されているこれらの言葉はバブのものではなく、イマム・アリが仲間に語った言葉なのだ。」

このバハオラの答えとその威厳ある態度に、傲慢な高僧は自分のへまに気づいたが、その重大な供述に反論できないので沈黙を守ることにした。有力者の一人が腹立たしそうに言葉を入れた。「この書簡の内容そのものが、著者がバビだという決定的な証拠であり、また、その教義の解説者であることを示している。」そして、信者たちを処刑すべきだと主張し、叫ぶように言った。「この訳の分からない宗派は、国家とイスラム教の憎い敵である。この異端をぜひとも根絶しなければならない！」そこに居た他の有力者たちも大胆になってこの非難に同意し、知事は自分たちの願いを聞き入れるべきだと主張した。

知事代理はひじょうに当惑し、少しでも一団を大目にみれば、自分の地位が危なくなることに気がついた。そこで、彼らの興奮をしずめるため、捕らえられた一団にむち打ち刑を与えるように命じ、こうつけ足した。「そのあと、知事が帰られるまでこの一団を監禁する。知事は彼らをテヘランに送り、そこで、国王からも罰を受けるであろう。」

最初にむち打ちの刑を受けることになったのはバゲルであった。彼はこう主張した。「私はバハオラの馬丁です。マシュハドに向かっていたとき、とつぜん逮捕されてここに連れて来られたのです。」バハオラは間に入って、バゲルを釈放させた。ジャニについては、「ただの商人で、自分の客であり、彼に対する容疑は自分の責任だ」と言って解放させた。ヤーヤは縛られはじめたが、バハオラが「自分の従者だ」と強く言ったので釈放された。バハオラは知事代理にこう説明した。「これらの者は何の罪も犯していない。刑罰を与えたければ、私が進んで犠牲になって受けよう。」知事代理は、気が進まなかったが、仕方なくバハオラだけに刑罰を与えるよう命じた。本当は、バハオラの仲間に与えるつもりであったのであるが。

こうしてバハオラは、バブが五ヵ月前にタブリズで受けたと同じ刑罰をアモルの高僧たちの前で受けたのである。バブが敵の手で最初に監禁されたのはシラズの警察署長ハミド・カーン宅で、バハオラの最初の監禁はテヘラン政府の要人の自宅であった。バブの二番目の監禁はマークーの砦で、バハオラのそれはアモルの知事宅であった。バブはタブリズの祈りの家でむち打たれ、バハオラは同じ侮辱をアモルの高僧の前で受けた。バブの三番目の監禁はチェリグの砦で、バハオラの監禁はテヘランのシア・チャール（暗黒の地下牢）であった。ほとんどの場合、バブはバハオラの前に試練と苦難を受け、バハオラの貴い生命を危険から救うために自らを犠牲として捧げた。一方バハオラは、自分が深く敬愛するバブだけが苦しむのをよしとせず、すべての苦杯を分かち合ったのである。この大いなる愛はこれまでだれも見たことがなく、その献身は想像を超えたものであった。すべての木の枝がペンになり、すべての海がインクとなり、天と地が羊皮紙として巻かれても、二人の間の愛と献身の深さを測ることはできなかったであろう。

バハオラと仲間は寺院の一角にある部屋に監禁された。知事代理はバハオラを執念深い敵から守ろうとして、だれにも気づかれない時間に、彼の監禁されている部屋の壁に抜ける通路の門を開けて、すぐに彼を自分の家に移すよう従者に命じた。知事代理自らがバハオラを案内しているとき、町の有力者が飛び出してきて、激しく罵り、こん棒でバハオラを殴ろうとした。知事代理はすばやく間に入り、「神の予言者にかけてこの方を助けてあげよ。」と言いながら彼の手を止めた。男は叫んだ。「何をするのだ。先祖の宗教の憎い敵を釈放するというのか！」その間、ごろつきが有力者の周りに群がってきて、あざけったり、悪態をついたりしたため、騒ぎが大きくなっていった。この騒動の中で知事代理の従者たちは、バハオラを知事宅に安全に案内することができた。その間、従者たちは驚くほどの勇気と平静さを見せた。

群衆の抗議にもかかわらず、監禁されていた残りの一団は政府の建物に移されたため、危機を逃れた。知事代理はアモルの住民のバハオラに対する仕打ちを深く謝った。「神の介入がなかったなら、悪意をもった住民からあなたを救うことはできなかったでしょう。命をかけてもあなたをお守りますという誓いの力がなかったなら、私もまた、彼らの暴行の犠牲となり、踏みつけられたと思います。」知事代理はアモルの有力者たちの無礼行為を強く批判し、彼らの卑しい性格を非難した。そして、自分も彼らの陰謀で苦しまされていることを述べ、深い敬愛の念をこめてバハオラの世話をしはじめた。彼はよくバハオラに次のように語った。「あなたをわが家の囚人などと思うのはとんでもないことです。この家は、敵の陰謀からあなたを守るために建てられたものであると信じています。」

私（著者）はバハオラ自身から次のように聞いた。「アモルの知事代理からこれほどの待遇を受けた囚人はわれの他にはいない。彼は最高の思いやりと尊敬をもってわれを扱った。われは寛大なもてなしを受け、安全に快適に過ごせるように最善の注意がはらわれたが、家の門から出ることはできなかった。知事代理は、アッバス・ゴリの親戚である知事が、タバルシの砦から戻ってきて、われを傷つけるかもしれないと恐れたからである。われは、その不安を取り除くためにこう言った。『アモルの扇動者たちからわれを救い、この家であなたからすばらしいもてなしを受けるようにされた神は、知事の心を変え、同じような思いやりと愛情をもってわれを扱うようにされるであろう。』」

ある夜、家の門の外でのざわめきでとつぜん目が覚めた。戸が開いて、知事が帰宅したという知らせがあった。われの仲間はふたたび攻撃がはじまると思ったが、知事が、我々を激しく非難した者たちを叱っていたので驚いた。彼は大声で次のように諌めていた。「この哀れで惨めな者らに客人を無礼に扱わせた理由は何なのか？　その方の両手を縛りあげ、弁護する機会も与えなかったではないか。どのような正当な理由があってその方を死刑にしようとしているのか。証拠があるのか。彼らがイスラム教を真心から信じ、その利益を擁護しているというのなら、タバルシの砦に赴き、イスラム教を守れるか否かを示したらどうか。」

この知事は、砦で身を守っている一団の勇敢な行動を見て心が変わっていたのである。彼は以前、バブの大業を軽蔑し、その発展を阻もうと尽力していたが、砦から戻って以来、大業に対する称賛の気持ちで満たされていたのである。砦で見た光景で怒りは和らぎ、自尊心は除かれた。謙虚になった彼は、尊敬の念をいだいてバハオラのところに行き、町の住民の無礼を謝り、自分が高い地位にあることも顧みず、バハオラに真心から仕えた。彼はまた、モラ・ホセインを高く称賛し、その知恵と大胆さ、その手腕と人格の高貴さを詳しく述べた。二、三日後、知事はバハオラと仲間たちをテヘランに向けて安全に出発させることができた。

バハオラはタバルシの砦の仲間と運命を共にし、砦の仲間に最大限の援助をしたいと望んだが、そういう定めではなかった。神秘的な神の定めにより、その直後の戦いで仲間にふりかかった悲壮な最期を免れるようになっていたのである。もしバハオラが砦に到着し、勇敢な一団に加わっていたならば、その後展開していく偉大なドラマで、定められた役割を果たすことができたであろうか。荘厳に計画され、見事に着手された大業を、どのように成就することができたであろうか。シラズからバブの呼び声が届いたとき、バハオラはまだ青年であった。二十七才で大業に献身するために立ち上がり、恐れることなくその教えを支持し、その普及のために模範的な役割を果たして名が知れわたった。彼には、どれほどの努力が求められても、それに応えるだけの能力が与えられており、また、どれほどの犠牲が要求されても、それを満たす信仰の力が付与されていた。目的成就のために名声も富も地位もすべて捨て去った。友人のあざけりも敵の脅しも、大業の促進を阻むことはできなかった。彼らは皆、この大業を訳の分からない、禁止された分派とみなしていたのであるが。

以下の出来事はバハオラの特異な地位を示すものである。ガズビンで逮捕された仲間を援助して監禁されたこと。これは彼の最初の監禁であった。タヘレ救出の手腕。バダシュトでの困難な議事進行を見事に導いた模範的態度。ニヤラでゴッドスの命を救った方法。タヘレの性急な行動から起された緊迫事態に対する英知ある処置と、タヘレの保護にあたっての注意深さ。タバルシの砦の仲間にあたえた忠告。モラ・ホセインと仲間の一団にゴッドスを加える案を編み出したこと。砦の勇敢な一団の支援に自ら立ち上がったこと。仲間に代わって、侮辱的な処罰を自分が受けた高潔さ。仲間によるナセルディン・シャーの暗殺未遂で懲罰を受けたときの平静さ。ラヴァサンから軍本部と、さらに首都へと連行された際に受けた数々の屈辱。テヘランの暗黒の地下牢シア・チャールでつけられた鎖の重圧。これらは、バハオラが占める独特の地位を雄弁に証言するいくつかの例である。その地位とは、ペルシャを再生する諸力の主な推進者としての地位で、バハオラはこれらの諸力をもたらし、その進路を導き、その活動を調和させた。その力は、最終的には、バハオラの大業の中でその頂点に達したのである。

第二十章　マゼンダランの動乱（つづき）

一方、メヘディ・ゴリ王子の率いる軍隊は士気喪失から回復し、タバルシの砦の一団への再攻撃を用意周到に準備していた。砦の一団はふたたび大軍勢に包囲された。その先頭に立って、アッバス・ゴリとソレイマン・カーンが進撃してきた。彼らは、歩兵隊と騎兵隊を率いて、王子の兵士団を増援しにきていたのである。この二つの軍団は合同で砦の近くに野営し、その周りに七つのバリケードを配置した。そして、まず、傲慢な態度で自分たちの軍勢の大きさを誇示し、日々の演習に熱心に励んだ。

包囲されている砦の一団は、水が不足してきたので砦内で井戸を掘った。一八四九年二月一日、井戸掘りの完成予定日に、その仕事を見守っていたモラ・ホセインはこう述べた。「今日、風呂に必要な水が十分手に入る。俗世の汚れをすべて洗い落とし、全能の神の宮居を求め、永遠の住いに急ごう。殉教の杯にあずかりたい者はその準備をし、生命の血で大業への信仰を固める時間を待とう。今夜、夜明け前に、私と行動を共にしたい者はこの砦から出、我々の道を阻んできた暗黒の勢力をふたたび散らし、自由に栄光の高みに昇る準備をするがよい。」

その日の午後、モラ・ホセインは身を清め、新しい衣服を着、バブのターバンを頭につけて迫ってきた戦いの準備をした。その顔は言いようのない喜びでかがやいていた。彼は、しずかに出発の時間を仲間に知らせ、彼らを励ました。そして、この世から去る前の時間、ゴッドスと二人きりになり、彼の足下に座して、抑えがたい熱望をすべて打ち明けた。モラ・ホセインにとって、ゴッドスはまさしく最愛なる御方（バブ）を思い起こさせる人であったのである。夜半過ぎ、明けの明星が現われるとすぐ、馬に乗り、砦の門を開けるように合図した。この明星は、最愛なる御方との永遠の再会を知らせる光でもあった。三百余人の仲間の先頭に立って、砦から出てきた瞬間、ふたたび「この時代の主なる御方よ！」という叫び声があげられた。その強烈な叫び声は森と砦と軍の野営陣地に大きくこだました。

モラ・ホセインはまずバリケードに向かって突撃した。このバリケードは、敵の勇敢な指揮官の一人、ガディが守っているものであった。モラ・ホセインはすぐバリケードを破り、指揮官を片付け、兵士たちを追い払った。同じ速度と大胆さで、第二と第三のバリケードを破り、突進していった。それを見た敵軍は仰天し、絶望感におそわれた。その後の混乱の中、敵のアッバス・ゴリは木に登り、木の葉のかげに身をひそめ、モラ・ホセインの仲間を待ち伏せて襲うことにした。暗がりのかくれ場から、モラ・ホセインと仲間の動きを追うことができた。敵が起した大火炎で、彼らの姿がはっきり見えたのである。そのとき、モラ・ホセインの馬が近くのテントのロープに足をからませた。そこから抜け出そうとしている時、敵の弾丸が彼の胸に当たった。発砲したのはアッバス・ゴリであったが、だれに当たったのかは分からなかった。モラ・ホセインは多量の血を流しながら馬からおり、二、三歩歩いて力つき地面に倒れた。コラサン出身のゴリとハサンという二人の若い仲間が、モラ・ホセインを助け出し、砦に運んだ。

私（著者）はサディクとフォルギから次のように聞いた。「我々は、ゴッドスと共に砦に残っていました。モラ・ホセインが運び込まれるとすぐ、部屋を離れるように指示されました。そのとき、モラ・ホセインは意識を失っているように見えました。ゴッドスはバゲルにドアを閉めてだれも入れないように指示して、こう言いました。『モラ・ホセインと二人切りにしてもらいたい。彼に内密に話したいことがある。』二、三分後、モラ・ホセインがゴッドスの質問に答えている声を聞いて驚きました。その後、二人は二時間ほど対話を続けました。その間バゲルがひじょうに興奮しているのを見てふしぎに思いましたが、後でこう話してくれました。『ドアの裂け目からゴッドスを見守っていました。彼が、モラ・ホセインの名を呼んだところ、モラ・ホセインは直ちに起き上がり、いつものように膝をまげて、ゴッドスの側に座りました。頭を垂れ、目を伏せてゴッドスの言葉に聞き入り、質問に答えていました。ゴッドスがこう言っているのが聞こえました。〈あなたはこの世からの出発の時間を早められた。そして、私を敵の掌中に置かれた。私も、まもなくあなたと合流し、天国の甘美な喜びを味わいたいと願っている。〉私はモラ・ホセインの言葉も聞き取るこ

とができました。〈私の命があなたの身代わりになれますように願います。私に満足していただけるでしょうか。〉

長い時間が過ぎ去ったあと、ゴッドスはバゲルにドアを開け、仲間を中に入れるように指示しました。我々が部屋に入ろうとすると、ゴッドスはこう言いました。〈以前話せなかったことを今彼と話すことができた。〉モラ・ホセインはすでに息を引き取っていましたが、かすかな微笑みが残っていて、ひじょうにおだやかな表情だったので、眠っているように見えました。ゴッドスはモラ・ホセインに自分の上着を着せ、シェイキ・タバルシ聖堂のすぐ南側に埋葬するように指示しました。ゴッドスはモラ・ホセインの額と目に別れの接吻しながら、こう言いました。〈神の聖約に最後まで忠実であったあなたは幸いである。あなたと私は絶対に離れないよう祈る。〉ゴッドスのこの言葉には強烈な思いが込められていたので、そこに立っていた七人の仲間は号泣し、自分たちが犠牲になりたかったと思ったのです。ゴッドスは自分の手で遺体を墓に安置して、そばに居た仲間に、墓の場所を秘密にしてほかの仲間には知らせないよう警告しました。その後ゴッドスは、同じ戦いで殉教した三十六名の遺体をシェイキ・タバルシ聖堂の北側に全部いっしょに埋葬するよう指示しました。遺体を安置しているときゴッドスは述べました。〈神から愛される者らはこれらの殉教者の模範を心に留めるがよい。彼らが次の世でも和合しているように、皆もこの世において和合しなければならない〉と。』」

その夜、仲間のうち少なくとも九十人が負傷し、うち大半は死亡した。バゲルの計算によると、仲間の一団がバルフォルーシュに到着して最初に攻撃された一八四八年十月十日から、モラ・ホセインが亡くなった一八四九年二月二日までに殉教した仲間の数は七十二名になっていた。

敵の攻撃開始からモラ・ホセインが殉教するまでの期間は百十六日であった。その間のモラ・ホセインの武勇は忘れられないもので、最悪の敵でさえ、その腕前に驚嘆したほどであった。彼は四回にわたって最大の勇気と威力を見せたのである。最初は一八四八年十月十日のバルフォルーシュ近郊の戦いで、二回目は一八四八年十二月一日のタバルシの砦近くでの戦い、三回目は一八四八年十二月二十一日のヴァス・カスで、メヒディ・ゴリ王子の軍隊と対決した時であった。最後の、最も忘れがたい戦いは、アッバス・ゴリ、メヒディ・ゴリ王子、ソレイマン・カーンの合同軍勢に対する抗戦であった。この軍勢には四十五名の有能で経験を重ねた将校が参加していた。

モラ・ホセインは、これらの圧倒的な軍勢との激烈な戦いで傷ひとつ負わず勝利を収めた。モラ・ホセインの見事な勇気と武芸の腕前は、一回の戦いだけでも、この信教が人知を超えたものであることを証明した。彼は信教を守るために勇敢に戦い、その道で気高い死を遂げたのである。三十六才であった。彼は若いころから見せた知性と品格、学識の深さ、信仰の固さ、剛勇、目標への専心、高度の正義感、不動の献身によって、新しい啓示の栄光と威力を認めた者らの間で傑出した人物となった。カルバラでカゼムと知り合ったのは十八才のときで、九年間カゼムのもとで知識を吸収したが、それはバブの教えを受け入れるための準備であった。その後の九年間は、一時も休むことなく激しい活動を続け、最後には殉教の場へと運ばれ、故国の歴史に不滅の光輝を注いだのである。

敵軍は、屈辱的な敗北によって一時期動けなくなった。再度、軍備して攻撃できるようになるまで四十五日かかり、それは正月まで続いた。その間、厳しい寒さが続いたため、敵は、自分たちに大恥をかかせ、面目を失わせた砦の一団を攻撃するのをひかえたが、敵軍の指揮官は、本部から、必需品が砦に運ばれるのを阻止せよとの命令を受けた。ゴッドスは、食糧がほとんど底をついたとき、バゲルに頼んでモラ・ホセインが緊急時のために備えていた米を仲間に配分させた。各人が分け前を受け取ったあと、ゴッドスは全員を集め、次のように勧告した。「まもなく災難が襲ってくるが、それに耐え得ると思う者は砦に残るがよい。少しでも恐怖感やためらいを感じる者は、この場所から離れよ。敵がふたたび軍力を集めて攻撃にでる前に、すぐ発つことだ。すぐしなければ逃げ道は閉ざされてしまう。この後まもなく、最悪の苦難が我々に襲いかかるからだ。」

この警告が出された日の夜、モタヴァリという男が、仲間を裏切って敵の司令官アッバス・ゴリに次のような手紙を書いた。「司令官はなぜ攻撃を途中で止められているのですか。あなたの軍は、恐るべき敵であるモラ・ホセインをすでに殺害された。砦の主動力であった彼が除かれたので、砦の力と安全を守る柱が倒れたのです。もう一日忍耐されていれば、確実に勝利の栄冠を得られたでしょう。砦には百人ほどしかいません。誓って申しますが、あなたの連隊は二日以内に砦を占拠でき、一団は無条件降伏をするでしょう。皆、食べ物がなく疲れ切っており、ひどく苦しんでおります。」

この手紙は密封され、もう一人の男ザルガールに渡された。彼は、ゴッドスからもらった米をもって、夜半に砦からこっそり抜け出した。すでに知り合いになっていたアッバス・ゴリに手紙を渡すためであった。そのとき、アッバス・ゴリは砦から十五キロメートルほど離れた村に避難していた。そこで、テヘランにもどって、不面目な敗北を受けた身で国王の面前に出頭すべきか、それとも故郷に戻り、親族や友人の非難を受けるべきなのか思案中であった。

アッバス・ゴリが手紙を受け取ったのは夜明けで、起床時であった。モラ・ホセインの死亡を知って勇気を出し、新たな決意をした。しかし、この使者がモラ・ホセイン死亡のニュースを広めるのではないかと恐れて、その場で彼を殺害し、そのあと策略をめぐらして殺人の疑いが自分にかからないようにした。砦の一団が困窮状態にあり、人数も減っているのは最適の機会だと、すぐ攻撃準備にかかった。新年の十日前には砦から二キロメートル離れたところに野営し、裏切り者がもたらしたニュースが正確かどうかを確かめた。砦の一団降伏の功績を一人占めにしたいと思い、一番親しい士官にもモラ・ホセイン死亡のニュースを明かさなかった。

アッバス・ゴリは、夜明けに旗をかかげて歩兵隊と騎兵隊の二師団の先頭に立って進み、砦を包囲し、小塔にいた見張り人に向かって発砲するよう命じた。緊急事態を知らせるために駆けつけたバゲルに、ゴッドスは言った。「裏切り者がモラ・ホセインの死をアッバス・ゴリに知らせた。このニュースに勇気づけられ、我々の砦を襲撃し、唯一の征服者となって栄誉を得ようとしているのだ。十八名の仲間を横に並ばせて進撃せよ。そして、侵略者とその軍勢に懲罰を与えよ。モラ・ホセインはいなくとも、神の無敵の威力は仲間を援助し続け、敵の勢力に打ち勝つことができることを知らせよ。」

バゲルは仲間を選び、すぐに砦の門を開くように命じた。皆、馬に飛び乗り、「この時代の主なる御方よ！」と叫びながら、敵の陣地へと突撃した。そのあまりの凄さに敵の全軍はあわてて逃げ去った。彼らは完全に士気を失い、面目をつぶされてバルフォルーシュに戻ったのである。指揮官のアッバス・ゴリはあまりの恐怖感に馬から落ち、片方の長靴をあぶみに残したまま、兵士たちが向かった方向に逃げ去った。失望した彼は、王子のところに急ぎ、不面目ながらも状況が逆転したことを告白した。一方、バゲルは傷一つ負わず、十八人の仲間と共に、敵が残していった旗をもって意気揚々と砦に戻ってきた。そして、勇気を与えてくれた指導者のゴッドスに勝利を伝えた。

敵が完全に敗走したあと、困窮に陥っていた仲間はほっとした。この戦いは和合を強め、信教が彼らにもたらした力の効果を改めて思い出させた。食べ物は敵の陣地から運んできた馬の肉だけとなった。彼らは、あらゆる方向から襲ってきた苦難に不屈の精神で耐え、ゴッドスの望みに心を向けた。どれほど苦しくても、どれほど敵の攻撃が続いても、殉教した仲間が勇敢に歩いた道から少しもそれることはなかった。災難の苦しみの最中、気の弱い少数の者がつまずき、仲間を裏切ったりしたが、それは、大半の勇気のある仲間が殉教の時間に放った光輝の前に意味のないものとなった。

サリに野営していたメヘディ・ゴリ王子は、同僚の指揮官アッバス・ゴリの率いる連隊が敗走したことを知って大変うれしく思った。もちろん、彼自身も砦の一団を根絶したかったのであるが、自分の手で勝利をおさめたかったので競争相手が失敗したことを喜んだのである。彼はすぐ、テヘランの中央政府に手紙を出し、強情な砦の一団の完全征服に必要な爆弾と大砲を砦の近くまで大急ぎで送るよう要請した。

こうして敵が再度の大攻撃の準備をしているとき、ゴッドスと仲間は、極度の苦しみも気にかけず、喜びと感謝の気持ちで新年を迎えた。そして、全能なる神が与えてくれた諸々の祝福を感謝と賛美の気持ちで自由に語り合った。空腹感におそわれながらも、迫ってきた危険を無視して、歌などで楽しんだのである。昼も夜も、砦には喜びにあふれた一団の神への賛美の詠唱がこだました。「聖なるかな、聖なるかな、主なるわが神よ。もろもろの天使と聖霊の主よ」という仲間の口からもれる聖句で熱意は高められ、勇気が奮い起こされた。

仲間の一団が砦に連れてきた家畜のうち、残ったのは牛一頭であった。それはナシロッド・ディンが保管していたもので、彼は毎日その牛の乳をしぼってゴッドスのためにプリンを作っていた。ゴッドスはそのプリンをほんの少し取り、残りは空腹の仲間に分け与えた。彼はしばしば次のように言った。「モラ・ホセインが去ったあと、仲間が作ってくれる食べ物も飲み物も美味しくなくなった。飢えで苦しみ、疲れ果てている仲間を見て心が痛むのだ。」この逆境にもかかわらず、ゴッドスは〈サマードのサット（自著の解説書）〉の意味を説明し続け、最後まで忍耐するように仲間を激励した。バゲルは、朝と夕、仲間の集まりでその解説書を読んだ。それを聞いたかれらは、熱意を強め、希望で満たされたのである。

私（著者）は、フォルギから次のように聞いた。「我々は食べたいと思わなくなりました。このことは神がご存知です。日々の糧に関することは考えなくなったのです。ゴッドスの解説書の言葉に魂が完全に魅せられてしまったのです。この状態が何年も続き、どれほど疲労と倦怠におそわれても、我々の熱意が弱まったり、喜びが損なわれたりすることはなかったでしょう。食べ物の不足で体力や気力が衰えたとき、バゲルはゴッドスのところに行き、我々の状態を知らせました。そこで、ゴッドスは我々の間を歩きまわり、激励の言葉をかけたのです。そのときの彼の表情と不思議な力に満ちた言葉で、我々の意気消沈は歓喜となったのです。こうして、強大な力を得た我々は、敵の大軍がとつぜん襲ってきてもその軍勢を征服できると感じました。」

一八四九年の元旦、ゴッドスは仲間に書簡を書き、その中でまもなく激烈な試練がふりかかり、多数の仲間が殉教することを暗示した。二、三日後、メヘディ・ゴリ王子の大軍とソレイマン・カーン、アッバス・ゴリ、ゴリ・カーンの合同軍、その他およそ四十名の士官が砦の近くに野営し、付近に塹壕やバリケードを造りはじめた。新年九日目に、司令官は砦に向かって発砲するよう砲兵隊に命じた。攻撃の最中にゴッドスは部屋から砦の真ん中に出てきた。顔にほほ笑みを浮かべ、態度はまったく平静であった。歩いている彼の面前にとつぜん砲弾が落ちてきた。彼は落ち着き払ってその砲弾を足で転がしながら言った。

「尊大な侵略者たちは、神の復讐の威力にまったく気づいていない。ぶよのような取るに足りない生き物さえも、強大なニムロデの命を終わらせることができたことを忘れてしまったのか。大嵐の轟きだけでアッドとサマードの部族（古代アラビアの部族）とその軍勢を滅ぼすのに十分であったことを聞かなかったのか。神の英雄たちを残酷にも脅迫しようとするのか。神の目には、王位の華麗さは空虚な影にしかすぎないのだ。」ゴッドスは仲間に向かってこう付け加えた。「皆は、神の使者モハメッドが語っていた仲間なのだ。『世の終わりに現われるわが同胞の顔を見たいと、われはどれほど切望していることであろうか。我々は幸いであり、彼らも幸いである。しかし、彼らの方が、我々より幸いである。』自我と欲望によってこれほど栄光ある地位を失わないようにせよ。邪悪なる者のおどしを恐れたり、不信心者の騒ぎで狼狽したりしないようにせよ。皆それぞれに時間が定められている。敵の攻撃も仲間の援助も、その時間を遅らせることも早めることもできないのだ。地上のもろもろの勢力が一斉に向かってきても、その時間がくるまで、皆の生命をわずかでも縮めることはできないのだ。激しさを増すこの銃声の轟きで一瞬でも心をかき乱されるならば、神の保護の砦から出ることになるのだ。」

この強烈な訴えで仲間の心は確信に満たされた。しかし、少数はためらいと恐怖感を顔にあらわし、砦の片隅に集まり、他の仲間の熱意を羨ましそうに、また驚きをもって見守った。

メヘディ・ゴリ王子の軍隊は二、三日間砦に向かって発砲し続けた。しかし、その銃弾の轟きも、砦の一団の祈りと歓喜の声をしずめることはできなかった。これは、兵士にとっておどろきであった。軍は一団の無条件降伏を期待していたが、聞こえてきたのは、祈りの呼びかけとコーランの聖句の詠唱と感謝と賛美の歌声であったのである。

この一団の胸に高まる熱意を、何としても消さなければという強烈な思いで、指揮官のゴリ・カーンは塔を建て、そこに大砲を置き、そこから砦の真ん中向けて発砲するように命じた。ゴッドスは直ちにバゲルを呼び、再度の出撃を命じ、「傲慢な新来者」の指揮官に、アッバス・ゴリに与えたと同じ屈辱を与えるよう指示したのである。そして、こう付け加えた。「ライオンのように勇敢な神の武士は、飢えに駆られると、普通の人間ではできない武勇を示し得ることを彼に知ってもらおう。また、飢えが激しければ激しいほど、武勇の効果も偉大であることも知ってもらおう。」

そこで、バゲルはふたたび十八名の仲間に、馬に乗り自分のあとに続くように命じた。砦の門は大きく開かれ、一団は「この時代の主なる御方よ！」と、これまで以上に激烈で、体中を突き抜けるような叫びをあげながら突進した。敵軍はこれに仰天してパニックとなり、ゴリ・カーンとその連隊の三十名の兵士はバゲルの率いる一団の剣に倒れた。一団は塔にのぼり、大砲を地面に投げ落とし、多くのバリケードを壊していった。あたりが暗くならなければ、残りのバリケードも破壊してしまっていたであろう。

バゲルの率いる十八名は無傷で勝利を得、敵が残していったたくましい馬を何頭か率いて砦に戻ってきた。その後二、三日は敵の反撃はなかったが、とつぜん敵の武器倉庫の一つが爆発し、数人の砲兵隊の士官と多数の兵士が死亡したので一ヵ月間攻撃は中止された。この間、砦の仲間はときどき外に出て野原の草を集めることができた。それは飢えをしのぐ唯一の道であった。馬の肉も、鞍の皮さえも空腹の仲間が食べてしまっていたのである。彼らは草を煮て、痛ましくも、それをむさぼったのである。ゴッドスは、体力がおとろえ、疲労で苦しんでいる仲間をひんぱんに訪れて、激励の言葉をかけて元気づけ、苦しみを和らげようと努めた。

一八四九年の四月から五月にかけて、敵の砲弾が砦に向かって飛びはじめた。大砲の轟きと同時に、多くの士官を先頭に数個隊の歩兵隊と騎兵隊が突撃してきた。その大轟音を聞いたゴッドスはすばやく、勇敢な副官バゲルに、三十六名の仲間を伴って敵を撃退するよう命じた。

「この砦に来て以来、我々はいかなる状況にあっても敵を攻撃したことは一度もない。敵が攻撃してきたので身を守るために立ち上がらざるを得なかった。もし、我々が敵に対して聖戦をしかける野心をもち、不信心者たちを武器で征服しようと望んだのであれば、我々は、この砦に今日までとどまっていなかったであろう。また、我々の武力はすでに、以前モハメッドの弟子たちがしたように、地上の国民を震撼させ、神のメッセージを受け入れる準備をさせたであろう。ところが、我々が選んだ道はそうではないのだ。この砦に避難して以来、我々の唯一の目的は、行動と信仰の道において生命の血を流すことにより、使命の高貴さを立証することにあった。今や、この任務を達成する時間がすばやく近づきつつある。」

バゲルはふたたび馬に飛び乗り、自分が選んだ三十六名の仲間と共に、攻めてきた敵軍を追い払った。彼は、「この時代の主なる御方よ！」という叫びに驚いた敵が捨てていった旗をもって砦に入ってきた。この戦いで五人の仲間が殉教した。遺体は全て砦内に運びこまれ、他の殉教者たちの墓地近くに五人いっしょに葬られた。

一団の疲れを知らない活力を見てメヒディ・ゴリ王子は仰天した。そこで参謀を集めて経費のかかるこの戦いをすばやく終わらせる方法について相談した。三日間相談し最上と思われる方法を編み出した。それは、数日すべての攻撃を中止し、一団が飢えで疲労し、絶望と苦しみに耐えられなくなって砦から出て、無条件降伏するのを待つことであった。王子がこの計画が思い通りに行くのを待っているとき、国王の勅令をたずさえた使者がテヘランから到着した。この使者は、首都テヘランの近郊カンド村の住民であった。彼は王子から砦に入る許可を得た。その目的は、砦内の二人メヘディ・カンディと弟のバゲル・カンディに、危険の迫っている砦から逃げるように説得することであった。砦の外壁に近づくと見張り人を呼び、友人が会いにきたとメヘディ・カンディに知らせるように頼んだ。見張り人から知らせを受けたメヘディ・カンディはゴッドスにそのことを伝えて、友人と会う許可を得た。

私（著者）はアガ・カリム（バハオラの実弟）から次のように聞いた。彼は、テヘランでその使者本人から聞いたことを話してくれたのである。「その使者は私にこう語りました。『メヘディ・カンディは砦の外壁の上に現われました。その顔はどう描写したらよいのか迷うほどの断固たる決意を表していました。顔つきはライオンのように険しく、アラブ人が着る長い白色の外衣を着て、剣をさげ、頭には白色のハンカチを巻いていました。彼はもどかしげに聞きました。〈君は何が欲しいのか？　早く言ってくれ。私は師からいつ呼び出されるか分からないのだ。〉彼の目に輝く決意を見、またその表情と態度に圧倒され、私は戸惑ってしまいました。とつぜん、ある考えが浮かんできました。それは、彼の心に眠っている情感を呼び起こすことでした。そこで、彼が村に残してきたラーマンという幼児のことを思い出させました。彼が村に残してきた子供でした。以前、彼はその子供に深い愛情をいだいており、歌を作って、その歌を歌いながら子供を寝かせていたのです。私は言いました。〈君のかわいいラーマンは父親の愛情を欲しがっている。前のように可愛がってもらいたいのだ。一人ぼっちの彼は父親に会いたがっている。〉彼は即座に答えました。〈あの子にこう答えてくれ。私の心は真のラーマン（神）への愛、俗世のすべての愛を超えた愛で満たされた。私の心には神への愛だけしかないと。〉この言葉の強烈さに、私の目は涙で一杯になり、憤慨してこう叫びました。〈君と君の仲間を神の道からそれた者とみなす者に呪いあれ！〉

私は彼に聞きました。〈もし私が、思い切って砦の仲間に入るとしたら、君はどう思うか？〉彼は静かにこう答えました。〈君の動機が真理を求めることであれば、喜んで案内しよう。もし、生涯の友として私を訪れるのであれば、モハメッドが不信心者であっても客を歓迎せよと述べられたように、君を迎え入れよう。そして、その教えに従い、君にゆでた草と骨の粉の食事を差し上げよう。それはここで最高の食事なのだ。しかし、君の目的が私を傷つけることであれば、今、警告しておくが、私は自分を守るために君をこの外壁から地面に投げ落とすつもりだ。〉

私はこれ以上どれほど努力しても彼の固い決意を変えることはできないと確信しました。彼の熱意は強烈で、国中の僧侶が集まって彼を説得したとしても、独りでその努力をくじいたにちがいありません。また、地上のすべての王さえも、彼の心にある最愛なる御方をあきらめさせることはできないと思いました。私は感動し、こう言いました。〈君が飲み干した盃が、君の求める祝福をもたらすよう願うばかりだ。〉

それから、王子の言葉を伝えました。〈王子はこう誓われた。砦から出る者は全員、身の安全を保障し、家までの旅費も支払うと言っておられる。〉彼はその言葉を仲間に伝えると約束し、こう言いました。〈他に言いたいことがあるか。私は師のところに早く戻りたいのだ。〉私は答えました。〈君の目的達成を神が援助されるように祈る。〉これに、彼は歓喜の声をあげました。〈神は実際、私を援助された。神の他にだれが私をカンドの牢獄のような暗い家から救うことができたであろうか。神の援助がなければ、どうやってこの貴重な砦に来ることができたであろうか。〉こう言い終わって、彼は私から目を離し、去って行きました。』」

メヘディ・カンディは仲間のところへ戻るとすぐ、王子の約束を伝えた。同じ日の午後、モタバリという仲間の一人が従者を伴って砦を出て、王子のところに直行した。翌日、バネミリとそのほか数人が、飢えの苦しみに耐えきれず、また、王子の約束を信じ、渋々仲間に別れを告げて砦を出たが、出るやいなや、アッバス・ゴリの命令で即座に殺害された。

この事件後二、三日間は、砦の近くに野営していた敵は、ゴッドスとその仲間への攻撃をひかえた。一八四九年五月九日、水曜日の朝、王子の使者が砦に来て、和解の取り決めをするために砦の一団から代表者を二人出すよう要請した。そこでゴッドスは、アルデビリとレダイを代表として選び、要請に応じたい旨を王子に伝えるよう命じた。王子は二人を丁重に迎え、準備していた紅茶を出した。二人はそれを断り、こう言った。「我々の指導者が砦内で飢えて苦しんでいるとき、ここで飲食することは不忠行為とみなします。」王子は、「我々の間の敵対関係はあまりにも長く続いた。双方ともに長い間戦い、ひどい損害を受けた。ここで和解に達したいと念願している」と述べて、そばに置いていたコーランを取り上げ、最初のページの欄外に次のように書き込んだ。「この最も聖なる書と、それを顕された神の正義と、その聖句によって霊感を受けた御方の使命に誓って申す。われは、我々の間の平和と親愛の促進だけを望んでいる。これ以上の攻撃はひかえるので、安心して砦から出てくるがよい。あなた方は全員、神とその予言者であるモハメッド、そしてナセルディン・シャーの保護下にあるのだ。わが名誉にかけて誓うが、兵士もこの辺りの住民も、皆に害を与えるようなことはしない。もし、われが、今述べた以外の考えをいだいていれば、全能なる復讐者である神の呪いがわれにふりかかるであろう。」

王子は署名し、捺印したそのコーランをアルデビリに渡し、挨拶を添えて、その正式の文書をゴッドスに渡すように頼み、こう言った。「わが誓いに従って、今日の午後、多数の馬を砦の門に送らせるので、ゴッドスと仲間はそれに乗り、この軍の野営地近くのテントに来ていただきたい。皆が故里に帰れるように準備するので、それまでわが客としてそこに留まっていただきたいのだ。」

ゴッドスは、アルデビリからコーランを受け取り、それに恭しく接吻し、「おお、わが主よ。我々とこの我々の一族との間を、真実をもって裁きたまえ。あなたこそ、最上の判決者でありたまう。」（コーラン）と言って、すぐに砦を離れる準備をするよう仲間に命じた。「彼らの招待に応じれば、彼らの意図が誠実であるかどうかが分かるのだ。」

出発の時間が迫ったとき、ゴッドスはバブから送られた緑色のターバンをつけた。ちなみに、バブは同じようなターバンを同時にモラ・ホセインにも送っており、彼はそれをつけて殉教している。さて、仲間全部は砦の門まで出てきて、準備された馬に乗った。ゴッドスは王子の愛馬に乗った。主な仲間が馬にのってゴッドスの後に従った。その後に、残りの仲間が持ち合わせの武器や所有物をもって徒歩で続いた。合計二百二人の一団は、ゴッドスのために準備されたテントに到着した。それは、ディズバ村の公衆浴場の近くで、敵の陣地を見下ろせるところにあった。一団は馬から降り、ゴッドスのテントの近くに泊まることになった。

到着してすぐゴッドスはテントから出て、仲間を集め、次のように述べた。「皆、模範となるような超脱心を示さなければならない。その立派な態度は我々の大業を高揚し、その栄誉を高めるであろう。世俗への愛着を完全に断たなければ、大業の清らかな名を汚し、その光輝を曇らせることになろう。皆が最後の時間まで神の信教を高めることができるよう、全能なる神の援助を祈ろう。」

日没後二、三時間して、王子の陣地から夕食が運ばれてきた。食べ物は三十人分ずつ別々のお盆に入れられていたが、粗末で不十分であった。その時ゴッドスと一緒にいた者が、後日、次のように語った。「仲間のうち九名が夕食を共にするために、ゴッドスのテントに呼ばれました。しかし、ゴッドスは食べ物に口をつけようとされませんでしたので、我々も食べませんでした。そこにいた給仕人たちは、我々が手をつけなかった夕食を、感謝しながら、喜んでむさぼるように食べました。」テントの外で夕食を取っていた仲間の何人かは、いくらでも払うのに、どうしてパンを譲ってくれないのかと給仕人に抗議していた。ゴッドスはその態度を強く戒めた。バゲルが仲介しなかったならば、彼らはゴッドスの勧告を完全に無視し、そのため重い罰を受けたであろう。

夜明けに使者がきて、バゲルに王子の面前に出るよう要請した。ゴッドスの許可を得てその呼び出しに応じたバゲルは、一時間後に戻ってきて、王子がソレイマン・カーンを証人として、前にした約束を再確認したこと、そして自分を丁重に遇したことを報告した。「王子は『わが誓いは絶対変わることはなく、神聖なものである』と言って私を安心させるために、ゴリ・カーンの件を引き合いに出しました。すなわち、サラールの暴動の際、ゴリ・カーンは何千人もの国王軍の兵士を殺害したにもかかわらず、モハメッド国王から赦免され、そのうえ新たな位まで与えられた件を引き合いに出したのです。王子の提案はこうです。明朝、王子は公衆浴場まであなたに同行し、そこからあなたのテントに行きます。その後、王子から提供された馬で、私たち全員サング・サールに移動します。そこで解散し、各人自由にイラクやコラサンにある故郷に戻ることが許されるという提案です。王子のこの計画に対して、ソレイマン・カーンは次のような異論を唱えました。つまり、サング・サールは要塞の町であり、そこに大勢の一団が集まれば危険だと警告したのです。すると王子は計画を変更し、解散地をフィルズ・クーに変えました。いずれにしても、王子の言葉は本心と異なり、信用できないと私は思います。」

ゴッドスはこの意見に同意し、仲間全員にその夜のうちに分散するよう命じた。そして、自分はすぐバルフォルーシュに向かうと知らせた。彼らはゴッドスに、「我々から離れないで下さい」と懇願したが、彼は、今後どんな苦難がふりかかっても必ず再会できるので落ち着いて忍耐するようにと忠告した。そして、最後の言葉を次のように残した。「この別離の後の再会は永遠に続くものなので嘆いてはならない。我々は、この大業を神の保護に任せた。神の御心が何であれ、我々は喜んで従うのだ。」

王子は約束を守らなかった。ゴッドスのテントに行くかわりに、彼と仲間の何人かに、隊長のテントに行くように命じた。そして、昼ごろに自分のところに招くと伝えた。まもなくして、王子の従者数人が仲間のところに行き、「ゴッドスは軍本部におり、皆に会いに来てもよいと言っている」と嘘をついた。この知らせに数人がだまされて軍本部に向かい、捕虜となり、最後には奴隷として売られた。これらの不運な犠牲者たちは、シェイキ・タバルシの砦の仲間で生き残った者らとなった。彼らは勇敢な戦いを生き延び、その苦難と試練の悲痛な体験を国民に伝えるために、神に命を助けられたのであった。

その直後、王子の兵士たちはアルデビリに圧力をかけて、「ゴッドスが武器をすぐ放棄せよと命じている」と、残りの仲間に伝えさせようとした。そのとき、アルデビリは軍本部からかなり離れたところに連行されていた。彼らが、「お前が仲間に伝えるべきことを言ってみろ」とアルデビリに問うと、彼は大胆にこう答えた。「お前たちが指導者に代わって伝えることはすべて真っ赤な嘘であると仲間に警告するつもりだ。」この言葉を言い終わらないうちに彼は無情にも殺害された。

この残忍な行為のあと兵士たちは砦に行き、物品を略奪し、建物を爆破して完全に破壊してしまった。そのあと、残りの仲間を取り巻いて発砲した。砲弾が当たらなかった者は剣や槍でさされて殺害された。死の苦悶の間もこれらの不屈の英雄たちは、「聖なるかな、聖なるかな、主なるわが神よ。もろもろの天使と聖霊の主よ」という句をとなえ続けた。この言葉は歓喜に満たされているときに彼らの口から漏れたものであったが、今、生涯の最後を飾る時間に、同じ熱意でくり返えされたのである。

この虐殺のあとすぐ、王子は捕虜を一人づつ自分の面前に連れてくるように命じた。その中で社会的地位の高い者ら、すなわち、バディの父親とフォルギとナシレ・ガズビニをテヘランに連行し、それぞれの能力と富に比例して身の代金を取ってくるように従者に命じた。その他の者らには即刻、処刑を命じた。彼らは剣で切断されたり、裂かれたり、木に縛られたまま射殺されたりした。大砲の口から吹き飛ばされ、焼き殺された者もいた。

この恐ろしい虐殺に続いて、サング・サール出身のゴッドスの仲間三人が王子の前に連れ出された。一人はセイエド・アーマドで、父親のミル・モハメッド・アリはシェイキ・アーマドの熱心な賞賛者で、深い学識と高い功績がある人であった。彼はバブの宣言の前年に、二人の息子セイエド・アーマドとその弟アブル・カゼムを師カゼムに紹介するためにカルバラに向かった。ちなみに、弟のアブル・カゼムはモラ・ホセインが殉教した夜に命を落としている。師カゼムは彼らがカルバラに着く前にこの世を去っていた。そこで、すぐにナジャフに行ったが、その町で、ある夜、予言者モハメッドが夢に現われ、忠実なる者の司令官イマム・アリに次のように命じた。「ミル・モハメッド・アリにこう告げよ。『あなたの死後、二人の息子は約束されたガエム（バブ）の面前に出ることができ、二人ともその道で殉教するであろう。』」彼は目を覚ますとすぐに息子のセイエド・アーマドを呼び自分の最後の望みを伝えた。その夢から七日して彼はこの世を去った。

サング・サール村に、カルバラエ・アリとカルバラエ・アブという敬虔で洞察力を備えた二人の男が住んでいた。二人は約束された啓示の出現が近づいていると感じ、人びとがそれを受け入れることができるよう努力していた。一八四七年に、二人は次のことを公表した。「年内に、セイエド・アリという名の男が、黒旗をかかげ、多数の選ばれた仲間を率いて、コラサンから出てマゼンダランに向かう。そこで、忠実なイスラム教徒はすべて立ち上がり、最大限の援助をすべきである。彼がかかげる旗はまさしく約束されたガエムの旗である。旗をひるがえす者はガエムの大業の主なる推進者である。その人に従う者は救われ、背を向ける者は堕落するであろう。」カルバラエ・アブは、新しい啓示の勝利のために立ち上がり、その目的のために物質的な利益をすべて犠牲にするようにと二人の息子アブル・カゼムとモハメッド・アリを励ました。カルバラエ・アリとカルバラエ・アブはともに同じ年の春にこの世を去った。

　この息子二人が、セイエド・アーマドと共に王子の面前に連れ出された仲間であった。学識と信頼のある政府の顧問の一人アベディンは、彼らのことを王子に説明し、また、彼らの父親たちがどのような活動をしていたかも知らせた。王子はセイエド・アーマドに聞いた。「何の理由から、おまえは自分と親族の名誉をあさましくも傷つけるような道を選んだのか。この国とイラクにいる多数の学識ある著名な僧侶たちの教えで満足できなかったのか。」セイエド・アーマドは大胆に答えた。「私は人をまねてこの大業を信じているのではありません。その教えを冷静に調べ、真理であると確信したからです。ナジャフで、名高い高僧モハメッド・ハサンに、イスラム教の土台である二次的な原理に関する教えを解釈してくれるよう要請しました。しかし、彼はそれに応じてくれませんでした。重ねて頼むと、彼は怒って私を叱るだけでした。このような経験をした私が、いかに高名であっても、簡単であたりまえの質問にも答えず、かえって質問した私に腹を立てるような僧侶から、イスラム教の難解な教えについて解明を求めるこができましょうか。」

　そこで王子は聞いた。「ハジ・モハメッド・アリをどのように思っているのか?」セイエド・アーマドはこう答えた。「モラ・ホセインは、モハメッドが、『コラサン地方から黒色の旗が出ていくのを見たら、雪の上を這ってでもその旗のもとに急げ』と予言した旗を掲げる人です。この理由から、我々は世俗を捨ててこの旗のもとに集まったのです。この旗は我々の信教の象徴に過ぎません。恩恵を施してくださるのならば、死刑執行人に命じてこの命を終わらせ、不滅の仲間の一団に加わらせてください。この世のいかなるものにも魅了されることはなくなりました。この世を去り、神のもとに戻ることだけを切望しています。」王子は、セイエド・アーマドを処刑する気になれなかったので命令を出さなかったが、共に出頭した二人の仲間は即座に処刑された。セイエド・アーマドと弟のセイエド・アブタレブはアベディン（政府の顧問）に渡され、サング・サールに連行された。

一方、モハメッド・タギはサリのイスラム学者七名と共に村を出て、ゴッドスの仲間を死刑にすることがいかに称賛に値する行為であるかを知らせることにした。ところが、彼らはすでに殺害されているということが判ったので、今度はセイエド・アーマドをすぐに処刑するよう王子に主張した。彼がサリに来れば新たな暴動が始まり、それは以前よりもっと酷いものになるにちがいないと言って説得に努めたのである。ついに王子もそれに同意したが、サリに到着するまでは彼を客人として扱い、また、彼が近隣の平安を乱さないよう見守らなければならないという条件をつけた。

モハメッド・タギはサリに向かい始めるとすぐ、セイエド・アーマドと父親を中傷しはじめた。セイエド・アーマドは懇願した。「なぜあなたは王子があなたに委任した客人を虐待されるのですか。『異教徒であっても客人を礼遇せよ』というモハメッドの命令をなぜ無視なさるのですか。」モハメッド・タギは怒りを爆発させ、七名の仲間と共に剣を抜きセイエド・アーマドの身体を滅多切りにした。彼は「この時代の主」の援助を祈りながら息を引き取った。彼の弟セイエド・アブタレブは、アベディンに連行されてサング・サールに無事到着した。そして今日に至るまで、弟モハメッド・レザといっしょにマゼンダラン州に住み、両人共に大業に熱心に奉仕している。

一方、王子は僧侶たちを集めて、そこにゴッドスを連れてくるよう命じた。砦を放棄して以来、ゴッドスは執行官に保護されていたが、王子に召されたことはなかった。ゴッドスが現われると王子はすぐに立ち上がり、自分のそばに座るよう招いた。そして、サイドル・オラマー（凶悪な高僧）に向かい、ゴッドスとの討論を、冷静かつ良心的に進めるよう忠告した。「討論はコーランの聖句とモハメッドの伝承に基づいたものでなければならない。さもなければ、あなたの論点の真偽が明らかにされないからだ。」

サイドル・オラマーは無作法に聞いた。「お前はどんな理由があって予言者モハメッドの子孫だけに許されている緑色のターバンを自分のものとして頭につけているのか。この神聖な伝統をあなどる者は神に呪われることを知らないのか。」ゴッドスは静かに応じた。「著名な僧侶の皆が称賛し、尊敬しているセイエド・モルタダは予言者モハメッドの子孫ですが、それは父方を通してですか、それとも母方を通してなのですか?」その場にいた一人が、即座に母方だと答えた。ゴッドスは言った。「では、どうして私に反対なさるのですか。私の母はイマム・ハサンの直系子孫であることが、この町の住民に認められています。この家系のゆえに母親は皆さんに大いに尊敬されてきたのではありませんか。」

これに反対する者はいなかった。サイドル・オラマーは激怒と絶望から自分のターバンを地面に投げつけ、集会の場を去ろうと立ち上がり、大声でどなった。「この男はイマム・ハサンの子孫であることを証明した。そのうち彼は、神の代弁者で、その意志の啓示者であると主張するにちがいない。」そこで王子は宣言した。「今後、この男に加えられる危害の責任はもたない。思うように彼を取り扱ってよい。しかし、審判の日に神に対して責任を取るのはお前たち自身だ。」こう述べるとすぐ馬を連れてこさせ、従者たちと共にサリに向かった。王子は僧侶たちの呪いにおどされ、また、自分の誓いも忘れて、浅ましくも、ゴッドスを敵に渡した。かれらは無慈悲で、復讐心と憎悪に駆られてえじきを襲う瞬間を狙っていた狼のような者らであった。

王子が手を引いて、牽制する者がいなくなったとたん、僧侶たちとバルフォルーシュの住民は、サイドル・オラマーの命令のもと、餌食となったゴッドスの身体に飛びかかった。その残虐行為は言語に絶するものであった。バハオラの証言によると、この雄々しい若者ゴッドスは最後の息を引き取るまで残忍な拷問を受けたが、それは、イエスが死に直面して受けた極度の苦しみを超えたものであった。

ゴッドスの殉教には残忍きわまる行動が見られたが、それは、政府当局から何の牽制もなかったこと、バルフォルーシュの拷問屋たちの残虐行為、シーア派の住民たちの胸に燃え立つ狂信、首都テヘランの宗教面、政治面の指導者たちからの支援、そして、何よりも、被害者であるゴッドスと仲間たちの英雄行為に対する激しい怒りなどが原因であった。

この悲痛な出来事に、チェリグの砦に監禁されていたバブは、六ヵ月間書くことも口述することもできなかった。深い悲しみから啓示の声を出すことも、ペンを動かすこともできなかったのである。彼はゴッドスの死をどれほど深く悼んだことか。シェイキ・タバルシでの包囲攻撃、言い表せないほどの苦難、敵の破廉恥な裏切り行為、仲間たちの大量無差別虐殺のニュースに、バブはどれほどの苦悶の叫びをあげたことであろうか。自分の愛するゴッドスがバルフォルーシュの住民から受けた恥ずべき取り扱いに、どれほどの悲痛を感じたことであろうか。ゴッドスは衣服をはがれ、バブが与えたターバンは汚され、素足で、頭には何もつけず、重いくさりをつけて街を歩かされた。その後を全町民があざけりながら追った。群衆はわめき、ののしり、つばを吐きかけた。町のくずのような女たちはナイフや斧で彼に襲いかかり、身体を刺し、手足を切断し、最後には火に投げ入れたのである。

ゴッドスは苦悶の中で、神が敵を許されるように祈った。「おお神よ。彼らの罪を許したまえ。慈悲をもって対処したまえ。彼らは我々が探し出した貴い信仰を知らないからです。彼らに救済への道を示そうと努力してきましたが、ごらんください。彼らは私を苦しめ、殺そうとしています。おお神よ。彼らに真理への道を示し、彼らの無知を信仰に変えたまえ。」

ゴッドスが苦しんでいる最中に、砦を放棄した裏切り者セイエド・ゴミが通りかかった。彼はゴッドスの無力さを見て、顔を殴り、傲慢な態度でさげすみ、叫ぶように言った。「お前は自分の声を神の声と主張した。それが真実であれば、くさりを引きちぎって敵から自由になれ。」ゴッドスは彼の顔をじっと見、深くため息をついて述べた。「神があなたの行為に報いられるように。あなたは、私の苦しみに一層の苦しみを加えたからである。」

サブゼ・マイダン（殉教の場所）に近づいたときゴッドスは声をあげて言った。「私の母上がここにおられれば、私の壮麗な結婚式を見ることがおできになったであろうに。」この言葉が終わるか終わらないうちに、激怒した群衆が彼に襲いかかり、身体を引き裂き、前もって準備していた火炎の中に投げ込んだ。真夜中に、忠実な仲間の手で焼け焦げた身体の断片が集められ、その近くに埋葬された。

ここで、シェイキ・タバルシ砦の防御に参加した殉教者の名前を記録しておきたいと思う。未来の世代が、これらの先駆者たちの名前と行動を、誇りと感謝の念をもって思い起こすことができるように。彼らは生命をかけて、神の永遠なる信教の歴史を飾ったのである。これらの名前はさまざまな資料から集めたもので、とくに、ミム、ジャバド、アサドの三人の方々に負うところが大きい。彼らの魂が来世で、不朽の栄誉で輝いているように、彼らの名前も末永く人びとの口からもれ続けると信じている。また、彼らについて語ることによって、この貴重な伝統を受け継いだ人びとの心に同じような熱意と献身の精神を呼び起こすであろうと確信しているのである。情報を提供してくれた人びとから、あの忘れがたい攻囲攻撃中に命を落とした仲間たちの大半の名前を集めることができた。同時に、一八四四年から現在、すなわち一八八八年十二月までに、神の大業の道に命をささげた殉教者たちのリストも入手することができた。もちろんこれは完全なリストではない。各人の名前は、その人が関わった事件とともに述べるつもりである。タバルシ砦の防御中に殉教の杯を飲み干した人たちの名前は次に述べるとおりである。

一・最初に述べるべき最も重要な人はゴッドスである。バブは彼に「神の最後の名」という称号を与えた。彼は、生ける者の文字と呼ばれるバブの弟子のうち、最後の人で、メッカとメジナの巡礼にバブの同伴者として選ばれた人である。そして、サディクとアリ・アクバーと共に、神の大業のためにペルシャで最初に迫害を受けた人でもある。ゴッドスは十八才のとき、故郷のバルフォルーシュを離れてカルバラの町に行き、約四年、師カゼムに学んだ。二十二才のときシラズで最愛の御方（バブ）に会い、その地位を認めた。五年後、一八四九年五月十六日、バルフォルーシュのサブゼ・マイダンで敵の残忍きわまる野蛮行為の犠牲となった。バブとバハオラは多くの書簡と祈りの中でゴッドスの死を悼み、賛辞を惜しまなかった。バハオラは大いなる栄誉をゴッドスに与え、バグダッドで著したコーランの一節に関する評釈の中で、だれも匹敵できない地位を彼に与えた。それは、バブの次にくる地位である。

二．モラ・ホセインは新しい啓示を認め、受け入れた最初の人である。バブからバボル・バブ（門の門）という称号を与えられた。彼もまた、十八才のとき故郷コラサン州のボッシュルエイからカルバラに出て、九年間、師カゼムと親密に交わった。バブの宣言の四年前、イスファハンの学識ある高僧バゲルと、マシュハドの高僧アスカリに、師カゼムから委任されたメッセージを雄弁に、威厳をもって伝えた。バブはモラ・ホセインの殉教を深く嘆いた。その悲しみを故人への賛辞と祈りで表現したものは膨大な数にのぼり、コーランの三倍ほどになった。バブは参拝の書の中で、モラ・ホセインの遺体が葬られている地面の土は、悲しみにある人を喜ばせ、病んでいる人を癒す力をもっていると述べている。バハオラはケタベ・イガン（確信の書）の中で、バブ以上にモラ・ホセインの美徳を褒め称えている。「モラ・ホセインがいなかったならば、神は慈悲の座にも永遠の栄光の王座にもつかれることはなかったであろう」と。

三．ミルザ・モハメッド・ハサン。モラ・ホセインの弟。

四．ミルザ・モハメッド・バゲル。モラ・ホセインの甥。モラ・ホセインの弟と共にボッシュルエイからカルバラに、さらにそこからシラズまで、モラ・ホセインに同行した。シラズで二人ともバブの弟子となり、生ける者の文字となった。両人とも、マークーの砦への旅以外はいつもモラ・ホセインに同伴し、ついにタバルシの砦で殉教した。

五．モラ・ホセインの義弟。アブル・ハサンとモハメッド・フセインの父親。息子二人は、現在、ボッシュルエイに在住し、モラ・ホセインの妹の世話にあたっている。二人とも献身的な信者である。

六．モハメッド・フォルギの兄であるモラ・アーマドの息子。この人は、叔父フォルギと違って殉教した。彼はひじょうに敬虔で、深い学識をそなえた高潔な若者であるとフォルギは証言している。

七．ミルザ・モハメッド・バゲル。彼はガイエンの出身であるが、ハラティという名で知られている。また、ナビル・アクバールの父親の近親で、マシュハドで最初に大業を受け入れた人である。マシュハドでバビの家を建て、その町を訪れたゴッドスに献身的に仕えた。モラ・ホセインが黒旗を掲げたとき、彼は子供であった息子を連れてその旗の下に集結した一団に加わり、マゼンダランに行った。息子の命は助かり、現在、大人になってマシュハドで熱心に大業のために活動している。バゲルはその一団の主導者となり、砦とその外壁と小塔、および周りの濠を設計した。モラ・ホセインの殉教後、仲間を組織して先頭に立ち、敵に向かって進撃した。彼は大業の道で殉教するまで、ゴッドスの懇親の仲間であり、代理であり、信頼された顧問であった。

八．ミルザ・モハメッド・タギ・ジョヴァイニ。サブゼヒヴァール出身。優れた文筆家。モラ・ホセインからたびたび敵への進撃を先導するよう頼まれた。敵は、彼の頭と仲間のバゲルの頭を槍に突き刺して、興奮した群衆が叫びわめくバルフォルーシュ町の道路をねり歩いた。

九．ガンバル・アリ。モラ・ホセインの恐れを知らない忠実な従者。彼はモラ・ホセインのマークーへの旅に同行した。モラ・ホセインが敵の弾丸に倒れた日の夜、彼もまた殉教した。

十．ハサンおよび

十一．ゴリ。この二人は、ザンジャン出身のエスカンダールと共に、倒れたモラ・ホセインを砦のゴッドスの下に運んだ。ハサンはマシュハドの警察署長の命令で、手綱をつけられて、町中を引っ張りまわされた。

十二．モハメッド・ハサン。モラ・サディクの弟。バルフォルーシュとタバルシの中間で、コスロー（悪党）の仲間に殺害された。彼は不動の信仰で知られ、イマム・レザの廟の管理人でもあった。

十三．セイエド・レザ。ゴッドスに頼まれてアルデビリと共に王子に会いに行き、王子が宣誓の言葉を書き入れたコーランをもって戻ってきた。彼はコラサンのセイエド（モハメッドの子孫）で、学識と優れた人格で知られていた。

十四．モラ・マルダン・アリ。コラサン出身の仲間の一人。強固な砦のあるミヤマイ村の住民。モラ・ホセインがこの村に着いた日に、三十三人の仲間と共にモラ・ホセインの一団に加わった。モラ・ホセインは金曜日の会衆の祈りを捧げるためにその村のモスクに行き、演説し、人びとの心に深く訴えた。彼は、コラサンで掲げられる黒旗の伝承が実現したことを強調し、自分がその旗を掲げる者であると宣言したのである。この雄弁な演説を聞いて深い感動を覚えた者の大半は、その日のうちにモラ・ホセインに従うために立ち上がった。三十三人のほとんどが著名人で、そのうち、モラ・イサという人だけが生き残った。彼の息子たちは現在ミヤマイ村で大業のために大いに活動している。この村の出身者で殉教した人たちは次に示すとおりである。

十五．モラ・モハメッド・メヒディ

十六．モラ・モハメッド・ジャファル

十七．モラ・モハメッド・エブネ・モラ・モハメッド

十八．モラ・ラヒム
十九．モラ・モハメッド・レザ
二十．モラ・モハメッド・ホセイン
二一．モラ・モハメッド
二二．モラ・ユソフ
二三．モラ・ヤグブ
二四．モラ・アリ
二五．モラ・ザイノル・アベディン
二六．モラ・ザイノル・アベディンの息子のモラ・モハメッド、
二七．モラ・バゲル
二八．モラ・アブドル・モハメッド
二九．モラ・アボル・ハサン
三十．モラ・エスマイル
三一．モラ・アブドル・アリ

三二、モラ・アガ・ババ
三三．モラ・アブドル・ジャバド
三四．モラ・モハメッド・ホセイン
三五．モラ・モハメッド・バゲル
三六．モラ・モハメッド
三七．ハジ・ハサン
三八．カルバラ・アリ
三九．モラ・カルバラ・アリ
四十．カルバラ・ヌール・モハメッド
四一．モハメッド・エブラヒム
四二．モハメッド・サエム
四三．モハメッド・ハディ
四四．セイエド・メヘディ
四五．アブ・モハメッド

サング・サール村出身の仲間のうち十八人が殉教した。殉教者の名前は次のとおりである。

四六．セイエド・アーマド。彼の身体はミルザ・モハメッド・タギとサリの七名の僧侶たちによりばらばらに切断された。彼は高名な聖職者で、人びとは彼の雄弁と敬虔を大いに尊敬していた。

四七．ミル・アボル・ガセム。セイエド・アーマドの弟。モラ・ホセインが殉教した夜に殉教の冠を勝ち得た。

四八．ミル・メヘディ

四九．ミル・エブラヒム

五十．サファール・アリ。カルバラ・アリの息子。彼はカルバラ・モハメッドと共に、サング・サール村の住民が眠りから覚めるように最善を尽くした。この二人は病弱のため、タバルシの砦に行くことができなかった。

五一．モハメッド・アリ。カルバラ・アブ・モハメッドの息子。

五二．アボル・カセム。モハメッド・アリの弟。

五三．カルベラ・エブラヒム

五四．アリ・アーマド

五五．モラ・アリ・アクバー

五六．モラ・ホセイン・アリ

五七．アッバス・アリ

五八．ホセイン・アリ
五九．モラ・アリ・アスガー
六十．カルバラ・エスマイル
六一．アリ・カーン
六二．モハメッド・エブラヒム
六三．アブドル・アジム。
シャー・ミルザド村からは次の二人が砦の防御中に殉教した。
六四．モラ・アブ・ラヒムと
六五．カルバラ・カゼム
マゼンダラン州の信者たちのうち、二十七名が殉教したことが記録されている。
六六．モラ・レダイ・シャー
六七．アジム
六八．カルバラ・モハメッド・ジャファー
六九．セイエド・ホセイン

七十．モハメッド・バゲル
七一．セイエド・ラザッグ
七二．オスタッド・エブラヒム
七三．モラ・サイド・ゼレー・ケナリ
七四．レダイ・アラブ
七五．ラスル・バハネミリ
七六．モハメッド・ホセイン。ラスル・バネミリの弟
七七．タヘル
七八．シャフィ
七九．ガゼム
八十．モラ・モハメッド・ジャン
八一．マシイ。モラ・モハメッド・ジャンの弟
八二．エタ・ババ
八三．ユソフ

八四．ファドロラ
八五．ババ
八六．サフィ・ゴリ
八七．ネザム
八八．ルホラ
八九．アリ・ゴリ
九十．ソルタン
九一．ジャファル
九二．カリル
サヴァド・クヒの信者たちのうち、次の五名が確認されている。
九三．カルバラ・ガンバル・カレシュ
九四．モラ・ナッド・アリ・モタヴァリ
九五．アブドル・ハッグ
九六．イタバキ・チュウパン

九七．イタバキ・チュウパンの息子

アルデスタン町出身の殉教者は次のとおりである。

九八．ミルザ・アリ・モハメッド。ミルザ・モハメッド・サイドの息子

九九．ミルザ・アブド・ヴァセ。ハジ・アブドル・ヴァハブの息子

一〇〇．モハメッド・ホセイン。ハジ・モハメッド・サデグの息子

一〇一．モハメッド・メヒディ。ハジ・モハメッド・エブラヘムの息子

一〇二．ミルザ・アーマド。モヒセンの息子

一〇三．ミルザ・モハメッド。ミル・モハメッド・タギの息子

エスファハン市出身のうち、これまでに三十人が記録されている。

一〇四．モラ・ジャファー。麦のふるい手。バブが「ペルシャ語のバヤン」中で述べている人。

一〇五．オスタッド・アガ。称号はボゾルグ・バンナ

一〇六．オスタッド・ハサン。オスタッド・アガの息子

一〇七．オスタッド・モハメッド。オスタッド・アガの息子

一〇八．モハメッド・ホセイン。オスタッド・アガの息子。末弟のオスタッド・ジャファーは敵の手で数回売られ、

最後に故郷にもどり、現在そこに住んでいる。
一〇九．オスタッド・ゴルバン・アリ・バンナ
一一〇．アリ・アクバール。オスタッド・ゴルバン・アリ・バンナの息子
一一一．アブドラ。オスタッド・ゴルバン・アリ・バンナの息子
一一二．モハメッド・バギル・ナグシュ。セイエド・ヤーヤの叔父でミルザ・モハメッド・アリ・ナリの息子。モラ・ホセインが死亡した夜に、十四才で殉教。
一一三．モラ・モハメッド・タギ
一一四．モラ・モハメッド・レザ。二人とも、アッカのレズワン庭園の庭師であった故アブドス・サレの兄弟。
一一五．モラ・アーマド・サファール
一一六．モラ・ホセイン・メスカール
一一七．アーマド・パイヴァンディ
一一八．ハサン・シャール・バフ・ヤズディ
一一九．モハメッド・タギ
一二〇．モハメッド・アタール。ハサン・シャール・バフの弟

一二一．モラ・アブドル・カレグ。バダシュトで喉を切った人で、タヘレからザビーという名を与えられた。
一二二．ホセイン
一二三．アボル・ガセム。ホセインの弟
一二四．ミルザ・モハメッド・レザ
一二五．モラ・ハイダー。ミルザ・モハメッド・レザの弟
一二六．ミルザ・メヘディ
一二七．モハメッド・エブラヒム
一二八．モハメッド・ホセイン。称号はダストマル・ゲレ・ザン
一二九．モハメッド・ハサン・チット・サズ。バブに会ったことのある有名な織物業者
一三〇．モハメッド・ホセイン・アタール
一三一．オスタッド・ハジ・モハメッド・バンナ
一三二．マムード・モガレ。有名な織物商人。結婚直後チェリグの砦でバブに会った。バブは彼に、ジャジレ・カドラに行き、ゴッドスを援助するよう勧めた。テヘランで、弟から息子の誕生を知らせる手紙を受け取った。その中で弟は、彼にぜひエスファハンに行ってその子に会い、その後自由に行動するようにと懇願した。彼はこう返事した。「自分は、この大業に対する愛で燃え上がっているので息子に心を向けることはできない。すぐゴッドスのところに行き、

その旗の下に加わりたいのだ。」

一三三．セイエド・モハメッド・レダイ・パ・ゴレイ。著名なセイエドで、深く尊敬を受けている聖職者。モラ・ホセインの一団に加わる宣言をしたことで、エスファハンのイスラム法学者たちの間に大混乱を起こした。

シラズの信者たちのうち、殉教の栄冠を勝ち得たのは次の人たちである。

一三四．モラ・アブドラ。ミルザ・サレの名でも知られている。

一三五．モラ・ザイノル・アベディン

一三六．ミルザ・モハメッド

ヤズドの信者たちのうち、次の四人が記録されている。

一三七．コラサンからバルフォルーシュまでの道のりを歩き、そこで敵の弾丸に倒れた人。

一三八．セイエド・アーマド。バブの秘書セイエド・ホサイン・アジズの父。

一三九．ミルザ・モハメッド・アリ。セイエド・アーマドの息子。砦の入り口に立っていたとき、大砲の砲丸で頭を撃ちぬかれた。ゴッドスはこの少年を深く愛し、褒め称えていた。

一四〇．シェイキ・アリ。シェイキ・アブドル・カレグ・ヤズディの息子。マシュハドの住民。モラ・ホセインとゴッドスはこの若者の熱意と疲れを知らないエネルギーを大いに称えた。

ガズビンの信者たちのうち、殉教した人たちは次のとおりである。

一四一．ミルザ・モハメッド・アリ。有名な聖職者で、彼の父ハジ・モラ・アブドル・ヴァハブはガズヴィンの著名な高僧の一人であった。彼は、シラズでバブと会い、生ける者の文字の一人となった。

一四二．モハメッド・ハディ。ハジ・アブドル・カリムの息子。名高い商人で、称号はバゲバン・バシ

一四三．セイエド・アーマド

一四四．ミルザ・アブドル・ジャリル。有名な聖職者

一四五．ミルザ・メヘディ

一四六．ハジ・モハメッド・アリ。ラハルド村出身。ガズビンでモラ・タギ（タヘレの義父）が殺害された結果、ひじょうな苦しみを受けた。

コイの信者のうち、次の人たちが殉教した。

一四七．モラ・メヘディ。著名な聖職者。彼はセイエド・カゼム弟子で、大いに尊敬されていた一人であった。彼はまた、学識と雄弁と堅い信仰で知られていた。

一四八．モラ・マムード・コイ。モラ・メヘディの弟。生ける者の文字の一人で、著名な聖職者であった。

一四九．モラ・ユソフ・アルデビリ。生ける者の文字の一人で、学識と熱意と雄弁で有名。ケルマンでハジ・カリム・カーンの不安をかきたて、敵たちの心に恐怖をもたらしたのは彼であった。ハジ・カリム・カーンは、集会で次のように語った。「この男は、この町から追放されなければならない。彼がここに居続ければ、シラズですでにやったように、必ずケルマンでも同じような騒動を起こすにちがいないからだ。彼がもたらす害は修復できないであろう。彼の魔術的

な雄弁と強力な個性はモラ・ホセインの力に劣るものではない。」こうして、彼のケルマン滞在は短縮され、説教壇から住民に講演することもできなくなった。バブは、彼に次の指示を与えた。「ペルシャ中の町や都市を訪れ、住民を神の大業に召喚せよ。一八四八年十一月二十七日にマゼンダランに行き、全力でゴッドスを援助せよ。」モラ・ユソフは師の指示に忠実に従い、訪れた先々の町や都市に一週間以上留まることはなかった。マゼンダランに到着直後、メヒディ・ゴリ・ミルザ王子の軍に捕われた。王子はすぐ、彼の身元を認め、監禁を命じた。その後、彼はヴァス・カスの戦いの日、モラ・ホセインの仲間に助けられた。

一五〇．モラ・ジャリル・オルミ。生ける者の文字の一人。学識と雄弁と堅い信仰で知られている。

一五一．モラ・アーマド。マラゲの住民。生ける者の文字の一人。セイエド・カゼムのすぐれた弟子。

一五二．モラ・メヒディ・カンディ。バハオラの側近で、バハオラの家族の子供たちの家庭教師。

一五三．モラ・バゲル。モラ・メヘディの弟。二人とも学識が深く、バハオラはこの二人の業績をケタベ・イガン（確信の書）の中で述べている。

一五四．セイエド・カゼム。ザンジャンの住民で名高い商人。シラズでバブに会い、エスファハンまで同伴した。彼の弟セイエド・モルタダは、テヘランの七人の殉教者の一人である。

一五五．エスカンダール。ザンジャンの住民で、名を知られた商人。ハサンとゴリと共に瀕死のモラ・ホセインを砦に運んだ。

一五六．エスマイル

一五七．カルバラ・アブドル・アリ

一五八．アブドル・モハメッド

一五九．ハジ・アッバス

一六〇．セイエド・アーマド。以上はすべてザンジャンの住民

一六一．セイエド・ホセイン・コラ・ドウズ。バルフォルーシュの住民。敵は彼の頭を槍で突き刺し、町をねり歩いた。

一六二．モラ・ハサン・ラシュティ

一六三．モラ・ハサン・バヤジマンディ

一六四．モラ・ネマトラ・バルフォルーシュ

一六五．モラ・モハメッド・タギ・ガラキリ

一六六．オスタッド・ザイノル・アベディン

一六七．オスタッド・ガセム。オスタッド・ザイノル・アベディンの息子

一六八．オスタッド・アリ・アクバー。オスタッド・ザイノル・アベディンの弟。上述の三人は石工であった。ケルマン出身であるが、コラサン州のガーインに住んでいた。

一六九と一七〇．モラ・レダイ・シャーとバーネミル出身の若者。この二人は、ゴッドスがバルフォルーシュのパン

ジ・シャンベー・バザールの砦から離れた二日後、殺害された。通称シャリアット・マダールという人が、二人の遺体をモスクの近くに埋葬し、殺人犯を後悔させ、許しを乞わせた。

一七一．モラ・モハメッド・モアレム・ヌーリ。ヌール、テヘラン、マゼンダランでバハオラと親密に交わった人。彼は高い知性と学識で名高く、ゴッドスは別として、タバルシ砦の一団のうち、敵から最も激烈な残虐行為を受けた人であった。王子は、ゴッドスの名を呪えば釈放してやると約束し、さらに、信仰を否認すれば、テヘランに連れ戻し、自分の息子たちの教師としてやると約束したのであるが、彼はこう答えた。「あなたのような男の命令で、神から愛される御方をそしることは絶対にできません。ペルシャの国をそのまま私に与えると言われても、一瞬でも、私の敬愛する指導者に背を向けることはありません。私の身体はあなたの掌中にありますが、私の魂を服従させることはできません。思うように私を苦しめなさい。そうすれば、『それであれば、死を願ってみたらどうか。もしお前たちの言うことが本当であるならば』という句の真理をあなたに示すことができましょう。」この返事に激怒した王子は、彼の身体をバラバラに切り裂き、屈辱的な罰を与えるように命じた。

一七二．ハジ・モハメッド・カルラディ。彼の家はバグダッドの旧街に隣接するヤシ園の一つに建っていた。彼はひじょうに勇敢で、エジプトのエブラヒム・パシャとの戦いで百人の兵士を率いて戦ったことがあった。また、セイエド・カゼムの熱烈な弟子で、師の美徳と業績を詳細に述べた長い詩を書いている。バブの教えを受け入れたのは七十五才の時であった。バブを雄弁に褒め称える詩も書いている。砦が包囲攻撃されたとき武勲を立てたが、やがて敵の弾丸に倒れた。

一七三．サイド・ジャバヴィ。バグダッド出身で、砦が包囲攻撃された時おどろくべき勇気を示した。腹部を撃たれ重傷を負ったが、ゴッドスの居るところまで歩いた。ゴッドスの足下にうれしそうに身を投げ、息を引き取った。

最後の二人の殉教の状況は、セイエド・アブ・タレベ・サング・サリがバハオラに宛てた通信に書いたものである。彼は砦の包囲攻撃で生き残った一人であった。この通信で、自分と二人の兄弟の話も書いた。彼の兄弟は二人とも砦を防護中に命を落としている。「コスローが殺害された日、私は砦近くの村の村長カルバラ・アリ・ジャンを訪れていました。村長はコスローを援助するために出かけていましたが、そこから戻り、彼が殺害されたいきさつについて語りました。同じ日に、使いの者から、二人のアラブ人がその村に来て、砦の一団に加わりたいと熱心に望んでいたと知らせてくれました。彼らはガディ・カラ村の住民を恐れており、砦まで案内してくれる者には報酬を十分に与えると約束していました。私は父ミール・モハメッド・アリの勧告を思い出しました。父は、バブの大業の推進に立ち上がるようにと勧告していたのです。私は、即座にこの機会を捕らえる決心をしました。この二人のアラブ人と村長の援助により砦に到着し、モラ・ホセインに会い、生涯の残りの日々を大業の奉仕に捧げることにしたのです。」

ゴッドスの仲間の敵で、名をあげた士官たちの名前は次に示すとおりである。

一．メヒディ・ゴリ・ミルザ。故モハメッド国王の弟

二．ソレイマン・カーン・アフシャール

三．ハジ・モスタファ・カーン・スル・ティイジ

四．アブドラ・カーン。ハジ・モスタファ・カーンの弟

五．アッバス・ゴリ・カーン・ラリジャニ。モラ・ホセインを撃った男

六．ヌロラ・カーン・アフガン

七．ハビボラ・カーン・アフガン
八．ドール・ファガー・カーン・カラヴォリ
九．アリ・アスガー・カーン・ド・ドンゲイ
十．コダ・モラッド・カーン・コルド
十一．カリル・カーン・サヴァド・クヒ
十二．ジャファー・ゴリ・カーン・ソルク・カルレイ
十三．ファウジ・カルバットのサルティップ
十四．ザカリヤイ・ガディ・カライ。コルソーの従兄弟で、その後継者

かの忘れがたい砦の防御に参加し、悲劇的な結末を生き抜いた信者たちについては、その人数も名前も十分に確かめることはできていない。従って、不完全ではあるが、今は、そこで殉教した人たちの名前のリストで満足している次第である。将来、信教を推進する勇敢な人たちが綿密に調査し、この記録を完全なものにしてくれると信じている。これは、現代における最も感動的な出来事の一つとして歴史に残るにちがいないのである。

第二十一章　テヘランの七人の殉教者

タバルシの砦の勇敢な一団にふりかかった悲劇的な運命のニュースは、バブの心に計り知れない悲しみをもたらした。チェリグの砦に監禁され、弟子たちからも切り離されていたバブは、彼らの努力を見守り、その勝利を熱烈に祈っていた。一八四九年六月下旬に、弟子たちを襲った試練、彼らの苦悶、憤慨した敵の裏切り、それに続く残忍非道の虐殺を知ったバブの悲しみの深さを計ることはできない。

バブの秘書アジズは後日、次のように述べている。「バブは、この思いがけないニュースに悲痛な思いをされました。深い悲しみで、声を出すこともペンを動かすこともなく、九日間だれとも会おうとはされませんでした。バブの親密な従者であった私でさえも、部屋に入るのを断られたのです。差し出された食べ物と飲み物にも手をつけようとはされませんでした。彼の眼から涙がとめどもなく流れ、彼の口から苦悩の言葉が絶え間なく出されました。自室で最愛なる御方と交信されるとき、カーテンの後ろから悲嘆の言葉を聞き取ることができました。私は、その傷ついた心からほとばしり出る悲しみの言葉を書きとめようとしましたが、バブは、それに気づかれ、記録したものをすべて破棄するように言われたため、彼の苦悩する心から出された嘆きの言葉を残すことはできませんでした。こうして五ヵ月間、バブは意気消沈と悲しみの大洋に浸っておられました。」

一八四九年十一月に、バブは中断していた執筆の仕事を再開した。最初のページはモラ・ホセインに捧げられた。その参堂の書の中で、タバルシの砦が包囲攻撃されていた期間、モラ・ホセインが揺るがぬ忠誠心をもってゴッドスに仕えたことを感動的な言葉で賞賛している。また、その気高い行為と偉業を称え、必ず来世で師のゴッドスと再会することを約束し、バブ自身もやがてこの不滅の二人と一緒になるであろうと書いた。この二人は、それぞれ、生存中も死後も、神の信教に不朽の光輝を注いだのである。バブは、一週間の間、ゴッドスとモラ・ホセイン、その他タバルシで殉教の冠を得た弟子たちについて賞賛の言葉を書き続けた。

このように、バブは砦の防御で不滅の名前を残した弟子たちの賛辞を書いたが、それが終わるとすぐ、一八四九年十一月二十六日、マラゲ町の信者ゴザルを呼んだ。ゴザルは、それまでの二ヵ月間、ホセイン・アジズの弟ハサンの代わりにバブの世話をしていた。バブはゴザルを温かく部屋に迎え入れ、サイヤという称号を与えた。そして、タバルシの殉教者たちのために著した参堂の書を彼に渡し、自分に代わってお詣に出るよう命じた。「世俗への愛着を完全に断ち、旅人を装ってマゼンダランに向かうがよい。そして、わが大業への信仰を、生命の血で証明した不滅の人びとが葬られている場所を私に代わって訪れよ。その聖なる場所の近くまできたら靴を脱ぎ、頭を下げて彼らの名前を唱え、冥福を祈り、廟の回りを巡回するがよい。訪問の思い出に、わが愛するゴッドスとモラ・ホセインの遺体を覆っている聖なる土を一握りほど私のところに持参してもらいたい。私と共に新年を祝えるよう、その前に戻って来るがよい。私が今後会えるのはあなただけであろう。」

サイヤは指示通りにマゼンダランに向かい、一八五〇年一月十五日に到着した。そして、モラ・ホセインの殉教一周記念日にあたる一月二十三日までに廟を訪れ、委任された使命を立派に果たし、その後テヘランに向かった。

私(著者)は、テヘランのバハオラの邸宅の入り口でサイヤを迎えたアガ・カリムから次のように聞いた。「サイヤが巡礼を終えてバハオラを訪れたのは真冬の最中でした。雪の降る寒さの中、彼は修行僧が着るうすい衣だけを身につけ、素足で、髪はぼうぼうとしていましたが、心は巡礼によって点された火で燃えていました。バハオラの家の客人であったヴァヒドは、サイヤがタバルシの砦から戻ってきたと聞き、自分が高い身分であることも忘れてサイヤの下に急ぎ、その足下に身を屈めました。そして膝まで泥でおおわれていたサイヤの足を両腕で抱き、うやうやしく接吻したのです。その日、私は、バハオラがヴァヒドに示された温かい気遣いに驚きました。それほどの愛情をバハオラが示されたのを見たことがなかったのです。バハオラの話し方から、ヴァヒドはまもなくタバルシの砦で不滅の名を残した人たちに劣らない業績をなすであろうと確信しました。」

サイヤはバハオラの家に二、三日滞在した。しかし、ヴァヒドほどには家の主人（バハオラ）が秘めている威力を認めることができなかった。彼はバハオラから深い愛情を注がれたが、その祝福の意義を理解できなかったのである。私（著者）は、サイヤがファマゴスタに旅行中次のように語るのを聞いた。「バハオラは私を大変親切に扱って下さいました。ヴァヒドも、その高い地位にかかわらず、バハオラの面前では必ず私を自分よりも上位の者として扱われたのです。マゼンダランに到着した日に私の足に接吻されたほどでした。バハオラの家での歓迎ぶりに私はびっくりしました。このように、私は恩恵の海に浸されたのですが、当時、バハオラの地位を理解することができませんでした。また、バハオラがその後、どのような使命を果たされるようになっているかにもまったく気づかなかったのです。」

サイヤがテヘランから出発する前にバハオラは一通の書簡を彼に託した。それは、バハオラがヤーヤ（バハオラの異母弟）に書き取らせたもので、ヤーヤの名前で送られるものであった。まもなくして、バブの自筆で返事がきた。その内容は、ヤーヤの教育と訓練をバハオラに託したものであった。この通信から、バヤンの人びと（ヤーヤの追従者たち）は、リーダーのヤーヤの主張（バブの後継者であるという）が裏づけられたと誤解した。その返事にはそのような主張はまったく述べられていなかったし、また、ヤーヤの要求する地位への言及もなかった。そこに書かれていたのは、バハオラへの賞賛とヤーヤの教育についてだけであったが、追従者たちは、ヤーヤの権限を主張したものだと空しい想像をしたのである。

これまで一八四八年から一八四九年にかけて起こった主な出来事を述べてきたが、ここで同じ時期に私（著者）自身の生活に起こった重要な出来事を述べておきたい。それは、私の精神的な再誕生と、過去の因襲から解放されたことと、バブの啓示を受け入れたことである。私の若年時代の状況を長く述べ過ぎたり、私の改宗に至った出来事を詳細に語りすぎたりするかも知れないので、前もって読者諸君にお許しをいただきたいと思う。私の父はタヘリ族に属し、コラサン州で遊牧生活をしていた。ゴラム・アリという名で、ホセイン・アラブの息子であった。カルブ・アリの娘と結婚し、三人の息子と三人の娘に恵まれた。私は、一八三一年七月二十九日、次男としてザランド村で生まれ、ヤル・モハメッドと名づけられた。仕事は羊飼いで、少年のとき初等教育だけを受けた。もっと勉強したかったが、それができる境遇ではなかった。コーランを熱心に読み、何節かを暗記し、草原で羊の群れを追っているときに唱えた。一人でいるのが大好きで、夜は星をながめて楽しんだり、また不思議に思ったりした。静かな草原でイマム・アリの祈りをとなえ、ケブレ（崇拝の的）の方に顔を向け、真理を発見できるように、私の歩みが導かれるようにと神に祈った。

父はときどき、私をクム町に連れて行った。そこで、イスラム教の教えとその指導者たちの状態を知った。父は熱心なイスラム教徒で、その町に集まる僧侶たちと親密に交わった。父がイマム・ハサンのモスクで祈り、定められた儀式を細心の注意をはらいながら敬虔に行うのを見守った。また、ナジャフから来た著名な高僧数人の説教も聞き、彼らの講話に出席し、その討論に耳を傾けた。そうしているうちに、徐々に、彼らの偽善に気づき、その卑劣さに胸が悪くなり始めた。高僧たちが私に押しつけようとしている信条や教義が信頼できるものであるかどうかを確認したかったが、時間もなく、調査する設備も得られなかった。父は、私が無鉄砲で落ち着きがないと言ってよく叱った。「高僧たちを毛嫌いしていると、将来、お前は大変な困難にまき込まれ、非難を受け、恥をかくことになる」と。

ロバト・カリム村の叔父を訪れていたときである。一八四七年の新年から十二日目に、その村のモスクで二人の男が話しているのをふと耳にした。この会話から、バブの啓示をはじめて知ったのである。一人の男が言った。「バブはケナル・ゲルド村に連れて行かれ、今、テヘランに向かっていることを知っているか？」もう一人の男がこのことを知らなかったので、彼はバブについて最初から話しはじめた。バブの宣言にまつわる状況、シラズでの逮捕、エスファハンへの出発、イマム・ジョミエ（僧侶の長）とマヌチェール・カーン（知事）から受けた歓迎、彼が示した超人的で不思議な力、彼に敵対するエスファハンの僧侶たちの評決などをくわしく述べたのである。これらの出来事のすべてに私の好奇心は刺激された。そして、国民をそれほど魅惑した人物に対して、強烈な賞賛の気持でいっぱいになった。私の魂はバブの光で満たされ、すでに、その大業の信奉者となったような気がした。

ロバト・カリムからザランドに戻ってきたとき、父は、私に落ち着きがなくなり、態度が変わったとおどろいた様子であった。食欲がなくなり、眠れなくなっていたが、心の動揺を父には隠すことにした。このことが父に知られれば、私の密かな望みが果たせなくなると思ったからである。この状態はホセイン・ザバレという人がザランドに到着するまで続いた。この人は私の心の願望に光を与えてくれた。彼との交わりが友情に発展したとき、私は心に秘めている熱望を打ち明けた。大変おどろいたことに、彼自身もすでにこのことに魅了されており、次のように語ってくれた。

「私の従兄弟エスマイル・ザバレからバブのメッセージが真実であることを聞いて、確信しました。彼はこう知らせてくれました。彼は、エスファハンの僧侶の長の家でバブに数回会いました。バブはその僧侶の面前でヴァル・アスル（コーランの一節）について解説しましたが、そのときの作文の速さと、強力で独創的な文体に驚嘆したのです。もっとおどろいたことに、バブは同じ速度で解説を書きながら、その場にいた人たちの質問に答えたのです。この従兄弟はどのような危険も恐れずにバブの教えを広めたため、ザヴァレ町の町長と名士たちの敵意をあおり、最近まで住んでいたエスファハンに戻らざるを得なくなりました。私もまた、ザヴァレに居続けることができなくなり、カシャンに移り、その町で冬を過ごし、ジャニと会いました。この人については従兄弟から話を聞いていました。ジャニはバブが著した論文を私に渡して、精読したら二、三日後に戻すよう言いました。私はこの論文のテーマと文体に強く惹かれ、すぐに全文を書き写すことにしました。論文をジャニに戻したとき、彼から、バブに会う機会を失ったことを知らされて大変残念に思いました。『バブは新年の日、夕方に到着され、私の客人として三晩を過ごされました。バブは今、テヘランに向かっておられます。すぐ出発すれば、必ずバブに追いつくはずです。』

すぐにカシャンを離れ、ケナル・ゲルド近郊にある砦まで歩きました。砦の外壁の蔭で休んでいると、愛想のよい男が砦から出てきて、『あなたはどういう方ですか。どこに行こうとされているのですか』と聞きました。『私は貧しいセイエド（モハメッドの子孫）で、この土地に不慣れな旅人です』と答えました。彼は私を自分の家に案内し、一夜を過ごすようにと招待しました。会話中に彼はこう述べました。『あなたはバブの弟子でしょう。バブはこの砦で二、三日過ごし、コライン村に移られ、そして三日後に、アゼルバイジャンに向かわれました。私はバブと離れたくなかったのですが、彼はこう命じられました。〈この場所に残り、私に代わって弟子たちを愛情深く迎え、彼らに私の後をつけないように告げなさい。そして、彼らがこの大業に献身するように励ましなさい。この信教の進歩を妨げている障害物が除かれ、弟子たちが安心して、思う存分神を礼拝し、その教えを守ることができるように。〉私は即刻、バブの後を追うことをやめ、クム町にも戻らずに、この場所に来ることにしたのです。』」

ホセイン・ザバレの話を聞いて私の不安感はやわらいだ。彼が見せてくれたバブの書簡の写しに、私の魂は活気づいた。当時、私はある師の下でコーランを学んでいたが、この師はイスラム教の教義について解説する能力に欠けていることがますます明らかになってきた。ホセイン・ザバレに、バブの大業についてもっと情報が欲しいと述べたところ、彼は、エスマイル・ザバレに会うよう勧めた。この人は、毎春かならずクム町のイマム・ザデの廟に参拝するのを慣わしとしていた。父は私が離れるのを嫌がったが、アラビア語を習得するためにクム町に行きたいと懇願して許可をもらった。しかし、本当の目的を父に知られないよう慎重に行動した。それが知られれば、ザランドの判事や僧侶たちの前で恥をかくことになり、私の目的も達せられなくなるからであった。

クム町に住んでいるとき、母と姉と弟が新年を祝うために一ヵ月ほど滞在した。その期間、母と姉に新しい啓示について知らせ、彼らの心にバブへの愛を燃え立たせることができた。家族がザランドに帰った後、私が待ちあぐんでいたエスマイル・ザバレが到着した。彼が大業について詳細に説明してくれたので、完全に信じることができるようになった。彼は、神の啓示が継続して下されること、過去の予言者たちは基本的には同じであること、彼らとバブの使命が密接に関連していることを説明した。彼はまた、アーマドとカゼムが成し遂げた仕事の内容について知らせてくれた。私はそれまで、この二人について聞いたことはなかった。私は、現在、この信教に忠実に従う者は何をすべきかについて聞いた。彼は答えた。「この教えを受け入れた者はすべて、マゼンダランに向かい、ゴッドスを援助すべきというのがバブの指示です。ゴッドスは今、無慈悲な敵軍に取り囲まれているからです。」彼がタバルシの砦に行く予定であると知った私は同行を願った。しかし、彼は、私と同年の若者ハカクといっしょに、テヘランからメッセージを受け取るまでクム町に残るよう勧めた。ハカクは最近大業を受け入れた人である。

そのメッセージを待ったが、何も来ないので、テヘランに向かうことにした。友人のハカクも私に続いた。その後、彼は逮捕され、一八五一年から一八五二年に、国王の暗殺未遂事件で処刑された人たちと運命を共にした。テヘランに着くとすぐ、神学校の向かい側にあるモスクに行った。その入り口で、偶然にエスマイル・ザバレに出会った。彼は私に手紙を書き、クムに送るところであったと知らせてくれた。

彼と私がマゼンダランに向かう準備をしているとき、ニュースが伝わってきた。タバルシ砦を防御していた仲間たちは裏切られて虐殺され、砦は破壊されたというニュースであった。この恐ろしいニュースに我々は悲嘆にくれ、最愛の大業を勇敢に防御した仲間たちの痛ましい運命を悲しんだ。ある日、とつぜん叔父と出くわした。彼は、私を連れ戻しにきたのであった。エスマイル・ザバレにこのことを告げたところ、彼は、親族の敵意を刺激しないように、ザランドに戻るように忠告した。

故里の村に戻って、弟を大業の信奉者にすることができた。母と姉はすでに信者となっていた。私はさらに父を説得して、再びテヘランに行くことを許してもらった。テヘランで、前の訪問時に滞在していた同じ神学校に住むことにした。そこで、カリムという人に会った。後になって、この人はバハオラからミルザ・アーマドという名前をもらっていたことを知った。彼は私を温かく迎え、「エスマイル・ザバレからあなたの世話をするよう頼まれています。彼がテヘランに戻るまで私といっしょに過ごしてください」と述べた。ミルザ・アーマドと過ごした日々は決して忘れられないものとなった。彼は、本当に愛と親切の権化のような人であった。私を鼓舞し、私の信仰を活気づけた彼の言葉は私の心に永久に刻まれたままである。

ミルザ・アーマドは私をバブの弟子たちに紹介した。彼との交わりから、信教の教えに関して十分な情報を得ることができた。当時、ミルザ・アーマドは筆写者として生計を立てていた。夜は、バブの書いたバヤンと他の本の筆写に専心した。こうして写した本は、他の弟子たちに贈られた。私自身も数回それらの贈り物をメヘディ・カンディの妻に持って行ったことがある。メヘディ・カンディは幼い息子を残して、タバルシ砦の一団にはいった人である。

この期間中に、バダシュトの大会後ヌールに住んでいたタヘレがテヘランでマムード・カーンの家に監禁されていることを知った。しかし、彼女は丁重に扱われているということであった。

ある日、ミルザ・アーマドは私をバハオラの家に案内した。最大の枝（アブドル・バハ）の母であるバハオラの妻は私の目を治したことがあった。彼女は自分で処方した目薬を、ミルザ・アーマドを通して私に送ってくれたのである。バハオラの家で最初に会ったのは、当時六才であった彼女の最愛の息子であった。彼はバハオラの部屋の入り口に立って、ほほ笑みながら私を迎えてくれた。

私はその部屋の入り口を通りすぎて、ヤーヤの面前に案内された。その時、私は今通りすぎた部屋の住人がどれほどの地位にある方であるかに気づいていなかった。ヤーヤと向かい合ってその容貌を見、話すのを聞いて、彼が主張している地位にはまったく値しない人物であることを知っておどろいた。

別の日に、同じ家を訪れ、ヤーヤの部屋に入ろうとした時、アガ・カリム（バハオラの実弟）が近づいてきて、次のことを私に依頼した。市場にでかけた召使いがまだ戻って来ないので、師（アブドル・バハ）を神学校に連れて行き、その後、ここに戻ってきてくれるようにという要請であった。喜んで承諾し、出かける準備をしていた時、ひじょうに上品で美しい少年、最大の枝（アブドル・バハ）が羊皮の帽子をかぶり、コートを着て、父上の部屋から出てきた。そして、階段をおりて出口に向かった。私が彼のそばに寄り、彼を抱えようと両腕を差し出したところ、彼は「いっしょに歩きましょう」と言って私の手をとり、家を出た。手に手をとって、おしゃべりしながら神学校の方へ歩いた。当時この神学校はパ・メナールの名で知られていた。教室に着いたところで、彼は私の方を向いてこう言った。「午後、私を迎えにきて、家まで送ってください。エスファンディヤール（召使い）は父上の用事で今日は来られないからです。」私は、喜んで承諾し、すぐバハオラの家に戻った。その家でまたヤーヤに会った。彼は私に、サドル神学校に行き、バゲル・バスタミの部屋に居るバハオラに手紙を渡して、すぐ返事をもらってきてほしいと依頼した。私はこの依頼を果たした後、アブドル・バハを迎えに行って、家に連れ帰った。

ある日、ミルザ・アーマドは私を招いて、バブの叔父セイエド・アリに会わせた。彼は最近チェリグから戻り、チャパルチの家に滞在していた。この家はシェミラン門の近くにあった。私はセイエド・アリの高貴な姿と穏やかな表情に深く印象づけられ、その後の訪問で、彼の温和な気質と神秘的な敬虔さと強い性格への賞賛の気持ちは一層高められた。

私がよく覚えている出来事に次のことがあった。あるとき、アガ・カリムは彼に、集会で大騒ぎになっているテヘランを離れ、その危険から逃れるように勧めた。これに、彼は確信をもって答えた。「なぜ、私の安全を心配なさるのですか？　私もまた、神の御手が選ばれた人びとのために用意している宴会にあずかりたいのです。」

まもなくして、扇動者たちはその町に大騒動を起こすことに成功した。その直接の原因は、カシャン出身で、神学校に住んでいるある男の行動であった。名を知られているセイエド・モハメッドはこの男を信用し、彼はバブの信者となったと主張していた。同じ神学校に宿泊し、イスラム教の抽象的教義で有名な講師であったモハメッド・ホセインは、自分の弟子であるセイエド・モハメッドに、この男との交際を絶つよう数回忠告した。この男は信用できないので信者の集会には入れないようにと忠告したのである。しかし、セイエド・モハメッドはこの警告を無視し、一八五〇年二月中旬までこの男と交際し続けた。この不実な男は、その時期に、カシャンの僧侶セイエド・ホセインのところに行き、当時テヘランに住んでいた約五十名の信者の名前と住所を渡した。セイエド・ホセインは、すぐそのリストをマムード・カーンに提出した。彼は全員の逮捕を命じ、その結果十四名が捕らえられて当局に連行されたのである。

彼らが逮捕された日、私は、ザランドから来てノウの門外にある隊商宿に泊まっていた弟と叔父と一緒にいた。翌朝、この二人はザランドに向かった。私が神学校に戻ると、私の部屋に小包が置かれていて、ミルザ・アーマドから私に宛てた手紙があった。その手紙は、かの不実な男がついに我々を密告し、首都で大変な騒ぎを起こしていることを知らせるものであった。「この小包には私が所有している聖なる書き物が全部入っています。あなたがこの場所に安全に戻ることができれば、隊商宿に泊まっているナッド・アリにこの小包と手紙を渡してください。その人はガズビン出身です。その後すぐシャーのモスクに行かれれば、そこであなたに会うことができましょう。」私は、指示通りに小包をナッド・アリに渡し、モスクに到着してミルザ・アーマドに会うことができた。彼は、襲われてモスクに避難したこと、モスク内ではもう襲われる心配がなくなったことを話してくれた。

その間、バハオラはサドル神学校からミルザ・アーマド宛てにメッセージを送った。それは、アミール・ネザム（総理大臣）は陰謀を企てており、すでに、彼の逮捕を僧侶の長に三回要求していたことを知らせるものであった。さらに、総理大臣は、モスクに避難した者を襲うことはできないという規約も無視して、避難者たちを逮捕するつもりでいるのでミルザ・アーマドは変装してクムに向かい、同時に、私はザランドの故郷に戻るようにというバハオラからの指示であった。

一方、モスクで私を見た親族は、私にザランドに帰るように強く忠告した。父が、私が逮捕されて処刑寸前だという誤った知らせを受けて心を痛めているので、急いで戻り、父の不安を除いてあげるようにという忠告である。神から送られたこの好機を逃さないようにとのミルザ・アーマドの勧告通りにザランドに戻り、家族と共に新年のフィーストを祝うことができた。このフィーストは、一八五〇年のジャマディヨル・アヴァール月の五日目で、ちょうどバブの使命宣言の記念日にあたるため、二重の喜びに満ちたものであった。この年の新年はバブの最後の著作に次のように述べられている。「バヤンの点（バブ）の宣言から六年目の新年は、太陰暦で七年目のジャマディヨル・アヴァール月の五日目にあたる。」同じ節でバブは、この年の新年は地上で祝う最後の新年であろうとほのめかしている。

ザランドで家族と共に新年を祝いながらも、私の心はテヘランに向けられていた。動乱中のテヘランで、どのような運命が友人の信者たちに降りかかっているであろうかと心配で、彼らの安全を知りたかった。父の家で、両親の愛情にかこまれながらも、自分は仲間の一団から断たれているという思いで心が痛んだ。彼らがどのような危険にさらされているかが十分想像できた。私もまた、彼らの苦しみを分かち合いたいと切望した。しばらく家に閉じこもったままの宙ぶらりんの生活が続いていたが、サディク・タブリズのとつぜんの訪問でそれから解放された。テヘランから来て、父の家に迎えられた彼は、私に重くのしかかっていた不安を除いてくれた。しかし、彼の残酷な話で私は恐怖心にかられた。その恐ろしい話が私の心に投げかけた青白い光の前で、それまでの宙ぶらりんの不安さえも薄らいだのである。

ここで、テヘランで逮捕された同胞の殉教について述べてみたい。逮捕されたバブの弟子十四名は、一八五〇年二月中旬から二十日間、マムード・カーン宅に監禁されていた。タヘレも同じ家の上階に閉じ込められていた。虐待者たちはさまざまな手段を用いて弟子たちを虐待し、責め立てたが、必要な情報を得ることはできなかった。逮捕された弟子の一人マラゲはとくにはげしい拷問にかけられたが、頑固に沈黙を守り、一言も口にすることはなかった。このあまりの頑固さに、虐待者たちはこの者は口がきけないのではないかと思った。そこで、マラゲにバブの信教を伝えたモラ・エスマイルに、「この者は話す能力があるのか」と聞いた。「彼は無言だが口が利けないのではない。流暢に話すことができ、身体的障害は何もない」とモラ・エスマイルが答え、マラゲの名を呼ぶと、彼は直ちに返事をしてモラ・エスマイルの指示に応じる準備があることを示した。

弟子たちから何の情報も得ることができないと確信した虐待者たちは、この件をマムード・カーンに訴えた。これを受けたマムード・カーンは、これをアミール・ネザム、すなわちナセルディン・シャーの総理大臣タギ・カーンに提出した。当時、国王は、迫害されているバブの共同体の諸事については直接関与しなかったので、バブの弟子たちに関してどのような決定がなされたかを知らないことが多かった。総理大臣は絶対的な権限をもち、バブの弟子たちを思いのままに処することができた。だれも彼の決定に疑いをはさむ者はなく、また、その権限のふるい方をあえて非難する者もいなかった。総理大臣は、即刻決定的な命令を出し、この十四人のうち、信仰を取り消さない者は処刑すると脅したのである。圧力に耐えきれず信仰を取り消した七人はすぐに釈放され、残りの七人はテヘランの七人の殉教者となった。この七人について一人ずつ説明してみたい。

一・ハジ・ミルザ・セイエド・アリ。称号はカル・アザム。バブの叔父で、シラズの有力な商人の一人。バブの父親の死後、この叔父がバブの保護者となった。バブがヘジャーズへの巡礼から戻ってホセイン・カーンに逮捕された時、バブの身元引き受け人となって宣誓書をしたためたのもこの叔父であった。叔父は、自分の保護下にあったバブを常に愛情と思いやりをもって世話し、献身的にバブに仕え、バブに会おうとシラズに集まってきた大勢の信者たちとバブの間をとりもった。彼の唯一の子供は幼児のとき死亡した。一八四八年から一八四九年にかけて、この叔父はシラズを離れてチェリグの砦にバブを訪ねた。そこから、テヘランに行き、特定の仕事にはつかなかったが、暴動が起こるまでテヘランにとどまっていて、その暴動で殉教したのである。

彼の友人は、迫ってきている騒動から逃れるよう彼に忠告したが、彼は聞き入れず、最後の息を引き取るまで、完全な諦観をもって激しい虐待に直面した。彼の知人である裕福な商人の多くが彼の釈放のために身の代金を申し出たが、彼はそれを断ったので、ついにアミール・ネザム（総理大臣）の前に連行された。総理大臣はこう言った。「この国の君主は、予言者の子孫にわずかでも危害を加えることを嫌っておられる。シラズとテヘランの著名な商人たちは、あなたのために身の代金を払いたいと願っている。マレコット・トッジャールはあなたが許されるように懇願している。『信仰を取り消す』というあなたの一言さえあれば、あなたは自由になり、栄誉をもって故郷にもどれるのだ。そうすれば、残りの生涯は、国王の保護の下で、栄誉と威厳をもって過ごせるのだ。」バブの叔父は大胆にこう答えた。「閣下、これまでに殉教の杯をよろこんで飲み干した人たちは、今あなたがされている要請を拒否しました。私もまた、そのような要請をはっきり断わります。この啓示に秘められている真理を否認することは、その前に下された啓示をすべて拒絶すると同じです。バブの使命を認めないことは、私の先祖の信仰を捨てることになり、モハメッド、イエス、モーゼ、その他すべての過去の予言者たちがもたらした聖なる教えを拒絶することになります。神はご存知です。神の使者たちの言動に関して聞いたり、読んだりしたことのすべては、私の愛する親族であるこの若者（バブ）の行動に見てきました。それも、彼が少年時代から三十才になる現在までの期間ずっと目撃してきたのです。彼の言動はすべて、記録に残されている彼の高名な先祖（モハメッド）と後継者のイマムたちの言動を思い起こさせます。私の願いは一つです。私の愛する親族（バブ）の道に私の命を捧げる最初の者としてくださることです。」

総理大臣はその答えに仰天した。絶望感から逆上して、彼を連れ出して斬首するよう身振りで従者に合図した。処刑の場に連行される途中、彼は何度も次のハフェズ（ペルシャの詩人）の言葉をくり返えした。「おおわが神よ、深い感謝をあなたに捧げます。私の願いをすべて、惜しみなくかなえてくださったからです。」彼は周りに集まってきた群衆に向かって声をあげた。「私は神の大業の道に喜んで命を捧げた。ファルス全州とペルシャ国境を越えたイラクの人びとまでも、私の公正な行為、真心からの敬虔、高貴な血統を進んで証言するであろう。一千年以上、皆さんは約束されたガエム（バブ）の出現を祈り続けてこられた。この名前を口にするとき、皆は何度『おお神よ、約束の御方の到来を早めたまえ。その御方の出現を阻んでいる障害をすべて除きたまえ』と心の奥底から叫んだことであろうか。ところが、その御方がついに到来されると、皆はその御方を遠方のアゼルバイジャンの片隅に追放し、その弟子たちを皆殺しにしようと立ち上がった。神の呪いが皆に下されるように懇願すれば、神の復讐の大いなる怒りが皆に降りかかることは確かであるが、私はそのような祈りはしない。最後の息を引き取るとき、私は、全能の神が皆の罪の汚れを清め、皆を思慮なき眠りから覚ましてくれるように祈ろう。」

この言葉を聞いた死刑執行人は心の底から動揺した。彼は、自分の手にもっている刀をもう一度研ぎに行くふりをして急いでその場を去り、二度と戻って来まいと決意した。その間、彼は号泣しながら不平をもらした。「この仕事に任命されたとき、殺人と追いはぎで有罪となった者だけを処刑するように言われていた。ところが今、イマム・ムセイ・カゼム（七番目のイマム）に劣らず聖なる御方の血を流すように命じられた！」その後まもなくして、彼はコラサンに行き、そこで運搬人と触れ役の仕事について生計を立てた。彼はその地方の信者たちにその悲痛な話をし、強制的にさせられた行為を悔いていると述べた。その出来事を思い出すたびに、セイエド・アリの名前を聞くたびに、彼の目からは、聖なる人セイエド・アリが彼の心に注いだ愛情を証言する涙があふれてきた。

二、ミルザ・ゴルバン・アリ。マゼンダラン州のバルフォルーシュ出身で、ネマトラヒという名で知られた、共同体の優れた人物。彼はひじょうに敬虔で、高貴な性格を備えていた。彼の清らかな生活を見て、マゼンダラン、コラサン、およびテヘランの名士たちの多くが彼を高徳の人とみなし、忠誠を誓った。このように多くの人びとから大変な尊敬を受けていた彼は、カルバラへの巡礼の途上で大勢の賞賛者たちに取り囲まれた。ハマダンでもケルマンシャーでも、大多数の人びとが彼の人格に影響を受け、弟子となった。どこへ出かけても人びとは歓呼して彼を迎えたが、彼はこの熱狂的な人たちに不快感をもった。そこで、群衆を避け、虚飾とこれみよがしの指導者の地位をいさぎよしとしなかった。カルバラに向かう途中、マンダリジを通り過ぎていたとき、かなり影響力のある人が彼に惹かれ、自分の持っていたものをすべて捨て、友人も弟子も残してヤグビイエまで彼の後をつけてきた。しかし、ミルザ・ゴルバンはこの人にマンダリジに戻り、残してきた仕事を続けるよう説得した。

巡礼から戻ったミルザ・ゴルバンはモラ・ホセインに会い、彼を通してバブの大業を信じるようになった。病気のためタバルシ砦の一団に加わることができなかったが、健康であったなら、マゼンダランに旅して最初にその一団に参加していたであろう。バブの弟子たちの中でモラ・ホセインの次に彼が愛着していたのはヴァヒドであった。

テヘランを訪れていたとき、私はヴァヒドが大業に身を捧げる決心をしてその発展のために立ち上がったことを知った。また、当時テヘランにいたミルザ・ゴルバンが自分の病気を嘆いて次のように語るのを何度も耳にした。「モラ・ホセインとその仲間たちが飲み干した殉教の杯にあずかることができなくて、どれほど悲しかったことか。この失敗を補うためにヴァヒドの旗の下に参加したいと念願している。」ところが、その彼がテヘランから出発しようとした時、とつぜん逮捕されたのである。彼は、アラブ人の着るチュニックの衣に、地のあらい織物で作られたマントを着、イラク人の帽子をかぶっていた。この簡素な服装で街を歩く彼の姿から、彼は俗世への愛着を断った者であるということが分かった。彼は、信教の教えをきちんと守り、敬虔に祈りを捧げ、よく次のように言っていた。「バブは、自分の信教の教えを細かなところまで守られました。師が守られた教えを私自身が守らないでいられるでしょうか。」

ミルザ・ゴルバンが逮捕され、総理大臣の前に連行されたとき、これまでなかったような騒動がテヘランで起こった。ミルザ・ゴルバンの身に何が起こるかを見ようと、大群衆が政府の建物の入り口に群がったのである。総理大臣は彼を見ると、こう述べた。「昨夜から、政府の高官から官吏までのあらゆる階層の者たちがわれを取り囲み、あなたを許すよう懇願した。あなたの占めている地位とあなたの言葉の影響力について聞いたが、それによると、あなたはバブよりも劣っているとは思えない。あなたより知識の浅い者（バブ）に忠誠を誓うよりも、あなた自身が指導者であると主張された方が良いのではないか。」彼は大胆にこう答えた。「その御方（バブ）の知識により、私はその御方に頭を下げ、忠誠を誓うことになったのです。その御方こそは私の主であり、指導者であります。大人になって以来、正義と公正を私の人生を導く主な動因とみなしてきました。この御方を公正に判断し、こう結論づけたのです。すなわち、敵と味方の両方が証言しているこの御方の超絶的な威力が偽物であれば、古代から現代までの神の予言者はすべて偽物であると非難されなければなりません。一千人以上の人びとが私を敬慕しているのは確かですが、私には彼らの心を変える力はありません。ところが、この御方は、その愛の霊薬により、最も堕落した人びとの魂をも変え得る威力を備えていられることを証明されたのです。この御方は、だれの援助を受けずに、自分の力だけで、私をはじめ多数の人びとに大きな影響を与えました。多くの人びとが、この御方と会ってもいないのに、自らの欲望を捨て、その御方の望みに熱烈に従っています。彼らは、自分たちの犠牲が不十分であると知りながらも、その御方のために生命を捧げ、自分の献身がその宮廷で受け入れられるようにと望んだのです。」

そこで、総理大臣はこう述べた。「あなたの言葉が神から下されたものであっても、そうでなくても、あなたほどの高い地位を占めている方に死刑の宣告をしたくはないのだ。」ミルザ・ゴルバンはもどかしくなって叫ぶように言った。「なぜ、ためらわれるのですか。すべての名前は天から下されたことをご存知ないのですか。私はアリ（バブ）という名前をもつ御方の道に命を捧げました。その御方は、太古からゴルバン・アリという私の名を彼の選ばれた殉教者の名簿に記録されているのです。この日こそはゴルバン祭日を祝う日です。バブの大業への信仰を生命の血で固める日です。ですから、嫌がらずに私を処刑してください。あなたの行為を非難するようなことはありませんからご安心ください。」これを聞いた総理大臣は叫んだ。「この男をここから連れ出せ！もう少しで、この狂った僧に魔法をかけられるところだ。」ミルザ・ゴルバンは答えた。「心の清らかな者だけがこの魔法に魅せられるのです。あなたは魔法にかけられることはありません。あなたをはじめ、あなたのような人たちは、神の霊薬の威力を感じることはできません。その威力は一瞬のうちに人びとの魂を変えることができます。」

この答えに憤った総理大臣は席から立ち上がり、全身を怒りで震わせながら叫んだ。「この妄想にかられた者らを黙らせることができるのは剣の刃だけだ！」続けて、彼はそこにいた死刑執行人に命じた。「この憎むべき宗派の信者らを、これ以上出頭させることはない。どれほど話してもこの者たちの強情さを変えることはできないからだ。お前の力で、信仰を取り消すよう説得できた者は釈放し、残りの者の首は切り落とすがよい。」

殉教の場が近づくにつれて、ミルザ・ゴルバンは最愛なる御方との再会を期待して大いなる喜びで一杯になった。そして、歓喜のあまりこう叫んだ。「早く私を殺すがよい。そうすることは、永遠の生命の聖杯を私に差し出すことになるのだ。私の息は絶えてしまうが、最愛なる御方は私に数知れぬ生命を報酬として与えてくださるのだ。それは、死ぬ運命にある人間には想像できないものなのだ。」それから、彼は群衆の方を向き懇願した。「神の使徒（モハメッド）の信者の諸君、私の言葉をよく聞くがよい。神の導きの昼の星であるモハメッドは、以前、ヘジャーズの地平線上に昇られた。そして今、シラズの昼の星アリ・モハメッドとして再び同じ光を投げかけ、同じ温かみを注がれている。バラの花はどの庭園に、いつ咲いてもバラの花である。」この呼びかけに耳をかそうとしない群衆を見て、彼は高らかに声をあげた。「ああ、強情な世代の人びとよ。皆は、不滅のバラの花から漂ってくる芳香にまったく気づいていない。私の魂は歓喜であふれているが、残念なことに、その魅力を分かち合える人はなく、その栄光を理解できる人もいない。」

首を切られて出血しているセイエド・アリ（バブの叔父）の遺体を足下に見て、彼の興奮は最高に達した。その遺体に身を投げるようにして、彼は叫んだ。「共に喜び合える日に幸いあれ！　我々の最愛なる御方との再会の日に幸いあれ！」そして彼は、遺体を両腕にかかえ、死刑執行人に向かって叫んだ。「こちらに来て私の首を打て。この忠実な仲間は、私に抱かれたままで最愛の御方の宮居に共に急ぎたいのだ。」そう言った直後、死刑執行人の剣が彼の首を打った。二、三分後、この偉大な人物は息絶えた。この残酷な処刑を目撃した傍観者たちの心には憤慨と同情が交錯した。群衆から悲痛な叫び声があがった。それは、毎年、アシュラ（イマム・ホセインの殉教）の日を迎えるとき、民衆が示す深い嘆きを思い起こさせた。

三、次に殉教したのはファラハン出身のハジ・モラ・エスマイル・ゴミである。若者の彼は、真剣に真理を探求し、ついにカルバラに向かった。ナジャフとカルバラの主な僧侶のすべてと交わって、カゼムの弟子となり、そこで知識と理解力を身につけ、その結果、二、三年後にシラズでバブの啓示を認めることができた。彼は不動の信仰と献身の深さで際立ち、コラサンに急ぐようにとのバブの指示を知るとすぐ、熱心にその要請に応じた。バダシュトに向かっていた一団に加わり、セルロル・ヴォジュドという称号をもらった。この一団と過ごしているうちに大業に対する理解はいっそう深まり、その促進のための熱意も高まった。世俗への愛着を完全に断ち、自分に霊感を与えてくれた信教の精神を、身をもって示したいという熱望にかられた。また、コーランとイスラムの伝承の句を、だれも匹敵できないほどの洞察力で解説することができ、その雄弁は仲間の弟子たちの賞賛を集めた。タバルシ砦がバブの弟子たちの集合中心となった時は病床にあったためその防御に参加できず、思い悩んだ。病気から回復後、タバルシ砦で仲間の弟子たちが大虐殺されたことを知るとすぐ、一層の決意と献身をもって、その損失を補うために立ち上がった。この決意により、彼はやがて殉教の冠を獲得することになるのである。

断頭台に連行され、処刑の瞬間を待っている間、彼は自分の前に処刑された二人の殉教者の遺体に目を向けた。二人は抱き合ったまま横たわっていた。彼らの血だらけの頭を見て、彼は叫ぶように言った。「わが愛する仲間よ、よくやった。あなた方は、テヘランを楽園とされた。しかし、私の方が先に処刑されたかった。」こう言って、彼はポケットから硬貨を取り出して死刑執行人に渡し、何か甘いものを買ってくれるように頼んだ。それがくると、少し取り、残りを死刑執行人に与え、「私はあなたの行為を許した。私に近づいて一撃を加えるがよい。私は三十年間この祝福された日を見たいと切望してきた。この望みがかなえられずに墓場に行くのではないかと心配してきたのだ」と言って天を向き、声をあげて祈った。「おお、わが神よ。私を受け入れたまえ。取るに足らない私の名前を、犠牲の祭壇で命を捧げた不滅の人びとの名簿に刻みたまえ。」彼は祈っている最中に処刑してくれるよう執行人に要請し、とつぜん命を断たれた。

四. エスマイル・ゴミの息が絶えるか絶えないうちに、高僧のセイエド・ホセイン・トルシジが断頭台に連れてこられた。彼はコラサン州の村トルシズの出身で、敬虔と公正な行為で大いに尊敬されていた。彼はナジャフで長い間学び、修得した教えをコラサンに行って広めるよう、同僚の高僧たちから依頼された。カゼマインに到着したとき、以前からの知人モハメッド・タギに会った。彼はケルマン最大の商人で、コラサンに支店をもっており、ペルシャに行く途中であったので、ホセイン・トルシジに同行することにした。モハメッド・タギはバブの叔父セイエド・アリの親密な友人であった。彼は、一八四七年、シラズからカルバラに巡礼に行く準備をしていたときにセイエド・アリからバブの大業を聞いて信者になった。セイエド・アリが、バブを訪問するためにチェリグに行く予定であることを知ったモハメッド・タギは、ぜひ同行させてくれと頼んだ。しかし、セイエド・アリは、「最初の目的を達するためにカルバラに向かい、そこで、私に合流できるかどうかを知らせる手紙を待つがよい」と言った。チェリグに着いたセイエド・アリは、テヘランに向けて出発するようにというバブの指示を受け、テヘランに短期間滞在したあと、再度、甥のバブを訪れることができると期待した。チェリグで、彼はシラズには帰りたくない意向を示したが、それは、町の住民がますますごう慢になっているのに耐えられなかったからである。テヘランに着いて、そこでモハメッド・タギに合流を要請した。そのとき同行したのがホセイン・トルシジで、彼はバグダッドからテヘランまでの途上でバブの教えを受け入れた。

ホセイン・トルシジは、自分の処刑と殉教を見るために集まってきた群衆に向かって、声をあげてこう言った。「イスラム教徒たちよ、私に耳を傾けよ。私の名前はホセインで、セイエド・ショーハダ（イマム・ホセイン）の子孫だ。聖なる都ナジャフとカルバラの高僧は皆、私がイスラム教の法律と教えの権威ある解説者であることを認めてきた。最近、バブの名前を聞くまではそうであった。イスラム教の複雑な教えを研究したことで、バブがもたらしたメッセージの価値を理解できた。バブが明らかにした真理を否定するならば、それ以前の啓示のすべてを捨てることになると私は確信する。皆には、各自この都市の僧侶と高僧に呼びかけ、集会を開いてもらうよう要請していただきたい。そこで、私はこの大業の真理を説明しよう。私がバブの主張の真実性を証明できるかどうかを彼らに判断してもらおう。もし、私の提出する証拠に彼らが満足であれば、無実の者の血を流すことをやめていただきたい。もし、証明できなければ罰を受けよう。」

彼が話終わる前に、総理大臣に仕える執行人が傲慢に次の言葉をさしはさんできた。「おれは、テヘランの著名な高僧七名が署名し、封印した死刑執行令状をもっている。彼らは自筆で、お前が異端者であることを宣言した。おれは、審判の日に神の御前でお前の血を流す責任を負う覚悟だ。おれは、指導者たちの判断を信頼し、その決定を実行するのだ。」こう言うと剣を引きぬき、力いっぱいにホセイン・トルシジを突いた。トルシジは息絶え、執行人の足下に倒れた。

五．その直後、ハジ・モハメッド・タギ・ケルマニが処刑場に連れてこられた。その場の不気味な光景を見た彼は激しい怒りを覚え、死刑執行人に向かって叫んだ。「卑劣で、無情な虐待者よ！　早く私を殺せ。わが最愛のホセインと一緒になりたいのだ。彼が逝った後に生き続けることは私にとって耐えられない拷問なのだ。」

六．モハメッド・タギが以上の言葉を終えた直後、ザンジャンの有名な商人セイエド・モルタダが急いで出てきた。そして、モハメッド・タギの身体におおいかぶさるように身を投げ、「自分はセイエド（モハメッドの子孫）なので、神の目には自分の殉教の方がモハメッド・タギの殉教よりも賞賛に値する」と訴えた。死刑執行人が剣を引きぬこうとしているとき、モルタダは殉教した兄の思い出を口にした。この兄はモラ・ホセインのそばで戦った人であった。その話を聞いた群衆は、彼の断固とした不動の信仰に驚嘆した。

七．モルタダの言葉が引き起こした動揺の最中に、モハメッド・ホセイン・マラゲが前方に走り出て、自分の仲間が殺害される前に自分を殉教させてくれと願い出た。そして、深く敬愛していたエスマイル・ゴミの遺体を見たとたん、衝動的にその遺体の上に身を投げ、遺体を抱いてこう叫んだ。「この最愛の友人と離れることはできない。私は彼を深く信頼してきた。彼も真心からの愛情を注いでくれた。」

この三人がそれぞれに、われ先に信教のために生命を犠牲にしたいと願っているのを見た群衆は仰天し、だれが最初に処刑されるだろうと思っていたとき、三人共に自分たちの殉教を熱心に懇願したので、ついに、三人全員が同時に首を切られることになった。

このような堅い信仰と、目にあまる残忍さを見ることは滅多にないことである。殉教者の数は少なかったが、その殉教の状況を思い起こすとき、これほどの自己犠牲の精神を呼び起こした威力を認めざるを得ない。殉教者たちが保持していた高い地位、彼らの超脱心と信仰の活力、影響力のある人たちが彼らの命を救うために加えた圧力、そして特に、無情な敵の残虐行為をものともしなかったその精神、これらの事実を考慮するとき、この事件はバブの大業の歴史上もっとも悲劇的なもののひとつとして見なされなければならない。

この時点で私（著者）は、これまでに改訂し、完成した原稿をバハオラに提出する光栄を得た。私の労力に対してバハオラは大なる報酬を与えてくれた。私はバハオラの恩恵のみを求め、その満足のためだけにこの仕事にかかったのである。バハオラは情け深く私を召され、祝福を与えてくれた。私の敬愛する御方（バハオラ）から呼び出されたとき、私は牢獄の町アッカの自宅に居た。私の家はアガ・カリムの家の近くにあった。それは一八八八年十二月十一日で、決して忘れられない日である。その折、バハオラが語られた要旨をここに再現したいと思う。

「われは昨日著した書簡でバダシュトの大会の状況について言及した際、『なんじの目をそむけよ』という言葉の意味を説明した。われが多数の名士たちと、テヘランの王子の婚礼を祝っていたとき、バブの秘書セイエド・ホセインの父アーマド・ヤズディがとつぜん入り口に現われて、自分の方に来るよう合図した。すぐに渡したい重要な伝言をもってきているようであった。しかし、われはそのとき集会の場を離れることができなかったので、待つように合図した。閉会後、タヘレがガズビンで厳重な監禁の下に置かれ、生命の危機にさらされていることを知った。即刻モハメッド・ハディを呼び、タヘレを救い出し、テヘランまで護送するよう指示した。彼女がテヘランに到着したとき、敵がわが家を押収していたので、タヘレをいつまでもわが家に住まわせることはできなかったため、彼女を国防大臣の家に移すことにした。国防大臣は、当時、国王の寵を失い、カシャンに追放されていた。そこで、その時まだわが仲間であった彼の妹にタヘレの世話を依頼した。

タヘレは、ある期間この国防大臣の妹のところで過ごした。ある日、バブから、コラサンに向かうようにとの指示がわれのところに来た。われは、タヘレもすぐにそこへ出発すべきであると決め、ミルザ・ムサ（バハオラの実弟アガ・カリム）に、彼女を市の城門外のある地点まで案内するよう依頼した。そこから、その付近で、彼が適切と思うところに連れて行くように指示した。彼は、果樹園の近くにある空き家にタヘレを案内した。留守番の老人は彼らを歓迎した。ミルザ・ムサはわれのところに戻り、老人の歓迎を報告し、その周辺の景色の美しさをほめ称えた。その後タヘレのコラサン行きを準備し、われも二、三日後にそこに行くと約束した。

まもなく、バダシュトでタヘレと合流した。そこで、彼女のために庭園を借り、彼女の救出にあたったモハメッド・ハディを彼女の護衛とした。わが仲間は七十名ほどいたが、皆その庭園の近くに宿泊した。

ある日、われは病で床についていた。タヘレから、われに会いたいというメッセージが寄せられたが、われは返答に窮した。とつぜん、彼女が顔をおおうヴェールをはずしたまま入り口に現われた。アガ・ジャン（バハオラの秘書）はこの出来事をこう評しているが、まことに至言である。『ファテメは審判の日に、顔のヴェールを取って人びとの眼前に現われなければならない。その瞬間、見えざる御方の声が聞こえるであろう。〈なんじが目にしたものから目をそむけよ。〉』

その日、仲間たちはどれほど仰天したことか。彼らの心は恐怖と困惑でいっぱいになった。恐怖のためにタヘレの眼前から逃げ去った者らもいた。（女性が顔のヴェールをとるという）イスラム教の慣習に反する行為を見て胸が悪くなり、耐えられなくなったからである。心をかき乱された彼らは、近くの、だれも住んでいない城に避難した。タヘレの行動に憤慨し、彼女との関係を完全に断った者たちの中にはセイエド・ナハリと弟のミルザ・ハディがいた。われはメッセージを送り、仲間を捨てて城に避難すべきではないと忠告した。

やがて、わが仲間たちは分散し、残されたわれは敵のなすがままとなった。その後われがアモルに行ったとき、住民が大変な騒ぎを起こし、四千人以上の群衆がモスクに集まり、また、家々の屋根にも大勢群がっていた。町の高僧がわれをはげしく非難し、マゼンダラン方言で叫んだ。『お前はイスラム教を邪道に陥らせ、その名声を汚した。昨夜、お前がモスクに入ってきた夢を見た。お前の到着を見ようと大勢が集まってきていた。群衆がお前の周りに押しかけてきたとき、ガエム（バブ）が隅に立ち、お前の顔を凝視しているのを見た。その顔は大変な驚きを現わしていた。この夢は、お前が真理の道からそれたことの証拠だと見なす。』

私は、『その顔が驚いていたのは、あなたと住民がわれを冷遇していることを、ガエムが強く非難している証拠である』と高僧に説明した。彼はバブの使命についてわれに質問した。われはこう知らせた。『バブに直接会ったことはないが、深く敬愛している。強い確信をもって言えるが、バブはいかなる場合でも決してイスラム教の教えに反するような行動を取ったことはない。』

しかし、高僧もその弟子たちもわれを信じようとせず、わが証言を真理の逸脱として拒絶した。その後、彼らはわれを監禁し、仲間に会うことを禁じたが、アモルの知事代理がわれを釈放してくれた。彼は、従者たちに命じて壁に穴を開けさせ、われを監禁部屋から出して自宅に案内した。住民はこのことを知ったとたん、われに敵対して立ち上がり、知事の邸宅に押しかけ、われに小石を投げつけ、わが顔に毒舌をあびせかけた。

われが、モハメッド・ハディをガズビン町に送ってタヘレを救出させ、テヘランに案内するように計画していたとき、アブトラブから手紙を受け取った。それは、そのようなタヘレの救出はひじょうに危険で、大騒動を引き起こしかねないということを力説したものであったが、われは目的を変えなかった。アブトラブは親切で、おだやかで謙虚な気質をもち、威厳をもって行動する男であったが、勇気と決意に欠けており、時折、その弱さをみせることがあった。」

ここで、七人のテヘランの殉教者たちにどのようなことが起こったかを付け加えよう。彼らの遺体は三日三晩、宮殿に隣接するサブゼ・マイダンに放置され、その間、無慈悲な敵の侮辱にさらされ、何千というシーア派の熱烈な信者たちから足でけられたり、顔に唾をかけられたりした。また、怒った群衆から石を投げつけられ、罵られ、あざけられた。彼らはまた、それらの遺体に大量のごみを投げかけ、目に余る残忍行為をしかけたが、それに対して抗議の声をあげる者も、残忍な虐待者の腕を抑える者もいなかった。

激情の念がおさまると、彼らは遺体をテヘランの城門外に埋めた。その場所は公共墓地の外で、ノウとシャー・アブドル・アジムの門の間にある濠に隣接していた。七人の遺体はすべて同じ墓に安置された。こうして、生存中、精神で結ばれていた彼らの身体は、死後も同じように一体となった。

七人の殉教のニュースはバブにとって再度の打撃であった。バブは、すでに、タバルシの勇敢なる弟子たちにふりかかった悲運を悼んでいたからであった。彼らについて詳細に書いた書簡で、彼らの高遠な地位を証言し、この七人こそはイスラムの伝承に、審判の日に「約束されたガエムの前を歩くであろう」と書かれている「七頭の山羊」であると述べている。彼らは、生き方で高貴な英雄的精神を現わし、その死で神の意志に完全に従うという態度を示した。ガエムに先行するというのは、彼らの殉教は彼らの羊飼いであるガエムの殉教に先立つという意味であるとバブは説明した。それから四ヵ月後、バブはタブリズで殉教し、その予言は実現した。

その忘れがたい年には、バブとその弟子七名のテヘランでの殉教の他に、ナイリズで重大な事件が起こり、ついに、ヴァヒドの死で最高潮となった。その年の終わり頃、ザンジャンも同じように、その地方に吹きまくった暴風の中心となり、その結果、バブの忠実な弟子たちの多数が虐殺されることとなった。彼らの気高い英雄的行為と、バブ自身の殉教に伴う驚嘆すべき出来事で忘れられないものとなったこの年は、信教の血まみれの歴史に記録された最も栄光ある章のひとつとして残されなければならない。

ペルシャの全土は、残忍貪欲な敵が執拗に続けた残虐行為で暗黒化した。ペルシャ東部のコラサンからバブの殉教地である西部のタブリズまで、そして、北部都市のザンジャンとテヘランから南部ファルス州のナイリズまで、全国が暗黒におおわれたのである。この暗やみは、待望されていたホセインがやがて顕わす啓示の夜明けの光を予告するもので、それは、バブが宣言したものより一層強大で、一層栄光あるものであった。

第二十二章　ナイリズの動乱

タバルシの砦が包囲されはじめた頃、ヴァヒドはボルジェルドと共にクルデスタン州で大業の教えを広めていた。彼は、その地方の住民の大半をバブの信教の信者にする決意をし、そのあと、ファルス州に向かい、そこで努力を続けるつもりでいた。モラ・ホセインがマゼンダランに向かったことを知るとすぐテヘランに急ぎ、タバルシ砦への旅の準備を整えたが、出発の矢先に、マゼンダランから到着したバハオラから、タバルシの仲間のところに行くのは不可能であることを知った。このニュースに大いに落胆した彼はバハオラをひんぱんに訪ね、彼の英知ある貴重な忠告を得ることで慰められた。

やがてヴァヒドはガズビンに行き、これまでしてきた普及活動を続けた。そこからクムとカシャンに向かい、ここで仲間の弟子たちと会い、彼らの熱意を高め、努力を強めることができた。次にイスファハン、アルデスタン、アルデカンに旅した。それらの町で、バブの基本的な教えを熱心に大胆に伝え、かなりの数の有能な人たちを信者にし、それからヤズドに向かい、同朋たちと新年を祝った。彼らはヴァヒドの到着を喜び、大いに励まされた。ヴァヒドは影響力のある知名人で、妻と四人の息子が住んでいるヤズドの家の他、ザラビに先祖の家を一軒と、ナイリズに豪華な家具で飾られている家を所有していた。

ヴァヒドは一八五〇年ジャマディオル・アヴァール月の最初の日にヤズドに到着したが、その月の五日目はバブの宣言の記念日にあたり、また新年の祝宴日でもあった。その日に、都市の主な僧侶や名士がヴァヒドのところに新年の挨拶に来た。そのとき、彼の敵のうちで最も卑劣で名高いナヴァーヴも来て、その祝宴が豪華でぜいたくであるのを悪意をもってほのめかした。「国王の宴会でさえも、ここに並べられた豪勢なごちそうには及ばない。今日の国家的な祝賀の他に、あなたは別の祝宴を開くのではないのか。」これに対し、ヴァヒドは皮肉をこめて大胆に言い返したため、その場に居た人たちは笑い出し、皆一斉に拍手した。その悪意に対するヴァヒドの応答が適切だったからである。これほど大勢の著名人たちのあざけりを受けたことがなかったナヴァーヴはヴァヒドの言葉に怒りがこみ上げてきた。彼は、それまでヴァヒドへの敵対心を抱いてきたが、そのいぶっていた炎はそのとき強烈に燃え上がったのである。そこで彼は復讐を誓った。

ヴァヒドはこの機会をとらえて、恐れることなく思う存分に信教の基本原則を宣言し、それが真理であることを証明した。その集まりに出席していた大半は、大業の主な教えを部分的に知ったが、その重要性には気づかなかった。何人かは大業に惹かれ、進んで信者となった。残りの者は公に大業の教えに挑戦することができなかったが、心中ではそれを非難し、あらゆる手段で抹殺する決心をした。ヴァヒドが大業の真理を雄弁に説明するのを聞いて、彼らの敵意の炎はあおられ、即刻、彼の影響を消そうと覚悟した。この日、ヴァヒドに敵対する勢力が集結し、その結果、大変な苦難と悲嘆をヴァヒドにもたらすことになった。

彼らはヴァヒドを消すことを活動の最大目標とし、次のようなうわさを広めた。すなわち、ヴァヒドは、元旦に集まって来た政界と宗教界の著名人たちの前で、遠慮なくバブの教えを明らかにし、コーランとイスラム教の伝承から集めた証拠をあげて、その真実性を論じたというわさである。そして、次のようにせき立てた。「その町で最高の高僧たちが聴衆の中にいたが、だれも彼の熱烈な主張にあえて異議をさしはさむ者はなかった。高僧たちが沈黙していたので、ヴァヒドを支持する熱狂の波が町中に広がり、住民の半数が彼の意のままになり、残りの者たちも彼に強く惹かれているのだ。」

このニュースは野火のように急速にヤズド市とその周辺地域に広がった。それにより、激しい憎しみの炎が点される一方、かなりの数の信者を信教に加えることになった。アルデカンとマンシャドから、さらにもっと遠方の町や村から、多くの人びとが新しい教えを聞くためにヴァヒドの家に群がってきた。彼らは聞いた。「我々は何をすべきですか。我々は真心からバブの教えを信じ、献身したいと願っていますが、その方法を教えて下さい。」ヴァヒドは、朝から夜まで質問に答え、彼らを奉仕の道へと導いた。

女性を含めたこれらの熱狂的な支持者の活動は四十日間続いた。ヴァヒドの家は無数の信者たちが集まる中心となった。彼らは、自分たちの魂に燃え上がった信教の精神を行動に移し、役に立てたいと切望したのである。一方ナヴァーヴは、続いて起こった騒動を新たな口実にして知事の支持を求めた。この知事は若く、国事には経験がなかったので、すぐこの邪悪な策略者の陰謀にはめられた。ナヴァーヴはヴァヒドの家を包囲するために知事に軍隊を送らせることに成功したのである。

一連隊がヴァヒドの家に向かっている間、町のならず者たちからなる暴徒がナヴァーヴに扇動されて同じ方向に向かった。その家の住人たちを呪って脅迫しようとしたのである。

四方八方から敵に包囲されても、ヴァヒドは自宅の二階の窓から支持者たちの熱意をはげまし続け、彼らの胸中に残っていた不明な点を明らかにした。支持者たちは一連隊と激怒した暴徒を見てどうしてよいか分からず、ヴァヒドに指示を求めた。彼は窓際に座ったままこう答えた。「私の前に置かれている剣はガエム（バブ）ご自身から贈られたものである。彼らと聖なる戦いをせよと命じられたのなら、私はだれの助けも借りず、一人で敵軍を全滅させることができる。このことは神もご存知である。しかし、そのような行動は避けるよう命じられているのだ。」そして、召使いのハサンが家の前に連れてきた馬に目をやりながら、こう付け加えた。

「この馬は、故モハメッド国王が私にくださったものだ。この馬に乗って、バブが宣言している信教について公平な目で調査する任務を与えられたのだ。国王は、調査の結果を個人的に報告するよう要請された。テヘランの宗教指導者たちの中で国王が信頼を置かれていたのは私一人だけしかいなかったからである。私は固い決意をもってその任務に取りかかった。それは、バブの議論をやり込め、その思想を捨てさせ、私の方が指導者であることを認めさせ、私の勝利を証言させるためにテヘランに連れて来るという決意をしていたからである。ところが、バブの面前に出てその言葉を聞いたとき、私が想像していた状況と反対のことが起こった。最初の面会で、私はまったく恥じ入って狼狽し、二回目の面会が終わったとき、自分は幼児のように無力で、無知と感じた。三度目には、自分はバブの足下の土のように卑しい存在であることが分かったのだ。彼は、私が以前想像していた卑劣なセイエド（モハメッドの子孫）ではなく、私にとって彼は神ご自身の顕示者であり、神の聖霊の生きた権化であられるのだ。その日以来、私は彼のために命を捧げたいと切望してきた。それが実現される日がすばやく迫ってきているので喜んでいるのだ。」

ヴァヒドは仲間たちの動揺を見て、落ち着き忍耐するように、また、神の愛する人びとを攻撃しようとする軍勢を、まもなく神はその見えざる手で敗北させられるので安心するようにと励ました。こう言い終わらないうちに知らせがきた。だれもがすでに死んだと思っていたアブドラという男が、同じく行方不明であった多数の仲間を連れてとつぜん現われ、「この時代の主なる御方よ！」と叫びながら、敵軍の中に突進し、軍勢を追い散らしたのである。アブドラの剛勇さに仰天した連隊の兵士は皆、武器を捨て、知事と共にナリンの砦に避難した。

その夜、アブドラはヴァヒドに面会を求めた。彼は、自分は大業を固く信じているとヴァヒドを安心させ、敵を征服するための計画を知らせた。これに対してヴァヒドは答えた。「今日、あなたの介入でこの家は不慮の災難を逃れることができた。しかし、あなたに知ってもらいたいが、これまで住民たちとの争いは、「この時代の主」の啓示に関する議論に限られてきた。ところが、ナヴァーヴは私が全州の実権をにぎり、さらに、それをペルシャ全体に拡大しようとしているとして住民を扇動して我々と戦わせるつもりだ。」ヴァヒドは続けて彼に勧告した。「すぐ、この町を離れ、全能なる神の保護に身を任せるがよい。定められた時間が来るまでは、敵は我々をいささかも傷つけることはできないからだ。」

アブドラはこの勧告を無視した。その場を去りながら言った。「仲間を見捨てて、彼らを激怒している残忍な敵の掌中に渡すわけにはいかない。そうすれば、アシュラの日（イマム・ホセインの殉教日）に、カルバラの野にイマム・ホセインを見捨てた者らと私は同じになるのではないか。慈悲深い神は、私の行動を大目に見て許してくださるにちがいない。」こう言って彼は、ナリンの砦に向かい、砦内に避難しようと集まっていた軍勢を制し、知事を他の者らといっしょに監禁することに成功した。もし増援隊が来れば、すぐにそれを阻止しようと彼自ら見守った。

一方、ナヴァーヴは多数の住民を参加させ、大騒動を起こすことに成功した。彼らがヴァヒドの家の攻撃準備をしているとき、ヴァヒドはアブドル・アジムを呼び寄せた。彼はタバルシの砦の防御に二、三日間参加した人であり、彼の威厳のある態度は多くの人びとの注目を引いていた。ヴァヒドは彼に、馬に乗り、街路や市場で全住民に「この時代の主」の大業を受け入れるよう、自分に代わって呼びかけるように頼んだ。そして、こう付け加えた。「住民に対して聖戦をしかけるつもりは毛頭ないことを知らせよ。しかし、彼らにこう警告せよ。もし、彼らが、私の地位と家柄を無視して私の家を包囲し、攻撃し続けるなら、自己防衛のために、その勢力に対抗し、彼らを追い散らさざるを得ないと。さらにもし、私の忠告を聞かず、悪巧みにたけたナヴァーヴの誘いに乗るなら、七人の仲間に命じて彼らの軍勢を撃退させ、彼らの望みを打ち砕くと。」

アブドル・アジムは馬に飛び乗り、四人の仲間に護衛されて市場に向かった。そして、威厳をもってヴァヒドの警告を高々と宣言した。それだけでは満足せず、宣言の効果を高めるために自分の言葉を大声で付け加えた。「この訴えを無視しないようにせよ。皆に警告するが、この高々と響きわたるわが声は皆の砦の壁をふるわせ、強大なわが腕はその強硬な門を破ることができるのだ。」彼の大声はラッパのようにひびき渡り、人びとを仰天させた。この一声で恐れをなした住民は武器を捨て、ヴァヒドへの攻撃をやめ、その血統を認め、尊敬すると宣言した。

住民がヴァヒドと戦うのをがんとして拒否したため、ナヴァーヴは砦の近くに留まっていたアブドラとその仲間を攻撃するよう仕向けた。この衝突で、避難していた知事は励まされ、砦の連隊に命じて、ナヴァーヴの一団と手を組んで出撃するよう命じた。アブドラが町から攻めてきた群衆を追い払いはじめた時、知事の命令で兵士が発砲した弾丸が彼の足に当たり、地面に倒れた。仲間の多くも負傷した。彼の弟が急いで彼を安全な場所に移し、そこから、彼の要請でヴァヒドの家に運ばれた。

敵は彼を殺害しようとヴァヒドの家まで追ってきた。ヴァヒドは家のまわりに群がってきた住民の騒ぎに、仕方なく、六人の仲間と出撃して敵を追い散らすようレザに命じた。レザはマンシャドの、最高の学識をもつ僧侶の一人であったが、今はヴァヒドの家の門衛として仕えていた。ヴァヒドはこう命じた。「皆それぞれ、声高らかに〈アラホ・アクバール（神は最も偉大なり）！〉と七回くり返し、七回目をとなえた瞬間、敵中に突進せよ。」

レザは指示を受けてすぐ、六人の仲間と共にその任務を果たすために立ち上がった。六人の仲間は、貧弱な身体で、剣術の訓練も受けていなかったが、信仰の炎で燃え上がり、敵を大いに恐れさせた。その日、一八五〇年五月十日、敵のうち最も恐れられていた七人が命を落とした。レザは、後日次のように語っている。「敵を敗走させたあとすぐ、ヴァヒドの家に戻ってきました。そこにはアブドラが負傷して横たわっていました。彼は、我々の指導者のところに運ばれ、指導者自らが彼に食べ物を与えていたのです。その後、彼は隠れ場所に運ばれ、そこで傷が癒えるまでいましたが、最後には、敵にとらえられ殺害されました。」

さて、その夜、ヴァヒドは仲間に、分散し、細心の注意をはらいながら安全な場所に行くように命じた。妻には、所有物を全部持参して子供と共に彼女の父親の家に移るよう指示した。ただし、自分の所有物だけは残して置くように言い、こう説明した。「この宮殿のような家は、大業の道において破壊されるために建てたのだ。そして、この家を飾る豪華な家具類は、いつかわが最愛なる御方のために犠牲にすることができると思って買ったものだ。私が家と家具を犠牲にすれば、敵も味方も、この家の持ち主はこの上なく貴重なものを授けられているので、どれほど豪華で壮麗な邸宅も彼の目には価値のないものとなり、犬だけが興味をもつ骨の山のようになったのだと気づいてくれるであろう。この超脱の精神を見て、これらのよこしまな人びとは目を開き、その精神をもたらした人に従いたいと望んでくれるであろう。」

同じ夜の午前〇時過ぎに、ヴァヒドは立ち上がり、所有していたバブの文書と自著の論文のすべてを集め、召使いのハサンに預け、市の城門外の道路がメヘリズ方面に分かれている場所にそれらを持って行き、そこで、自分の到着を待つよう命じた。さらに、指示通りにしなければ、再び自分と会えることはできないであろうと警告した。

ハサンが馬に乗り、出発しようとしていたとき、砦の入り口を監視していた番兵たちの叫びが聞こえてきた。番兵たちに捕らえられ、貴重な文書を奪われないかと恐れたハサンは、師から指示された道ではなく他の道を通ることにした。そして、砦の裏を通り過ぎようとしたとき番兵に見つかり、馬は撃たれ、彼は捕らえられた。

一方、ヴァヒドは、ヤズドを離れる準備をし、息子のうち二人を残し、あとの二人とヤズド出身でヴァヒドと同行したいと願った仲間二人を伴って出発した。仲間の一人はゴラム・レザという名の大変な勇気の持ち主で、もう一人はレザ・クチエクという名で、射撃の名人であった。ヴァヒドは召使いのハサンに指示したと同じ道を通り、その場所に安全に着いたが、ハサンが居ないのでおどろいた。ヴァヒドは、ハサンが指示を無視して敵に捕らえられたことにすぐ気づいた。彼はハサンの運命を嘆き、アブドラの行動を思い出した。アブドラも同じように、ヴァヒドの指示を無視した結果、傷を負ったからである。ヴァヒドの一行はその日の朝、ハサンが大砲から吹き飛ばされたことを知らされた。ヤズド市内の祈りの先導者で、敬虔の深さで知られていたミルザ・ハサンという人も一時間後に捕らえられ、同じ運命にあった。

ヴァヒドのヤズドからの出発でふたたび元気づいた敵は、彼の家に乱入し、物品を奪い、家を完全に壊した。その間、ヴァヒドはナイリズに向かっていた。彼は徒歩に慣れていなかったが、その夜、二十キロメートルほど歩いた。同行した二人の仲間は、途中から二人の息子を背負って進んだ。翌日のうちにヴァヒドは近くの山のくぼみに身を隠した。その近くに住んでいた彼の弟はヴァヒドを深く敬愛しており、ヴァヒドの到着を知るとすぐに密かに必需品を送らせた。同じ日に、ヴァヒドを追ってきた知事の騎馬隊が村に着き、ヴァヒドの弟の家を捜索したが、ヴァヒドを見つけることはできなかったので、多くの物品を横領してヤズドに戻った。

その間、ヴァヒドは山中を通ってバヴァナット・ファルス地区に着いた。ヴァヒドの熱烈な賞賛者であったその地区の住民の大半が信者となった。その中にはバヴァナットのイスラムの長老セイエド・エスマイルがいた。この地区の信者の多数がファサ村までヴァヒドに同行した。しかし、この村の住民はヴァヒドのメッセージに応じなかった。

旅の途上で、休むたびにヴァヒドが最初に考えたのは、近くにモスクを探し、そこで新しい時代の吉報を人びとに告げることであった。モスクでは、旅の疲れなど少しも気にせず、すばやく説教壇にのぼり、自分が擁護している信教の教えを大胆に宣言した。もし大業を受け入れる人が見つかり、その人たちが、自分が去ったあと大業を広めることができると確信すれば一晩だけ泊まった。そうでなければ旅を続け、住民とは交わらなかった。彼はたびたびこう言った。

「旅の途中で通り過ぎる村の住民から信仰の芳香を嗅ぐことができなければ、その村の食べ物も飲み物もいやな味がした。」

ファサ地区のルニズ村に到着したヴァヒドは、二、三日そこに留まることにした。呼びかけに応じる人たちの心に、神の愛の火を点そうと努めたのである。彼の到着がナイリズに伝わると、チェナル・スクテ区域の全住民が急いで彼に会いにきた。ヴァヒドを敬愛しているほかの区域の住民も同様に会いにきた。しかし、ナイリズの知事ザイノルの反対を恐れて、大半は夜に出かけた。チェナル・スクテ区域からだけでも、ヴァヒドの義父で、有名な判事シェイキ・アブドルの弟子百人以上がナイリズ最高の著名人たちに加わり、ヴァヒドが自分たちの町に到着する前に歓迎のあいさつに出かけた。（この人たちの名前は省略）

彼らは皆、昼間または夜半にルニズ村まで出かけ、ヴァヒドを歓迎し、変わらぬ献身を示した。バブはナイリズで、新しく大業を受け入れた人たちに特別の書簡を著したが、彼らは大業の意義とその基本的な原則については知らないままであった。大業の真の目的とその特徴を彼らに説明する仕事はヴァヒドに与えられたのである

ヴァヒドの到着を歓迎するために多数の人びとが町を出たのを知った知事は、直ちに特使を送り、彼らに追いつかせ、「ヴァヒドに忠誠を誓う者らは処刑し、妻たちを逮捕し、財産を押収する」と警告した。しかし、だれ一人これに耳を傾ける者はなく、かえって指導者のヴァヒドへの愛着を深めた。知事は、彼らの断固たる決意と、自分の警告が無視されたことを知って不安になった。自分は彼らから攻撃されるのではないかと恐れ、ナイリズから十五キロメートルほど離れた自分の最初の家もあるゴトレー村に移った。その村を選んだ理由は、その近くに強固な砦があり、危険がせまったとき避難することができ、さらに、村の住民は剣術の訓練を受けており、必要な場合は彼を守ってくれるという確約があったからであった。

一方、ヴァヒドは、ルニズを出てエスターバナット村のはずれにあるピルモラッドの廟に向かった。その村の僧侶たちはヴァヒドが村に入ることを禁止したが、二十人ほどの村民が、ヴァヒドを迎えに行き、ナイリズまで同行した。一

行が到着したのは一八五〇年五月二十七日の午前中であった。ヴァヒドは故郷のチェナル・スクテ区域に着いてすぐ、自宅には戻らず、モスクに入り、集まってきた人びとにバブのメッセージを受け入れるよう呼びかけた。彼は、自分を待っている人たちにすぐ話しかけたいと思い、衣服のほこりも落とさずに説教壇に登ったのである。聴衆は皆、彼の説得力のある弁舌に強烈な感動をおぼえた。そして、一千人ほどのチェナル・スクテ区域の住民と、ナイリズの他の地域から集まって来た五百人がその呼びかけに応じた。彼らは歓喜に酔ってこう叫んだ。「メッセージを確かに聞きました。我々はそれに従います！」こう言いながら前に進んでヴァヒドに忠誠と感謝の念を表した。感動的な呼びかけに、これほど聴衆が魅惑されたのはナイリズではこれまでに見られなかったことである。

聴衆の興奮が静まるとすぐ、ヴァヒドはこう説明した。「私がナイリズに来た目的は、神の大業を宣言することだけである。神のメッセージが皆の心に感動を与えることができたことを神に感謝するばかりだ。もはや、皆と一緒にここに留まる必要はない。滞在を延ばせば、私のゆえに、知事が皆を虐待するであろう。知事は、シラズから増援隊を呼び寄せ、皆の家を破壊し、口には表現できないほどの侮辱を与えるであろう。」これを聞いて、聴衆は一斉に答えた。「我々は神の意志に従う準備ができています。神は我々にふりかかってくる災難に耐えうる力を与えてくださいますが、今とつぜん、あなたと別れることはできません。」こう言った直後、彼らは男女共に手をつなぎ、興奮と喜びにあふれ、歓呼の声をあげながらヴァヒドを自宅に送り届けた。

ヴァヒドは二、三日ナイリズに留まることにし、時間の大半をモスクで過ごした。そこで、雄弁に、少しのためらいもなく、自分の師（バブ）から受けた基本的な教えを解説した。聴衆の数は日ごとに増し、その驚くべき影響があちこちで一層明らかになりはじめた。

ヴァヒドの努力で、住民がますます魅惑されているのを見た知事ザイノルは、眠っていた敵意の炎を再びあおられた。

そこで、大業を滅亡させるために軍隊の編成を命じた。彼は、この大業は自分の地位をすばやく覆そうとしていると感じたのである。まもなく、彼は騎兵隊と歩兵隊を編成する一千の兵士を募ったが、彼らはすでに戦闘の訓練を受けており、十分な武器も備えていた。彼の計略は、急襲してヴァヒドを捕らえることであった。

ヴァヒドは知事の策略を知るとすぐ、自分を迎えるためにエスターバナットからナイリズまで同行した二十人の仲間に、チェナル・スクテ区域近くにあるカジェ砦に入るように命じた。そして、シェイキ・モシェンの息子シェイキ・ハディを一団のリーダーに任命し、その区域に住む信者たちに、砦の門と小塔と外壁を補強するよう指示した。

一方、知事は事務局をバザール区の自宅に移した。そして、徴兵たちと共に近くの砦に入り、その小塔や外壁を補強しはじめた。その砦からは町全体を見下ろすことができた。知事は、その区の区長で、ヴァヒドの仲間の一人であるセイエド・アブタレブを強制的に自家から立ち退かせ、その家の屋根を補強して何人もの兵士を配置した。そして、指揮官アリ・カーンに命じてバビたちに向かって発砲させた。最初に撃たれたのはアブドル・ホセインで、この人は高齢にもかかわらず、徒歩で町を出てヴァヒドを迎えに行った人であった。彼は自宅の屋根の上で祈りを捧げていたとき右足を撃たれ、大量に出血した。ヴァヒドは彼が受けた負傷に深く同情し、文書で見舞いの言葉を送った。そして、高齢で、大業の道に最初に身を犠牲にするように選ばれたことは幸運であると彼を元気づけた。

バブの教えを急いで受け入れ、まだその意義を十分に理解していなかった仲間たちは、とつぜん攻撃されてうろたえた。彼らは信仰に大衝撃を受けたが、中には、真夜中に仲間から離れて敵軍に加わった者もいた。ヴァヒドはそのことを知らされるとすぐ、夜明けに起き、馬に乗り、支持者の一団を伴ってカジェの砦に向かい、そこに住居を構えることにした。

ヴァヒドが来たことで新たな攻撃がはじまった。ザイノル（ナイリズの知事）はすぐ、兄アスガール・カーンと千人の訓練された兵士を送り、砦を攻囲させた。砦にはすでに七十二人のヴァヒドの仲間たちが避難していた。そのうち何人かが、日の出にヴァヒドの指示に従って出撃し、驚くべき速さで包囲軍を追い散らした。この戦いで三人の仲間が命を落とした。最初の仲間は、大胆不敵さで知られたペルシャ帽子の製造業者タジョッド・ディンであった。次は、農業を営むエスカンダールの息子ザイニルで、最後はアブール・ガゼムで、高い業績をもった人であった。

兵士たちのとつぜんの敗走で不安になったシラズの知事フィルズ・ミルザ王子は、砦のヴァヒドの仲間たちを直ちに全滅させよという命令を出した。ザイノル（ナイリズの知事）は王子の従者をヴァヒドに送り、両者間の関係が緊迫してきたのでナイリズを離れるよう要請した。そうすれば騒動が間もなく収まるであろうと説得にかかったのである。ヴァヒドはこう答えた。「知事ザイノルに伝えよ。私と一緒にいるのは二人の子供と二人の従者だけだと。私がこの町にいることが騒動の原因となるのなら、進んでここを離れよう。しかし、なぜ予言者モハメッドの子孫にふさわしく我々を迎えないのか。なぜ知事は、我々に水も与えず、兵士たちに我々を包囲させて攻撃しようとしているのか。我々の生活必需品を奪うなら、知事に警告する。彼が最も浅ましい人間とみなしている私の仲間七人を出撃させ、知事の総合軍勢に恥ずべき敗北をもたらすつもりだと。」

知事がこの警告を無視したのを知ったヴァヒドは、仲間たちに、砦から出て攻撃者たちを懲らしめるよう命じた。彼らは若く、武器を用いたこともなく、また、訓練され、組織された軍隊の士気をくじくことにも無経験であったが、見事な勇気と確信をもって敵に敗北を与えたのであった。この戦いでアスガール・カーン（知事の兄）は命を落とし、二人の息子は捕虜となった。知事は、不面目にも、分散した残りの軍勢と共にゴトレー村に退却した。そして、王子に状況の重大さを告げ、直ちに増援隊を送ってくれるように求めた。とくに、大砲、および歩兵隊と騎兵隊の大連隊を要請したのである。

一方、ヴァヒドは敵が自分と仲間を皆殺しにしようとしているのを見て、砦の防護体制を強化し、砦内に水槽を備え、門外にテントを張るよう仲間に指示した。その日、仲間のうち何人かは、それぞれ特定の仕事を与えられた。ミルザ・モハメッドは砦の門衛となり、ユソフは基金係となり、カルバラ・モハメッドは砦とバリケードに隣接する庭園の管理者、ミルザ・アーマドは水車塔担当となった。この水車塔は砦の近くにあり、チェナールという名で知られていた。シヴェは刑の執行人、ザイノル（ナイリズの知事）の従兄弟ジャファーは記録係、ファオドロラは記録の校正係、バッガルは看守、タギは登録官、ヤズディは軍の指揮官となった。ヴァヒドはエスターバナット村からナイリズまで同伴した砦内の七十二名の仲間に加え、有名な僧侶ジャファーとヴァヒドの義父アブドル・アリの要請で、バザール区の多数の住民と自分の親族数人を砦に入れることにした。

知事は再度王子に訴えた。今回は、増援隊を緊急に要請する嘆願書に、五千ドルに相当する額を個人的な贈り物として同封した。その封書を親密な友人モラ・バゲルに託し、自分の馬を使用させて王子に直接渡すよう指示した。知事がモラ・バゲルを選んだ理由は、彼が大胆で、能弁で、気転のきく男だったからである。モラ・バゲルは人影のない道を通り、一日の終わりにフダシュタクという場所に到着した。その近隣に砦があり、その周りには遊牧民族がテントを張っていた。

モラ・バゲルは一つのテント近くで馬からおり、テントの住人と話しているとき、バヴァナットのイスラムの長老セイエド・エスマイルが到着した。彼はある緊急な用事でヴァヒドから許可を得て故郷に行き、そこからナイリズに戻るところであった。昼食後、彼は盛装させた馬が近くのテントのロープにつながれているのを見たが、それは知事の友人がナイリズから乗ってきたもので、シラズに向かう途中であることを知った。まれに見る勇気をもったセイエド・エスマイルは直ちにそのテントに行き、馬からおり、剣を抜いて、モラ・バゲルが話しかけていたテントの所有者に厳しく言った。「このならず者を逮捕せよ。この男は、時代の主の面前から逃げた者だ。両手をしばり、私のところに連れて来い。」この強い言葉と態度にびっくりしたテントの住人はすぐにその命令に従った。そして、モラ・バゲルの両手をロープでしばりあげ、そのロープの端をセイエド・エスマイルに渡した。彼はそのロープを手にするとすぐ馬に拍車をかけ、ナイリズに向かった。モラ・バゲルは引っ張られながら、その後に従わざるを得なかった。町から七マイルほどのところにあるラスタク村に着くと、モラ・バゲルをハジ・アクバーという区長に渡し、ヴァヒドの面前に連れて行くように頼んだ。ヴァヒドの質問に対し、モラ・バゲルはシラズへの旅行目的を率直に、また詳細に説明した。ヴァヒドは彼を許すつもりであったが、彼の態度が変わらなかったため、ヴァヒドの仲間たちの手で命を断たれた。

知事ザイノルは、シラズへの援助要請の決意を緩めるどころか一層の熱意を込めて王子に訴えた。この地域の安全をおびやかしている重大な脅威を根絶するため、援助を倍加されるようにと懇願し、それだけでは満足できず、信頼できる従者数人にさまざまな贈り物をもたせてシラズの王子のもとに送った。さらに、成功を確実なものとするために、シラズの主な僧侶と長老に数通の嘆願書を提出した。その中でヴァヒドの目的をひどく曲げ伝え、その破壊活動を長々と述べ、増援隊の迅速な派遣を王子に懇願してくれるよう頼んだのであった。

要請を受けた王子は喜んで応じ、アブドラ・カーンに、数人の士官を先頭に、砲兵隊を伴わせた二連隊を引き連れてすぐナイリズに向かうよう命じた。また、ナイリズの代理人に、その地区の周辺の村々に住む強壮な男たちを集めるよう指示した。さらに、ヴィスバクラリイエという名で知られている部族の男たちにも、知事ザイノルの軍隊に加わるよう命じたのである。

とつぜん、大軍がヴァヒドと仲間たちの避難している砦を取り巻いた。そして、砦のまわりに塹壕を掘り、それに沿ってバリケードを置きはじめ、それが完成するとすぐに発砲しはじめた。最初の弾丸は門前で監視していた仲間の馬に当たり、次の弾丸は門の上方の小塔を貫いた。この砲撃中に、仲間の一人が小銃で砲兵隊長を撃ち即死させた。その瞬間、銃声の轟きは止まり、兵士たちは退却して塹壕に隠れた。その夜は仲間も攻撃者も出撃することはなかった。

しかし翌晩、ヴァヒドはヤズディを呼び寄せ、十四人の仲間と共に出撃して敵を追い払うように命じた。選ばれた十四人のほとんどは高齢者で、彼らに激しい戦いができると思った者はいなかった。その中には若者以上に熱意と気力を備えた九十才以上になる靴屋がいた。残りは若者で、危険に直面したり、突撃に伴う緊張に耐えたりする準備などまったくなかった。しかし、彼らは不屈の決意と大業の崇高な運命にゆるがぬ確信をもっており、年令など問題ではなかったのである。ヴァヒドは彼らに、砦を出て、「アラホ・アクバール！」（神は偉大なり！）と叫びながら一斉に敵軍に向かって突進するように命じた。

出撃の合図が下されると彼らはすぐに馬に乗り、小銃を手に砦の門を出た。火を吹く大砲にも、雨と降ってくる銃弾にもひるまず、敵陣の中に突入した。このとつぜんの戦いは八時間ほど続いた。この戦いで、恐れを知らないこの仲間の一団が見せた見事な武術と大胆さは、敵軍の老練兵たちを驚かせたほどであった。敵の合同大軍に勇敢に耐えた仲間の小一団を援助するために、ナイリズ町とその周辺から人びとが駆けつけてきた。戦いの規模が拡大するにつれ、ナイリズの女性たちは自宅の屋根にのぼり、見事な武勇をたたえる叫びをあちこちで上げ、その声援と共に銃声の轟きも高まっていった。それはまた、仲間の一団が、激動の中で興奮のあまり口にした「アラホ・アクバール」の叫びで一層強烈となった。女性群の叫び声と、仲間たちの驚くべき大胆さと自信で、敵は完全に士気をくじかれ、その努力は無となった。敵軍の基地は見る影もなくなり、勝利者たちが砦に戻るころには悲惨な光景になっていた。彼らは重傷者の他に六十人の死者を運んでいったが、その中には、次の二十七名が入っていた。

一・　ゴラム・レザ・ヤズディ

二．ゴラム・レザ・ヤズディの弟
三．カユロラの息子、アリ
四．カジェ・ガニの息子、カジェ・ホセイン・ガンナド
五．モラ・メヘディの息子、アスガール
六．カルバライ・アブドル・カリム
七．マシュハディ・モハメッドの息子、ホセイン
八．マシュハディ・バゲル・サバグの息子、ザイノル・アベディン
九．モラ・ジャファアル・モダヘブ
十．モラ・ムサの息子、アブドラ
十一．マシュハディ・ラジャブ・ハッダッドの息子、モハメッド
十二．カルバライ・シャムソッド・ディン・マレキ・ダズの息子、カルバライ・ハサン
十三．カルバライ・ミルザ・モハメッド・ザリ
十四．カルバライ・バゲル・カフシュ・ダズ
十五．ミルザ・ホセイン・カシ・サズの息子、ミルザ・アーマド

十六．モラ・アブドラの息子、モラ・ハサン
十七．マシュハディ・ハジ・モハメッド
十八．ミル・アーマド・ノクホド・ベリズの息子、アブ・タレブ
十九．モハメッド・アシュルの息子、アクバール
二十．タギエ・ヤズディ
二一．モラ・ジャファールの息子、モラ・アリ
二二．カルバライ・ミルザ・ホセイン
二三．シャリフの息子、ホセイン・カーン
二四．カルバライ・ゴルバン
二五．カジェ・アリの息子、カジェ・カゼム
二六．ハジ・アリの息子、アガ
二七．ミルザ・モイナの息子、ミルザ・ナワラ

この完敗で、知事ザイノルと幹部は、ヴァヒドとその仲間を軍力で征服することはできないと確信した。メヘディ・ゴリ王子の軍隊も同様にバブの仲間たちとの戦いで惨めに敗北した。これらの卑怯な者らが無敵の敵を征服できたのは、裏切りと欺きという武器を用いたからであるが、知事とその幹部が最後に取ったと同じ手段で、彼らの無力さが暴露さ

れた。それは、強大な軍力と、ファルスの知事と、住民からの精神的支援があったにもかかわらず、彼らの目には無訓練の卑しむべき者らとしか見えない小人数の一団を負かすことができないという無力さであった。彼らは心の中で、砦内の有志の一団を負かすことは不可能であると確信していたのである。

敵は平和を求めるふりをして、砦内の清らかで高貴な心をもつ人びとをだますことにした。そこで、二、三日、攻撃を中止した後、厳粛な訴えを文書にして砦の一団に提出してきた。内容は次のようであった。

「これまで我々は、あなた方の信教の真の特性を知らなかったため、扇動者たちにそそのかされて、あなた方は皆イスラム教の神聖な教えに背いていたと信じてきました。そのため、あなた方の信教を根絶しようとしてきたのです。しかし、この二、三日間に、皆の活動は政治的な目的をもつものでなく、また国家を覆そうとするものでもないことが分かりました。さらに、あなた方の教えは、イスラム教の基本的な教えからそれほど離れたものでないことも確信しました。あなた方はこのように主張しているようです。すなわち、ある人物が現われ、その人の言葉は霊感を受けたもので、その教えは確実で、イスラム教徒はすべてその人物を認め、支持しなければならいと。我々はあなた方に我々の誠実さを信じていただき、あなた方の代表者を二、三日、我々の軍本営に送るよう要請します。そこで、あなた方の信仰の内容を確かめたいと思います。この要請を受け入れていただけなければ、我々は、あなた方の要求が正しいと確信することはできません。あなた方の信教が正当であると証明されれば、我々もまたそれを喜んで受け入れましょう。なぜなら、我々は真理の敵ではなく、また真理を否定しようなどとも思っていないからです。我々は、あなた方の指導者をイスラム教の闘士、我々の模範、また、導きとみなしてきました。我々の印章を押したこのコーランは、我々の意図が誠実であるという証拠です。この聖典により、あなた方の主張が真実か否かを決められましょう。もし、我々があなた方を欺けば、神とその予言者たちの呪いが我々に下されましょう。この要請に応じられれば、全軍の兵士たちは破滅から救われ、拒否されれば、彼らは不安と疑いの状態におかれたままとなりましょう。誓って申しますが、あなた方の教えが真実であると確信すれば、直ちに、あなた方がすでに見事に示されたと同じ熱意と献身で行動するつもりです。あなた方の友は我々の友となり、あなた方の敵は我々の敵となりましょう。あなた方の指導者が命令されることにはすべて、我々も従うと誓います。一方、あなた方の主張が真実であると確信できないときは、あなた方が安全に砦に戻られるのを阻止せず、戦いを続けることを厳粛に約束します。しかし、あなた方の大業の真理が明らかになるまでは流血を避けられるよう願っています。」

ヴァヒドはそのコーランをうやうやしく受け取り、尊崇の念をこめてそれに接吻して、こう述べた。「いよいよ定められた時がきた。彼らの要請に応じれば、彼らは自分たちの裏切り行為の卑劣さを感じるにちがいない。」そして、仲間たちに向かい、こう付け加えた。「私は、彼らの陰謀に十分気づいているが、この機会をとらえ、彼らの求めを受け入れることは私の義務であると感じる。それにより、わが最愛の信教の真実性を再び明らかにできるからだ。」そして、敵の言葉を信用することなく、各人いつものように仕事を続け、次の指示を出すまではすべての戦いを中止するように命じた。

ヴァヒドは以上の言葉で仲間に別れを告げ、五人の従者と共に敵の本営に向かった。従者の中にはモザヒエブと裏切り者のアベドがいた。知事ザイノルがアブドラ・カーンと他の幹部全員を伴ってヴァヒドを迎えに出てきた。彼らは仰々しく彼を迎え、特別に張られたテントに案内し、残りの士官たちに紹介した。ヴァヒドは椅子に座り、知事とアブドラ・カーンと一人の士官に座るよう合図した。その他の者たちは皆、彼のそばに立ったままであった。ヴァヒドが彼らに宛てた言葉は強烈で、石のような心をもった者でさえその力を感ぜずにはいられなかった。バハオラは、「スレエ・サブル」という書簡の中でヴァヒドの気高い訴えに不朽の名誉を与え、その意義を明らかにしている。ヴァヒドはこう宣言した。「われは、わが主がわれに託された証拠で身を固めてここに来た。皆はわれが神の予言者の子孫であると認めている。それでは、何ゆえにわれを殺そうとするのか。何の理由でわれに死刑の宣告をし、わが家系がわれに授けた権利を認めようとしないのか。」

彼の威厳ある態度と、心に浸透する雄弁に、そこに居た者らは狼狽した。彼らは、三日三晩ヴァヒドを歓待し、大いなる尊敬をもって過した。会衆の祈りでは皆、彼の後に従い、その説話に注意深く耳を傾けた。しかし、外面ではヴァヒドに従うように見えたが、実際は密かに彼の命を取り、また彼の残りの仲間たちを皆殺しにする策略を立てていたのである。彼らは、仲間たちが砦内にいる限り彼にわずかでも傷を負わせれば、前に直面した以上の危機に見舞われるであろうことを十分知っていた。彼らは、女性たちの怒りと復讐と、男性たちの勇猛さと武術を思って恐怖でおののいた。さらに、大軍と十分な武器を用いても、小人数の未熟な若者と老人の一団を征服できなかったことを知っていた。そこで、大胆で慎重に案出された策略以外に最終的に打ち勝つことができないと考えたのである。彼らの心を満たした恐怖感は、大部分、知事の言葉でそそのかされたものであった。知事は断固として憎しみをもち続け、その炎を彼らの心に燃やしつけたのであった。ヴァヒドの度重なる勧告で知事は不安になり、その魅惑的な言葉で、彼らがヴァヒドに忠誠を尽くすようになるのではないかと心配になったのである。

ついに知事とその同僚たちは、ヴァヒドに砦内に居る仲間たちに自筆でメッセージを書くよう要請することにした。その内容は、和解が成立したので軍本営に来てヴァヒドと合流するか、あるいは自宅に帰るかを勧めるものであった。ヴァヒドはその要請に応じたくなかったが、最終的には強制され、そうせざるを得なくなった。彼はこのメッセージの他に第二の手紙を書き、敵の悪質な策略を密かに知らせ、あざむかれないように警告した。そして、この二通の手紙をアベドに託し、最初の手紙を破棄し、第二の手紙を仲間たちに渡すように指示した。さらに、仲間の中から強壮な者らを選んで、真夜中に突撃し、敵軍を散らすよう仲間たちに伝えるよう頼んだ。
アベドはこの指示を受けるとすぐにヴァヒドを裏切り、そのことを知事ザイノルに告げた。そこで知事は、砦の仲間たちをヴァヒドの名のもとに分散させるようアベドに命じ、十分な報酬を彼に約束した。この不実なアベドは、最初の手紙を仲間たちに渡し、指導者ヴァヒドは敵の全軍隊を信教の信者にすることに成功したので、皆に自宅に帰るように忠告していると伝えた。

仲間たちはそのメッセージをもらってはたと困ったが、ヴァヒドの明らかな指示を無視できないと思い、気は進まなかったが、砦を無人にして全員分散することにした。数人はヴァヒドの命令に従い、武器をすててナイリズに向かった。

知事はヴァヒドの仲間たちが砦を離れるのを予期して、一分隊を派遣して、彼らが町に入るのを妨害させることにした。やがて、仲間の一団は多数の兵士たちに取り囲まれた。兵士の数は、本営から送られてくる増援隊でますます増えてきた。仲間たちは、とつぜん敵に囲まれたので仕方なく全力をあげて敵を撃退し、できるだけ速くモスクに入ることにした。ある者らは持参していた剣や小銃で、他の者らはこん棒や小石だけで、敵を追い払いながら町に入ってきた。これまで以上に強烈に「アラホ・アクバール！」の叫びがあげられた。不実な敵の中を押し分けて行く途中で殉教した者もいたが、残りは、負傷したり、あらゆる方向から襲ってきた新たな増援軍に苦しまされたりしながら、最後にはモスクの避難所にたどりついた。

一方、知事の軍隊の士官で、名うてのモラ・ハサンは、兵士をひきつれてヴァヒドの仲間よりかなり前にモスクに着き、小塔にかくれて待ち伏せしていた。そして、散り散りになった仲間の一団がモスクに到着するやいなや、彼らに発砲した。仲間の一人がモラ・ハサンを認め、「アラホ・アクバール！」と叫びながら小塔にのぼり、その卑怯な士官を撃ち、地面に投げ落とした。兵士たちはモラ・ハサンを傷の手当てができるところに運んでいった。

仲間たちはモスクに避難できなくなったため、ヴァヒドの運命を確認するまで、他の安全な場所を見つけて隠れることにした。裏切られてから最初に彼らが考えたことは、ヴァヒドに会ってその指示を受けることであったが、ヴァヒドに何が起こったかを知ることができず、もしかして処刑されたかも知れないと不安になった。

その間、知事と幹部は、ヴァヒドの仲間たちが分散したことで勇気づき、誓いに縛られることも、邪魔されることもなく相手の指導者（ヴァヒド）を殺害する方法を見つけようと必死になった。つまり、もっともな理由をつけて、長い間いだいてきた欲望を果たそうとしたのである。相談中に、残忍さで知られているアッバス・ゴリがこう提案した。すなわち、皆が誓いを立てたことで困っているのなら、自分はまったくその誓いに加わっていないので、皆ができないことを実行できると。そして、怒りを爆発させてこう言った。「われが、その者は国の法律に逆らう罪を犯したとみなせば、いつでもその者を逮捕し、処刑することができるのだ。」彼はその後すぐに、戦いで命を落とした者らの親族を集め、ヴァヒドに死の宣告を出すよう求めた。最初に、兄が捕らえられたモラ・レザが応じ、次に、弟が戦死したサファーが出てきた。三番目は、同じく父が戦死したアガ・カーンが志願してきた。この父は、知事ザイノルの兄であった。

彼らはアッバス・ゴリの求めに喜んで応じようと、ヴァヒドのターバンを剥ぎ取ってそれを彼の首にまきつけ、その端を馬につないで路上を引きずり回した。ヴァヒドに加えられたこの侮辱を見た者らは、イマム・ホセイン（三代目のイマム、六八〇年に殉教）の悲劇的な死の状況を思い起こした。その遺体は激怒した敵の餌食となり、騎馬隊の大軍に無情に踏みにじられたのである。ナイリズの女たちは殺害者たちの勝利の叫びに興奮し、四方八方から遺体の周りにひしめき、ドラムやシンバルに合わせて、自制できなくなった狂信的な感情を思う存分にあらわにした。

彼らは、遺体を取り囲んでお祭り気分で踊り、ヴァヒドが苦悶の最中で語った言葉をあざけった。それは、イマム・ホセインが以前、同じ状況の中で語った言葉であった。「おお、わが最愛なる御方よ。あなたは、私があなたのためにこの世を捨て、あなただけを信頼していることをご存知です。あなたのもとに急ぎたいと願っております。あなたのうるわしい御顔が私の目に明かされたからです。あなたは、迫害者が私に対して抱いている邪悪な陰謀を見ておられます。私は決して迫害者の望みに従ったり、忠誠を誓ったりすることはありません。」

こうしてヴァヒドの気高い、英雄的な生涯は終わった。その波瀾に富んだ輝かしい生涯は、膨大な知識、不屈の勇気、まれにみる自己犠牲の精神で際立っていたが、それはまた、殉教という栄光ある死の王冠を必要としたのである。この死は、同じ信教を信じる者たちの生命と財産に猛攻撃がはじまる合図でもあった。およそ五千人がその下劣な任務を命じられた。男たちは捕らえられ、鎖をつけられ、虐待され、惨殺された。

女たちと子供たちは捕らえられ、描写できないほどの残虐行為を受けた。彼らの財産は略奪され、家屋は壊され、カジェの砦は焼き払われた。男たちの大半は、まず、鎖をつけられたままシラズに連行され、ほとんどがそこで虐殺された。ザイノル（ナイリズの知事）は個人的な利益を得るために何人かを暗い地下牢に入れたが、目的が達せられると彼らを野蛮な手下たちに渡した。彼らが受けた残虐行為のひどさは言葉では言い表せない。ザイノルの手下たちは、彼らをまずナイリズの街路を行進させた後、彼らから何らかの利益を引き出そうとして拷問にかけ、それに成功して満足すると、残忍なやり方で殺害したのである。復讐のためにあらゆる拷問道具が用いられた。男たちは焼印を押され、爪ははがれ、身体はむち打たれた。さらに、鼻にあけられた穴にひもを通され、両手足には釘を打たれた痛々しい状態で路上を引っ張りまわされたのである。このように彼らは、人びとの軽蔑とあざけりの的とされたのであった。

男たちの中にはジャファーという人がいた。彼は、以前強大な影響力をもち、人びとから深く尊敬されていた。その尊敬のほどは大変なもので、ザイノルも彼を自分より優れているとみなし、この上ない敬意と礼儀をもって接していた。しかし今、ザイノルはその同じ人物のターバンを汚し、火にくべるよう命じたのである。血統を示す印を剥ぎとられ、大衆の目にさらされた彼に罵りとあざけりの言葉が投げつけられた。

残虐行為の犠牲者の中にはタギもいた。彼は以前、正直と公正で高い名声を得ており、裁判官は彼の判断に頼って決定を下していたほどであった。これほど高い尊敬を受けていたタギは、真冬の最中に衣服を剥ぎとられ、池に投げ込まれ、ひどい切り傷を負った。ジャファーとヴァヒドの義父で、高い名声をもつ判事のナイリズの高僧アブドル・アリと、ナイリズの名士セイエド・ホセインも同じ運命に遭った。雇われた町の悪漢たちが、極度の寒さにさらされている彼らに残忍非道の侮辱を与えたのである。他にも、報酬を受け取るために彼らに拷問を加えようと集まってきた貧しい男たちが多数いたが、その拷問の内容を知り、嫌悪感と軽蔑感をいだいて去って行った。

ヴァヒドの殉教は一八五〇年六月二十九日で、十日後にバブはタブリズで射殺された。

第二十三章　バブの殉教

ナイリズの動乱は悲劇的な終末を遂げたが、その物語はペルシャ全土にひろがり、それを聞いた者の心に驚くほどの熱意を呼び起こした。中央政府はこの状況を憂慮し、絶望感さえ覚えた。とくに、ナセルディン・シャーの総理大臣をつとめるタギ・カーンは、バビ教徒の不屈の精神に圧倒されていた。彼らの意志がいかに強く、その信仰がいかに熱烈で粘り強いかを再び見せつけられたからであった。

たしかに、政府軍はどこの戦いでも勝利をおさめていた。たしかに、モラ・ホセインの一団と、それに続いたヴァヒドの一団は軍の手によって容赦なく抹殺されていった。それにもかかわらず、テヘランの抜け目のない指導者たちは、そのまれにみる英雄的行為の基となった精神は健在で、その威力はくじかれていないことをはっきりと知っていた。戦いに生き残ったバビ教徒たちは各地に散らばって行ったが、捕われの身になっている指導者（バブ）に対する忠誠心は不動のままであった。彼らは想像以上の敗北を受けたが、忠誠心は弱まることはなく、また信仰も損なわれることはまったくなかったのである。それどころか、彼らの精神は以前にもまして強烈に燃え上がった。迫害され、侮辱を受けて苦しんだ彼らは、それまで以上の熱烈さをもってバブの教えにすがり、バブに対する熱意と期待も一層深まったのである。

バビ教徒の中に熱意の炎を点し、その精神を育んだバブは、辺境の牢獄に隔離されていたにもかかわらず、いまだに十分な影響を及ぼすことができた。昼夜にわたる厳重な警戒も、全土をおおった熱狂の渦を食い止めることはできなかった。その渦の源泉であるバブが健在であったからである。そこで、総理大臣のタギ・カーンはこう考えた。バブが点した光は消さねばならない。これほど大混乱と破壊をもたらした渦は元から断たなければならない。バブを抹殺することこそが、恥辱を受けた国の威信を取りもどすための最善の策であると。これが、愚かな総理大臣の結論であった。

総理大臣はさっそく閣僚を召喚し、自分の懸念と希望を伝え、自分の計画を次のように説明した。「バブの信教がわが国民の心に引き起こした嵐を見よ！この混乱した国に平穏と平和を取り戻すには、バブを公衆の面前で処刑する以外にないと考える。タバルシの戦いで数え切れないほどの軍団が滅亡し、勝利を得るために計り知れないほどの犠牲を要した。マゼンダラン州の動乱が鎮圧されたのも束の間、別の州ファルスで暴動の火の手があがり、住民に大変な苦しみを与えた。南部地方を荒らしたこの反乱が静められたと思ったとたん、北部に暴動が起こり、ザンジャンとその周辺を渦中に巻き込んだ。皆の中に解決策を提案できる者がいればぜひ私に知らせて欲しい。私の唯一の目的は平和を保障し、国民の名誉を回復することにある。」

この提案に応じようとする者は一人もいなかった。その中で国防大臣のアガ・カーン・ヌーリだけが発言した。一部の無責任な扇動者たちの行動のために、追放の身にあるバブを死刑に処すことはあまりにも残酷すぎるというのが彼の意見であった。国防大臣は続けて、今は亡きモハメッド国王の模範を引き合いにだして、国王はバブを誹謗する敵の報告を一切無視していたことを思い出させた。

総理大臣はこの反対意見を極めて不快に思い、次のように反論した。「あなたの意見は、今我々が直面している問題にはまったく関係がない。今は国益が脅かされているのであり、たびかさなる動乱を黙認しておくことはできない。イマム・ホセイン（モハメッドの孫）の例を見よ。彼は国家の統一を守るという最大の重要事のために処刑されたではないか。処刑した者たちはいずれも、イマム・ホセインが祖父のモハメッドから寵愛を受けていたことを一度ならず目の当たりにしていたが、そのとき、血筋のゆえにイマム・ホセインに与えられた権利を考慮に入れたであろうか。私がここで提案する解決策以外には、この害悪を絶やし、平和をもたらす方法はない。この平和こそ我々が切望しているものではないか。」

結局、総理大臣は国防大臣の忠告を無視し、バブをタブリズに移すよう、アゼルバイジャン州知事のハムゼ・ミルザに命じた。しかし、王子である知事には命令の本当の意図は明かさなかった。この知事は王族の中でも心優しく公正な人物として知られていた。知事は、総理大臣の意図は、捕われの身にあるバブを故郷に戻すことと思ったので、騎兵隊を伴ってバブをチェリグの牢獄からタブリズに連れてくるよう、信頼のおける指揮官に命じ、途中、最大の注意を払ってバブに不自由させないようにと勧告した。

知事の迎えがチェリグに到着する四十日前、バブは所有していた書簡とその他の書類をすべて集め、筆箱、印鑑、瑪瑙の指輪と一緒に箱におさめ、生ける者の文字の一人バゲルに託した。同時に、長年自分の秘書をつとめたミルザ・アーマドに宛てた手紙も渡した。その手紙には箱の鍵が同封されていた。バブは、箱の中身は神聖な意義をもつものであることを強調し、細心の注意を払ってそれを守るよう指示した。そして、その中身についてはミルザ・アーマド以外にはだれにも明かさないように命じた。

バゲルは直ちにガズビンに向かって出発し、十八日後にガズビンに到着したが、ミルザ・アーマドはすでにクムの町に向かった後であった。バゲルはまたすぐに出発し、六月の下旬にクムに到着した。当時、私（著者）はサデグ・タブリズという者と一緒にいた。私が郷里のザランドにいた頃、ミルザ・アーマドは迎えをよこし、私をクムに呼び寄せたが、そのとき迎えにきたのがサデグ・タブリズであった。私はミルザ・アーマドが「綿畑」と呼ばれるところに借りた家に住んだ。その頃、シェイキ・アザム、セイエド・エスマイルほか、数人の仲間が同じ屋根の下に住んでいた。モラ・バゲルはバブから託された箱をミルザ・アーマドに渡した。彼は、箱を開けるようにという仲間のシェイキ・アザムの強い要請で、箱を開けることにした。中に入っていたもので特に目を見張らせたものは、一本の青色の巻物であった。その極上の紙をひろげてみると、そこにはバブの絶妙な直筆で、およそ五百行の聖句が星の形に書き記されていた。それらの聖句はすべて、「バハ」（栄光）という言葉の派生語から構成されていた。その巻物はしみ一つない完全な状態で保存されており、一見したところ手書きではなく、印刷されているようであった。筆跡はひじょうに細かく、入り組んでおり、遠くから見ると、それは一枚の紙に描かれた一筆の絵のように見えた。我々はそのすばらしい筆跡を見て驚嘆するばかりであった。だれがこれに匹敵するものを書き得ようかと。

巻物が箱に戻されてミルザ・アーマドに渡されると、彼はその日のうちにテヘランに向かった。出発前に彼は、箱の中の手紙の届け先はテヘラン在住のバハオラであることを知らせてくれた。そして私に、父が待ちわびている郷里のザンランドに帰るよう指示した。

騎兵隊の指揮官は州知事からの指令に忠実に従い、バブに尊敬を示して彼が不自由しないように細心の注意を払いながらタブリズまで案内した。知事である王子は、前もって友人の家に迎え入れられるように準備していた。ここでも、バブに最上の礼儀を尽くすように友人に命じていた。バブの到着後三日して、総理大臣から新たな命令が知事のもとに送られた。それは、正式な命令状を受け取り次第、バブを処刑し、同時に、バブに従う者も死刑に処するようにという内容であった。そこで、ウルミエに駐屯するアルメニア人からなる連隊がバブの射殺を命じられた。場所はタブリズ市の中心にある兵舎前の広場と決定された。連隊長はサム・カーンというアルメニア人のキリスト教徒であった。

総理大臣の実弟ハサン・カーンがこの命令を知事に伝えた。知事はその命令に仰天して、激しい口調で抗議した。「総理はこのような任務よりももっと価値のある任務を私に与えてはくださらないのか。私に下った命令は、下劣な者ら以外はだれも実行しないだろう。私はエブネ・ジャドやエブネ・サート（モハメッドの子孫を迫害した人物）ではない。よって、私に神の予言者の血を引く無実の者を処刑するように求めるのはもってのほかだ。」

ハサン・カーンは、知事の反対の言葉を兄である総理に伝えた。そこで総理は、指示通りにすぐにバブを処刑するよう弟に命じ、次のようにせき立てた。「我々の心に重くのしかかっている心配を取り除いてくれるように頼む。ラマダン（断食）の月がくる前にこの問題に終止符を打ってくれれば、邪魔されずに落ち着いて断食ができよう。」

ハサン・カーンは、この新しい命令を知事に知らせようと試みたが失敗した。知事は病気をよそおい、彼に会うことを拒んだからである。ハサン・カーンは知事の拒否にもひるまず、バブとその仲間を直ちに知事の友人宅から兵舎の一室に移動させるよう指示し、さらに、サム・カーンに命じて、兵士十人をバブの部屋の入り口に立たせて見張らせることにした。

バブは、その高貴な血筋を示すターバンと帯を剥ぎとられて、秘書のセイエド・ホセインと共にふたたび別の監禁場所に移された。バブは、兵舎への移動が宿願の目標に達する最後の段階であることを十分知っていた。その日、タブリズ市街は興奮のるつぼと化していた。住民は「最後の審判」のときに世界を襲う大混乱がついに到来したという思いであった。バブが殉教の場に連行されたその日、タブリズをとらえた興奮はこれまでにないほど激しく、かつ不思議なものであった。

バブが兵舎前の広場に近づいたとき、とつぜん若者がバブの前に飛び出してきた。身の危険をも顧みず、必死に人垣をかきわけてバブのところに駆け寄ってきたのである。若者の顔はやつれ、裸足で、髪も乱れたままであった。興奮で息をはずませ、疲れきった様子でバブの足もとに身を投げてバブの衣のすそを握りしめ、熱烈に嘆願した。「師よ、私を追いやらないでください。あなたが行かれるところにどこまでも私をお伴させてください。」バブは答えた。「モハメッド・アリよ。立ち上がるがよい。あなたはわれと共にいられるので安心せよ。明日、あなたは神が定められたことを目撃するであろう。」これを見て、自制できなくなった他の弟子二人もバブのもとに駆け寄り、不動の忠誠を誓った。結局、この二人と若者のアリ・ズヌジは逮捕され、バブとセイエド・ホセインと同じ部屋に監禁された。

私（著者）はセイエド・ホセイン（バブの秘書）が次のように語るのを聞いた。「あの夜、バブの御顔は喜びで輝いていました。その喜びの表情はこれまで見たこともないものでした。彼は周辺に荒れ狂っている嵐は一切気にならない様子で我々と楽しく談話され、彼に重くのしかかっていた悲しみは完全に消えてしまったようでした。目前の勝利を意識されているバブには悲しみの影さえ見えませんでした。彼は我々にこう言われました。『明日こそわが殉教の日である。だが、皆のうちわが命を断ってくれる者はいないか。敵の手で命を奪われるよりも、友の手で命を断たれる方を望むからだ。』この言葉を聞いて、我々の目からは涙があふれてきました。我々の手でバブの貴重な命を奪うなど、身が縮まる思いでした。我々はバブの要望を拒み、沈黙したままでした。ところが、アリ・ゾヌジがとつぜん立ち上がり、バブのお望みであれば自分はどのようなことにでも従いますと宣言したのです。我々は彼を抑えて、その考えを思い止まらせました。その直後、バブはこう言われました。『わが要望に応えて立ち上がったこの若者は、われと共に殉教するであろう。殉教の冠を分かち合う者として、われは彼を選んだ。』」

翌日早朝、ハサン・カーンは、バブを連れて市の判事を兼任する僧侶たちの家を回るよう執行官に命じた。それは、刑の執行に必要な承認書を彼らから取得するためであった。バブが兵舎を出ようとしたとき、秘書のセイエド・ホセインは今後どのような行動を取ればよいかについてバブに聞いた。バブはこう忠告した。「信仰を告白しないようにせよ。そうすれば、将来、あなたと出会うように運命づけられている人たちにあなただけが知っている事実を語ることができよう。」その後もバブは彼と内密の言葉を交わしていた。そこに執行官がとつぜん割り込んできてセイエド・ホセインの腕をつかみ、横に引き寄せ、激しい口調で叱りつけた。バブは執行官に警告した。「私が秘書に伝えようとしていることを語り終えるまでは、地上のいかなる勢力も私を黙らすことはできない。全世界が私に対して刃向かってきたとしても、最後の言葉を言い終わるまでは、彼らには私を阻む力はないのだ。」この大胆な主張に執行官は驚いたが何も言わず、自分の後についてくるようセイエド・ホセインに命じた。

モハメッド・アリ（バブと共に殉教した弟子）もバブと同様に判事たちの家を回っていた。彼の義父はタブリズで高い社会的地位にあった。このため、どの判事も彼に信仰を取り消すよう強く勧めたが、彼はこう答えた。「私の主バブを否定することは決してできません。主は私の信仰の真髄であり、私が真心から敬慕する御方です。私は、主の中に楽園を見いだし、その教えに従うことが救済の箱舟であるということを知ったのです。」

その若者を取り調べていたモラ・ママガニはそれを聞いて声を張り上げてどなった。「だまれ！その言葉はお前が正気でない証拠だ。よって、言葉の責任は問わずにお前を許してやろう。」若者は答えた。「私はまったくの正気です。約束されたガエムという聖なる御方に死刑を宣告したあなたこそ正気を逸しています。約束された御方の教えを信じ、その道に自分の命を捧げたいと切望している者は愚かではありません。」

続いてバブがモラ・ママガニのところに連行されてきた。彼は、戸口に立っているのがバブであることを知るとすぐに前もって準備していた死刑執行令状を使用人にもたせ、執行官に渡すよう命じ、大声で言った。「バブの顔を見る必要はない。皇太子が立ち会われた取り調べの際、彼に会い、その日にこの令状を書いた。彼は間違いなくそのとき私が見た男だ。その後も彼は主張を変えていないのだ。」

次に、バブは、最近父ミルザ・アーマドの後を継いだばかりの判事ミルザ・バゲルの家に連れて行かれた。バブの一行が判事の家に到着した時にはすでに使用人が署名済みの死刑執行令状を手にして門のところに立っていた。使用人はこう説明した。「お入りになる必要はありません。主人は、今は亡き父上が下された死刑の宣告は正しいとして満足されていて、息子としても父上の例に従いたいと申しております。」

最後に訪問したモルタザ・ゴリも他の二人の判事にならって前もって令状を準備していた。彼は自分が恐れている敵のバブに会おうとしなかった。執行官は必要な令状をすべて整えたところでバブを連隊長のサム・カーンに引き渡し、サム・カーンに、政府とイスラム教会双方の承認が得られたので心配なく任務を遂行するようにと命じた。

その間、秘書のセイエド・ホセインは前夜バブと共にすごした部屋に監禁されたままであった。判事との面会を終えたモハメッド・アリもその部屋に連行されてきたが、この若者が涙を流して自分の師であるバブの側にいたいと懇願したため、連隊長のサム・カーンに引き渡された。サム・カーンは、若者が信仰を捨てることを拒み続けるなら、彼も処刑せよという指示を受けた。

一方、サム・カーンは、酷い取り扱いを受けている中でのバブの振舞いや態度にますます深く心を動かされ、バブの命を断つようなことをすれば神の怒りを招くに違いないと思い、恐怖感におそわれた。そこでバブにこう説明した。「私はキリスト教徒で、あなたに対して何の悪意ももっていません。あなたの教えが真実なら、あなたの血を流さなければならないような任務から私を解放してくださるようお願いします。」バブは答えた。「命令どおり執行するがよい。もしあなたの願いが誠実なものであれば、全能なる神は必ず、あなたを窮地から救ってくださるであろう。」

そこでサム・カーンは、兵士に命じて、セイエド・ホセインが監禁されていた部屋の入り口と、隣接する部屋の入り口の間にある柱に釘を打たせた。その釘に二本のロープをかけ、バブとモハメッド・アリを別々にしばり、吊りさげた。若者はサム・カーンに、自分の身体が盾になってバブを守るような形に吊り下げてくれるよう懇願した。この願いが受け入れられ、若者の頭部がバブの胸部にあたるよう整えられた。ロープが固定された直後、三列に配列された兵士たちが射撃体制に入った。一列は二百五十名の兵士からなっていた。「打て」という命令に、各列が順番に発砲した。七百五十丁のライフル銃が放った硝煙はものすごく、正午の太陽の光線をさえぎり、あたりは闇に包まれた。その日、一万人の市民が兵舎の屋根や周辺の家々の屋根に群がり、悲痛で、心を深く動揺させるこの情景を目撃したのであった。

立ち込めていた硝煙が消え去ったとき群衆は信じがたい光景を見て驚いた。群衆の前にはバブと共に吊り下げられた若者が無傷のまま立っていたが、バブの姿はなかった。二人を吊り下げていたロープは銃弾で切断されたが、二人は奇蹟的に傷ひとつ負わなかったのである。若者が着ていた衣には硝煙によるくすみすら認められなかった。驚いた群衆は叫んだ。「バブの姿が消えた！」

執行官と護衛たちは必死になってバブを探しまわった。ついに、前夜すごした部屋で秘書のセイエド・ホセインとの会談を終えようとしていたバブが発見された。その日の朝、バブと秘書との会談は執行官によって中断させられたため、バブにはまだ言い残したことがあったのである。バブはまったく平静で、落ち着いた表情をしていた。兵士たちがバブに向けて銃弾の雨を降らしたにもかかわらず、バブにはかすり傷ひとつ負わせることはできなかった。バブは部屋に入ってきた執行官に次のように述べた。「セイエド・ホセインとの話は終わった。これであなたは計画どおりに実行するがよい。」

執行官が受けた衝撃はあまりにも強烈で、バブをふたたび処刑することなどできなかった。彼は任務を果たすことを拒否し、辞意を表してその場を去った。そして、自分が目撃したことを隣人で、タブリズの名士であったミルザ・モーセンに語った。ミルザ・モーセンはこの話を聞いた直後信者となった。

後日、私はミルザ・モーセンに会う機会を得た。彼はバブの殉教の場に私を案内し、バブが吊るされた兵舎の壁を見せてくれた。バブがセイエド・ホセインと最後に談話した部屋にも案内し、バブが座していた場所も教えてくれた。敵は壁に釘を打ち込み、それに固定したロープでバブの身体を吊るしたが、その同じ釘を見ることもできた。

サム・カーンも同様に、この思いがけない結果に茫然となった。彼は兵士たちに直ちに兵舎から退去するように命じ、自分も連隊もバブにわずかな傷でも負わせるようなことはしないと拒絶した。サム・カーンは、自分が殺されようとも、二度とバブ処刑の命令に従うことはないと公言して兵舎前の広場を去った。

サム・カーンが広場を去ったあと、近衛師団の隊長を務めるカムセという軍人が刑の執行を申し出た。そこで、バブとモハメッド・アリはふたたび、前回と同じように同じ壁の釘からロープで吊るされた。連隊も前回同様に配列して発砲命令を待った。命令がくだされると、ロープだけが切れた前回と違い、二人の身体は銃弾で打ち砕かれた。肉と骨は粉砕され、バブとモハメッド・アリの身体は一つの塊と化した。連隊が射撃準備の体制に入ったとき、バブは広場の群衆に向かって次のような最後の言葉を残した。「おお、よこしまな世代の者たちよ。皆がわれを信じたなら、一人残らずこの若者の模範に従い、わが道に進んで命を捧げたであろう。この若者は大半の者より高い地位にあった。皆がわれを認める日は必ず到来するであろう。しかし、そのときわれは皆と共にはいないのだ。」

銃声と共に竜巻のような突風が起こりタブリズ市全域を襲った。信じ難いほど猛烈な粉塵が吹き上がり、太陽の光を遮り、住民を盲目にした。市全体が正午から夜まで暗闇に包まれた。サム・カーンの連隊がバブを傷つけることすらできなかったという驚くべき出来事、それに続く奇妙な大気現象にもかかわらず、タブリズの市民は心を動かされることはなかった。彼らはその重大な出来事の意味を少しも考えようとはしなかった。この不思議な出来事がサム・カーンにもたらした変化を目撃し、執行官の仰天ぶりと職務を捨てる決意をしたことを見、雨と降ってきた銃弾にもかかわらず、若者の衣服にはしみ一つ付かなかったことを確認し、セイエド・ホセインとの談話を終えて、ふたたび広場に現われたときのバブの落ち着き払った表情を見逃してはいなかったにもかかわらず、だれ一人としてこれらの異常で奇跡的な出来事の意味について尋ねる者はいなかったのである。

バブが殉教したのは、一二六六年シャーバン月二十八日の日曜日（一八五〇年七月九日）の正午であった。シラズでの誕生から、陰暦で三十一年と七ヵ月二十七日が経過していた。

同じ日の夕方、バブと弟子のずたずたになった遺体は、兵舎の広場から市の城壁を取り囲む外堀の淵に移された。十名ずつからなる四組の見張りが交代で監視にあたった。殉教の日の翌朝タブリズ市のロシア領事が絵描きを伴ってその場所を訪れた。絵描きは領事の指示で、外堀の淵に横たわる遺体を一枚の絵におさめた。

私はアスカルから次のように聞いた。「その絵が写生された当日、ロシア領事館の役人で私の親戚にあたる者がそれを私に見せてくれました。その絵はバブの顔を正確に描写したものでした。バブの額、頬、そして口元には銃弾の跡はなく、その顔には未だに微笑みが残っているように見えました。しかし、身体はずたずたになっていました。バブと殉教を共にした若者の両腕と頭を確認することができました。若者は、ちょうどバブを両手で抱きかかえるように見えました。その恐ろしい絵を見て私は恐怖に震えました。あの高貴な姿のあまりの変わりように私の心は悲しみに打ちひしがれたのです。苦しみのあまりその絵から顔をそらし、帰宅して部屋に鍵をかけて閉じこもりました。衝撃のあまり、三日三晩、飲食も睡眠もできませんでした。バブの波瀾に富んだ短い生涯を埋め尽くしたさまざまな出来事が思い起こされ、彼を襲い続けた深い悲しみと苦悩、たびかさなる追放、そして生涯を飾った殉教の場面が、ふたたび私の眼前で再演されたのです。私はベッドに身を投げ、もだえ苦しみました。」

バブの殉教から二日後の午後、ヤーヤ・カーンの息子ソレイマンがテヘランから到着した。彼はタブリズ郊外の町長の家に迎え入れられた。この町長はスーフィ教団に属する神秘主義者で、ソレイマンが信頼を寄せる友人であった。ソレイマンはバブに生命の危機が迫っているのを知り、バブを救出するためにタブリズに向かったが、その決意を果たすには到着があまりに遅すぎたことに悔し涙をのんだ。彼は、友人からバブの逮捕と起訴の背景となった状況や殉教の様子を聞き、命の危険をおかしてもバブと弟子の遺体を運び出そうと決心した。友人は、今行けば命が危ないから待つように忠告し、別の案を立てた。友人は彼に他の家に移り、そこでアラヤールという、指示されたことに何でも従うという男を待つよう勧めた。その日の夕方、約束の時刻に、ソレイマンはアラヤールに会った。男はソレイマンの指示に従って、その日の夜半、堀の淵に放置されていた遺体を、ある信者の経営する絹織物工場に運び出すことに成功した。ソレイマンの指示で遺体は翌日、特別に作らせた木の棺におさめられ、安全な場所に再度移された。一方、遺体の監視にあたっていた見張りたちは、眠っている時に野獣が遺体を持ち去ったと弁解した。その上司たちも咎められるのを恐れ、真実を隠し、当局に報告をしなかった。

ソレイマンは、遺体が安全な場所に移されたことをテヘランのバハオラに報告した。そこでバハオラは、アガ・カリム（バハオラの実弟）に指示してタブリズに使者を送り、遺体を首都テヘランに移させることにした。この決定は、バブ自身が「シャー・アブドル・アジム参堂の書」で述べた希望に沿ったものであった。この参堂の書は、バブがシャー・アブドル・アジムという寺院の近くで著わしたもので、バブはそれをソレイマン・カテイブに渡し、他の何人かの信者たちと共にその寺院で唱えるように指示した。参堂の書の最後に、その寺院に眠る聖者に宛てて次の言葉が記されている。「わが最愛なる者の下影にあるレイの地（テヘランの近くにあった古代都市）に永眠の場を得たあなたはまことに幸いなり。われもまた、その聖なる地に葬られんことを切望する。」（註：最愛なる者とはバハオラを指す。）

私がミルザ・アーマドと共にテヘランに滞在中、バブとその弟子の遺体がテヘランに到着した。しかし、バハオラは国防大臣の勧告により、すでにカルバラに向かっていた。タブリズからテヘラン市内の寺院に運ばれた遺体は、アガ・カリム（バハオラの実弟）とミルザ・アーマドの手によってある秘密の場所に移されたが、この二人の他はだれもその場所を知ることはなかった。その何年か後にバハオラがアドリアノープルに追放されるまで、その場所は秘密のままであった。バハオラの出発にあたって、アガ・カリムは遺体の隠し場所を確認するために仲間の弟子であるモニルにその場所を教えたが、モニルがいくら探しても遺体を見つけることはできなかった。結局、遺体は後日、ジャマールという古い信者によって発見された。ジャマールはバハオラがアドリアノープル滞在中にその隠し場所を知らされたのであった。現在も、その秘密の場所を知る信者はいない。また、最終的にどこに移されるかも推測さえできない。

バブの殉教の報告はまず総理大臣に伝えられ、次にアガ・カーン（国防大臣）に知らされた。アガ・カーンは前の国王の時代に都から追放され、カシャンの町に住んでいたことがあり、その頃バブはカシャンに立ち寄った。アガ・カーンはジャニという信者からバブの教えの内容を知り、一つの誓いを立てた。それは、もしバブがもたらした新しい啓示を受け入れることによって以前の地位に復帰できれば、迫害されているバビ共同体の安全を保護するために全力を尽くすというものであった。ジャニがこのことをバブに報告すると、バブは失脚した大臣に、まもなくテヘランに召され、国王に次ぐ地位を与えられるであろうと告げて彼を安心させるようにと指示した。バブはさらに、その時になって約束を忘れずに、全力を尽くして自分の誓いを果たすよう警告した。アガ・カーンはバブの言葉を聞いて喜び、誓いを守ることを確約した。

バブの殉教の知らせがアガ・カーンに届けられたとき、彼はすでに国務大臣の地位に昇進していて、総理大臣の座につくことを望んでいた。彼はバハオラと親密であったので、この悲報を急いでバハオラに伝えた。そして、バブがもたらした動乱の炎は、いつかバハオラに大変な苦難を降りかからせるであろうと恐れていたが、その火炎がついに消されたので安心したと告げた。これに対してバハオラは次のように答えた。「そうではない。もし報告が真実であれば、点された火炎はその事件（バブの処刑）によってこれまで以上に猛烈に燃え上がるであろう。確かに、その大火炎は、この国の政治家全員が力を合わせても、消すことはできないほどになろう。」

アガ・カーンがバハオラの言葉の真理を理解できたのは、それからずいぶん後になってのことであった。この予言の言葉を聞いたときは、大打撃を受けた信教が生き残れるなどまったく想像もしていなかった彼は、以前バハオラから不治の病を治療してもらったことがあったにもかかわらず、バハオラの言葉を信じることはできなかったのである。

ある日、アガ・カーンの息子が父親に質問した。バハオラは大臣の家に生まれ、兄弟の中でも最も有能であったにもかかわらず、父親の後を継がず、家の伝統にそむいて家族の期待を裏切ったと思わないかと。アガ・カーンは息子にこう言った。「息子よ、バハオラは父親の期待を裏切ったと本当に信じているのか。要職にある我々には、人民の束の間の忠誠を得る以外には何もできない。人民の忠誠は我々の時代が終わり次第消え去るものである。我々の人生は野心の道につきまとう栄枯盛衰から逃れることはできない。生涯のうち栄誉と名声を築いたとしても、死後、人民の誹謗中傷で名声を汚され、生前の業績も台無しにされるかもしれない。だれもそうならないとは言えない。我々が生きている間でも、口先で我々に敬意を表する者らは、我々が一瞬でも彼らの利益にならないことをすれば、心中で我々を非難し、罵倒する。しかし、バハオラの場合は異なる。人種や地位を問わず、この世の権力者たちとはちがって、バハオラは人びとの愛と献身の的であり、それは、時の流れによって薄れたり、敵の攻撃によって滅ぼされたりするものではない。バハオラの主権は、死の影によって曇らされることも、敵の中傷によって損なわれることもないのだ。バハオラが人びとに与える影響力は大なるもので、彼を慕う者はだれも、夜の静寂な時間でも、彼の意に反するようなことをほんのわずかでも心に描いたりすることはない。彼を慕う者の数は日毎に増えていくであろう。彼らの愛は決して薄れることはなく、世代から世代へと引きつがれ、ついには全世界がその光輝に満たされるであろう。」

残忍な敵はバブを執拗に虐待し、最後にはその命までも奪ったが、その結果、ペルシャの国と国民に大変な災難がふりかかった。これらの残虐行為を犯した者たちは後悔の念にさいなまれ、信じられないほど短い期間のうちに次々と不名誉な死をとげた。一方、眼前にくり広げられた惨劇を冷淡に眺め、その残虐行為に対し抗議一つしなかった国民の大多数についてはどうであろうか。彼らもまた苦境に陥り、国家の財源も政治家の努力も彼らの苦しい生活を楽にすることはできなかった。逆境の嵐が彼らに襲いかかり、繁栄していた物質生活の土台をゆるがしたのである。迫害者がバブを攻撃しはじめ、その信教の抹殺に取りかかったその日から、数かぎりない不運と不幸が、感謝することを忘れた国民に襲いかかってきた。彼らの精神は砕かれ、国家全体は破産寸前まで追いつめられたのである。

塵でおおわれ、読む者もない書物に記録されているだけで、ほとんどだれも知らないような疫病が猛威をふるい、だれもそれから逃れることはできなかった。疫病が広がるにつれて死者も増えて、病魔は王子であろうと農夫であろうと区別なく、容赦なく襲いかかり、その勢いは減じることはなかった。とつぜん降りかかってきたこの苦難は全土を荒し続け、ギラン州では悪性の熱病のため人口が激減した。それほどの災難にもかかわらず、神の怒りの猛襲は、よこしまで、信仰のない人民をとらえて放そうとしなかった。その影響はやがて、国内に生息するあらゆる生き物にも及んだ。植物や動物の生命までも侵しはじめたのを見た国民は、その災難の規模の大きさに圧倒された。このはげしい苦難の重荷にあえぐ国民に、さらに飢餓という新たな恐怖が加わり、そのゆっくりとしのびよる死の影に国民はおびえた。政府も国民も、どこに救済を求めたらいいのか分からなかった。彼らはこのように苦悩の杯を飲み干したが、それがだれの手によってもたらされたのかも、その苦しみが聖なる人物のためであることも理解できなかったのである。

最初にバブを迫害したのはシラズの知事ホセイン・カーンであった。彼はバブを監禁して屈辱を負わせたが、彼の治めるファルス州では、彼の悪行を見て見ぬふりをした何千もの人が命を落とした。その州で疫病が猛威をふるい、全州が破壊のふちに立たされたのである。貧窮と疲労で打ちひしがれたファルスの住民は、近隣の友人の援助を求めて辛うじて生き長らえることができた。知事自らも、長年築き上げてきたものがすべて崩壊するのを苦い思いで目撃するしか術がなかった。そして、友人にも敵にも見捨てられ、忘れられた状態で残された日々を過ごし、無名のまま葬られたのである。

次にバブの教えに挑み、その発展を食い止めようとしたのはアガシ（モハメッド国王の総理大臣）であった。彼は利己的な理由から、当時の下劣な僧侶たちを味方につけるため、バブと国王との会見を阻止した。自分が恐れているバブをアゼルバイジャンの辺境の牢獄へ追放させたのも彼であった。そして、バブを隔離しておくために監視の目を休めることはなかった。バブは彼に宛てて警告の書簡（怒りの書簡）を送った。バブはその書簡で、アガシの悪行をあばきその没落を予告した。神の怒りの御手がアガシをとらえたのは、バブがテヘランを通過したときからわずか一年半後であった。アガシは権力の座から追われ、民衆の追跡から逃れて、テヘラン郊外の寺院に身を隠したが、さらに神の怒りの手により、国外に追い出され、度重なる災難に見舞われ、最後には、貧窮と苦しみのうちにこの世を去った。

バブの生命を奪った兵士たちにはどのような運命が待っていたであろうか。彼らは、サム・カーンとその兵士たち（アルメニア人の連隊）がバブの処刑に奇しくも失敗したことを知りながら、再度の処刑を執行するために志願し、バブの身体を銃弾で引き裂いたのである。連隊の二百五十名は、バブの殉教と同じ年にその指揮官と共に大地震に遭って全滅した。その出来事はある暑い夏の日に起こった。

この二百五十名の兵士たちがアルデビルからタブリズに向かう途中で高い塀の影で休息し、ゲームなどで楽しんでいた時、とつぜん地震が起こり、塀が崩れ落ちて一人残らず下敷きとなって死滅した。残りの五百名はバブと同様に銃殺刑に処された。バブの殉教後三年目に連隊は反乱を起こしたが鎮圧され、サデク・カーンの命令により全員が銃殺刑となったのである。反乱兵士たちが射撃で倒れた後も、一人も生き残らないように二度目の射撃が行われた。そのあと死体を槍で突き、タブリズ市民の目にさらした。その日、タブリズの住民の多くはバブの殉教の状況を思い起こしていた。そして、バブの命を奪った兵士たちがバブと同じような運命にあったことを不思議に思い、互いにささやいた。

「連隊全体がこのような辱めを受け悲惨な最後を遂げたのは、もしかすると神の報復かも知れない。もしあの青年（バブ）が本当に詐欺師であったのなら、彼を処刑した者たちにこれほどの酷い天罰が下るはずはないのではないか。」この不安の声はタブリズ市の指導的立場にある僧侶たちの耳に入った。彼らは人びとの心の動揺を大いに恐れ、そのような疑問をもつ者をすべて厳罰に処すよう命じた。ある者はむちで打たれ、他の者は罰金を科され、全市民は噂を広めないように警告を受けた。そのような噂が市民にバブの敵たちの残酷な行為を思い起こさせ、バブの教えに対する熱意をふたたび点すことを僧侶たちは心配したからであった。

バブを殉教に追いやった主導力は、時の総理大臣のタギ・カーンであった。そして、その命令を実行に移した共犯者は総理大臣の実弟であった。この二人は、その凶行のあと二年内に恐ろしい処罰を受け、惨めな死をとげた。総理大臣の血痕は今日までフィンの風呂場の壁に残っているのが見られる。それは、大臣が自らもたらした残虐行為を証言するものである。

第二十四章　ザンジャンの動乱

バブがタブリズで殉教したとき、すでにマゼンダランとナイリズに大火炎をもたらした火花はザンジャンとその周辺をも燃え上がらせていた。バブはタバルシ砦の勇敢な弟子たちにふりかかった悲痛な運命を深く悼んでいたが、ヴァヒドとその仲間たちが受けた同じような苦難の知らせにバブの心はさらなる打撃を受けた。それまでにも、彼の心にはさまざまな苦悩が重くのしかかっていた。すなわち、自分のまわりに危機が迫ってきているという意識、タブリズに連行されたときに受けた侮辱の記憶、アゼルバイジャン山岳の要塞での長期間にわたる厳重な監禁による過労、マゼンダランとナイリズの動乱での虐殺、そしてテヘランの七人の殉教者たちを迫害した者らによる残虐行為は、バブの残り少なくなった生涯の日々を曇らせていたのである。それらに加えて、新たにザンジャンでの事件の知らせを受けてバブの苦悩は極点に達した。死の影がすばやくしのびよる中、バブはどれほどの苦悩に耐えなければならなかったであろうか。南北のあらゆる地方で、バブの信教の闘士たちは不当な苦しみを受け、破廉恥なやり方であざむかれ、財産は略奪され、虐殺された。そして今、バブの悲痛の杯をあふれ出させるかのように、ザンジャンで動乱の嵐が起こったのである。それは、これまで以上に激烈で破壊的な嵐であった。

ここで、この事件がバビ教の史上最も感動的なもののひとつとなった状況について述べたい。その中心人物はホッジヤトで本名はモラ・モハメッド・アリであった。彼は当時の有能な高僧で、バブの大業を擁護する強大な闘士の一人であった。彼の父ラヒムはザンジャンの指導的高僧の一人で、敬虔で、学識があり、堅固な性格を備えていたため、深く尊敬されていた。ホッジャトは一八十二年から一八十三年の間に生まれ、幼少の頃から優れた能力を示したため、父はひじょうに大事に彼を養育した。ナジャフで教育を受けたが、そこで洞察力、知力、熱意で抜きんでた。友人たちは彼の学識と知性に賞賛を惜しまなかったが、一方、敵たちは彼の無遠慮さと強い性格を恐れた。父は彼にザンジャンに戻らないように忠告した。敵たちが彼に対して陰謀を企てていたからである。そこで、ハマダンに住居をかまえ、親族の女性と結婚したが、二年半後に父の死の知らせを受け、故郷に戻ることにした。僧侶たちは、帰郷した彼が大歓迎を受けているのを見て敵意を強め、公然と反対してきたが、彼は、彼らを高く尊重し続け、できるかぎり親切にあつかった。

ホッジャトは友人たちが建ててくれたモスクの説教壇から、集まってきた大群衆に向かって、放縦をやめ中庸をもって行動するよう勧告し、あらゆる種類の悪習を容赦なく禁止し、自ら手本を示してコーランの説く原則を固く守るように勧めた。このように、最善をつくして弟子たちに教えたので、彼らはザンジャンの有名な僧侶たちよりも優れた知識と理解をもつようになった。この十七年間の努力の末、ホッジャトは、仲間の町民の心からイスラム教の精神と教えに反するものをすべてとり除くことに成功した。

シラズからバブの宣言のニュースが届くとすぐ、ホッジャトは信頼できるエスカンダールを使いとして送り、新しい啓示について調べさせた。その結果、バブの教えに熱心に応じたため、敵たちは一層激しく彼を攻撃しはじめた。それまで敵たちは、政府や住民の前では彼の体面を汚すことはできなかったが、今、異端者であり、イスラム教が大事にしてきたものをすべて否認する者として非難できるようになったのである。彼らは互いにささやき合った。「彼は、公正、敬虔、英知、学識で高い名声をもっていたため、その地位をゆるがせることはできなかった。モハメッド国王の面前に召されたときも、彼はその魅惑的な雄弁で国王をも自分の熱烈な賞賛者となしたほどではないか。しかし今、彼は公然とバブの大業を擁護するようになったので、我々は政府から逮捕状を得て、彼をこの町から確実に追放できるのだ。」

そこで、彼らは嘆願書を作成して国王に提出した。その中で、悪意ある狡猾な心が編み出したさまざまな方法を用いて彼の名声を落とそうと、つぎの苦情を申し立てた。「彼はイスラム教を信じると公言しながら、弟子の援助を得て、我々の権威を否認しました。バブの大業の信者となり、その憎らしい信仰にザンジャンの三分の二の住民を味方に引き入れた今、どれほどの屈辱を我々に与えるかわかりません。彼の門に集まってくる大群衆のすべてをモスクに入れることもできなくなりました。その影響は大きく、ますます増えている熱心な群衆を収容するため、彼の父が所有するモスクと、彼のために建てられたモスクを連結してひとつの建物としたほどです。ザンジャンだけでなく、近隣の村々の住民も彼の支持者となる日がすばやく近づいてきています。」

国王は嘆願者たちの語調に大いに驚き、側近のナザール・アリにそのことを知らせ、ザンジャンを訪れた多くの人びとがホッジャトの能力と高潔さを高く賞賛したことを思い起こした。そこで、ホッジャトと反対者たちをテヘランに召すことにし、その特別の集まりに国王自らと総理大臣アガシ、政府の高官およびテヘランで高名な僧侶数名が参加した。国王はその場にザンジャンの僧侶たちを召し、自分たちの主張を説明するように言い渡した。彼らはイスラム教の教えについてホッジャトにいろいろ質問したが、答えはすべて、出席者たちの賞賛を得るものであった。国王もまた、ホッジャトが無実であることを信じた。そして、自分は十分に満足したと述べ、ホッジャトが敵の非難を見事に論破したことに十分な報酬を与えたうえで、彼にザンジャンに戻って、国民への貴重な奉仕を続けるように命じた。また、いかなる場合も彼を支援し続けると約束し、今後困難に直面したときは知らせるようにと要請した。

ホッジャトがザンジャンに戻ったとき、屈辱を受けた敵の怒りは爆発した。彼らの敵意が深まると同時に、ホッジャトの友人たちと支持者たちの献身も増していった。ホッジャトは敵の陰謀を一切無視し、熱意を弱めることなく活動を続けた。彼は慣習にしばられない原則を大胆に唱導したが、それは、凝り固まった敵が苦心して作り上げた組織の土台に打撃を与えるものであった。彼らは自分たちの権威が侵され、組織が崩壊するのを目のあたりにして激しい怒りを覚えたがどうすることもできなかった。

そのころ、ホッジャトがバブへの嘆願書と贈り物をもたせて極秘にシラズに送り出していた特使がザンジャンに戻ってきた。特使は弟子に講話をしていたホッジャトにバブから預かってきた封書を渡した。その書簡には自分の称号の一つである「ホッジャト」という名を与えることと、バブの信教の基本的な教えを説教壇から率直に公表するようにとの指示が書かれていた。ホッジャトは、師バブの望みを知るとすぐその書簡にある指示のすべてを実行に移す決心をした。そして、弟子たちに講義を中止するので本を閉じて解散するように言った。「すでに真理を発見した者らにとって、勉学と研究が何の益になろうか。あらゆる知識の的である御方が現われた今、なぜ学問を追求する必要があろうか。」

ホッジャトが、バブに命じられたとおり金曜日の会衆の祈りを先導しようとしたとき、これまでその役目にあたってきた僧侶の長が激しく抗議しはじめた。その役目は国王から与えられた先祖からの特権で、どれだけ高い地位の者もこれを奪うことはできないという彼の抗議にホッジャトは答えた。「その特権は、ガエム（バブ）自ら私に与えられた。彼は私にその任務を公にするよう命じられた。だれもその特権を侵害できないのだ。攻撃を受ければ、私は自分と仲間の命を守るために手段を講じよう。」

このように、ホッジャトがバブから与えられた任務の遂行を大胆に主張したので、ザンジャンの僧侶たちは僧侶の長の味方となった。そして、彼は伝統ある組織に挑戦し、その特権を踏みにじっていると、総理大臣アガシに不平を訴えたのである。「我々は家族と財産ぐるみでこの町から逃げ出し、町民の運命を彼一人に委ねるか、もしくは、モハメッド国王から勅令を出していただいて、彼をこの国から即刻追放するかしかありません。彼をこの国に居残させるなら、災難を招くばかりであると確信します。」総理大臣は、心中では国の宗教組織に不信の念をいだき、その信条やしきたりを毛嫌いしていたが、ついに彼らの強い要求を受け入れざるを得なくなり、この件を国王に提出した。そこで国王は、ホッジャトをザンジャンから首都に移すよう命じた。

ゲエリジ・カーンというクルド人が国王の命令状をホッジャトに渡す任務を与えられた。一方、バブはタブリズに行く途中で、テヘラン近郊に到着していた。国王の使者がザンジャンに到着する前に、ホッジャトは友人を師（バブ）のところに送り、バブを敵の手から救出したい旨を伝えた。バブは、自分を救出できるのは全能の神だけであり、また、だれも神の命令を逃れたり、その定めを避けたりすることはできないことを確信させ、こう付け加えた。「まもなく、あなたと私は、来世の滅びることのない栄光の館で会うようになっているのだ。」このメッセージを受け取った日に、国王の使者がザンジャンに到着した。ホッジャトは国王の命令を知らされ、使者と共にテヘランに向かった。二人がテヘランに到着したと同じ頃、バブは数日間引き止められていたコライン村を出発した。

政府当局はバブとホッジャトが会えば新たな騒動が起こると心配して、バブがザンジャンを通り過ぎるときホッジャトがその町にいないように配慮していた。テヘランに向かっていたホッジャトは、自分の後をかなり離れたところから追ってきていた仲間たちに、ザンジャンに戻ってバブに会い、彼を救出する準備があることを告げるよう指示した。仲間たちはザンジャンに戻る途中でバブに会った。バブは再度、だれも自分を監禁から救出するようなことはしないよう命じ、さらに、町の信者たちにこう伝えるように指示した。つまり、自分の周りに群がってはならないこと、いやむしろ、どこにおいても自分を避けるようにと命じたのである。この指示が、バブを歓迎しようと町を出ていた信者たちに伝えられると、彼らは悲嘆にくれたが、バブを迎えたいという衝動を抑えることができず、バブの一行に向かって進んで行った。しかし彼らは、囚人（バブ）の前方を進んでいた護衛隊に容赦なく解散させられた。

一行が道路の分岐点にきたとき、護衛隊長のベッグとその同僚との間に激論が起こった。ベッグはアゼルバイジャンへの旅を続ける前に、バブを町の隊商宿で一夜過ごさせるべきだと主張した。その宿は殉教したアリ・タビブの父マスムの所有であった。ベッグはさらに、町の門外で一夜を過ごすのは敵の攻撃を受けやすくし、一行の生命を危機にさらすことになると力説した。ついに彼は同僚を説得し、バブは隊商宿に連行されることになった。その途中で、護衛隊の一行は、囚人（バブ）の顔を一目見ようと街路の家々の屋根に群がっている大勢の人びとを見ておどろいた。

宿の所有者マスムは最近亡くなり、長男のアリが父を弔うためにザンジャンにきていた。アリはハマダンの著名な医師で、信者ではなかったがバブを心から敬愛していた。そして、前もって準備していた宿に、愛情深く丁重にバブを迎え入れた。その夜遅くまでバブの面前にいた彼は、バブの大業を完全に信じる者となった。

その後、私（著者）は彼から次のように聞いた。「私はバブの信者となった夜、夜明けに起き、ランタンを点し、父の従者を前にして隊商宿に向かいました。入り口にいた守衛が私を認めて中に入れてくれました。バブの面前に案内されたとき、彼は祈りのための洗浄を行われていました。彼が祈りに没頭されるのを見て、私の心は深く動かされました。私は彼のうしろに立って祈りましたが、そのとき敬虔な喜悦感一杯になりました。お茶を準備して彼に差し出そうとしたとき、彼は私の方を向き、ハマダンに向けて発つよう命じられました。『この町に大動乱が起こり、街路には血が流れよう。』そこで、バブの道に自分の血を流すことを念願していることを述べたところ、彼は、自分の殉教の時間はまだ来ていないので、神が命じられることに身を任せるようにと言って私を安心させてくれました。日の出に、バブが馬に乗り出発しようとされているとき、私も随行させて欲しいと願い出たところ、それはできないが、私のために必ず祈っていると約束されました。そこでバブの意思に従いながらも、残念な思いで、その姿が見えなくなるまで見守っていました。」

テヘランに着いたホッジャトは総理大臣アガシのところに案内された。総理大臣は国王に代わって、ホッジャトの言動がザンジャンの僧侶たちの間に強い敵意を起こしていることに迷惑していると告げた。「国王と私のところにあなたに対する非難が押し寄せてきている。それも口頭と文書で。あなたが先祖の宗教を棄てたという理由で起訴されているのを信じることはできない。国王もそのような主張を信じてはおられず、そのような起訴に論駁できるよう、あなたをここに召されたのだ。国王は、あなたを召す任務を私に命じられた。私は、知識と能力において、あなたはバブよりも遥かに優れていると思っているが、そのあなたがバブの教えを信じるようになったなどと聞くのは悲しいことだ。」これに対してホッジャトは答えた。「私がバブより優れているなどとんでもないことです。神はご存知ですが、バブが、彼の家で私に最も卑しい仕事を与えられれば、私はそれを栄誉とみなします。それは国王が付与される最高の栄誉も凌ぐことができないほどのものです。」総理大臣は怒り声を上げた。「そんなことは絶対にあり得ない！」ホッジャトはふたたび断言した。「私はこう確信しています。シラズのセイエド（バブ）はあなたご自身と、世界のすべての人びとがその到来を待望してきた御方なのです。この御方こそ、我々の主であり、約束された救世主なのです。」

総理大臣はこの件を国王に報告し、自分の懸念を述べた。それは、国王自ら全国で最高の僧侶と信じてきたこの恐るべき敵の活動を防がなければ、国家は重大な危機にさらされるであろうというものであった。国王は、そのような報告はホッジャトの敵の悪意と羨望によるものだとし、それを信じようとしなかった。そして、特別の会合を準備し、テヘランの僧侶たちの前で、ホッジャトに自分の立場を弁護させるよう命じた。

そこで数回会合が開かれた。ホッジャトはすべての会合で自分の信教の基本的な教えを雄弁に説明し、反対者たちの議論を打ち負かせた。彼は次のように大胆に宣言した。「シーア派とスンニ派の双方は次の伝承が真実であると認めています。『われはあなた方に二つの証拠を残す。一つは神の書で、もう一つはわが家族である。』あなた方も認めるはずですが、第二の証拠はすでに消滅しています。従って、残された唯一の導きの手段は聖なる書に含まれている教えであるということでしょう。そこで、あなた方と私が提出するすべての主張を聖典の基準にそって判断するように願います。その聖典にこそ最高の権威があり、それにより我々の議論の正しさが判断できるからです。」敵は、自らの主張を守れなくなり、最後の手段として、その主張の真実性を証明するために奇蹟を示すようホッジャトに要請した。彼は声をあげて言った。「バブの援助により、私はたった一人で、だれの援助も借りず、自分の議論の力だけでテヘランの高僧と僧侶全員の総力に打ち勝ったのです。これ以上の奇蹟がどこにありますか。」

ホッジャトが敵たちの根拠のうすい要求を見事に論ばくしたことに、国王は好意をもった。それ以来、国王はホッジャトの敵の巧みな提案に左右されなくなった。ザンジャンの僧侶全員とテヘランの高僧の多くは、ホッジャトを異端者とみなし、死刑の宣告を下した。しかし、国王は彼に好意を示し続け、支援を約束した。総理大臣は心中ではホッジャトを心よく思っていなかったが、彼に対する国王の愛顧が明らかであったので公に反対することはできなかった。このずる賢い大臣はホッジャトの家をひんぱんに訪れ、贈り物を惜しみなく与えて心中の恨みと妬みを隠したのである。

ホッジャトはテヘラン内に監禁同様となった。市の門外に出ることも、友人と交際することもできなくなった。故郷の信者たちは代表を送って、信教で守るべき法律や原則について彼から新たな指示を仰ぐことにした。彼は、バブの大業を調査するために送った使者たちを通してバブから受け取った法律を忠実に守るように命じた。彼は一連の法律をあげたが、そのうちの幾つかはイスラム教の伝統から離れていた。彼は皆を安心させるために、次のように述べた。「カゼム・ザンジャニはシラズとエスファハンで私の師バブと親密に交わってきた。私がバブと会見させるために送ったエスカンダールとマシュハド・アーマドと同様に彼もまた、バブ自ら信者に命じられた法律を、身をもって守っていることを明言している。従って、バブの支持者である我々もその高貴な模範に従わなければならない。」

これを受け取った仲間たちはすぐ、ホッジャトの指示に従いたいという熱望に燃え、これまでの慣習をすてて新しい時代の法律を熱心に実施しはじめた。幼い子供さえも、バブの法律を忠実に守るように励まされた。彼らは次のように述べるよう教えられたのである。「我々の敬愛する師自ら、身をもってそれらの法律を守っておられる。バブの弟子という特権をもつ我々もそれらの法律に沿って生活しようではないか。」

タバルシ砦の攻囲の知らせが届いたとき、ホッジャトはまだテヘランに監禁中であった。彼は、信教の解放のために勇敢に戦っている仲間たちと運命を共にしたいと熱望したが、それができないので嘆いていた。当時、彼の唯一の慰めはバハオラとの親密な交わりであった。そのときバハオラから与えられた精神力で、その後すばらしい行為を示して名をあげたが、その行為はタバルシ砦の仲間たちが激烈な戦いで示した行為に劣らないものであった。

ホッジャトがテヘランに滞在中にモハメッド国王がこの世を去り、息子のナセルディン・シャーが王座についた。新しい総理大臣はホッジャトの監禁をいっそう厳重にし、さらには彼を殺害することにしたのである。命に危険が迫っていることを知ったホッジャトは、変装してテヘランを去り、彼の帰りを待ち望んでいた仲間たちと合流した。

カルバラ・ヴァリによってホッジャトの帰郷が仲間たちに知らされると、数多くの賞賛者たちが熱烈な忠誠心を示しにきた。男や女、子供たちまでもが群れをなして集まってきて、彼に対する変わらぬ敬愛心を証明したのである。ナセルディン・シャーの叔父にあたるザンジャンの知事は住民の熱烈な歓迎ぶりにびっくりし、どうすることもできない怒りから、カルバラ・ヴァリの舌をすぐ切り取るように命じた。この知事は心中ではホッジャトをひじょうに嫌っていたが、表面上は、友人で、好意を寄せているかのようにみせかけ、しばしば彼を訪れ、この上ない思いやりを示した。しかし実際は、密かに彼の命を取ろうと陰謀を企て、実行できる瞬間を待っていたのである。

心の中でくすぶっていたこの敵意は、ある些細な事件で炎となって燃え上がった。その事件は、ザンジャンの子供二人がとつぜんけんかをしたことから起こった。子供の一人は、ホッジャトの仲間の親戚であったので、知事はすぐにその子供をとらえ、厳重に監禁するように命じた。信者たちは子供を釈放してもらおうと、まとまった金を知事に提供したが、彼はそれを拒否したのである。そこで、彼らはホッジャトに不満を訴えた。彼は次のような断固とした異議申し立てを知事に送った。「あの子供は自分の行動の責任をとれる年令ではありません。罰する必要があるなら、子供ではなくて父親が罰を受けるべきです。」

ホッジャトはこの訴えが無視されたのを知って、再び抗議の手紙を書き、影響力をもつ友人に託し、直接知事に手渡すよう指示した。この友人メエル・ジャリルはアシュラフの父親で、信教のために殉教した人である。知事宅の門衛は、最初彼が中に入るのを阻んだ。これに憤った彼は力ずくで門を突破すると剣を抜いて門衛を脅し、中に入って激怒している知事に強いて子供を釈放させた。

知事がメエル・ジャリルの要求に無条件に従ったことで、僧侶たちの怒りはいっそう激しいものとなった。彼らは猛烈に抗議し、知事が敵の脅しに従ったことを非難して、自分たちの懸念をこう知事に伝えた。知事の行動で敵は自信をつけ、今後いっそう大きな要求をし、また、近い将来、権力を得て政府の行政から知事を追い出すことになるであろうと。ついに彼らは、ホッジャトの逮捕について知事の同意を得ることに成功した。彼らはこの逮捕でホッジャトの影響が広がるのを阻止できると確信したのであった。

知事はしぶしぶ同意したので、僧侶たちは知事を安心させるために、ホッジャトの逮捕によって町の平和と安全が脅かされることは絶対ないと、何度力説した。残忍と異常な体力で名うてのアサドラとサファー・アリの二人がホッジャトを捕らえ、手錠をつけて知事に引き渡す仕事を申し出た。二人には相当な報酬が約束された。二人は武装し、頭にはヘルメットを着け、堕落した下層階級から集めた悪党の一団を引き連れて出発した。その間、僧侶たちは住民をそそのかし、その一団の仕事を手伝うように激励した。

悪党の一団がホッジャトの居住している屋敷に着いたとたん、ホッジャトの強力な支持者であるミール・サラーがとつぜん彼らに立ち向かった。彼と七人の武装した仲間は、一団が中に入るのを懸命に阻んだ。彼が、「どこに行こうとしているのか。」とアサドラに聞くと、アサドラが侮辱的な答えをしたため、彼は剣を抜いて「この時代の主なる御方よ！」と叫びながらアサドラに飛びかかって額を切った。一団はしっかりと武装していたが、メール・サラーの大胆不敵な行動におびえ、散り散りになって逃げ去った。

その日、この勇ましい信教の擁護者たちがあげた叫びは、ザンジャンで最初に聞かれたものであった。その叫びで町中がパニックになり、知事はそのすさまじい勢いにおびえ、その叫びがどんな意味をもつのか、そしてだれがそれほど強力な声を出せるのかと聞いた。そして、それがホッジャトの仲間の合言葉で、困難な時にガエム（バブ）に援助を求める叫びであると聞かされた知事は強い衝撃を受けた。

間もなくして、悪党の残りがタブ・チーという男に出くわした。彼らは、この男がホッジャトの有能な仲間で、武器は携えていないことがわかるとすぐ、彼の頭を斧で打ち、知事のところに運んで行った。タブ・チーを地面におろすやいなや、そこに居合せたザンジャンの高僧アボル・ガゼムが飛び出してきて、彼の胸を小刀で突き刺した。さらに、知事も剣を抜いて口を刺し、続いて従者たちがめいめいもっていた武器で襲いかかり、この不運な犠牲者にとどめをさしたのである。襲われている間、タブ・チーは苦痛を気にかける様子はなく、次の言葉を口にしていた。「おおわが神よ。殉教の冠を私に与えて下さったことに感謝いたします。」彼は、ザンジャンの信者で大業の道で命を捧げた最初の人で、その死は一八五〇年五月一六日、ヴァヒドの殉教日の四十五日前、バブの殉教の五十五日前であった。

この日に流された血で、彼らの敵意は静まるどころか、その情念はいっそう燃え上がり、仲間の残りを同じ運命にあわせる決意を固めた。そして、知事の黙認に自信をつけ、政府の役人からも正式の許可を受けずに、捕らえた者を全員死刑に処することにした。さらに、恥知らずの異端の炎を消すまでは休まないと互いにまじめくさって約束し合った。そして知事に、触れ役に命じて、ザンジャンの町中に次の布告するようにと迫った。「自分の命を危険にさらし、財産を失い、妻と子供を惨めな境遇に落として恥をかかせたい者はホッジャトおよびその仲間と運命を共にせよ。自らと家族の幸福と栄誉を守りたい者はホッジャトの仲間が住む近辺から離れて、国王の保護を求めよ。」

この警告の後すぐ住民は二つの陣営に分かれた。大業への献身をためらっていた者たちの信仰が厳しく試され、また、痛ましい光景も生じてきた。父親は息子から引き離され、兄弟間と親族間は仲たがいしたのである。その日、この世の愛情の絆はすべて消えたように見え、より強大で、より神聖な忠誠のために、現世への愛着は断ち切られたようであった。ザンジャンは興奮のるつぼとなり、引き裂かれた家族のメンバーが絶望して天に向かって発した苦しい叫びと、敵が彼らに向かって浴びせる悪態の叫び声が交錯した。家族や親族から身を引き離し、ホッジャトの大業の支持者となった者たちがあげる歓喜の叫びが至るところで聞かれた。敵の陣営は密かに決意していた大闘争の準備で大わらわであった。知事の命令と、知事を支持する高僧や名士や僧侶たちの要請で、近隣の村々から急いで増援隊が送られてきた。

大騒ぎになってきたにもかかわらず、ホッジャトは説教壇にのぼり、高らかに会衆に呼びかけた。「今日、全能者の御手は真理を誤りから離し、教導の光と誤りの暗黒を分けられた。私のために皆が傷つけられるのは不本意である。知事と僧侶たちの意図は私を捕らえ、殺害することにある。その他の野心はいだいていない。私の血だけを渇望しているのだ。皆の中で、切迫してきた危険から自分の命を少しでも守りたいと思っている者、この大業のために命を捧げたくない者は、時間があるうちにこの場所を離れ、故里に帰るがよい。」

その日、知事は、ザンジャンの近隣の村々から三千人以上の男たちを集めた。一方、ミール・サラーとその仲間たちは敵が不穏になってきたのを見てホッジャトのところに行き、予防手段として、ホッジャトの居所に隣接するアリ・マルダン・カーンの砦に移るよう強く勧めた。ホッジャトはその勧めに同意し、女性と子供と必需品をその砦に移すように命じた。その砦には住人がいたが、説得して砦を引き渡してもらい、その代償として自分たちが住んでいた何軒かの家屋を与えた。

その間、敵は大攻撃の準備をしていた。そして、一部隊がホッジャトの仲間たちの造ったバリケードに向かって発砲してくると、並外れた勇気の持ち主ミール・レザが、知事を捕らえて砦の囚人としてホッジャトのところに連れて来てもよいかとホッジャトに聞いた。ホッジャトはその要請に応じず、命を危険にさらさないようにと忠告した。

知事はミール・レザの意図を知って恐怖感に襲われ、即刻ザンジャンを離れることにしたが、名士の一人が、知事が去れば大騒動となり、恥をかくことになると説得したため、それを断念した。その名士は、自分の真剣さを示すために自ら砦の一団に向かって攻撃をすることにした。攻撃の合図を出し、三十名からなる一団の先頭に立って行進しはじめたとき、とつぜん、剣を抜いてこちら向かって進んできている二人の敵（ホッジャトの仲間）に出会った。名士はこの二人が自分に襲いかかるものと思い込み、仲間の一団と共にパニックに襲われ、自宅に逃げ戻った。そして、知事に与えた説得も忘れて、一日中自室に閉じこもった。残りの者たちもすぐ分散し、攻撃を諦めた。後で彼らは、途中で出会ったこの二人は攻撃の意図はまったくなく、ある任務を果たすために出かける途中であったことを知った。

この不面目な事件の直後、知事の支持者たちは同じような攻撃をしかけてきたが、どの攻撃も失敗に終わった。砦に攻撃をしかける度に、ホッジャトは三千人の仲間の何人かに命じて敵を敗走させたのである。ホッジャトは攻撃の命令を出すとき、必ず、敵の血を不必要に流してはならないと仲間たちに警告した。すなわち、これは防衛の戦いであり、唯一の目的は女性や子供の安全を守ることであることを忘れてはならないと言い続けたのである。「我々はいかなる状況においても、彼らがどのような態度とっても、不信心者に対して聖戦をしかけてはならないと命じられている。」

この状態は、政府軍の将軍サドロッド・ダオレが総理大臣の命令で二連隊を引き連れてザンジャンに到着するまで続いた。総理大臣は彼に、予定の旅行を中止してすぐにザンジャンに向かい、そこで政府が召集した軍隊の援助を命じたのである。その命令書にはさらにこう書かれていた。「国王は、ザンジャンとその周辺で騒動を起こしている一団を鎮圧する任務をあなたに授けられた。その一団の野望を潰し、その勢力を全滅させる特権を付与された。この緊急時にあたって、あなたの重要な奉仕は国民の賞賛と尊敬だけでなく、国王の最高の愛顧を勝ち得ることになろう。」

この励ましの命令に野心家の将軍は奮起し、即刻、二連隊の先頭に立ってザンジャンに進行し、知事から任された軍力を編成して砦とその一団に向かって一斉攻撃を命じた。砦の周囲の戦いは三日三晩続いた。包囲された仲間の一団は、ホッジャトの指揮下で敵の猛攻撃に大胆に耐え抜いた。敵の圧倒的な軍勢もすぐれた武器も訓練も、この勇敢な仲間たちを無条件降伏させることはできなかった。大砲から矢継ぎ早に発射される砲火にも思いとどまることなく、睡眠も空腹も忘れ、危険も気を止めず、砦から飛び出して突撃した。彼らは、敵の呪いの言葉に、「この時代の主なる御方よ！」と大声で応じ、その祈願の言葉にわれを忘れ、敵に突進し、軍勢を追い払ったのであった。

敵はひんぱんに攻撃をしかけてきたが、その度に砦の一団の反撃で敗北させられたため、士気を失い、戦っても無駄と思いはじめ、決定的な勝利を得ることはできないことを認めたのである。将軍自らも、九ヵ月間の戦いで、自ら引き連れてきた二連隊のうち残ったのは三十名ほどの負傷した兵士だけになったのを告白せざるを得なかった。ついに将軍は、屈辱を感じながらも、砦の一団の精神をひるませることができないことを認めた。国王は将軍を厳しく叱責し、左遷した。こうして、将軍が抱いてきた念願はこの敗北で完全に挫かれたのである。

この無残な敗北にザンジャンの住民は狼狽し、この敗北のあと、勝つ望みのない戦いに命をかける者はほとんどいなくなった。戦いを強いられた者だけが砦の一団にあらたな攻撃をしかけてきたが、その主力はテヘランから引き続き派遣されてきた連隊であった。町の住民、とくに商人たちは大勢の兵士たちの到来で多いに利益を受けた。一方、砦内のホッジャトの仲間たちの備えはたちまちなくなり、必需品の欠乏に苦しんだ。食糧を手に入れるためには、外部の女たちがいろいろな口実で密かに持ち込んできたものを法外な値段で購入するしかなかった。

砦の一団は空腹に苦しみ、敵がとつぜんしかけてくる猛攻撃で悩まされながらも、一瞬もひるむことなく砦の防御にあたった。どれほどの苦難がふりかかっても一団は希望をもち続け、二十八のバリケードを造った。各バリケードは十九人からなるグループに任され、別の十九人がそれぞれのバリケードの見張りとして配置され、敵の動きを見守り、報告する役目をもった。

一団は砦近くに来た敵の触れ役の声でしばしば驚かされた。触れ役は、ホッジャトとその大業を捨てるよう一団に呼びかけた。「知事と司令官は皆のうち砦と信仰を捨てる者をすべて許され、安全に家に帰れるよう保証される。その者は国王からも十分な報酬を受けよう。もろもろの褒美のほか、高い地位も授けられよう。国王もその代理もこの約束を破ることはないと誓われた。」一団は皆、口をそろえてこの呼びかけをさげずみ、それに従う意志はまったくないことを知らせた。

この事件で示された砦の勇敢な一団の超脱心は、さらに、村の若い女性の行動によっても証明された。この女性の名前はザイナブで、ザンジャン近くの小村出身であった。砦内の女性や子供たちと運命を共にするために自ら進んで一団に加わってきたのである。顔立ちの整ったこの美しい女性は、崇高な信仰心で燃え立ち、恐れ知らずの勇気をそなえていた。一団の男性たちが苦難に耐えているのを見て、自ら男に変装して共に敵を撃退したいという抑えがたい願望をもった。そこで髪を短く切り、頭も身体も男性の仲間と同じような格好をし、剣を腰につけ、小銃と楯をもって男性の仲間たちに自己紹介した。ザイナブがバリケードの後方にすばやく身を置いたとき、だれも彼女が女性であることに気づかなかった。敵が攻撃をしかけてくるやいなや、彼女は剣を抜き、「この時代の主なる御方よ！」と叫び、おどろくべき大胆さで敵に向かった。その日、彼女が見せたすばらしい勇気と技能に敵も味方も感嘆した。敵は彼女を怒った神が自分たちに投げかけた呪いだと思い、絶望感におそわれてバリケードを捨て、彼女の面前から逃走していった。

砦の小塔から敵の動きを見守っていたホッジャトはザイナブの姿を認め、その勇敢な行動に驚嘆した。彼女は敵を追跡しはじめていたが、ホッジャトは、男たちに命じて彼女を砦に戻らせるようにした。そして、彼女めがけて飛んでくる敵の砲弾の中を突撃する姿を見て、ホッジャトはこう述べた。「これほどの活力と勇気を示した者はいない。」

ホッジャトは、女性でありながらなぜ戦いに出たのかと彼女に聞いた。彼女はわっと泣き出し、「仲間たちの苦労を見て私の心は悲痛な思いでいっぱいになったのです。衝動を抑えきれず行動に出ました。あなたは私が男性の仲間と運命を共にするのを許してくれないと思ったからです」と答えた。ホッジャトは質問した。「あなたは、たしかに、砦の一団に進んで加わってきた同じザイナブだな。」「そうです。私は確信していますが、これまでだれも私が女性であることに気づいた者はいません。あなただけです。バブに誓ってお願いいたします。一生の望みである殉教の冠を獲得する恩恵を取り上げないで下さい。」

ホッジャトはこの訴えの語調と態度に深く感動した。そこで、彼女の魂の動揺をしずめ、彼女のために祈りを捧げることを約束し、彼女にロスタム・アリという名を与えた。これは彼女の気高い勇気のしるしであった。そしてこう述べた。「『今は復活の日で、秘密がすべて発見されるときである。』（コーラン）神は、男であれ、女であれ、その外面の姿ではなく、信仰の質と生活態度で人間を判断される。あなたはまだ若く、経験もあまりないが、大変な活力と技能を示した。それより優れる男性はほとんどいないほどだ。」こう言ってホッジャトは彼女の願いを聞き入れ、信教が定めた教えを守るように警告した。「我々は不実な敵の攻撃から自分たちを守るように命じられている。しかし、相手に聖戦をしかけてはならないのだ。」

ザイナブは五ヵ月間、だれも匹敵できないほどの武勇で敵の勢力に対抗した。眠りも空腹も忘れて、愛する大業のために真剣に戦ったのである。その見事な剛勇さは、迷っていた者たちに勇気を与え、各人が果たすべき義務を思い起こさせた。その期間ずっと彼女は剣をはなすことはなかった。短時間睡眠できたが、その間も剣に頭をおいて、盾で身体を守った。仲間はめいめい特定の場所に配置され、そこで防御にあたるように指示されていたが、彼女だけは自由に動き回ることができた。ザイナブはつねに戦いの真只中に身をおいて、とくに攻撃の激しい場所に駆けつけ、まわりの仲間を激励し支援した。彼女の死が近づいてきた頃、敵は彼女が女性であることに気がついたが、彼女が接近してくると恐怖でふるえた。そのかん高い叫び声を聞いただけで肝をつぶし、勝つ望みを失ったのである。

ある日、ザイナブは、仲間がとつぜん敵軍に包囲されたのを見て心を痛め、ホッジャトのところに駈けつけた。その足下にひざまずき、涙ながらに懇願した。「仲間の援助に行かせてください。私の命は終わりに近づいていると感じます。敵の剣で命を落としたいのです。私の罪をお許し下さい。そして、師（バブ）にも私の罪を許してくださるようお願いして下さい。私の命を師のために捧げたいのです。」

ホッジャトは胸がいっぱいになり返事に困った。ザイナブはその沈黙を承諾のしるしと解釈して、門から飛び出し、すでに多数の仲間たちを殺害した敵の攻撃を阻止するために「この時代の主なる御方よ！」と七回叫んだ。そして、「なぜ、皆はこのような行動でイスラム教の名声を汚そうとするのですか！　皆が真理を語る者であるなら、なぜ我々の面前から意気地なく敗走するのですか！」と叫びながら敵に向かって突進した。敵の三つのバリケードを次から次へと破壊し、四つ目のバリケードを倒そうとしたとき、雨のように降ってきた弾丸にあたって即死した。敵のうちだれ一人として、ザイナブの純潔を疑ったり、その信仰の崇高さと不朽の品性を無視したりする者はいなかった。このすばらしい献身のおかげで、彼女の死後、彼女の知り合いの二十名の女性がバブの信者となった。これらの女性たちにとって、ザイナブはもはや昔の農家の娘ではなく、高貴な原則を体現した者、強い信仰のみが生み出し得る精神を体現した者となっていたのである。

あるとき、ホッジャトは、使いの者を通してバリケードを守っている仲間たちに指示を出した。それはバブが信者に命じた祈願の言葉をくり返すこと、つまり、各祈願の言葉「神は偉大なり！」「神は最大なり！」「神は最高の美なり！」「神は全栄光者なり！」「神は最も純粋なり！」を十九回ずつ唱えるようにという指示であった。この指示を受けたその夜、バリケードの防御者たちは皆一斉に大声でそれらの言葉を唱えた。その声のあまりの強烈さに敵はとつぜん目をさまし、恐れて宿営地を捨てて知事宅の方向に逃げ、その近くの家々に避難した。少数の者は恐怖のあまり突然死し、かなりの数のザンジャン住民はパニックに襲われ、隣の村に逃げた。大勢が、その大きな叫び声は審判の日を告げるしるしだと信じ、他の者たちは、ホッジャトの陣地からこれまで以上に激しい攻撃がしかけられてくる前触れと感じた。

仲間の上げたとつぜんの祈願の声が敵の間にもたらした恐怖について知らされたとき、ホッジャトは次のように述べた。「この卑怯な悪党に聖戦をしかける許しを師から受けられたらどうなっていたであろうか。しかし、師は、人びとの心に慈善と愛の高貴な原則を教え込み、不必要な暴力をすべてやめるよう命じられた。私と仲間の目的は、国王に忠誠をつくし、国民の幸福を願うことであり、将来もそうである。ザンジャンの僧侶たちの例に習うなら、私も生涯、住民から卑屈な敬慕を受ける者となっていたであろうが、私はバブの大業に対する不朽の忠誠を、この世のいかなる宝物や栄誉とも引き換えるようなことは一切ない。」

その夜の出来事は、畏敬と恐れを感じた人びとの心に今でも残っている。私（著者）は、目撃者数人が敵の陣地に起こった騒動や混乱と砦を満たした敬虔な雰囲気との違いを熱心に語るのを聞いた。砦の仲間は神の御名を唱え、その導きと慈悲を祈っていたが、一方、敵の将校や兵士は恥ずべき酒色にふけっていた。砦の一団は疲れ切っていたが、バブが指示した賛美の言葉を徹夜でくり返し唱えた。同じ時間に、敵の陣地からは騒々しい笑い声と呪いや冒涜の言葉が響いてきた。これが双方の陣地の状況であった。その夜、敵の陣地に祈願の声がとつぜん鳴りひびいてきたとき、放縦な士官たちはその大音響に肝をつぶし、手にしていたワイン・グラスを地面に落とし、裸足のまま大急ぎで飛び出した。その混乱の中で賭博のテーブルはひっくり返され、多数の者は衣服もまともに身につけず、頭にも何もつけずに荒野に逃げ込んだ。他の者らは僧侶たちの家に逃げ込み、睡眠中の彼らを起こした。驚愕と恐れに駆られた彼らは、この大混乱はお前たちが起こしたのだと相互に激しく非難しはじめた。

そのうち敵は、その大きな叫び声の目的を知って安心し、すぐ自分たちの持ち場に戻ってきた。もちろん、この出来事で大いに恥をかかされたのであるが、将校は兵士たちを待ち伏せさせ、叫び声がもう一度聞こえてくれば、その方向に向かって射撃するように命じた。こうして毎夜、敵はホッジャトの仲間を何人か殺害することができた。しかし、仲間を失っても、残った者らは同じ熱意で、危険を顧みず、祈願の言葉を大声で唱え続けたのである。仲間の人数は減っていったが、祈願の声はますます強大となり、切迫感も増していった。差し迫った死に直面しても、勇敢な砦の防御者たちは祈願を止めることはなかった。祈願により、最愛なる御方を強烈に思い起こすことができたからである。

まだ激戦が続いていた最中、ホッジャトはナセルディン・シャーに書簡を送った。それにはこう書かれていた。「陛下の臣下たちは、あなたをこの国の統治者であり、彼らの信教の保護者であると思っております。彼らは正義を求めております。あなたを、彼らの権利を守ってくださる最高の擁護者であるとみなしております。我々が争っているのは主にザンジャンの僧侶たちとだけで、決してあなたの政府と国民に関わるようなものではありません。前国王は私をテヘランに召され、私の信教の基本的な教えを説明するように要請されました。国王はその説明に十分満足され、私の努力を大いに褒められました。私は故郷に戻ることをあきらめてテヘランに住むことにしました。それは私に対する怒りをしずめ、扇動者たちが点した火を消すためで、他の意図はまったくありませんでした。自由に故郷に戻れたのですが、国王の公明正大さに頼り、テヘランに残ることを選んだのです。あなたが統治されはじめた頃、それはマゼンダランで動乱が起きたころですが、総理大臣は私を反逆罪で処刑しようとしていました。テヘランでは私を保護できる者はいないことが分かりましたので、自己防衛のためにザンジャンに逃げ、そこでイスラム教の発展に尽くしましたところ、知事が私に反対しはじめました。私は、中庸と公正を守られるよう、数回にわたって要請しましたが、彼はそれを拒否し、ザンジャンの僧侶たちにそそのかされ、また、彼らのお世辞に自信をつけて、私を逮捕しようとしました。それは私の友人たちの介入で阻止されましたが、住民を扇動して私に敵対させようとしましたので、その結果、住民は立ち上がり、現在の混乱となったのです。陛下はこれまで、残虐行為の犠牲者である我々に援助の手を差しのばすことを控えてこられました。敵は、我々の大業は王座の転覆を企てているとさえ主張していますが、我々がそのような意図をいだいていないことは、公正な目をもつ者には明らかです。我々の唯一の目的は、陛下の政府と人民の利益を推進することだけです。私と仲間は、陛下と反対者たちの面前で、我々の大業が安全なものであることを証明するためにテヘランに向かう準備ができております。」

ホッジャトはこの嘆願書だけでは満足せず、他の主な仲間にも同様の嘆願書を出すように命じ、その中でとくに国王に正義ある対処を願うように指示した。それらの嘆願書をもってテヘランに出発した使者はすぐに逮捕され、知事の面前に連れ出された。激怒した知事は、直ちに使者を処刑するよう命じ、嘆願書をすべて破り捨て、その代わりに、暴言と侮辱の言葉にあふれた手紙を国王にあてて書き、ホッジャトと仲間たちの署名をつけてテヘランに送ったのである。国王はそれらの無礼な嘆願書に目を通して大いに憤慨し、ホッジャトの支持者は一人残らず滅ぼすように命じて、装備した二連隊を即刻ザンジャンに送った。

その間、砦で困難に陥っている仲間にバブの殉教の知らせが届いた。それは、バブの秘書ホセイン・ヤズディの弟がアゼルバイジャンからカズビンに行く途中でもたらしたものであった。その知らせは敵の間にも広がって、彼らを気が狂ったように喜ばせた。彼らは砦に急ぎ、バブの信者たちの努力をあざけり、罵った。「今後、お前たちは何のために身を犠牲にするつもりだ。お前たちが命を捧げたいと望む者自身が敵の弾丸に倒れたではないか。その遺体さえも敵にも友にも分からなくなっているのだ。一言で悲しみから解放されるのに、どうして頑固であり続けるのか。」彼らは、バブを失って悲嘆している者たちの信念をゆるがそうとしたが、どの試みも失敗した。一番信念の弱い者にさえ、砦を捨てさせることも、信仰を否定させることもできなかったのである。

一方、総理大臣はザンジャンに増援隊を送るよう国王に強く要請していたが、ついに、モハメッド・カーンが、砦を破壊しその中の全員を全滅せよとの命を受けて、多量の軍需品を装備した五連隊を率いてやって来た。

戦いは二十日間中止された。その間、軍用地域に行く途中のアジズ・カーンという将軍がザンジャンに着いた。この将軍は、宿の主人アリ・カーンを通してホッジャトと連絡を取ることができた。アリ・カーンは、ホッジャトとの感動的な会見の状況と、砦の一団の意図と訴えについて将軍に十分な情報を与えた。ホッジャトはアリ・カーンにこのように語ったのである。「政府当局が私の訴えを退けられるなら、許可を得て、家族と共に国外に移る準備があります。しかし、この要請までも拒否されて攻撃を続けられるなら、我々もやむを得ず自己防衛に立ち上がらなければなりません。」これを聞いた将軍は、この問題がすばやく解決されるように全力をつくして当局を説得するつもりであるとアリ・カーンに約束した。しかし、アリ・カーンが去るやいなや、総理大臣の従者が現われて将軍を逮捕しテヘランに連行した。将軍は恐怖感に襲われ、自分にかかった嫌疑を晴らすために、その従者の前でホッジャトを罵り、非難しはじめた。こうして、将軍は自分の命を脅かしていた危機を避けたのであった。

司令官モハメッド・カーンの率いる大連隊の到着は、ザンジャンでそれまでに見られなかった規模の戦いが始まる合図となった。騎兵隊と歩兵隊からなる十七の連隊が、司令官の指揮のもとに勢ぞろいし、十四個の大砲が砦に向けて配置され、司令官が近隣から集めた五連隊が増援隊として訓練されていた。司令官は、到着した夜、攻撃再開の合図としてラッパを鳴らすように命じた。大砲隊は直ちに砦に向けて発砲するよう命じられた。そのとどろきは三十キロメートル離れたところまではっきりと聞こえた。ほとんど同時に、ホッジャトは、自製の二つの大砲を使用するよう仲間に命じ、一つは司令官の本部を眼下に見下ろせる高い場所に移させた。その大砲の砲弾は司令官のテントに的中し、軍馬に致命傷を負わせた。一方、敵は砦に向かって猛攻撃をかけ、多数の仲間を殺害した。

しかし、何日か過ぎるうちに、司令官の指揮下にある軍勢はその数、軍備、訓練においてはるかに優れていたにもかかわらず、望んでいたような勝利を得ることができないことがますます明らかになった。その間、敵の将官の一人ファルロック・カーンが戦死した。ヤーヤ・カーンの息子で、ソレイマン・カーンの弟であった彼の戦死に憤慨した総理大臣は、強い語調の手紙を司令官に送り、砦の一団に無条件降伏をさせなかったことを叱責した。それには、「あなたは国の名を汚し、軍隊の士気を落とし、有能な士官たちの命を無駄にした」と書かれ、兵士たちにきびしい規律を与え、宿営地を放蕩と不品行から清めるように命じた。さらに、ザンジャンの有力者たちとの相談を勧告し、この命令に従って目的を達成しなければ左遷すると警告した。そして、「それでも、彼らを降伏させられなければ、私自らがザンジャンに行き、地位や信仰にかかわらず全住民の虐殺を命じる。国王にこれほどの屈辱をもたらし、国民に苦しみを与えるような町は国王の恩恵を受けるにふさわしくないからだ」と付け加えた。

絶望した司令官は、区長や長老の全員を呼び寄せ、総理大臣からの手紙を見せて熱心に説得した結果、彼らを即刻立ち上がらせることに成功した。翌日、ザンジャンの頑丈な身体をした男たちは司令官の旗の下に集まった。四連隊の後に区長たちが先頭に立ち、続いてラッパとドラムの音に合わせて大勢の住民が砦に向かって行進した。ホッジャトの仲間はその騒音にもひるまず、「この時代の主なる御方よ！」という叫び声を一斉にあげ、門から飛び出し敵に向かって突進した。これほど、激烈で、必死の戦いはこれまでなかった。その日、ホッジャトの支持者たちの華は残酷な虐殺行為の犠牲となった。母親たちの目の前で多くの息子たちが惨殺され、姉妹たちは敵の兵器で醜くなった兄弟たちの頭が槍の先に突きさされ、高く掲げられるのを恐怖と苦悩をもって見つめた。ホッジャトの仲間が残忍な敵と戦っていた騒ぎの最中、男たちと並んで戦っていた女たちの声がときどき聞かれ、それにより仲間の熱意はいっそう高まった。その日、奇蹟的に勝利を得られたのは、強大な敵の前で女たちがあげた歓喜の叫びによるところが大きかった。それは、女たちの勇敢な行動と自己犠牲でより強烈となった叫びであった。何人かの女たちは男の姿に変装し、倒れた仲間に代って突撃し、他の女たちは水をいっぱい入れた皮の袋を肩にかつぎ、負傷者たちの喉の渇きをいやし、力を回復させた。一方、敵の陣地は混乱状態となり、水もなくなり、上官たちの逃走で退却も征服もできない負け戦を戦っていた。その日、三百名ほどが殉教の杯を飲み干した。

ホッジャトの仲間たちの中に、祈りの呼びかけを務めるモヒセンという人がいた。彼ほどの温かみのある豊かな声をもっている者は近隣にはいなかった。その呼び声は隣の村までひびき、それを聞いた者の心を深く感動させた。その近くのイスラム教徒たちは、耳にひびくモヒセンの声を聞きながら、ホッジャトとその仲間にかけられた異端の嫌疑に、しばしば怒りを示した。その抗議の声はいっそう激しくなり、ついにザンジャンの主な高僧の耳に届いた。この高僧は彼らを黙らすことができなかったため、ホッジャトとその仲間は敬虔でも、高潔でもないことを住民に確信させる方法を探すよう司令官に要請し、こう不平を訴えた。「ホッジャトの一団は予言者モハメッドの敵で、イスラム教を滅ぼす者らであることを、公私の場で昼夜、住民に確信させようと努力してきたが、あの邪悪者モヒセンの声で、私の言葉は力をなくし、努力は無に帰した。あの酷い男を消すのはあなたの第一の義務なのだ。」

最初、司令官はこの訴えを聞き入れず、こう返事した。「あなた方こそ、ホッジャトの一団に聖戦をしかけた責任をもっているのだ。我々は政府に仕える身で、その任務は与えられた命令を遂行することだけだ。しかし、モヒセンを殺害したいのであれば、それ相当の犠牲を払わなければならない。」高僧はその意味をすぐに理解し、家に戻るとすぐ使いの者に贈り物として百トマン（約百ドル）をもたせて司令官に渡させた。

そこで、司令官は射撃の名手何人かにモヒセンが祈りの呼びかけをしている最中に射殺するよう命じた。夜明け時に、モヒセンが「神のほかに神はなく……」と声をあげたとたん、砲弾が口に当たり即死した。ホッジャトはその残虐行為を知らされるとすぐ、別の仲間に小塔にのぼりモヒセンが言い残した祈りの言葉を続けるように命じた。この仲間は戦いが終わるまで命を落とさなかったが、他の仲間たちと共に苦しめられ、最後にはモヒセンと同じように虐殺された。

砦の包囲が終わりに近づいた頃、ホッジャトは婚約している者らに結婚を勧め、独身者には配偶者を選んだ。そして、新婚者たちのためにできる限りの私財を用いた。妻の宝石までも全部処分し、それから得たお金で新婚者たちに好きなものを購入させた。婚礼の祝いは三ヵ月以上続いたが、その間も長引く包囲の恐怖と困難が入り混じった。花婿と花嫁が互いを迎えるときの歓呼の声は、敵の突撃の轟音で聞こえなくなることが多く、また、彼らの喜びの声は、侵入軍への反撃を合図する「この時代の主なる御方よ！」という叫びで幾度も消された。花嫁は、どれほどの愛情をこめて、花婿に殉教の冠を勝ち取るための出撃を少しでも延ばすよう願ったことであろうか。それに対し花婿はこう答えるのであった。「もう時間の余裕はない。栄光の冠を得るために急がねばならない。来世でかならず再会しよう。来世こそ喜びに満ちた永遠の再会の住家なのだ。」

この激動の期間に二百人ほどの若者が結婚した。ある者は一ヵ月間、他の者は数日間、また他の者は短時間邪魔されずに花嫁と一緒に過ごすことができた。突撃の時間を合図するドラムの音が聞こえたとたん、皆喜んで応じ、一人残らず最愛の御方に進んで身を捧げたのである。こうして全員殉教の杯を飲み干すことになった。口では言い表せないほどの苦しみと英雄的行動の舞台となったこの場所が、バブによって「高められた場所」と呼ばれたのは少しも不思議ではない。この名称はバブ自身の聖なる名前と関連しているのである。

仲間の一団にアブドル・バギという者がいた。彼には七人の息子がおり、うち五人はホッジャトの勧めで結婚した。結婚式が終わる前に、とつぜん敵の攻撃が再開した。息子たちはすばやく立ち上がり、敵を撃退するために飛び出した。その戦いで、五人の息子は皆引き続き命を落としていった。頭脳の明晰さと勇気で大いに尊敬されていた長男は捕らえられ、司令官の前に連れ出された。怒った司令官の「その男を地面に寝かせ、生意気にもホッジャトに深い愛をいだいたその胸に火をつけてその愛を燃やしてしまえ」という叫びにもひるむことなく、若者はとつぜん叫んだ。「不幸な人よ、あなたの従者が燃やせる火は、私の心に燃えさかる愛の火を消すことはできないのだ。」こうして、この若者は息を引き取るまで最愛なる御方を賛美し続けた。

固い信仰をもち続けた女性の中にオンム・アシュラフがいた。ザンジャンの動乱が起こったとき彼女は結婚したばかりであった。砦内で生まれた息子アシュラフと母親は共に砦の大虐殺をのがれた。後年、息子が前途有望な若者に成長したとき、バハイの仲間たちを襲った迫害にまき込まれた。敵は彼に信仰を取り消すように強いたが、それに応じないため、母親に彼を説得させようとした。息子の前に連れ出された母親はこう叫んだ。「そのような悪質な誘惑に心を向け、真理に背を向けるならば、お前を私の息子とは認めない。」アシュラフは母親の忠告に忠実に従い、恐れることなく平然として死に臨んだ。母親は、息子に加えられた残忍行為を目撃しても悲嘆せず、涙も流さなかった。この恥ずべき行為を犯した者らは、母親の驚くべき勇気と不屈の精神に仰天した。母親は息子の遺体に別れの視線を投げかけながら、声高らかに言った。「包囲された砦内でお前を生んだ日、私が立てた誓いを今思い出しました。神が授けてくださった唯一の息子がその誓いを果たしてくれて、これほどうれしいことはありません。」

仲間たちの勇敢な心に燃える熱意を、ペンで十分に描くことも、適切な賞賛の言葉を見つけることもできない。苦難の嵐は激しく吹きまくったが、彼らの心の炎を消すことはできなかった。男女共に砦の防備を強化し、敵が破壊した個所の修理に全力をそそぎ、少しでもひまになればその時間を祈りに捧げた。すべての思いは、自分たちの砦を敵の猛襲から守ることに集中された。この仕事に貢献した女性の役割は、男性が果たした役割に劣らず困難なものであった。地位や年令に関係なく、女性は皆共同作業に力を注いだのである。衣服を縫い、パンを焼き、病人と負傷者を世話し、バリケードを修理し、敵が撃った弾丸などを中庭やテラスから除き、弱気になっている者を元気づけ、ためらっている者の信仰を強めた。子供たちも共同作業に加わって手伝い、両親に負けないほどの熱意で燃えているようであった。

この共同一致の精神の高まりと勇敢な行動の見事さに、敵は砦内には一万人ほどいると思った。生活必需品は何らかの神秘的な方法で砦に届けられ、増援隊もナイリズ、コラサン、そしてタブリズから送られてきていると信じた。一団の力は揺るぎないもので、その資源は無尽蔵であると、敵には思えたのである。

司令官は一団の強固な粘り強さにいら立ち、また、中央政府からのけん責と抗議に拍車をかけられ、一団を完全に征服するために、浅ましくも裏切り手段に訴えることにした。戦場で堂々と戦っても勝利を得ることはできないことを確信した司令官はまず、巧みに停戦を呼びかけることにした。そして、国王はこの戦いの全面中止を命じられているというニュースを流したのである。さらに、国王は最初から、マゼンダランとナイリズの軍隊支援に賛成されなかったし、また、些細な運動のために多量の血を流すことを悲しんでおられたと伝えたのである。そこで、ザンジャンとその近隣の村々の住民は、国王が実際にホッジャトとの和解を司令官に命じ、この不幸な事件をできるだけ迅速に終わらせる意図であると信じたのである。

司令官は住民がこの陰謀にだまされたのを確認した後、和解のための宣言書を作成した。その中で、自分は永続する和解を真心から求めているとホッジャトに告げ、その誓約が神聖なものであるという証拠に、コーランを添えて次のように付け加えた。「国王はあなたを許された。従って、あなたと仲間は陛下の保護のもとにあることを厳粛に宣言する。この神の書コーランが証人である。砦から出てくる者は皆安全に守られよう。」

ホッジャトは、使者の手からコーランをうやうやしく受け取り、その宣言書に目を通すとすぐ、翌日返事を出すと司令官に告げるよう指示した。その夜、ホッジャトは主な仲間を集め、敵の宣言書の誠意に疑念を抱いていることを述べた。「マゼンダランとナイリズでの裏切り行為は今も我々の記憶に生々しい。同じように、ここでも我々を裏切ろうとしているのだ。しかし、コーランに敬意をはらってこの提案に応じ、こちらから何人かを彼らの陣地に送ろう。それにより彼らの策略が明らかになるであろう。」

私（著者）は、ザンジャンの虐殺をまぬかれて生き残ったアリ・バダッドから次のように聞いた。「私は、ホッジャトが司令官のもとに送った代表の一団に伴った子供の一人でした。子供はすべて十才以下で九人いました。大人は全員八十才以上の老人でした。その中にはアガ・ダダシュ、ダービッシュ・サラー、モハメッド・ラヒムとモハメッドが含まれていました。ダービッシュ・サラーは印象深い容姿をしており、背が高く、白髭をつけ、神秘的な美しさを備えた人でした。彼は高潔さと公正な行動で大いに尊敬されており、虐げられた人びとのために尽力したので当局からも敬意と好意を受けていました。バブの信者になって以来、それまでに受けた栄誉のすべてをすて、高齢にもかかわらず、砦の一団に参加したのです。彼が先頭に立ち、コーランをもって司令官のところに進んで行きました。

司令官のテントに着き、入り口の前に立って指示を待ちました。司令官は私たちを軽蔑し、あいさつにも答えず、半時間も立たせたあときびしく叱るような語調で「お前たちほど卑劣で、恥知らずの人間を見たことがない」と、声を張り上げて言い、続けて非難の言葉を浴びせました。そのとき、一団のうち最高齢で弱々しい老人が、少し話をさせてくれと頼みました。老人は無学でしたが、許可を得て話し出しました。それは、高く賞賛せずにはおれないものでした。『我々は、現在も今後も国王に忠節で、法を守る臣民であり、政府と人民の利益を促進すること以外の望みなどもっていないことを神はご存知です。我々に敵意をいだく者たちによって我々のことがひどく誤って伝えられてきました。国王の代理はだれも我々を保護することも、理解を示すこともありませんでした。国王の前で我々の大業を弁護する者もいませんでした。我々は幾度も国王に訴えましたが、無視され、耳を傾けてもらえませんでした。敵は支配者たちの無関心に自信をつけ、四方八方から我々を攻撃し、財産を略奪し、妻たちや娘たちを辱め、子供たちを捕らえました。政府からの保護もなく、敵から取り巻かれた我々は、自己防衛に立ち上がらざるを得なかったのです。』

司令官はこの件の処置に関して副官に意見を聞き、こう付け加えました。『この老人にどう返事をしたらよいか困っている。もし、私に宗教心があれば、この大業をためらいなく信じるであろう。』副官は答えました。『この忌まわしい異端から我々を救ってくれるのは剣だけです。』そのとき、ダービッシュ・サラーが次の言葉をさし挟みました。『私はまだコーランを手にしており、また、あなたご自身で作成された宣言書ももっています。今聞いた言葉が、あなたの要請に応じた私どもへの報いなのですか。』

司令官はこの言葉に怒りを爆発させ、ダービッシュ・サラーの髭を引きはがし、他の仲間と一緒に地下牢に投げ込むように命じました。私と他の子供たちは怖くなって『この時代の主なる御方よ!』と叫びながら、バリケードに向かって走って逃げ出しました。何人かは追いつかれ、捕らえられて投獄されました。男が追ってきて私の衣の裾をつかみましたが、それを振りきり、疲れ切って砦の門にたどり着いたのです。仲間の一人イマム・ゴリが、残酷にも敵に手足を切断されたのを見たとき、どれほど仰天したことでしょう。そのぞっとする光景に、身の毛がよだつばかりでした。その同じ日に、停戦が宣言され、今後一切暴力行為は犯さないという厳粛な誓いが立てられたことを知っていたからです。

やがて、その殺された人は、自分の兄から裏切られたことを知りました。その兄は話しがあると言って彼を呼び出して、迫害者に渡したのです。

私は急いでホッジャトのところに行きました。ホッジャトは私を愛情深く迎え、顔のほこりを拭き、新しい衣服を着せてくれました。そして、彼のそばに座らせ、他の仲間がどうなったかを語るよう私に命じました。見たことをすべて述べると、ホッジャトはこう説明しました。『今は復活の日の嵐なのだ。これまでに世のだれも見たことがない激しい嵐なのだ。この日はまさしく〈自分の兄弟から逃げ、また、母親と父親、妻と子供たちから逃げる〉日なのだ。この日は、自分の弟を捨てるだけでは満足せず、近親の血を流すために、財産まで犠牲にする日なのだ。〈乳飲み子をかかえた女はその乳飲み子を顧みず、子をはらんだ女はその子を落とすであろう。男たちは酔っているように見えるが、本当は酔っているのではない。それは、神の大なる懲罰なのである。〉（コーラン）』」

ホッジャトは中庭の中心に座して仲間を集めた。皆が集まると立ち上がり、次のように語った。「わが愛する仲間よ。皆のたゆまぬ努力に大いに満足している。敵は我々を滅亡させようと必死である。皆をだまして砦から出させ、思う存分惨殺するつもりであった。その裏切り行為が暴かれたので、腹を立て、仲間のうち最高齢者たちと子供たちを虐待し、投獄したのだ。この砦を占領し、皆を追い散らすまでは戦いを続け、迫害も止まないことは明らかだ。皆がこの砦に居続ければ、そのうち、敵の捕虜となり、妻たちは辱められ、子供たちは殺されることは確かだ。従って、皆は真夜中に妻と子供たちを連れて逃れるがよい。この暴虐行為が静まるまで、各人安全な場所に避難するがよい。私一人がここに残り、敵に立ち向かおう。全員が殺されるよりも、私の死で敵の復讐心を鎮める方がよいのだ。」

仲間は深く感動し、目に涙をうかべ、最後までホッジャトと共に居残りたいという固い決意を宣言した。「あなたを人殺しの敵のなすがままにさせることはできません。私たちの命は、あなたの命より貴くはありません。あなたの親族より高貴な家柄である私たちの家族も同じです。私たちもあなたが受けられる災難をすべて受けたいのです。」大半の者が誓いを守ったが、少数は長引く包囲でますます困難になっていく生活に耐えられず、ホッジャトの勧告に従って砦外の安全な場所に移った。こうして、この者たちは他の仲間から離れたのである。

司令官は奮起して、ザンジャンの強壮な男たちに、自分の本営近くに集まるよう命じた。彼は自分の連隊を再編成し、指揮官を任命し、町で新たに募集した軍勢に加えた。それぞれ十個の大砲を備えた十六連隊に、砦に向かって進軍するように命じた。そのうち八連隊は毎日午前中に砦に攻撃するよう命じられ、残りの連隊は午後から夕方まで攻撃するように命じられた。司令官自身も毎日午前中に戦場に出て、連隊を指揮しているのが見られた。彼は兵士たちに、戦いに勝てば報酬が得られると元気づけ、負ければ国王から罰がくだされると警告した。

この包囲攻撃は一ヵ月続いた。敵は昼間の攻撃だけでは満足せず、夜間にも数回攻撃してきた。敵の猛撃、圧倒的な兵士の数、矢継ぎ早の攻撃で仲間の数は減り、困難さも増していった。敵軍には増援隊が多方面から送られてきたが、砦の仲間は苦難と空腹で弱っていった。

一方、総理大臣は司令官を援助するために、ハサン・アリに、ソンニ派の二連隊を率いてザンジャンに向かうよう命じた。この二連隊の到着で砦への集中砲撃が始まり、その凄まじさで砦は崩壊にさらされた。砲撃は何日間も続き、頻度を増していったが、その間ホッジャトの仲間は見事な武勇と腕前を見せ、それは最悪の敵さえも賞賛せずにはおれないほどであった。

砲撃が続いていたある日、ホッジャトが祈りの前の洗浄を行っているとき右腕に砲弾があたった。ホッジャトは自分の受けた傷を妻には知らせないように従者に命じたが、従者の嘆きは深く感情を隠すことができなかった。彼の流す涙で、夫が傷ついたことを知ったホッジャトの妻はすぐ、彼のもとに駆けつけてきたが、ホッジャトは動じた様子もなく静かに祈りにふけっていた。腕の傷口からは大量の血が流れ出していたが、落ち着いた表情で次のように祈っていた。「おおわが神よ。これらの者らを許したまえ。彼らは自分たちが何をしているのか分からないでいるからです。彼らに慈悲を与えたまえ。責任は、彼らを誤って導き、非行を犯させた者らだけにあるからです。」

ホッジャトは、血だらけになった身体を見てかき乱された妻と親族の者らを落ち着かせようとしてこう述べた。「喜ぶがよい。われはまだ皆といっしょにいるではないか。皆、神の意志に完全に身を任せるように願う。今、皆が目にしているのは、わが死に際して襲ってくる激しい苦難に比べれば、その一滴にすぎないのだ。神の定めがどのようなものであれ、それにいさぎよく従うことが我々の義務なのだ。」

ホッジャトの負傷を聞いた仲間は、すぐ武器をおいて彼のもとに駆けつけてきた。その間、敵は反撃者がいなくなったという有利な立場を利用して攻撃を倍増し、砦の門を押し開けて侵入してきた。その日、女や子供百人ほどを捕らえ、彼らの所有物を略奪した。彼らはそれから十五日間、ザンジャンでは異常なほどの極寒の中に置き去りにされた。薄い衣服以外には身体をおおうものはなく、食べ物も屋根もなく、荒野にさらされたままであった。頭をおおう薄織の布を顔にかけ、無情に吹きつける寒風を避けようとしたが無駄であった。ザンジャン市のあちこちから多数の女たちが群がってきて、苦しんでいる女性たちに軽蔑とあざけりの言葉を投げかけ、彼らの周りを狂ったように踊りながら、「お前たちは神を見つけたが、その神に報いをたっぷり受けているのだ」と蔑むように叫び、彼女らの顔に唾を吐きかけ、下品な悪口雑言を浴びせた。

砦が敵に占拠されたため、ホッジャトの仲間は主な防御手段を失ったが、彼らの精神はひるんだり、落胆したりすることはなかった。仲間の所有物はすべて略奪され、防御の術もない女子供は捕虜となった。残った女子供と仲間はホッジャトの家の近くにある家々にぎっしり詰め込まれた。彼らは一組三六一名（十九 x 十九）から成る五つの組に分けられた。各組から十九人が一斉に飛び出だして、「この時代の主なる御方よ！」と叫びながら敵中に突入し、相手を敗走させた。これら九十五名の意気盛んな叫び声だけで敵の力を麻痺させ、その精神を打ちひしがせるのに十分であったのである。

この状態は数日続き、すばやく大勝利をおさめることができると信じていた敵に屈辱と敗北をもたらした。敵の多数が戦死した。将校を悲しませたのは、士官たちが持ち場を見捨て、砲兵隊の隊長は武器を放棄し、兵士たちは士気を失い、疲労困憊したことであった。司令官自身も、兵士の規律を維持し、その能率と気力を保つために用いてきた高圧的な手段に疲れ切っていた。彼は再度、残った士官たちと協議し、事態を改善するために非常手段を見出すことにした。この事態を放っておけば、ザンジャンの住民だけでなく、彼自身の命まで危なくなったからである。彼は言った。「実を言うと、ホッジャトの仲間の頑として動かない抵抗に疲れた。彼らは明らかに、ある精気で鼓舞されているのだ。国王がどれほど兵士を激励しようとしても、これほどの効果は絶対生み出せない。これほどの自己犠牲を示せる者は我々の軍隊にはいないことは確かだ。私の力では、失望の泥沼に落ち込んだ兵士たちを奮起させることはできない。勝っても負けても、兵士たちは永遠の罪を受ける運命にあると信じる。」

慎重な協議の結果、軍の陣地からホッジャトの仲間の居住地まで地下通路を掘ることになった。それにより建物を爆破してホッジャトの仲間を無条件降伏させようと決断したのである。そこで一ヵ月間地下通路を掘り続け、そこにさまざまな種類の爆薬を置き、同時に、まだ建っている家々を無残に取り壊していった。司令官は破壊を速めるために、ホッジャトの家の砲撃を砲兵隊に命じた。その家と軍の陣地の間にあった家屋はすべて完全に破壊されてしまったので、妨害されることなく砲撃できたのである。

ホッジャトの家の一部は破壊されていたが、彼はまだそこに住み続けていた。彼は、幼児のハディを抱いていた妻カディジェに向かい、お前と息子が捕らえられる日が迫っているのでその準備をするようにと警告した。彼女が苦しい思いを漏らしていたとき、飛んできた砲弾で即死した。彼女が胸に抱いていた息子はそばにあった火鉢に落ち、しばらくして、ザンジャンの高僧ミルザ・アボルの家で死亡した。

ホッジャトは悲痛な思いであったが、悲しみに身を委ねることを拒み、こう叫んだ。「おおわが神よ。あなたの最愛なる御方を発見し、その御方をあなたの永遠なる聖霊の顕示者であると認めた日、あなたのために私が受けるべき苦悩を予知しました。これまでも大変悲しい思いをしてきましたが、それは今後あなたの名のもとに私が進んで受ける苦悶には比較できないものです。妻と息子を失い、親族や仲間が犠牲になったこの惨めな私の命と、あなたの顕示者を認めたことで私に付与される祝福を比べることができましょうか。私が無数の命をもっていたとしても、世界中の富とその栄誉をもっていたとしても、私はあなたの道にすべてを惜しげなく、喜んで棄てるでありましょう。」

敬愛する指導者が重傷を負い、その妻と子供は殺されたことで、仲間は激しい怒りでいっぱいになり、殺害された同胞の血に復讐するために、最後の命がけの攻撃を決心した。しかし、ホッジャトはその決意をあきらめさせ、戦いを早めないように忠告した。そして、神の意志に身を任せ、いつ最後が来ようとも、落ち着いて固い信念をもち続けるように命じた。

時間がたつにつれて仲間の人数は減少し、苦難は増していった。また、安全と感じる場所も狭くなってきた。一八五一年一月八日の朝、それまでの十九日間、受けた傷の激痛に耐えてきたホッジャトは、祈りのために身を伏せてバブの名を唱えていたとき、とつぜん息絶えた。

ホッジャトの突然の死は親族と仲間にとって大きな衝撃であった。これほど有能で、これほど熟達し、これほど心を奮起させてくれる指導者の死がもたらした嘆きは深かった。この死は償うことができないものであった。仲間のディン・モハメッドとミール・レザイの二人は、敵がホッジャトの死に気づく前に、親族にも仲間にも知られないところに遺体を埋葬することにした。真夜中に遺体はディン・モハメッドの部屋に移され、そこに埋められた。そのあと、遺体が汚されないようにその部屋は壊され、だれにも埋葬場所が見つからないように注意がはらわれた。

悲壮な事件を生き抜いた五百人以上の女性たちは、ホッジャトの死後すぐ彼の家に集まった。指導者であったホッジャトの死にもかかわらず、仲間たちは同じ熱意をもって敵の軍勢に対抗した。ホッジャトの旗のもとに集合していた大多数の仲間のうち残っていたのは二百人の強健な男たちで、その他の者らは戦死するか、または負傷して動けなくなっていた。

敵は、一団を大いに鼓舞してきた指導者がいなくなったことを知って奮起し、これまで征服できなかった恐るべき一団の残りを抹殺する決意を固めた。そこで、これまで以上に激烈で決定的な総攻撃を開始した。ドラムとラッパの音と住民の声援に励まされた敵は、一団が全滅するまでやめない覚悟で、凶暴に突撃してきた。この猛攻撃に対して、仲間はふたたび「この時代の主なる御方よ!」と叫びをあげて、恐れずに突進し、勇敢な戦いを続けたが、ついに全員が殺害されるか、または捕虜となったのである。

虐殺が終わらないうちに略奪の合図が出された。それは、これまでにない規模で、狂暴きわまるものであった。司令官が、家に残されているホッジャトの所有物を略奪してはならない、また、彼の親族に暴行を働いてはならないという命令を出さなかったら、貪欲な軍隊の襲撃はより卑劣なものになっていたであろう。司令官は中央政府に事態を知らせて勧告を求めたいと思ったが、殺気立った兵士たちの暴力行為をいつまでも抑えておくことはできなかった。ザンジャンの僧侶たちは勝利で得意になり、捕らえられた男たちに最悪の暴行を加え、女たちを辱めるように住民をそそのかした。この勝利は、僧侶たちの大変な努力と生命の損失によるもので、また、彼らの名声と信望がこれまで以上にかかったものであった。ホッジャトの家の門を見張っていた番兵はその後の騒動の中で持ち場を追われた。住民は軍隊と手を組んで、ホッジャトとその仲間の所有物を略奪し、戦いを生きのびた少数の者たちに暴行を加えた。司令官も知事も、町全体を捕らえた略奪と復讐への渇望を鎮めることはできなかった。この大混乱の中では秩序も規律もなくなってしまったのである。

しかしながら、知事は軍の士官を納得させて、捕虜をハジ・ゴーラムの家に集め、テヘランから指示が来るまで拘留させておくことができた。捕虜の一団は羊の群れのように、厳冬の冷気にさらされた酷い場所に詰め込まれた。一団が入れられた建物には屋根も家具もなかった。二、三日間、食べ物も与えられずに放置されたままであったが、その後、女たちは高僧ミルザ・アボルの家に移された。自由の身になることを条件に、信仰を取り消させるためであった。ところが、貪欲な高僧は妻や姉妹や娘たちに手伝わせて、女たちの所有物をうばい、衣服を剥ぎとって代わりにぼろ着を着せた。そして、奪った所持品のうち貴重品だけは自分が横領したのである。

言語に絶する苛酷な苦しみを受けたあと、女たちは親族のところに戻ることができた。しかし条件として、親族が彼女らの今後の行動の全責任を負うことになった。残りの女たちは近隣の村々に分散させられたが、村民はザンジャンの住民とちがって彼女らを歓迎し、真心からの愛情を示した。ただし、ホッジャトの親族はテヘランから明確な指示がくるまでザンジャンに留められ、負傷者たちも、テヘランの政府当局から処置方法について指示がくるまで拘留された。その間、酷寒にさらされ残忍な仕打ちを受けた彼らは、二、三日のうちに全員死亡した。

司令官は残りの捕虜をカルルシ、カムセ、およびイラキの三つの連隊に渡し、即刻処刑するように命じた。ラッパとドラムの鳴物入りで軍の駐屯地まで連行された哀れな受難者たちは、この合同連隊によって最悪の残虐行為を受けた。兵士たちは、長短の槍を振りまわして七十六人の捕虜に飛びかかり、容赦なく彼らの身体を槍で突き通し、手足を切断したのである。それは、国内の拷問屋による最も手の込んだ残虐行為を凌ぐものであった。その日、残忍な兵士たちは常軌をはるかに逸した復讐の執念で行動していたのである。兵士たちは、巧みに工夫した残虐行為を連隊同士で張り合い、哀れな犠牲者たちに再度飛びかかろうとしたとき、アバ・バシールの父親モハメッド・ハサンがとつぜん立ち上がり、祈りの呼びかけの言葉を唱えはじめた。それは、周りに集まってきていた群集に深い感動を与えた。死に直面した彼が「神は最も偉大なり！」という言葉を高らかに叫んだとき、その強烈な熱情と威厳に心を打たれたイラキ連隊の全員は、その恥ずべき蛮行には加わりたくないと宣言した。そして、自分の持ち場を放棄し、「おお、アリよ！」と叫びながら、恐怖と吐き気を催すほどの嫌悪感をもってその場から逃げ去った。彼らはその忌まわしい流血の光景に背を向けながら「司令官に呪いあれ！」と絶叫した。「あの卑劣漢は我々をだましたのだ。これらの捕虜がイマム・アリとその親族に不実であるなどと執拗に我々に信じ込ませようとした。我々全員が殺されても、今後絶対そのような犯罪行為を援助するつもりはない。」

捕虜たちの中には、大砲で吹き飛ばされた者たちも多数いた。裸にされ、氷のように冷たい水をかけられ、むちで激しく打たれた者たちもいた。また、糖蜜を身体になすりつけられ、息が絶えるまで雪の中に置き去りにされた者たちもいた。このように、捕虜たちは屈辱と虐待を受けて苦しんだが、信仰を取り消す者はいなかった。また、迫害者たちに対して、一言の怒りの言葉も口にすることはなかった。不満をささやくこともなく、表情からも後悔や嘆きは感じられなかった。どれほどの苦難も、彼らの顔を照らす光を曇らすことはできず、どれほどの侮辱的な言葉も、彼らの表情の平静さを乱すことはできなかったのである。

迫害者は捕虜を処分したあと、ホッジャトの遺体を探しはじめたが、仲間はホッジャトの埋葬場所を用心深く隠し、どれほど冷酷な拷問を受けても隠し場所を明かすことはなかった。いら立った知事は、七才になるホッジャトの息子ホセインを連れて来るように命じ、埋葬場所を聞き出そうとした。知事は彼をやさしく撫でながら言った。「わが息子よ。お前の両親が受けた苦しみを知って大変悲しんでいる。悪行を犯したのはザンジャンの僧侶たちで私ではない。今、私はお前の父上の遺体を手厚く埋葬し、父上に対する恥ずべき行為の償いをしたいのだ。」このように、やさしい態度で子供にうまく取り入って遺体の隠し場所を語らせた知事は、遺体を自分のところに運び、それにロープをくくりつけて、ザンジャンの街路をドラムとラッパの鳴物入りで引きずり回すよう従者に命じた。そのあと三日三晩、遺体は広場に放置され、公衆の目にさらされたが、その間、言語に絶する侮辱行為が遺体に加えられたのである。三日目の夜半に、馬に乗った男たちの一団が現われて遺体をガズビン町の方角にある安全な場所に運んで行ったと伝えられている。ホッジャトの親族に関しては、シラズに連行し、知事の手に渡すようにとの司令がテヘラン当局から下された。知事は、彼らの持ち合わせの所有物を横領し、シラズの荒れ果てた家で惨めな生活を強いた。ホッジャトの末の息子メヘディはその窮乏生活のため死亡し、荒廃した家の中心に埋葬された。

この忘れがたい戦いの終末から九年後に、私（著者）はザンジャンを訪れ、あの恐ろしい虐殺の場を目にすることができた。廃墟となったアリ・マルダン・カーンの砦を悲痛な思いと恐怖感をもって見つめ、その不滅の防御者たちの血がしみ込んだ地面に足を踏み入れることができた。砦の崩れかかった門や壁に虐殺の痕跡を認めることができたが、それは、一団の降伏を印すものであった。また、バリケードとして使用された石にもおびただしく流された血痕を見つけることができた。

砦の戦いで命を落とした者らの数については、今のところ正確には推定されていない。この戦いに加わった者の数は膨大で、包囲期間がひじょうに長引いたため、私も参加者の名前や数を確かめる仕事をためらっているほどである。ミムとアサドの二人が、一応、仮の名簿を作成しているので彼らと相談するのもよかろう。ザンジャンで、ホッジャトの旗の下で殉教した者らの正確な数については多くの報告があるが、それらはまちまちで、殉教者の数は千人と推定した者らもいれば、それよりもっと多かったと述べている者らもいるが、私は次のように聞いた。殉教者の名前を記録していたホッジャトの仲間の報告書によると、ホッジャトの逝去以前に殉教した者の数は千五百九十八名、死後の殉教者の数は二百二人と推定されると。

ザンジャンでの出来事の記述は、主にアリ・タビブ、アバ・バシール、セイエド・アシュラフから得た情報による。この三人は皆殉教したが、それぞれ私と親交があった。他の部分はホセイン・ザンジャンが記録し、バハオラのもとに送った原稿にもとづく。その中で彼は、ザンジャンの戦いに関して多方面から集めた情報を全部記録している。

マゼンダランの戦いに関する記述は、同じく感動を与えるものであるが、その大部分はアブタレブ・シャームルザデが聖地に送った記録と、信者のハイダール・アリがここで準備した簡潔な調査結果に基づくものである。さらに、実際に戦いに加わった人たちからも情報を得ることができた。すなわち、モハメッド・サディク、フォルギ、バディの父で殉教者のアブドル・マジドである。

ヴァヒドの生涯と業績に関してヤズドで起こった出来事については、ヴァヒドの親友レダール・ルーから情報を得た。ナイルズの戦いの終わり頃の出来事についての記述は、その町の信者モラ・シャフィが聖地に送った詳細な記録から取ったもので、彼は慎重に調査してバハオラに報告していた。記録から漏れた出来事については今後の世代が情報を集めて、後世のために記録を残すことを望んでいる。この物語には多くの空白が残されているが、そのことについては大目に見ていただくよう読者にお願いする次第である。私の後に、それらの感動的な出来事について余すところなく情報をまとめ、編纂する人が出てくるであろう。それにより空白が埋められることを願ってやまない。それらの出来事の意義は、現在の我々にはまだほとんど理解できないのである。

第二十五章　バハオラのカルバラへの旅

この啓示の初期の出来事について書きはじめて以来、私はバハオラの口から時折聞いた計り知れないほど貴重な言葉を含めようと固く決心していた。それらの言葉の中には、バハオラから私だけに宛てられたものもあるし、私がバハオラの面前で仲間の信者たちに語ったものもあるが、それらは主にすでに叙述した出来事に関するものである。たとえばバダシュトの大会についてのバハオラの見解、その最後の段階で起こった騒ぎについてのバハオラの言及などである。それらを含めることにより、私の物語を豊かで、貴重なものにしたいと願ったのである。

私（著者）はザンジャンの戦いの叙述を終えたとき、バハオラの面前に案内され、他の大勢の信者たちと共に祝福を受けた。ありがたいことに二回に亘ってその祝福を受けた。どちらもバハオラがアガ・カリム（バハオラの実弟）の家に滞在された四日間に起こったもので、バハオラが実弟の家に到着されて二日目と四日目の夜のことであった。四日目は一八八九年一月九日で、その日、私はサルヴェスタンとファランから来た巡礼の一団と土地の信者何人かと共にバハオラの面前に案内されたのである。

バハオラは次のように述べられた。「神に賛美あれ。この啓示で、信者に語るべき基本はすべて明らかにされた。わが書で信者の義務は明確に定められ、取るべき行動は明白に説明されている。今こそ立ち上がり義務を果たすときである。われが与えた勧告を行動で示すときだ。皆の神に対する愛、心に燃え立つ愛によって中庸の度を越さないように、また、われが定めた限界を踏み越えないように気をつけよ。これに関して、われはイラク滞在中にムセイ・ゴミに次のように書いた。『もし、信仰と確信の泉から知識の川をすべて飲み干しても、友人にも敵にも、そのおどろくべき内容を口から漏らさないように自制しなければならない。心が神への愛で燃え上がっていても、他の人の目には内部の興奮が分からないように、そして、魂が大洋のように波立っていても、表情は平静に、また、強烈な感情を態度に現わさないように気をつけなければならない。』

神はご存知であるが、われは何時であれ、自分自身もこの大業も隠そうとしたことはない。学識者の衣を身につけてはいないが、ヌールとマゼンダランで、高い学識をもつ者たちと何度も論じ、この啓示が真実であることを納得させることができた。われは決断をひるませたことはなく、だれが挑戦してきても、すべてためらわずに受けた。当時、われが語りかけた者はすべてわれの呼びかけに応じ、その教えを信じる準備ができていた。バヤンの人びと（バブの信者）が恥ずべき行動を取り、われの成就した仕事を汚さなかったならば、ヌールとマゼンダランの住民は全員この大業を受け入れ、今では重要な拠点となっていたであろう。

メヘディ・ゴリ王子の率いる軍隊がタバルシの砦を包囲したとき、われはヌールを出てその勇敢な防御者たちを援助しようと決心した。アブドル・ヴァハブという仲間を先に送り、われの到着を砦の一団に知らせてもらう予定であった。敵軍に包囲されていたが、われは不動の信念をもった砦の仲間と運命を共にし、危険を冒す決意であった。しかしながら、そのような定めではなく、全能者はわれを砦の一団と運命を共にさせず、今後の事業のためにわれを守られたのである。神の計りがたい英知により、砦にわれが到着する前にわが意図はヌールの住民たちを通してアモルの知事（代理）ミルザ・タギに伝えられたため、彼は兵士を送ってわれと仲間を捕らえたのである。われが紅茶を飲みながら休んでいると、とつぜん、騎兵隊が現われてわれを取り囲み、われと仲間の所持品と馬を略奪し、その代わりにきわめて乗り心地の悪い貧弱な馬をよこした。わが仲間は手錠をかけられ、アモルに連行された。われの到着で住民の間に騒動が起こり、ミルザ・タギは僧侶の反対にもかかわらずわれを救い出し、自宅に案内して手厚くもてなしてくれたが、時折、彼は僧侶の執拗な圧力に屈することもあった。彼らがわれに害を加えるのを阻止できないと感じたのである。われがまだ知事の家に滞在していたとき、マゼンダランで軍隊に参加していたサルダール（知事）がアモルに戻ってきた。知事は、われが虐待を受けたことを知ると、われを敵から守れなかったことでミルザ・タギを叱責し、憤慨してこう言った。『これらの無知な者らを非難してどうする。そんなに重要なのか。なぜ僧侶の抗議に左右されたりするのか。（バハオラの）一団が目的地に行くのを阻止するだけで十分であった。彼らをこの家に留めないで、すぐテヘランに安全に戻すべきであったのだ。』

われはサリでも住民から侮辱を受けた。この町の名士の大半はわれの友人で、数回にわたってテヘランでわれに会っていたのに、われがゴッドスといっしょに街路を歩いていると我々をののしりはじめ、どこへ行っても、『バビだ！　バビだ！』という叫びを聞いた。彼らの激しい非難を避けることはできなかった。

テヘランでは、残酷な迫害者から無実の人びとを守るために立ち上がったため、二度投獄された。最初の投獄は、モラ・タギ（タヘレの義父）が殺害されたあと捕らえられ不当な厳罰を受けた無実の者らに援助の手を差しのべたときであった。二回目の投獄はより苛酷なもので、それは無責任な信者が国王の命を奪おうとしたのが原因であった。投獄の後われはバグダッドに追放されたが、そこに到着後まもなくして、クルディスタンの山に入り、ある期間、まったく隔離された生活を送った。それは、人家から三日間はかかる遠隔の山の頂上での、まったく不自由な生活で、シェイキ・エスマイルという者がわれの住居を発見し、必要な食料品を持参するまでわれは完全に孤独であった。

バグダッドに戻ると、大変おどろいたことに、バブの大業は極度におろそかにされ、その影響力は弱まり、その名前さえもほとんど忘れられていた。そこでわれは、バブの大業を再生し堕落から救い上げるために立ち上がり、当時、恐怖と困惑で混乱していたわが仲間たちに、バブの大業の基本的な真理を、固い決意で大胆にくり返して説き、熱意を失った者らすべてがふたたびバブの信教を熱烈に支持するように呼びかけた。われはまた、世界の人びとにも呼びかけ、バブの啓示の光に目をすえるように勧めた。

アドリアノープルから出発後、コンスタンチノープルの政府役人の間で、われとわが仲間を海に投げ入れるべきか否かという論議が起こった。この論議がペルシャに届き、我々が実際に海に投げ入れられたという噂が生じた。コラサンでは、わが仲間はひじょうに不安になった。この知らせを聞いたアーマド・アズガンディは、いかなることがあってもそのような噂は信用できないと断言したと伝えられている。『もしその噂が真実であれば、バブの啓示はまったく根拠のないものであるとみなさなければならない。』その後、わが友人たちは、我々が無事アッカの牢獄都市に到着したという知らせを受け喜んだ。そして、コラサンの信者たちのアーマド・アズガンディの信念に対する賞賛も高まり、彼への信頼感も深まった。

われは最大牢獄から世界の為政者と国王数人に書簡を送り、神の大業を信奉するよう呼びかけた。ペルシャ国王への書簡は、バディという使者にもたせ、直接国王に手渡すよう命じた。バディはその書簡を群衆の前で高々と掲げ、書簡の言葉に注意するよう大声で国王に求めた。他の書簡もそれぞれの受取人に届いた。フランス皇帝に宛てた書簡への返事は彼の大臣が書いたが、その原文は、今、最大の枝（アブドル・バハ）が保有している。フランス皇帝には『おお、フランス皇帝よ。もはや鐘を打たないよう僧侶らに命ぜよ。なぜなら、見よ。最も強大な鐘が主なる神の御手で打たれているからである。それは、神が選ばれた者に顕示されている』という言葉を宛てた。ロシア皇帝に宛てた書簡だけは送り先に届かなかったが、彼への他の手紙は届いた。この書簡もやがて皇帝の手に渡されるであろう。

この大業を認めることができたことを神に感謝せよ。この祝福を受けた者は、以前になんらかの行いをし、神の定めによって、それを通して真理に導かれ、受け入れることとなったのである。しかし、当の本人はその行いの性格については何も気づいていない。この祝福を失っている者について言うと、彼ら自身の行いのみがこの啓示の真理を認めることを妨げているのである。この光を受けた皆には、人びとの間から迷信と不信の暗やみを一掃するために全力を尽くすように。行いで信仰を示し、誤りにある人たちを永遠の救済の道に導くことができるようにと祈る。この夜のことは決して忘れ去られることはない。時の経過によっても消されることはなく、永遠に人びとに語り継がれるであろう。」

バブの宣言の日から七回目の新年一八五一年三月二一日は、ザンジャンの戦いの終末から一ヵ月半たっていた。同じ年の春が終わりを告げる六月の初旬、バハオラがテヘランを離れ、カルバラに向かわれた時、私（著者）はバブの秘書ミルザ・アーマドと共にケルマンシャーに住んでいた。聖なるバブの書き物をすべて集め、書き写すようにという命をバハオラから受けていたミルザ・アーマドは、バブの原文の大半を所有していた。テヘランでの七人の殉教者が残酷な運命にあったとき、私はザランドの父親の家に滞在していたが、その後、聖なる廟の参拝という理由をつけてクムに行くことができた。しかし、そこではミルザ・アーマドを見つけることができなかったので、カシャンに向かった。カシャンに住むアジムだけがミルザ・アーマドの居所を知っているとムセイ・ゴミが知らせてくれたからである。そこでアジムに会い、彼と一緒にふたたびクムに戻った。

そこでセイエド・アボルという人に紹介された。彼は以前ミルザ・アーマドのケルマンシャーへの旅に同行した人で、そのセイエド・アボルに、アジムは私を町の門に案内するように指示した。彼は私にミルザ・アーマドの滞在場所を教え、私のハマダン行きを準備してくれることになっていた。セイエド・アボルは、ハマダンでアリ・タビブを訪ねれば、ミルザ・アーマドに会える場所に案内してくれると教えてくれた。そこで私は、この指示に従い、アリ・タビブの案内でゴーラム・ホセインという商人に会った。この人がミルザ・アーマドの住んでいる家に私を案内してくれたのである。

到着後二、三日してミルザ・アーマドは、クム町で、カンラール・ミルザの兄イルデリム・ミルザに大業を教えることができたと知らせてくれた。そして、この人にバブの書を贈呈したいので、私にその役を受けてくれるように頼んだのである。ロレスタン州のコルラム・アバドの知事イルデリム・ミルザは、当時、カヴェ・ヴァレシュタール山中に自分の軍隊と野営していた。私はミルザ・アーマドの要請を喜んで受け入れ、すぐ出発準備がととのっていることを知らせた。クルド人の案内人と共に、六日間、山を越え、森を通りぬけて知事の本営に到着し、頼まれた書を渡し、ミルザ・アーマドへの返事をもらった。その返事は、贈り物に対する感謝と大業への献身を約束するものであった。

戻るとすぐ、バハオラがケルマンシャーに到着されたという嬉しい知らせをミルザ・アーマドからもらった。バハオラの面前に出ると、ラマダン月であったので、コーランを読まれていた。我々は、バハオラがその聖なる書を朗読されるのを聞き、祝福を受けたのである。私は、イルデリム・ミルザがミルザ・アーマドに宛てた手紙をバハオラに差し出したところ、バハオラはそれを読まれ、こう言われた。「カジャール王朝に属する者が公言する信仰は信頼できない。その者の信仰の告白は偽りである。彼は、バビたち（バブの信者）がいつか国王を暗殺し、そのあと自分が後継者となる願望を抱いている。バブに対する彼の愛は、そういった動機に駆られているのだ。」二、三ヵ月内にこのバハオラの言葉が真実であることがわかった。イルデリム・ミルザは、セイエド・バシールという熱心な信者の処刑を命じたからである。

この時点で話題からそれて、この殉教者が信者となり、死に至った状況を簡潔に述べてみようと思う。バブは宣言後まもなく、弟子たちに分散して大業を普及するように命じられた。彼らの中で、生ける者の文字の一人、シェイキ・サイドは、インド全土を旅してバブの教えを広めるように指示された。彼は旅行中にムールタン町を訪れ、そこでセイエド・バシールに会った。盲目の彼は、シェイキ・サイドがもたらした教えの意義を、内なる目ですぐ認めることができた。

彼の深い学識は大業の価値を認める妨げにはならず、かえって、それにより大業の意味を把握し、その威力を理解する助けになった。指導者の地位にあるというような虚飾をすて、友人と親族からも離れ、固い決意で、大業の奉仕において自分の役割を果そうと立ち上がった。まず最愛なる御方に会うためシラズに巡礼に出たが、シラズで、バブがアゼルバイジャンの山に追放され、孤独の生活を送っておられることを知って驚き、嘆いた。そこで、テヘランにおもむき、そこからヌールに行きバハオラに会った。この会見で、バブに会えずに悲嘆に沈んでいた彼の心は重荷から解放された。その後、バハオラからあり余るほど与えられた喜びと祝福を、階級や信条にかかわらず、会う人のすべてと分かちあった。また、バハオラとの交わりを通して魂の奥底に注ぎ込まれた力も彼らに分け与えたのである。

私（著者）はシェイキ・シャヒドが次のように語るのを聞いた。「私は真夏にセイエド・バシールに会うことができました。彼はカシャンの名士たちが避暑に行くガムサールを通過中で、その村に集まってきた指導層の僧侶たちと、昼夜、議論していました。彼はイスラム教の難解な点を見事な洞察力をもって論じ、恐れたり、ためらったりすることなく、バブの大業の基本的な教えを説明し、彼らの議論を完全に論破したのです。どれほどの学識と経験をもつ者も、彼が提出した大業の教えが真実であるという論証を否認することはできませんでした。イスラム教の教えと法規についての彼の見識と知識はひじょうに深く、そのため敵は彼を妖術師とみなし、その有害な影響で自分たちの地位を失うのも時間の問題だと怖れたのです。」

私はまた、モラ・エブラヒムがセイエド・バシールから受けた印象を次のように語るのを聞いた。彼の称号はモラ・バシでソルタン・アバドで殉教した人である。「セイエド・バシールが晩年ソルタン・アバドに立ち寄った際、私は彼に会うことができました。その頃、彼は主な僧侶たちと交わり続けていましたが、彼のコーランについての知識、モハメッドのものとされる伝承の知識を凌ぐ者はいませんでした。その理解力の見事さに敵は恐れをなしたのです。敵はしばしば、彼が引用した句が正確であるかどうかを問うたり、論点を支えるために用いた伝承の存在を否定したりしましたが、彼はイスラム教の伝承を収めた二つの編纂集から直ちに必要な句を引き出して、自分の論点の正しさを証明することができました。また、その議論の流暢さと論題を支える証拠を引き出す手早さに匹敵する者はいませんでした。」

セイエド・バシールはソルタン・アバドからロリスタンに行き、そこでイルデリム・ミルザの野営を訪れ、特別待遇を受けた。ある日、二人で会話中に、大変度胸のあるセイエドがモハメッド国王に言及すると、イルデリム・ミルザは猛烈に怒った。彼はセイエドの語調と熱意に激怒して、セイエドの舌を首の後ろから引き抜く刑を命じたのである。セイエドはこの残酷な拷問に驚くほどの不屈の精神で耐えたが、苦痛のあまり息絶えてしまった。同じ週に、イルデリム・ミルザが弟カンラール・ミルザを虐待したという手紙がその弟によって発見された。弟はすぐ国王に知らせ、兄を思うように処分してよいという許しを得た。この弟は兄に対してひじょうに深い憎しみを抱いていたのである。そこで、兄の衣服を剥ぎとり、裸のまま鎖をつけてアルデビルに連行し、そこで投獄するように命じた。この兄はやがて獄死した。

バハオラはラマダン月をケルマンシャーで過ごされた。親族の一人ショクロラ・ヌーリとタバルシの戦いを生き抜いたモハメッド・マザンダラニの二人だけがカルバラに同行できた。私（著者）は、テヘランから離れられた理由をバハオラから直接聞いた。「あるとき、総理大臣は面会に来るようわれに要請した。彼はわれを丁重に迎え、われを召した目的を明らかにし、次のように穏やかにほのめかしたのである。『私は、あなたの活動の特質とその影響に十分気がついている。あなたがモラ・ホセインとその仲間を支持し、援助を与えなかったならば、戦いの経験もない学生の一団が七ヵ月もの間、国王の軍隊を阻止することはできなかったと確信している。したがって、一団の戦いを指揮し、学生たちを激励したあなたの優れた手腕に賞賛の意を表さずにはおれない。しかし、この事件にあなたが共謀したという証拠を得ることができないでいる。あなたほどの知謀に富んだ者が、国家と国王に仕える機会を与えられずに何もしないでいることは残念なことだ。そこで、国王がエスファハン訪問を考慮されているこの時期に、あなたにカルバラを訪れていただきたいのだ。私の意図は、国王が戻られたとき、あなたに知事の地位（または政府の高官の地位）を付与されるように準備することで、あなたはその職務を見事に果してくれると思う。』われはそのような非難に断固とした異議を申し立て、彼が提供した地位を受け入れることを拒否した。この会見の二、三日後、われはテヘランからカルバラに向かった。」

ケルマンシャーを出発する前に、バハオラはミルザ・アーマドと私を呼び出し、テヘランに向かうように命じられた。私の任務は、テヘラン到着後すぐにヤーヤに会い、彼をシャールッド近くの砦に連れて行き、そこでバハオラの帰りを待つことであった。ミルザ・アーマドはバハオラの帰りまでテヘランに留まるように指示され、同時に砂糖菓子の箱とアガ・カリムに宛てた手紙を託された。アガ・カリムはその箱を最大の枝（アブドル・バハ）と彼の母親が住んでいるマゼンダランに送るようになっていた。

私はヤーヤにバハオラのメッセージを伝えたが、彼はテヘランを離れることを拒否した。そして、私にガズビンに行くよう指示し、何通かの手紙をガズビンの友人たちに渡すように強制したのである。テヘランに戻った私は親族の要請でやむを得ずザランドに行くことになったが、そのとき、ミルザ・アーマドは、私が再度テヘランに戻れるよう手配すると約束してくれた。後日、その約束は果たされた。

二ヵ月後、私は再びミルザ・アーマドと共にノウ門の外にある隊商宿で冬を過ごした。その間彼は、バブが著わした「ペルジャン・バヤン」と「ダラエル・サベ」の二冊を大変熱心に写した。そして、「ダラエル・サベ」の写本二冊をママレクとタファルシの二人に渡すよう私に頼んだ。ママレクはそれを読んで深く感動し、信者となった。しかし、タファルシの見解はまったく異なっていて、アガ・カリムが出席した集まりで、信者の活動について否定的な感想を述べたのである。「この宗派はいまだに活発で、弟子たちは懸命にその教えを広めている。先日、若者の弟子がきて私に一冊の論説書を渡した。私はこの本を極めて危険なものと見ている。一般の人がそれを読めば、必ず、その語調に惑わされるであろう。」

アガ・カリムは、タファルシが言及している本はミルザ・アーマドの贈りもので、自分がその使いとなって彼に渡したものであることをすぐ悟った。アガ・カリムは、その日のうちにタファルシを訪問し、そのあとザランドの故郷に戻るように、私に忠告した。同時に、ミルザ・アーマドにはすぐクムに向かうことを勧めるよう私に頼んだ。アガ・カリムは、彼と私の二人は危険にさらされていると見たからである。ミルザ・アーマドの指示に従い、私はタファルシからその本を返してもらうことができた。その後まもなくして、ミルザ・アーマドに別れを告げたが、それ以来、彼に会っていない。つまり、ある地点まで彼に同行し、そこから彼はクムに向かい、私はザランドに向かったのである。

一八五一年の八月、バハオラはカルバラに到着された。バハオラはこの聖なる町に向かう途中で二、三日バグダッドに滞在された。バグダッドは、バハオラがその後まもなく再訪されることになっていた都市で、そこで彼の大業は熟し、世界に明らかにされるようになっていた。バハオラがカルバラに到着されたとき、その町の名士の多くがセイエド・オロヴの有害な影響の犠牲となり、彼の支持者となっていた。その中にはシェイキ・ソルタンとジャヴァドがいた。彼らは迷信におぼれ、オロヴを聖霊の顕現だと信じていた。シェイキ・ソルタンはオロヴの弟子の中でも最も熱心で、自分はオロヴに次ぐ国民の重要な指導者であると思っていた。バハオラは彼に数度会い、慈愛と勧告によってその無駄な空想を除き、惨めな隷属状態から彼を解放して、バブの大業の固い信者となし、心に信教普及の熱望を燃え立たせられたのである。彼の同胞の弟子たちは、その驚くべき即座の改宗を見て、次から次へとオロヴへの忠誠をすて、バブの大業を受け入れた。弟子たちから見捨てられ、軽蔑されたオロヴはついに、バハオラの権威とその高い地位を認めざるを得なくなった。そして、自分の行動を後悔し、今後一切、自分の理論や主義の唱導を中止すると誓いさえしたのである。

このカルバラ訪問中のこと、バハオラは散歩の途中でゾヌジに出会い、後日バグダッドで使命を宣言する予定であるという秘密を打ち明けられた。ババオラは、ゾヌジが「約束されたホセイン」を熱心に探しているのを見られたのである。バブは深い愛情を込めてその御方に言及しており、カルバラでその御方に会えるとゾヌジに約束していた。前の章で、ゾヌジとバハオラの出会いの状況はすでに述べた。その日以来、ゾヌジは新しく発見した聖なる師の魅力に魅されていった。もし自制するよう忠告されなかったならば、彼らが待望してきた「約束されたホセイン」が再来されたことを、カルバラの住民に公言していたであろう。

バハオラの内部に潜む威力を感じ取った者らの中にアリ・タビブがいた。彼の心にまかれた種は成長し、強固な信仰に開花していった。激烈な迫害もその信仰を消すことはできなかった。バハオラも、彼の献身、高潔、目的遂行への専心を証言している。この信仰により、やがて彼は殉教の場へと導かれることになった。アブドル・マジドの息子アブドル・ヴァハブも同じく運命を共にした。彼はカルバラで店を開いていたが、聖なる師(バハオラ)に従うために全財産を放棄したいという衝動に駆られた。しかしバハオラは、テヘランに召されるまで仕事を離れず、生計を立てるように彼に忠告し、忍耐するよう励まし、いくらかのお金を与えて、店を拡大するように勧めた。それでも仕事に専心できなかった彼はテヘランに行き、そこでバハオラが投獄された地下牢に投げ入れられ、バハオラのために殉教したのであった。

ミルザ・シラジもまたバハオラに惹かれ、最後の息を引き取るまで大業の熱心な支持者となった。彼は自己を捨て、深い献身をもって大業に奉仕した。その献身を十分賞賛することはできない。彼はバハオラから受けた影響がいかに驚くべきものであったかを、友人にも見知らぬ人にも同じように語り、信者になる前後に目撃したもろもろの不思議な出来事を熱心に述べ続けた。

第二十六章　国王の暗殺未遂事件とその結果

一八五二年、バブの宣言から八回目の新年、バハオラはまだイラクに滞在中で、教えを広めながら新しい啓示の基盤を固めていた。彼は分散したバブの弟子たちの気力復活と人材組織と活動の指導に専心し続けていたが、その熱意と能力は、この運動の初期に彼がヌールとマゼンダランで示した活動を思わせるものであった。敬愛する指導者（バブ）の残酷な殉教と、仲間たちの悲劇的な運命を目撃して方向を失った弟子たちは、暗黒に取り巻かれていたが、その中での唯一の光はバハオラであった。バハオラだけが彼らに勇気と不屈の精神を与えて鼓舞し、それにより数々の苦難に耐えることができたのである。バハオラだけが、今後定められている重荷に耐え得るように彼らを準備し、また、まもなく直面するであろう嵐と危機に立ち向かわせることができたのであった。

その年の春に、ナセルディン・シャーの総理大臣タギ・カーンがカシャン近くのフィンの公衆風呂で死亡した。（国王の命令で処刑されたのである。）彼は、バブとその弟子たちに恥ずべき蛮行を加え、信教の急速な発展を必死になって潰そうとしたが、惨めにも失敗した。彼の名声と栄誉は死とともに消滅する運命にあったが、彼が抹消しようとしたバブの影響は消えることはなかった。彼がペルシャの総理大臣であった三年間、その職務は最悪の破廉恥行為で汚された。バブが築いた組織を破壊するために何という残忍な方法を用いたことか。大業を恐れ憎んでいた彼は、その活力を奪うために何という裏切り手段に訴えたことか。総理大臣に就任した年に国王軍を送ってタバルシの砦の防御者たちに非道な猛攻撃をかけ、神の信教を守る無実な人びとをどれほど残酷に抑圧しようとしたことか。どれほどの怒りと大胆さをもってゴッドスとモラ・ホセインをはじめ、国民の中で最も高貴な三百十三人の処刑を主張したことか。任期二年目には、首都テヘラン内の信教を根絶するためにどれほどの残忍きわまる決意をもって奮闘したことか。テヘラン内に住む信者たちの逮捕を認可したのもこの総理大臣であった。テヘランの七人の殉教者の処刑を命じ、ヴァヒドとその仲間に対する攻撃を許可し、ヴァヒドに対して復讐運動を起こし、ヴァヒドの迫害者たちをそそのかして、忌まわしい非行を犯させたのも彼である。この事件への彼の関わりは永久に変わることはない。さらに同じ年に、それまでの迫害よりもはるかに激烈な打撃をバブの共同体に与えた。それはバブの命を悲劇的に終わらせるという打撃であった。彼は、努力しても抑圧できなかったバビ共同体の力の源泉であるバブを殺害したのである。彼の晩年の運動は、ホッジャトと仲間千八百人の虐殺にかかわる運動で、彼が巧妙に編み出した大規模な迫害運動の中でも最も残忍で、永久に残るものであった。これがペルシャでも滅多に見られない恐怖政治で始まり、恐怖政治で終わった総理大臣の生涯の著しい特徴であった。

後継者のアガ・カーンは総理大臣になるとすぐ、政府とバハオラの間に和解をもたらす仕事にとりかかった。彼は、バハオラをバブの弟子の中で最も有能な人物とみなしていた。そこでバハオラに温かい手紙を送り、テヘランに戻って自分と会見するように求めた。バハオラはその手紙を受け取る前にすでにイラクからペルシャに向かうことを決めていた。

バハオラは一八五二年のラジャブの月（四月二十一日から五月二十一日の間）にテヘランに到着した。総理大臣の弟ゴリ・カーンがバハオラを出迎えた。彼はその任務を命じられていたのである。丸一ヵ月間、バハオラは総理大臣の賓客であったが、その接待は、総理大臣に代わってその弟が担当した。テヘランの名士や高官が多数バハオラに会見するために群がってきたため、バハオラは自宅に戻ることができなかった。そのため、シェミランに向けて出発するまでゴリ・カーンの家に滞在し続けた。

シェミランへの旅の途中でバハオラがアジムに会ったことを、私（著者）はアガ・カリムから聞いた。アジムはバハオラに会うために長い間努力してきていた。バハオラはアジムに、彼の計画（ナセルディン国王暗殺計画）を捨てるようにひじょうに強い言葉で忠告した。バハオラはアジムの陰謀を非難し、彼が犯そうとしている非行から完全に自分を切り離し、それを実行すればこれまで以上の大災難がふりかかってくるであろうと警告した。

バハオラが、ナセルディン・シャー暗殺未遂事件を知らされたのは、ラヴァサンに行き、総理大臣所有のアフチェ村に滞在しているときであった。ゴリ・カーンは引き続き総理大臣に代わってバハオラを接待していた。その事件は一八五二年八月十五日に起こった。身分の低い、無責任な二人の若者による犯行であった。二人の名前はサディク・タブリズとファソラ・ゴミで、共にテヘランで生計を立てていた。国王自らが率いる国王軍がシェミランで野営中にこの愚かな二人が絶望のあまり狂乱状態となり、虐殺された仲間のために復讐しようと犯行に及んだのである。これがいかに愚行であったかは彼らの用いた銃で明らかになった。つまり、彼らは国王の命を狙うのに、効果的な武器を用いる代わりに、理性のある人であれば絶対用いないようなピストルを使っていたのである。もし彼らの犯行が、判断力と常識のある人から扇動されたのならば、扇動者は決してそのように役に立たない武器を使わせなかったであろう。

この犯行は二人の乱暴で薄弱な狂信者によるものであった。彼らは、最高の責任者であるバハオラから、そのような行動は絶対避けるよう強く忠告されていていたにもかかわらず犯行におよんだのである。この事件は、その後続いた迫害と虐殺のはじまりとなった。その残忍さはマゼンダランとザンジャンでの残虐行為に匹敵するもので、その犯行が起こした嵐でテヘラン市全体は驚愕と苦悩のただ中に投げ込まれた。それまでに度重なる迫害を生き抜いた仲間たちの生命も、この事件にまき込まれ、その結果、バハオラと有能な弟子たちのうち何人かは共に、不潔きわまる暗黒の地下牢に投げ込まれることになった。何人もが熱病にかかり、バハオラの首には極悪の犯罪者にかけられるひじょうに重い鎖がかけられた。その重圧でバハオラは四ヵ月間苦しみ、その残酷な仕打ちの生々しい傷跡は、生涯消えることはなかった。

国王と国家機構が脅威にさらされたことでペルシャの聖職者全体が怒りで燃え上がった。彼らは、これほどの大胆な犯行には、即刻、それ相当の刑罰が与えなければならないと考えた。政府とイスラム教を飲み込もうとしている潮流をせき止めるためには、これまで以上の厳しい処置が必要だと騒ぎ立てたのである。バブの信教が始まって以来、信者たちは全国の至るところで自制してきていた。また、指導的立場にある弟子たちは、暴力行為を避け、政府に忠実に従い、聖戦の意図はないことを明確にするよう、くり返し仲間に訓示してきたのであるが、敵はバブの信教の特質と目的を故意に誤って政府当局に伝えていたのである。そのような時期に、大業の信者が重大な過失を犯したため、敵はこれ幸いとその非難を大業に向け、ついに国家の基盤を脅かしている異教の迅速な根絶を為政者に認識させる時期がきたと思った。

国王が襲撃されたとき、シェミランにいたゴリ・カーン（総理大臣の弟）は、直ちにバハオラに手紙を書き、その事件を知らせた。「国王の母上は激怒されており、息子の殺害を試みたのはあなたであると、宮中でも民衆の前でも公言されています。さらに、彼女はアガ・カーン（総理大臣）もこの事件にまき込もうとされており、彼を、あなたの共犯者であると非難されています。」そして、バハオラに、大衆の激情が静まるまで、しばらく近くで身を隠すように勧めた。アガ・カーンは熟練した老人の使者をアフチェに送り、バハオラに仕え、バハオラの望まれる安全な場所へ案内するように命じた。

しかし、バハオラはゴリ・カーンの提案を断り、使者の申し出も無視して、翌朝、まったく平静に、ラヴァサンから、当時シェミラン区のニヤヴァランに置かれていた国王軍の本営に向かい、ニヤヴァランの近くにあるザルカンデェ村に到着した。その村にはロシアの公使館があり、バハオラの義弟のミルザ・マジッドが迎えにきて自宅に滞在するように招待した。この義弟はロシア公使の秘書で、公使の家の隣に住んでいた。政府高官ハジ・アリ・カーンの従者はバハオラを認め、すぐ自分の主人に伝えた。そこで、ハジ・アリ・カーンは、バハオラの到着を国王に知らせた。

バハオラの到着の知らせに国王軍の士官たちはびっくりした。ナセルディン・シャーも自分の暗殺の扇動者として非難されている本人が取った大胆で、思いがけない行動に大変驚いて、すぐに信頼できる士官を公使館に送って、罪に問われている者（バハオラ）を引き渡すように要求した。ロシア公使はその要求を断り、バハオラに総理大臣の家に向かうように要請した。彼は今の状況ではその家が最適と考えたのである。バハオラがこの要請に同意したので、公使は総理大臣に公式に伝え、こう警告した。「わが政府があなたに託すバハオラを安全に保護されるように細心の注意を払っていただきたい。そうされない場合はあなたが責任を負うことになる。」

総理大臣は、要請通りにすることを約束し、最高の敬意を表してバハオラを自宅に迎えた。しかし、自分の地位が危なくならないかと心配し、バハオラを約束通りに歓待することはできなかった。

バハオラがザルカンデー村を離れようとしていたとき、公使の娘は、バハオラに生命の危機が迫っているのを大変心配し、胸が一杯になり、涙をおさえることができず、いさめるように父にこう言った。「家に迎え入れた客を保護できなければ、父上の公使としての権限は何の役に立つのですか。」娘に深い愛情をいだいていた公使はその涙を見て心を動かされ、全力をつくしてバハオラの命を脅かしている危機をそらすことを約束し、娘を安心させた。

同じ日に、国王の軍隊内は大騒ぎとなった。暗殺未遂事件後、国王が厳しい命令を出したことででたらめな噂が流れはじめ、近隣の住民の激情を煽りたてたのである。騒ぎはテヘランにひろがり、大業の敵の心にくすぶっていた憎悪が炎となって燃え上がり、これまでに見たことがないほどの大混乱がテヘランを襲った。非難の一語、合図、または囁きだけで、無実の人びとが言語に絶するほどの激烈な迫害を受け、生命と財産の安全は完全に消えた。テヘランの聖職者の最高指導者たちは、政府で最大の影響力をもつ高官たちと手を組み、彼らの敵（バハオラ）に致命的な打撃を与えることにした。彼らにとって、この敵は、八年間国家の平安を大きく揺るがしてきており、どれほど巧妙な方法や暴力によっても彼を黙らせることはできないでいたのである。

バブがいなくなった今、バハオラが大敵となったので、バハオラを捕らえ投獄することが最初の義務と感じた。彼らにとってバハオラはバブの精神の再来で、この精神によってバブは国民の生活と習慣を完全に変えることができたのである。ロシア公使はバハオラを守るために予防策をとり、警告を与えたが、バハオラの貴重な生命を滅ぼそうという固い決意をもって伸ばされた手を阻止することはできなかった。

シェミランからテヘランに連行される途中、バハオラは数回衣服を剥ぎとられ、罵りとあざけりの言葉を浴びせられた。真夏の炎天下を、裸足でシェミランから前述の牢獄まで歩かせられ、その途中どこにおいても群衆から石を投げつけられ、悪態をつかれた。群衆は、バハオラは国王の敵であり、国家の破壊者であると信じ込まされていた。テヘランのシア・チャール（暗黒の穴）と呼ばれる地下牢に連れて行かれる途中でバハオラが受けた残酷な仕打ちを描写する言葉はない。地下牢に近づいたとき、老女がバハオラの顔に石を投げつけようとして、群衆の中から出てきた。彼女の目は、同年の他の老女にはほとんど見られない狂信的な信念で燃えていた。身体全体を怒りで震わせ、石ころをもった手をあげながら、一行に追いつこうと走ってきて護衛に懇願した。「セイエド・ショウハダ（イマム・ホセイン）に誓ってお願いする。その男の顔にこの石を投げさせてくれ。」バハオラは背後に近づいてきた老女を見て、護衛に言った。「この老女が、神から賞賛されると信じている行為をさせてあげよ。」

バハオラが入れられた牢獄シア・チャールは、以前はテヘランの公衆風呂の貯水槽であったのを、のちに凶悪犯を監禁する地下牢として用いたもので、中は真っ暗で、不潔きわまりなく、極悪犯だけを入れる、人間が監禁されるところとしては最悪の場所であった。バハオラは、足かせをはめられ、首には、とてつもない重さで全国に悪名高い鎖をかけられた。三日三晩、バハオラには食べ物も飲み物も与えられず、睡眠も休息もできなかった。その陰惨な牢獄にはうじ虫が群がり、ものすごい悪臭がたちこめていて、その匂いだけでそこに入れられた者の精神は潰されてしまうほどであった。バハオラはそのような状態におかれたのである。その悲惨さを見て、守衛の一人は哀れみを感じ、数回にわたって密かに持ち込んだお茶をバハオラに飲ませようとしたが、バハオラはそれを拒んだ。家族も、バハオラに食べさせるために食物を牢獄内に持ち込ませてくれるよう、しばしば守衛に頼んだ。最初はどれほど頼んでも、厳しい規則を緩めてもらえなかったが、徐々に、その熱心な懇願は聞き入れられるようになった。しかし、持参した食べ物が実際バハオラに届いたかどうかは定かではない。また、いっしょに投獄された仲間たちが飢えているのを目前にして、バハオラがその食べ物を口にしたかどうかもわかっていない。国王の怒りの犠牲者となったこれらの無実な人びとにふりかかった苦難以上に厳しいものは想像できない。

国王の暗殺を試みた若者サディク・タブリズの運命はまことに残酷であり、同時に屈辱的であった。国王を馬から引きずり落とし、剣で刺そうとした瞬間に取り押さえられ、国王の従者二人はこの若者の正体を知ることなくその場で殺害し、住民の興奮を鎮めるためにその遺体を二つに切り裂き、一つをシェミランの門、もう一つをシャー・アブドル・アジムの門に吊り下げ、公衆の目にさらした。国王にかすり傷を負わせた若者の二人の仲間ファソラ・ゴミと、ハジ・ガゼムは、残酷な仕打ちを受けて死亡した。ファソラは大変な虐待を受けたが、尋問には一切答えなかった。どれほど拷問されても沈黙を守っていたので口がきけないと思われ、いら立った迫害者はついに彼の喉に溶かした鉛を流し込んだ。こうして彼の苦しみは終わった。

ハジ・ガゼムが受けた仕打ちはいっそう残忍であった。この不運な男は、ソレイマンが酷い迫害を受けたと同じ日、シェミランで同じような拷問を受けた。衣服をはがれ、身体に開けられたいくつかの穴に点されたローソクを差しこまれて、行進させられた。民衆は、彼に向かってどなり、呪いの言葉を投げつけた。このように、迫害者たちの心をかき立てる復讐の念は飽くことを知らず、毎日、新たな犠牲者が無実の罪のために血を流すことを強いられたが、彼らには罪に問われている理由はまったく分からなかったのである。テヘランの拷問屋が思いついたありとあらゆる巧妙な仕掛けで、それらの不運な人びとは残酷な拷問を受けたが、裁判にかけられることも、尋問されることもなく、無実を訴え、証明する権利も一切無視されたのである。

当時、恐怖の日が毎日続き、バブの弟子二人が殉教した。一人はテヘランで、もう一人はシェミランで殺害され、二人共同じような拷問を受け、共に民衆の手で復讐された。逮捕された者たちはさまざまな階層の人びとに分配された。それぞれ使いの者が毎日地下牢に来て、犠牲者を求め、処刑場に連行して民衆に攻撃の合図をさせた。すると、男や女が犠牲者に近づいて犠牲者の体をバラバラに切断し、もとの姿がまったく消えてしまうまで細かく切り裂いたのである。その残酷さに、冷酷きわまる死刑執行人も仰天したほどで、人を殺すのに慣れていた彼らでさえも、民衆が示したほどの残虐行為をしたことはなかったのである。

飽くことを知らない敵は、犠牲者たちに身の毛もよだつような拷問を与えたが、中でも最悪のものはソレイマン・カーンを死に至らしめた拷問であった。彼の父親ヤーヤ・カーンはモハメッド国王の父親ナエブス・サルタネに仕える士官であったが、ソレイマンは若いときから地位や官職にはまったく関心がなかった。バブの大業を受け入れて以来、周りの人びとが些細なことに没頭しているのを気の毒に思い、また軽蔑を感じた。彼らの野心の空しさが手に取るように見えたのである。まだ若い頃に首都テヘランの騒々しさを逃れ、聖なる町カルバラへの隠遁を切望して、そこでセイエド・カゼムに出会い、熱心な弟子となった。敬虔で、質素で、隠遁を好むことが彼の特徴であった。シラズからバブの宣言が届くまでカルバラに滞在したが、この知らせをもたらしたのは親友のアルデビリとメヘディ・コイであった。彼はバブの教えを熱烈に受け入れ、カルバラからテヘランに戻ってタバルシの砦の一団に加わる予定であったが、到着が遅すぎたため目的を果すことができなかったので、テヘランに留まった。総理大臣は、彼がカルベラで身につけていたと同じ服装、小型のターバンと黒色のマントでおおわれた白いチュニックという服装をしていることに不快感をもち、彼に軍服に着替えるように勧めた。頭には、彼の父親の地位にふさわしいとみなされる羊皮製の帽子を被らされ、さらに、政府の要職につくよう勧告されたが、彼はその要請を固く断り、多くの時間をバブの弟子たち、とくにタバルシの戦いを生き抜いた仲間たちと過ごした。そして、驚くほどの思いやりと親切を仲間たちに示したのであった。

彼と彼の父親の影響力は強大であったので、総理大臣は彼の命を取ることはなく、彼に対する暴力行為を一切避けた。彼が親しく交際していたバブの弟子七人が殉教したとき彼はテヘランにいたが、政府の官吏も一般の住民も彼の逮捕を要求することはなかった。総理大臣も、彼がバブの大業に奉仕していることを知らされたが、彼と彼の父親と対立するよりも無視することを選んだのである。

ザイノル・アベディンの殉教後まもなくして、政府が死刑を予定していた者らは、バブの秘書セイエド・ホセインとタヘレを含め、すべて釈放され、今後の迫害は完全になくなったという噂が広まった。総理大臣についても、自分の死期が近づいていることを感じ、とつぜん恐怖感におそわれ、悔恨の苦しみの中で次のように叫んだという噂が広まった。「私は、バブの幻に取りつかれている。私が彼の殉教の原因を作ったのだ。私は恐ろしい間違いを犯した。バブとその仲間の血を流すよう私に圧力をかけた者らの暴力を抑えるべきであった。今はっきり分かったが、国家のためにはそうすべきであったのだ。」彼の後継者アガ・カーンも、総理大臣の職務についたとき同じように、自分とバブの信者の間の永続的な和解をする予定であった。その準備をしていたとき国王の暗殺未遂事件が起こり、その計画はつぶされ、首都テヘランは前例のない混乱状態となったのである。

私は（著者）、当時八才であった最大の枝（アブドル・バハ）から次の話を聞いた。「私たちは叔父ミルザ・エスマイルの家に避難しました。時折、市場に行くために家を出ました。門から道路に出るか出ないうちに、外で走りまわっていた同じ年頃の男の子たちが、私のまわりに群がって、『バビだ！　バビだ！』と叫ぶのです。テヘランの全住民が、年令を問わず興奮状態になっているのを知っていたので、彼らの騒ぎを無視し、そっと家に帰りました。ある日、市場を通って叔父の家に戻ろうとしていたとき、振り向くと小さなごろつきたちが、私を追ってきていました。私に石を投げつけ、脅すように『バビだ！　バビだ！』と叫んでいたのです。この危険からのがれるための唯一の方法は、彼らをおどすしかないと思いましたので、私は向きを変えて、決然として、彼らに向かって突進しました。すると、彼らはこわがって逃げ去ってしまったのです。遠くから、叫びが聞こえてきました。『小さなバビが追っかけてくる！　ぼくたちはつかまって殺される！』家に帰りかけていたとき、ある人が大声で叫ぶのを耳にしました。『よくやった。恐れを知らない大胆な子だ。お前の年頃の子で餓鬼たちの攻撃に逆らえる者はいなかった。』その日以来、近所の少年から悩まされることも、不快な言葉を耳にすることもなくなりました。」

混乱の中で捕らえられ、投獄された人たちの中にソレイマンがいた。この時点で、彼の殉教の状況について述べたいと思う。ここで語る内容は、私自ら厳密に調べ、確かめたものである。また、その大部分はアガ・カリムに負うところが多い。アガ・カリムは、当時テヘランに居住しており、仲間たちが受けた恐怖と苦悶を共にしていた。彼は次のように語ってくれた。「ソレイマンが殉教した日、私はミルザ・アブドル・マジドと共にテヘランの集まりに出席していました。そこにはかなりの数の名士や著名人がいて、その中には学問の長モラ・マムードがいました。彼がソレイマンの死の状況について述べるよう市長に求めると、市長は区長のミルザ・タギを指して、宮殿近くからナオの門外の処刑場までソレイマンを連行したのは彼であると述べました。そこでミルザ・タギは、そのとき見聞したことをすべて話すことになりました。『私と助手は九本のローソクを購入し、ソレイマンの身体に九つの深い穴を開け、それぞれの穴にローソクを突き刺すように命じられました。そして、それらのローソクに火を点し、ドラムとトランペットの鳴り物入りで、市場を通りぬけて処刑場まで連行し、そこで彼の身体を二つに裂き、それぞれの断片をナウ門の両側に吊り下げるように命じられました。ソレイマン自身がこの殉教方法を選びました。国王は政府の高官（ハジ・アリ・カーン）に、ソレイマンが事件に関わっていたかどうかを調べ、もし無実ならば、彼に信仰の否認を説得するように命じました。もし信仰を否認すれば、処刑はせず、最終的な判断を下すまで監禁しておくように、もし否認しない場合は彼自身が選ぶ方法で処刑するようにと命じたのです。

調査の結果、ソレイマンの無実が明らかとなりましたが、信仰を否認するよう説得されたとき、ソレイマンは〈生命の血が私の血管に流れ続けるかぎり、最愛なる御方への信仰を否定することは絶対にない！　イマム・アリが腐肉にたとえたこの世は、私の心の的なる御方から私の心を奪うことは絶対にないのだ〉とうれしそうに叫びました。どのような方法で命を断ちたいかと聞かれると、彼は即座にこう答えました。〈身体に九つの穴をあけ、それぞれの穴にローソクを突き刺し、火を点してテヘランの街路を歩かせてくれ。大勢の人びとを集めて、私の栄光ある殉教を目撃させよ。私の死の状況が人びとの心に刻まれ、彼らが私の激しい苦悶を思い起こし、私が受け入れた聖なる光を認めることができるように。絞首台にたどりつき、この世での最後の祈りをした後、私の身体を二つに引き裂き、テヘランの門の両側に吊り下げよ。その下を通りすぎる大勢の人びとが、バブの信教が弟子たちの心に点した愛を目撃し、その献身の証拠を見るように。〉

高官は、ソレイマンの望み通りに処刑するよう死刑執行人に命じ、私には市場を通りぬけて刑場まで彼を連行するように指示しました。死刑執行人が買ってきたローソクをソレイマンに渡し、彼の胸に短刀を突き刺そうと準備していたとき、彼はとつぜんそのナイフを死刑執行人のふるえる手から取ろうと腕をのばし、言いました。〈なぜ、恐れ、ためらっているのか。私が自分で、胸に穴をあけ、ローソクを突き刺して火を点したいのだ。〉私は彼から襲われるかも知れないと思い、従者に短刀を渡さないように命じ、また、彼の両手を後ろに回してくるように指示しました。彼はさらに懇願しました。〈私の指で短刀を突き刺す場所を示させてくれ。これ以外には要請することは何もない。〉

そして、胸に二ヵ所、肩に二ヵ所、首すじに一ヵ所、背中に四ヵ所の穴を開けるように頼みました。穴を開けられる間、彼は平然としてその拷問の苦しみに耐え、神秘に包まれた沈黙を守っていましたが、彼の目は不動の確信に燃えているようでした。群衆のどなり声も、身体中に流れ出す血を見ても、沈黙をやぶることはなく、九本のローソクが各々の穴に差し込まれ、火が点されるまで落ち着き払っていました。

準備が整ったとき、彼は背骨をまっすぐにして立ち上がり、同じ断固たる信念を顔に浮かべて殉教の場に向かって歩きだしました。その後を、周りに集まってきた群衆が続きました。数歩ごとに彼は歩みを止め、あっけにとられた傍観者たちを見つめ、叫びました。〈今日、栄光の冠を得るために、私と共に歩んできた者たちの行列ほど威風堂々たるものがあろうか。バブに栄光あれ。バブは愛する者らの胸に強烈な献身の炎を点し、国王の権力をしのぐ威力を与えられた。〉時折、彼は熱烈な信仰の念に酔ったかのように、こう叫びました。〈昔、アブラハムが苦悶にあえぎながら、神に活力を求めて祈っていたとき、見えざる神の声を聞いた。［おお炎よ。炎を弱め、アブラハムを守れ。］だが、このソレイマンは、荒れ狂う心の奥底からこう叫んでいるのだ。［主よ、わが主よ、あなたの火を私の内部で燃やし続け、その火炎で、私を焼き尽くしたまえ。］〉ローソクの火が傷口でちらつくのを見て、彼は強烈な喜びで大声をあげました。〈私の魂を燃え上がらせた御方が、ここに来て私の状態を見てくだされぱと思う。〉そして、ソレイマンの状態を見て肝を潰されたように立ちすくんでいる群衆に向かって叫びました。〈この世のぶどう酒で私が酔っていると思ってはならない。私の魂は、最愛なる御方への愛で満たされているのだ。その愛が、国王でさえ羨む主権を私がもっている

と感じさせるのだ。〉

死が近づいてきたとき、ソレイマンが口からもらした喜悦の叫び声をはっきりと思い出すことはできません。覚えていることは、二、三の感動的な言葉だけで、歓喜の絶頂時に観衆に呼びかけたものでした。そのときの彼の表情を描写することも、彼の言葉が群衆に与えた影響も計ることはできません。

ソレイマンがまだ市場を通っていたとき、そよ風が吹きつけ、彼の胸に刺されたローソクの火があおられました。ローソクはすばやく溶け、炎は傷口まで達し、二、三歩後に続いていた我々は、彼の肌が焼ける音をはっきりと聞き取ることができました。彼の身体を包んだ血と炎は彼を沈黙させるどころか、抑えられない熱情をいっそう高めたように見えました。そして、傷口をなめつくす火炎に向かって、次のように呼びかける声が聞き取れました。〈おお火炎よ。おまえはとっくに私を苦しめる力を失った。早くわが身体をなめつくせ。おまえの炎の舌から、わが最愛なる御方へと私を招く声が聞こえるのだ。〉

熱烈さのあまり、激痛も苦しみも消えたように見えました。火炎に包まれた彼は、征服者が勝利の場へと行進するように歩いて行きました。興奮した群衆の間を、炎と化した身体で進んでいったのです。処刑台のもとに到着すると、再び群衆に向かって声をあげ、最後の訴えをしました。〈火炎と血の餌食となっているこのソレイマンは、最近まで、この世が与えてくれるすべての恩恵と富を享受してきたのではなかったか。私が、この世の栄誉を捨てて、これほど身を落ちぶらせ、苦しみを受け入れた原因を皆は知っているか。〉その後、イマム・ハサンの廟に向かって身を伏せ、アラビア語で何かささやきましたが、私には聞き取れませんでした。祈りが終わるとすぐ、死刑執行人に向かって叫びました。〈仕事は終わった。さあ、処刑せよ。〉彼の身体が斧で二つに切り裂かれるとき、彼はまだ生きていました。この信じがたいほどの苦しみにもかかわらず、最後の息を引き取るまで最愛の御方を称える言葉が口からもれ続けていました。』

この悲惨な話を聞いた者たちは、深く心を動かされました。細かいところまで熱心に聞いていた学問の長は、ぞっとして絶望のあまり両手を握りしめ、叫ぶように言いました。『この大業は何と不可解で、何と不思議なものか。』その後沈黙したまま立ち去りました。」

この時期の混乱続きの中で、バブのもう一人のすぐれた弟子、偉大で勇敢な女性タヘレが殉教した。テヘラン中に猛威をふるっていた激しい嵐に巻き込まれたタヘレの殉教の状況について、ここで語りたいと思う。この情報は信頼できる人びとから入手したもので、その中の何人かは実際にその殉教を目撃した人たちである。彼女はテヘランに長期間滞在したが、その間、その都市の主要な女性たちから温かく迎えられ、大いに尊敬されていた。当時、彼女は人気の絶頂にあって、彼女が監禁されていた家はタヘレを賛美する女性たちで取り巻かれていた。タヘレから知識を得たいと門に押しかけてきた彼女たちの中にカランタールの妻がいた。（タヘレはカランタールの家に監禁されていた。）この妻はタヘレを大いに尊敬し、女主人としてテヘランの選りすぐりの女性たちをタヘレに紹介し、異常なほどの熱意をもって彼女に仕えた。こうして、タヘレの女性たちへの影響が深まるのを助けたのである。カランタールの妻に親密な人びとは、彼女が次のように語るのを聞いた。「タヘレがまだ私の家に滞在していたとき、ある晩、彼女から呼ばれたので行ってみると、彼女は真っ白な絹のガウンで盛装していて、部屋は甘い香りのする香水で満たされていました。あまりにも様子が変わっていたので驚いて尋ねると、彼女はこう述べました。『私は、最愛なる御方にお会いする準備をしています。監禁の身である私の世話や心配から、あなたを自由にしてあげたいのです。』私はびっくりして、タヘレと別れねばならないという思いで涙がこみあげてきました。タヘレは私を元気づけようとして、こう言いました。『嘆くのはまだです。私の最後の望みを聞いてください。というのも、私の逮捕と殉教の時間が近づいているからです。あなたの息子さんに私の処刑場まで来ていただき、監視人や死刑執行人が私のガウンを剥ぎ取らないように見守ってもらいたいのです。また、遺体を穴に投げ入れ、土と石ころで埋めてもらいたいのです。死後三日目に女性が訪れてきますので、この包みを渡してください。最後のお願いですが、私の部屋にだれも入れないようにしてください。この家から出る呼び出しがくるまで、私の祈りをだれからも妨げられたくないからです。今日は断食します。最愛なる御方に会うまで断食を破らないつもりです。』彼女は、部屋に鍵をかけて出発の時間まで決して開けないように、そして、敵が公表するまで自分の死を秘密にしておくようにと、私に頼みました。

私は彼女を深く愛しておりましたのでその要請どおりにしました。彼女の望みを叶えてあげなければという強い思いがなければ、一瞬でも彼女のそばを離れるようなことはしなかったでしょう。が、彼女の要請にしたがって部屋に鍵をかけ、抑えきれない悲痛な思いで自分の部屋に閉じこもりました。タヘレの殉教の時間が迫っていると思うと、私の心は引きちぎられ、絶望のあまり神に祈りました。『主よ、主よ、あなたのお望みであれば、彼女が飲みたいと望んでいる杯を逆さにしたまえ。』その日は夜まで、居ても立ってもいられず、数回部屋を出て彼女の部屋の入り口にそっと立ち、彼女の口からもれている言葉を聞き取ろうとしました。彼女は、魂が魅惑されるような美しい調べで最愛なる御方を賛美していました。私の心の動揺は激しく、立っていることができないほどでした。

日没から四時間後、ドアを叩く音がしたので急いで息子のところに行き、タヘレの望みを伝えました。彼はその要請をすべて実行すると約束してくれました。その夜、偶然夫は不在でした。私は、アジズ・カーン（将軍）の従者がタヘレの引渡しを求めて家の玄関先に来ていると息子から聞かされ、恐怖感で一杯になり、よろめきながらタヘレの部屋に近づき、ふるえる手でドアの鍵を開けました。すると、タヘレは、ヴェールをかぶって部屋を出る準備をしていました。彼女は、歩き回りながら悲しみと勝利を表わす祈りを唱えていたのです。私に気がつくとすぐ近づいて接吻しました。

そして、私の手に引き出しの鍵を渡し、こう言いました。『中のものはつまらないものですが、あなたの家に滞在した記念にとっておいてください。それらを見て、私を思い出し、私のために喜んでください。』

この別れの言葉を最後に、タヘレは私の息子に伴われて去って行きました。彼女の美しい姿が次第に遠ざかるのを見ながら、私は悲痛な思いで立ちすくんでいました。彼女は、知事が準備した馬に乗り、息子と多数の従者に伴われて殉教の場となる庭園に向かったのです。

三時間後、息子が戻ってきました。そして、涙で顔をぬらし、知事や下劣な将校たちを呪いました。私は息子を落ち着かせ、そばに座らせて、タヘレの殉教の状況をくわしく話してくれるように頼みました。彼は、涙にむせびながらこう答えました。『母上、私が見たことをどう述べていいのかわかりません。我々は、市の門外にある庭園に直行し、そこで、ぞっとする光景を目にしました。知事と将校たちが酒に酔って大声で笑いながら、どんちゃん騒ぎをしていたのです。タヘレは馬からおり、私を呼んでこう頼みました。〈この人たちは、私を絞め殺すつもりです。そのとき使ってもらいたいと思って絹のスカーフを以前から用意してきました。これをあの酔っ払いに渡して、私の命を取るよう説得してください。〉

知事のところに行くと、相当酒に酔っていた彼は〈人が祝って楽しんでいるのをじゃまするな！　惨めで恥知らずのあの女の首を絞めて穴に投げ込め！〉と叫びました。私は、それ以上知事に頼んでも無駄だと思い、以前から知り合いであった従者二人にそのスカーフを渡しました。それで、タヘレは望みどおりに自分のスカーフで首を絞められて殉教しました。その後すぐ、庭師から遺体を隠せる場所として、最近掘りかけた井戸があるということを教えてもらい、他の者らの手をかりて、遺体をその井戸に下ろし、彼女の望みどおりに、土と石ころで埋めました。タヘレの殉教を目撃した者らは深く心を打たれ、悲しみに沈んで去って行きました。』

息子の悲壮な話に、私の目からは涙があふれ、感情を抑えることができず、意識を失って地面に倒れてしまいました。意識が戻ったとき、息子もまた苦痛で一杯になっているのがわかりました。彼は長椅子に横たわり悲嘆にくれていましたが、私の状態を見て近づき、こう言って慰めてくれました。『涙を流すと父上にわかってしまいます。父上は、自分の占めている重要な地位を考えて、我々を見捨て、関係を断ってしまうでしょう。涙を抑えないと、父親は国王の面前で、我々を憎むべき敵に魅惑された者らとして非難するでしょう。そして国王の許可を得て、自分の手で我々を殺害しかねません。大業を受け入れていない我々が、そのような運命に甘んじるべきでしょうか。我々がすべきことは、タヘレを不純で、不名誉だと非難する者らから守るだけです。タヘレの愛を我々の心に留め、敵の中傷に対して、タヘレの高潔な生き方を実施すべきではないでしょうか。』

息子の言葉で私の心の動揺はしずまりました。そこで、引き出しのところまで行き、タヘレがくれた鍵で開けてみると、そこには最上の香水びん、じゅず、サンゴのネックレス、指輪が三つ置かれていました。指輪にはそれぞれ、トルコ石、カーネリアン、ルビーがはめられていました。彼女の所持品を見ながら、その波乱にみちた生涯について考えました。彼女の大胆さ、熱意、崇高な責任感、不動の信仰を感動にあふれながら思い起こし、彼女の文学的才能、そして監禁、恥辱、中傷に耐えた不屈の精神に思いを巡らしましたが、今や、その晴れやかな顔は土と石ころの下に埋められてしまったのです。彼女がしばしば口にしていた言葉を私自身でくり返しているうちに、彼女の情熱的な雄弁が思い出され、心が温まってきました。私は、引き出しのそばに立ったままで、彼女の広い知識、コーランへの精通、信教への熱烈な忠誠心、熱烈な信仰の弁護、大業への奉仕、そして、受難と悲哀、仲間に示した模範、大業の進展に与えた刺激、同胞国民の心に刻み込んだ名前などなどを思い出し、これほど偉大な女性がなぜ、富も栄誉も捨てて、シラズから現われた名もない若者の大業の信者となったのかと不思議に思いました。彼女を親族から切り離し、波乱の生涯を支え、最後に殉教の場へと運んだ力の秘密は何であったのでしょうか。それは神の力に違いありません。神の御手が彼女の運命を導き、危機にはらんだ彼女の生涯に道を開いたのでありましょう。

タヘレの殉教から三日して、約束どおりに女性が現われました。彼女の名前を聞いたところタヘレが述べていた名前と同じでしたので、依頼されていた小包を渡しました。この女性には以前に会ったことはなく、その後も会うことはありませんでした。」

その不滅の女性の名前はファテメで、姓はオンム・サルメ、ザキエとも呼ばれていた。生まれたのはバハオラの生誕の年一八一七年で、三十六才のときテヘランで殉教した。彼女の同時代の人びとは彼女を適切に認めることができなかったが、将来の世代が彼女の生涯について貴重な記録を残してくれることを願っている。将来の歴史家が彼女の影響を適切に認め、国家と国民に捧げたその独特な奉仕について記録してくれるであろう。信教の信者が、彼女の模範に従い、その業績を語り、その書き物を収集し、その能力の秘密を明らかにし、彼女が世界の人びとから慕われるようになることを願うばかりである。

同じ激動の時期、テヘランで殉教したバブの弟子たちのうち、優れた人物は、マークーとチェリグでバブの秘書をつとめたホセイン・ヤズディである。バブはミルザ・ヤーヤに書簡を宛てたが、その中で、信教の教えに深く精通したホセイン・ヤズディに教えを乞うように勧めている。声望と経験があり、バブから最大の信頼を受け、バブと親しく交わった彼は、バブの殉教後、テヘランの地下牢に長期間監禁され、大変な苦しみを受けて殉教した。バハオラは、彼の苦難をやわらげるために最大限の援助をし、毎月、必要経費を送ったりした。彼は看守からも賞賛されていた。バブとの長期間にわたる親密な交際で、信教の理解は深まり、魂にも力がつき、それは生涯の終わりが近づくにつれてより一層、行動で表わされるようになった。彼は牢獄で横たわりながら、師バブと同じような死を迎える日を切望していた。バブと同じ日に殉教することが最大の望みであったが、それは実現できなかったので、バブと同じ殉教の杯を飲み干す時間を待ち望んでいた。テヘランの高官たちは幾度も、彼を監獄と死刑から救い出そうとしたが、彼はそれをきっぱりと拒否した。彼の目からは涙がとめどもなく流れていたが、それは、アゼルバイジャンの残酷な監禁の暗黒の中で光を放ったバブの御顔をふたたび見たいという熱望の涙であった。その御顔の輝きはまた、冬の寒々とした夜を温めた。暗い監獄で、バブと過ごした喜びに満ちた日々を思い出しているとき、彼の魂にのしかかってきた苦悩を除いてくれる御方が現われた。それは他ならぬバハオラで、ホセイン・ヤズディは殉教の時間までバハオラと共に過ごす恩恵にあずかったのである。バブの秘書ホセイン・ヤズディを殺したのは、タヘレを殺害したサルダールであったが、その状況を説明する必要はないと思う。こうしてホセイン・ヤズディもまた、他の仲間と同様、残酷な辱めを受けて、長い間切望してきた殉教の杯を飲んだのであった。

ここで、バハオラと恐怖の投獄を共にした残りのバブの弟子たちに、どのようなことがふりかかったかを述べてみたい。私（著者）は、バハオラの口からしばしば次のように聞いた。「テヘランで、忘れがたい年に荒れ狂った嵐で倒された者らはすべて、われが監禁されていた地下牢シアー・チャールの囚人となった。我々はひとつの部屋に詰め込まれ、足にはさらし枷をはめられ、ひじょうに重い鎖をかけられた。そこには異様な悪臭が立ち込めており、床は汚物でおおわれ、うじ虫が群がっていて、光はまったく射しこまず、氷のような寒気が暖まることはなかった。我々は二列に向き合って並ばされた。仲間の囚人たちは、われが教えた句を毎夜、熱烈に唱えた。『神こそはわれを満たしたもう。まことに、神こそはすべてを満たす御方でありたもう』と一列が唱えると、もう一列が、『神を信頼する者らには、信頼させよ』と答えるのであった。この喜びの合唱は夜明けまでとどろき続け、その響きは牢獄をみたし、厚い壁を突き通って、それほど遠くないところにある宮殿の国王の耳に届いた。『一体この音は何か？』と国王が叫んだとき、『バビたちが牢獄で唱えている聖歌です』と従者は答えた。国王はそれ以上何も言わなかった。また、囚人たちが、残酷な牢獄に監禁されているにもかかわらず、熱烈に唱え続ける合唱を止めることもしなかった。

ある日、国王が囚人に分配するようにと命じた焼肉がもち込まれた。『国王は、約束を果すために、今日を選んで羊肉を送られた』と従者は述べた。仲間たちは沈黙し、われが彼らに代わって返事するのを待った。われはこう応えた。『この贈り物をお返ししたい。我々には必要ないのだ。』看守たちは自分たちがその焼肉を食べたかったので、この返事に怒ることはなかった。仲間たちは皆空腹に襲われていたが、まことに英雄的といえる不屈の精神をもって、一言の不平ももらさず、この痛ましい状況に耐えた。ただ一人モタヴァリという者が、国王が送ってきた焼肉を口にしたいという欲望を示しただけであった。神に賛美あれ。仲間たちは、国王の取り扱いに不満を言うどころか、賛美の言葉を絶え間なく口からもらしたのである。それは残酷な監禁の苦しさを喜びに変えるものであった。

毎日、看守が入ってきて仲間のうち一人の名前を呼び、絞首台のところまでついてくるように命じた。名前を呼ばれた者は、どれほどの熱望をもってその厳粛な呼びかけに応じたことであろうか。鎖から解放されるとすばやく立ち上がり、喜びを抑えきれず、われのところにきてわれを抱擁したのである。われは、来世での永遠の生命を確信させて慰め、その者の心を希望と喜びで満たし、栄光の冠を勝ち取ることを確信させた。それから、彼は残りの仲間の囚人たちを抱擁し、勇敢に生きたと同じように、勇敢に死に向かったのである。このようにして一人ずつ殉教していったが、われに親愛の情をもつようになった看守が、そのたびに彼らの死の状況を知らせ、彼らは皆、最後の時まで、喜びをもって苦しみに耐えたと、われに教えてくれたのである。

ある夜、われと同じ鎖につながれていたアブドル・ヴァハブから起こされた。彼は、カゼマインからわれに同行し、テヘランで捕われ、投獄された仲間である。彼は、われが目を覚ましているかどうかを聞き、その夜見た夢を話しはじめた。『夢の中で、私は無限にひろがる美しい空間に舞い上がっていました。私には翼がついていて、行きたいところに自由に行けるようでした。魂は、恍惚とした喜悦感で満たされており、その無限の空間を速やかに、楽々と飛び回ることができましたが、それを言い表すことはできません。』われはこう答えた。『今日はあなたが大業に身を捧げる日だ。最後まで不動の信念をもち続けるように祈っている。そうすれば、夢で見たとおり、無限の空間に舞い上がり、速やかに、また楽々と、不滅の主権の領域に達し、〈無限の地平線〉なる御方を恍惚として眺めることができよう。』

その朝、看守が牢獄に入ってきてアブドル・ヴァハブの名前を呼んだ。アブドル・ヴァハブは、鎖から自由になるとすばやく立ち上がり、仲間を一人ずつ抱擁し、われを腕で巻いて心臓の辺りに愛情深く押しつけた。そのとき、彼が靴を履いていないことに気がついたので、われの靴を与え、励まして殉教の場へと送り出した。そのあと、死刑執行人がわれのところにきて、若者アブドル・ヴァハブの精神をほめ称えた。この証言に、われはどれほど神に感謝したことであろうか。」

この仲間たちの苦しみも、国王の命を狙った者らへの残酷な復讐も、国王の母上の怒りを鎮めることはできなかった。そして、バハオラの処刑を要求して、昼夜、執念深く騒ぎたてた。いまだもってバハオラこそが暗殺事件の主犯であると信じていたのである。彼女は声をあげて要求した。「その男を死刑執行人に渡しなさい。国王の母である私が、卑怯な罪を犯した者を罰することができないなど、これ以上の屈辱がありますか!」彼女の復讐への叫びは強まっていったが、それは報われない運命にあり、彼女の陰謀にもかかわらず、バハオラは救われたのである。やがてバハオラは監獄から釈放され、国王の主権をはるかにしのぐ王国を設立したが、彼女にはそのようなことが可能であるなど、想像もつかなかった。テヘランでその年に流された血は、バハオラと共に投獄されていた勇敢な仲間が、バハオラ釈放への代償として流したものであった。敵は、バハオラが神から委任された目的を達成しようとするのを懸命に阻止してきた。バハオラはバブの大業を受け入れて以来、一度もその擁護を怠ったことはなく、そのためもろもろの危機にさらされてきた。これらの危機は、バブの信教の初期に弟子たちが直面せねばならなかったものであったが、バブの弟子の中で、最初に超脱と大業への奉仕の模範を示したのはバハオラであった。バハオラはさまざまな危険に襲われたが、その命を救ったのは神の御手であり、神はバハオラを特定の目的のために選ばれたが、それを公に宣言するにはまだ早すぎるとみなされたのである。

テヘランを震撼させた恐怖は、バハオラの命がさらされた多くの危機のひとつでしかなかった。テヘランの男性、女性、子供は、大業の敵が信者たちを残忍に追跡するのを見てふるえた。ソレイマンの召使いにアッバスという若者がいた。主人のソレイマンの交際は広かったので、アッバスはバブの弟子たちの名前や住所と人数に通じており、彼もまた信教を信じる熱心な支持者であった。敵は陰謀を実行するために彼を利用することにした。騒動が起こったとき、敵は彼を逮捕し、知っている信者の名前をすべて当局に明らかにするように強いた。主人の仲間である信者たちを知らせれば報酬が貰え、そうしない場合は残酷な拷問を受けると警告したのである。アッバスは、要請どおりに、執行官ハジ・アリ・カーンの従者に信者の名前と住所を知らせると約束した。そこで、テヘランの道路に連れ出され、バブの信者を指さすように命じられた。彼は、バブやその大業にまったく関係のない人たちを指さしたため、これまで会ったこともない人びとが多数、従者に引き渡された。その後、彼らは高額のわいろを送って自由の身となった。このように、貪欲な従者はアッバスに、高額な身代金を払えるような者らを特に選んで知らせるように強い、そうしなければ命が危ないと脅して、搾取したお金をアッバスにも分け与えると約束さえしたのである。

それからアッバスは地下牢シア・チャールに連れて行かれ、バハオラに紹介された。それは、バハオラを裏切らせるためであった。アッバスは、以前数回、主人ソレイマンに同伴してバハオラに会っていた。高官の従者は彼に、バハオラを裏切れば国王の母上からたくさんの褒美がもらえると約束した。アッバスはバハオラの面前に連れ出される毎に、二、三分立ち止まってバハオラの顔をじっと見つめた後、自分はこの人に会ったことはないと強く否認してその場を去った。失敗した敵は、国王の母上の愛顧にあずかろうと、バハオラを毒殺することにした。家からバハオラのもとに運ばれてくる食べ物を途中で奪って毒を混入したのである。このため、バハオラは何年も健康を損なわれたが、毒殺の試みは未遂に終わった。

ついに敵は、バハオラを暗殺事件の主犯と見なすことを諦め、その責任をアジムに負わせることにした。そこで、アジムが犯行の張本人となったのであるが、敵はこの方法で国王の愛顧を得ようとしたのである。高官ハジ・アリ・カーンはこれに大賛成であった。彼は、バハオラの逮捕には関わっていなかったので、アジムを主犯として告発する機会をとらえたのである。

ロシア公使は、代理を通して、この事件の行方とバハオラの状態を注意深く見守っていた。ついに、通訳を介して強い語調のメッセージを総理大臣に送って総理大臣の行為に抗議し、使者を一人選んで、政府の代表と高官ハジ・アリ・カーンの代表同伴で、地下牢シア・チャールに行かせ、新たに公認された指導者（アジム）に、バハオラの立場について公に宣言させるように要請した。そして、こう書いた。「その指導者が宣言することは、それがバハオラを賞賛するものであれ、非難するものであれ、すべて即刻記録されなければならない。それが、この事件の最終判断の土台となされるべきである。」総理大臣は、公使の忠告に従うと通訳に約束し、要請通り、彼らをシア・チャールに行かせる日まで決めた。

国王暗殺未遂事件を起こしたグループの責任者はバハオラかという質問に、アジムはこう答えた。「この共同体の指導者はバブの他にはいません。バブはタブリズで殺害されました。私はその復讐に立ち上がったのです。私一人で国王暗殺計画を立て、実施したのです。国王を馬から引きずり落としたのはサディクという若者でした。彼はテヘランの菓子屋で、私の下で二年間、召使いとして働いていました。この若者は私以上に、バブの殉教に復讐したいという念に燃えていました。しかし、あせりすぎて暗殺に失敗したのです。」公使の通訳と総理大臣の代表はアジムの言葉を書き取り、総理大臣に提出した。バハオラが釈放されたのは主にこの文書による。

アジムは僧侶たちの手に渡された。彼らは、すぐにアジムを処刑したかったが、テヘランの僧侶の長ミルザ・アボルがためらっていたので実行できないでいた。高官ハジ・アリ・カーンは、モハラム月が近づいていたので、僧侶たちを兵営の二階に集合させ、いまだにアジムの処刑に反対している僧侶の長を出席させることに成功した。高官は、アジムもその場に召して、判決が下されるまで待たせておくように命じた。こうして、高官と僧侶たちは巧妙な策略をめぐらしてアジムに死刑宣告を言い渡すことに成功した。かれは街中を乱暴に引き回され、住民からあざけられ、罵られながら連行されてきたのである。その後、こん棒をもった男がアジムに走り寄り、頭を強く打ち、それに続いて、群衆が棒きれや石ころや短刀で彼に襲いかかり、手足を切断したのである。国王の暗殺未遂事件後の動乱で殉教した者らの中にジャニ（パルパ）もいた。総理大臣が、彼に危害を与えるのを反対していたので、他の敵が密かに殺害したのである。

テヘランで点された炎は近隣の州に広がった。その結果、多数の無実の人たちの財産は略奪され、悲惨な状態に落とされた。その炎は、バハオラの故郷マゼンダランでも猛威をふるったが、それは主にバハオラの所有財産を目指したものであった。バブの献身的な弟子で、ヌールの住民であったモハメッド・タギ・カーンとアブドル・ヴァハブの二人はこの動乱で殉教した。

信教の敵は、バハオラの釈放がほとんど確実になったことを知って残念がり、国王をおどして、バハオラを殺害する計画にまき込もうとした。そこで、ミルザ・ヤーヤの愚行が口実に利用された。彼が信教の指導者になろうと空しい努力をしてきていたからである。敵は、バハオラがマゼンダランで保持している影響力を一掃するように国王に進言した。

これを聞いた国王は、暗殺事件で負った傷からまだ回復していなかったが、強い復讐の念をかきたてられた。そこで、総理大臣を召し、彼の故郷の親族が多数いる州の住民間に、秩序と規律を守れなかったことを叱責した。当惑した総理大臣は、国王の命令をすべて実施すると誓ったので、国王は、即刻その州に数連隊を派遣して、公安を乱した者らを容赦なく鎮圧するよう厳命した。

総理大臣は、その地方からの報告は誇張されたものであったことを十分知っていたが、国王の命令に従わざるを得なくなり、ヌールのタコール村にホセイン・アリ・カーンの率いる連隊を派遣した。その地方にはバハオラの家があった。総理大臣は、自分の甥で、バハオラの異母弟ミルザ・ハサンの義弟であるアブ・タレブを最高司令官として、村に野営中は細心の注意を払うように忠告した。「兵士たちがやり過ぎると、かえってミルザ・ハサンの威信を損ない、あなたの妹を苦しませることになる。」そして、その村についての報告の実態を調べ、その近くに三日以上は野営しないように命じた。

次に、総理大臣は連隊長ホセイン・アリ・カーンを呼び寄せ、細心の注意をはらい、賢明に行動するように忠告した。「アブ・タレブはまだ若く経験もないが、彼を選んだのは、彼がミルザ・ハサンの親族だからだ。彼は、妹のためにも、タコールの村民に不必要な危害を与えることはないと信じている。あなたは年令も上で、経験もある。従って、りっぱな模範を示し、政府と国民の利益のために奉仕すべきことを彼に銘記させなければならない。いかなる軍事行動も、かならずあなたと相談してからとるようにさせよ。」さらに、総理大臣は、その地方の指導者たちに必要な場合の増援を文書で指示しているので安心するように述べた。

誇りと熱意で興奮したアブ・タレブは、中庸を守るようにとの総理大臣の勧告を忘れ、住民と不必要な争いを起こさないようにという連隊長の強い願いも無視した。そして、タコール村に近いヌール地方に入るとすぐ、その村民への攻撃準備を命じたのである。連隊長は必死になって駆けつけ、攻撃をしないように懇請した。アブ・タレブは横柄に答えた。「どんな方策を取り、どのように国王に仕えるかを決めるのは上官の私の方だ。」

こうして防御のすべのないタコール村の村民に攻撃がしかけられたのである。村民は、このとつぜんの猛攻撃に仰天し、ミルザ・ハサンに訴えた。ミルザ・ハサンはアブ・タレブとの面会を申し込んだが、拒否された。最高司令官のアブ・タレブは、次のメッセージを従者に託した。「ミルザ・ハサンにこう伝えよ。私は国王からこの村の住民を虐殺し、女どもを捕らえ、財産を略奪する任務を託されているのだ。しかし、あなたのために、あなたの家に避難した女どもには手をつけないことにする。」ミルザ・ハサンは面会を断られたことで憤慨し、アブ・タレブと国王の行為を強く非難して家に戻った。その間に、村の男たちは近くの山中に逃げ込み、残された女たちはミルザ・ハサンの家に行き、敵から守ってくれるように懇願した。

アブ・タレブはまず、バハオラの邸宅に向かった。その邸宅はバハオラが大臣であった父親から受け継いだもので、立派な家具と貴重品で飾られていた。彼は兵士たちに、貴重品をすべて運び去るように命じ、運び出せないものはその場で破壊するように指示した。こうしてテヘランの宮殿より壮大な邸宅は修復できないほどに壊され、梁は燃やされ、飾りは灰と化したのである。

次に、彼は住民の家屋に侵入し、自分と兵士たちのために貴重品をすべて略奪したあと、建物を破壊した。男たちが全員逃亡したこの村は、放火されて全焼した。アブ・タレブは強壮な男たちが逃亡したことを知って、近くの山を探索するように命じた。発見された者らは、射殺されるか、逮捕されたが、彼らは遠くまで逃げられなかった少数の年輩の男たちと羊飼いであった。そのうち、男二人が山の斜面に流れる小川のそばに横たわっているのが発見された。かなり遠くの方であったが、彼らがもっていた武器が太陽の光できらめいていたため見つかったのである。

兵士たちが小川までくると、二人は向こう岸で眠っているのがわかったので、彼らめがけて発砲した。この二人はアブドル・ヴァハブとモハメッド・タギ・カーンで、前者は即死し、後者は重傷を負った。二人はアブ・タレブのところに運ばれたが、重傷を負ったモハメッド・タギ・カーンの命を救うためには全力がつくされた。というのは、彼の勇敢さは広く知れわたっていたので勝利のトロフィーとして首都テヘランに連行したいと思ったからである。しかし、受けた傷のため、二日後に彼も死亡した。捕らえられた他の数人は、鎖をつけられてテヘランに連行され、バハオラが監禁されていたと同じ地下牢に投げ入れられた。その中にはモラ・アリ・ババもいたが、地下牢生活があまりにも苛酷であったため、他の仲間と共に死亡した。

一年後、アブ・タレブは疫病に襲われ、悲惨な状態でシェミランに運ばれたが、家族の者でさえ彼に近づこうとしなかった。屈辱感を感じながら淋しく病に伏していたとき、看病にきたのは、彼から侮辱されたミルザ・ハサンであった。死の直前、総理大臣も訪れてきたが、そのときベッドの側に居たのは彼から無礼に取り扱われたミルザ・ハサンだけであった。その日、この卑劣な専制者は、生涯いつくしんできた野心をすべて失い、失望のうちに息絶えた。

テヘランで起こった動乱の波紋は、ヌールとその周囲の地方でも感じられ、さらにヤズドやナイリズにまで広がり、それらの町でかなりたくさんのバブの弟子たちが捕らえられ、残酷に殺された。その大激動の衝撃はペルシャ全体で感じとられ、その衝撃の波は遠隔地の小さな村にまで押し寄せ、その結果、すでに迫害されていたバブの弟子たちにさらなる苦しみをもたらした。地方の知事や属官は、貪欲と復讐の念に燃え、富をふやし、国王の愛顧を受けるためにこの機会をとらえようと立ち上がり、情けも節度も恥も無視し、卑劣で無法な方法を駆使して無実の住民の財産を強奪した。また、正義も礼儀も考えることなく、バビ（バブの信者）と思える者らを逮捕し、投獄し、拷問にかけ、その勝利の結果をすぐさまテヘランのナセルディン・シャーに知らせたのである。

ナイリズでは、支配者と住民がバブの信者たちを迫害しはじめたことで動乱の影響が明らかとなった。国王暗殺未遂事件から二ヵ月して、ミルザ・アリという若者が見事な勇気を示し、そのためアリ・サルダールという称号を得た。彼は、ヴァヒドとその支持者たちが殉教した戦いで生き残った人たちに細心の心遣いを示したことで名を知られるようになった。しばしば真夜中に家を出て、苦しんでいる未亡人や孤児にできるかぎりの援助を与えた。つまり、彼らに食べ物や衣服を惜しみなく与え、また負傷者の看護をし、悲嘆に暮れている人たちを慰めたのである。ミルザ・アリの仲間の何人かはこの無実の人びとの苦しみを見て、激しい怒りに燃え、ザイノル（ナイリズの知事）への復讐を決意した。ザイノルはまだナイリズに住んでおり、バビたちに苦難をもたらした張本人とみなされていた。仲間たちは、ザイノルが今後も苦しみをもたらそうとしていると信じて、彼の命を取ることにし、公衆浴場にいた彼にとつぜん襲いかかって殺害した。そのため暴動が起こり、最終的にはザンジャンの大虐殺の悲劇となった。

ザイノルの未亡人は、当時シラズに在住していた権力者ミルザ・ナイムに夫の復讐をせき立て、報酬として、自分の宝石すべてと、彼が欲する所有品をすべて与えることを約束した。そこで当局は裏切り工作により、多数のバブの信者を逮捕し、その多くを残忍なむち打ち刑に処し、全員を投獄してテヘランからの指示を待った。総理大臣は、投獄された者らの名前のリストと報告を国王に提出した。国王は、シラズの代理の努力が成功したことに大いに満足し、そのめざましい貢献に対して十分な褒美を与え、逮捕された全員をテヘランに連行してくるように命じた。

この事件は大虐殺で終わったが、それに至ったさまざまな状況を記録するつもりはない。シャフィという人が別の小冊子にその事件の詳細を正確に記録しているので、それを参照するように読者に勧めるが、バブの勇敢な弟子百八十人以上が殉教したことだけは述べておこう。同数の弟子たちが負傷して動けない状態にあったが、それでもテヘランに向かうように命じられた。困難な旅で生き残ったのは二十八人だけであった。そのうち十五人が、到着した日に絞首台に送られ、残りは投獄された。彼らはその後二年間、残虐行為を受けて苦しみ続け、最後には釈放されたが、多くは故郷へ向かう途中で監獄生活の苦難から疲労困憊して息絶えたのであった。

シラズではバブの弟子たちが多数、タハマスブ・ミルザの命令で殺害された。迫害者たちは殺害された二百名の頭部を銃剣に刺して意気揚々とファルス州のアバデ村に運んだ。彼らは、テヘランに運ぶつもりであったが、国王の使者からそれを中止するように命じられたため、アバデ村に埋葬することにしたのであった。

女性は六百名いたが、その半数はナイリズで釈放された。残りは二人ずつ鞍なしの馬に強制的に乗せてシラズに送られ、そこで激しい拷問を受けたあと見捨てられた。多くはシラズへの道中で命を落とし、残りは苦難に耐えて最後に自由の身となった。このように、信仰のために極度に苦しめられた勇敢な男女にふりかかったことを述べるとき、私のペンは恐怖で縮みあがるのであるが、バブの弟子たちに対する理不尽な残忍さは、その痛ましい事件の最終段階で最悪の醜行となった。前に述べたザンジャンの包囲の恐怖、そしてホッジャトとその支持者たちに加えられた侮辱も、二、三年後のナイリズとシラズで起こった極悪な残虐行為に比べれば薄れてしまう。今後もっと能力のある人が、言語に絶するそれらの蛮行を詳細に記録に残すであろう。その内容がどれほど残忍なものであれ、それは、バブの大業が信者に注入できた信仰の貴重な証拠の一つとして永遠に記憶されるであろう。

アジムの告白で、ようやくバハオラは生命に迫っていた危機から解放された。アジムが国王暗殺の主な扇動者であると自白して処刑されたことで、騒然としていた住民の怒りはやわらぎ、憤怒と復讐を求める彼らの叫びはバハオラから逸らされ、激しい非難の声もかなり静まったのである。テヘランの指導者たちは、それまでバハオラを国王の主敵と見なしていたが、暗殺事件には一切かかわっていないという確信を固めてきていた。そこで、総理大臣のミルザ・アガ・カーンは信頼できるハジ・アリを代理として地下牢シア・チャールに行かせ、バハオラに釈放命令を伝えるように命じた。

この代理人は、地下牢のあまりの酷さに仰天し、悲痛な思いで一杯となった。彼はその光景を信じることができなかったのである。バハオラは、うじ虫のむらがる床に鎖でつながれ、首はその重さでまがり、顔は悲しみにあふれ、髪はぼうぼうとし、衣服も汚れたままで、最悪の地下牢の醜悪な空気を吸わされていた。この様子に、彼の目から涙があふれてきた。暗やみの中でバハオラの姿を認めたとたん、こう叫んだ。「ミルザ・アガ・カーンに呪いあれ！ あなたが、これほど屈辱的な監禁を強いられておられるとは私には想像もつきませんでした。それは神もご存知です。総理大臣が、これほど残忍なことができるなど思いもよりませんでした。」そして、マントを脱いでバハオラに差し出し、「総理大臣と顧問に会われるときこれを着て下さい」と懇願した。しかし、バハオラはその要請に応えず、囚人の衣服のまま政府の建物に向かった。

総理大臣は、最初にバハオラに次のように述べた。「私の忠告を聞き、バブの信教との交わりを絶っていたなら、あなたは苦痛も屈辱も味わうことはなかったであろう。」バハオラは答えた。「あなたの方こそ私の勧告を聞き入れていれば、政局はこれほど危機に瀕することにはならなかったであろう。」

こう述べて、バハオラは、バブの殉教のとき語った言葉を彼に思い起こさせた。「点された炎は、今後はげしく燃え盛るであろう」という言葉が、総理大臣の脳裏を横切った。彼はこう述べた。「あなたの警告通りのことが起こりました。今、私にどのような忠告を与えられますか？」バハオラは即刻答えた。「この国のすべての知事にこう命ぜよ。無実の人びとの血を流すことを止め、女性を辱めたり、子供を傷つけたりすることを中止し、バブの信教の迫害を止め、その信者たちを一掃するという無駄な望みを捨てるようにと。」

その日、総理大臣は全国の知事に、残酷で恥ずべき行為を中止せよとの命令を下した。その令状にはこう書かれていた。「これまでやってきたことで十分だ。今後は住民を逮捕し、罰するのは中止せよ。国民の平和と平穏をこれ以上乱してはならない。」

政府は、国家にふりかかった災いを一掃するための最上策を審議し、その結果、釈放直後のバハオラを国外へ追放することにした。すなわち、バハオラとその家族に対し、一ヵ月以内にペルシャから離れるように命じたのである。

ロシア公使は、政府の計画を知るとすぐバハオラの保護を申し出てロシアに招待した。しかし、バハオラはそれを断ってイラクに行くことを選んだ。バハオラは、カルバラから戻って九ヵ月後の一八五三年一月十二日、最大の枝（アブドル・バハ）とアガ・カリム（バハオラの実弟）をはじめ、他の家族のメンバーと共に、護衛の一団とロシアの公使一行に付添われて、テヘランからバグダッドに向けて出発した。

エピローグ

バハオラが自国からイラクに追放された時期ほどバブの信教が衰退したことはなかった。バブが命を捧げ、バハオラが苦労しながら進めてきた大業は今にも消滅するかに見えた。その力は失われ、抵抗力も回復できないように思われた。失望と災難が、驚くほどの早さで次から次へと度を増しながら起こり、熱心な支持者の活力を奪い、希望を曇らしたのである。実際、ナビルのこの物語の表面だけを読む者には、最初のページから、敗北と虐殺、屈辱と失望の連続で、それも起こるたびに強烈となって行き、最後にはバハオラの故国からの追放で最高潮に達することを記述したにすぎないと思えるであろう。疑念をもつ読者は、この信教が天の威力を付与されていることを認めることができず、バブがもたらした概念はすべて失敗の運命にあると思った。バブが勇敢に推進した大業は無残な失敗に終わったかに見えたのである。そのような読者はシラズのこの不運な若者バブが残酷に殺害されたことを見て、その一生を、実りを結ばない、もっとも悲しむべき生涯の一例と見なし、それはまた、人間の宿命でもあると思ったのである。その短い、英雄的な生涯は、流星のように素早くペルシャの天空を横切り、その間全国をおおっていた暗やみに永遠の救済の光をもたらしたように見えたが、やがて暗黒と絶望の深淵に落ち込んだのであった。

努力を重ねるたびに、バブの魂に重くのしかかっていた悲しみと失望は深まっていった。聖なる都市メッカとメジナで、自らの使命をはじめて公に宣言するという計画は望み通りにはいかなかった。メッカの州長官は、ゴッドスからバブのメッセージを受け取ったが、軽蔑したように、よそよそしい無関心さを示した。バブが心に抱いた計画、すなわち、成功裡に巡礼からカルバラとナジャフに戻り、それらのシーア派の本拠地で大業を樹立するという計画もまた完全にくじかれ、十九人の弟子に与えていた指示も大部分は成就されないままであった。彼らは熱意のあまり、節度を守るようにというバブの勧告を忘れ去った。そのためバブが抱いていた望みの実現は大いに妨げられたのである。

賢明で機敏なモタメッド（知事のマヌチェール・カーン）は、バブの貴い生命に迫っていた危機を見事にかわし、だれよりも深い献身をもってバブに仕えた。そのモタメッドのとつぜんの死で、バブの身は不誠実なゴルジン・カーンの掌中に移された。彼は敵のうちでも最も憎むべき、破廉恥な男であった。バブ自身が要請し、それに希望をかけていたモハメット国王との会見の唯一の機会も、気まぐれで、卑怯な総理大臣アガシの妨害で失われた。総理大臣は、大業に対して大変好意を抱いている国王がバブに会えば、自分の立場が不利になると恐れたのである。

バブの激励で、主な弟子二人モラ・アリとシェイキ・サイドがそれぞれ、トルコ領土とインドに信教を紹介しようとしたが、惨めな失敗に終わった。モラ・アリはその努力を始めるとすぐに惨殺され、彼の活動は挫折した。シェイキ・サイドの方はわずかながら結果を生み出し、一人の男性がバブを受け入れたが、その奉仕は、ロリスタンでのイルデリム・ミルザの裏切り行為でとつぜん阻止された。バブ自身は宣言以来ほとんど監禁され続け、アゼルバイジャンの山中の砦に閉じ込められていた間は、強欲な敵に苦しめられていた信者たちから隔離されていた。（以上のもろもろの事件の中で）とくに彼自身の、激烈で、屈辱的な殉教の悲劇を見ると、この高貴な大業は最低の恥辱に落とされたかに見えたであろう。バブの波乱に富んだ短い生涯が終わったことで、彼の英雄的な努力もその目的を達することができなかったように見えたであろう。

バブ自身の苦難は激烈であったが、多数の弟子たちにふりかかった災難にくらべると、その一滴にすぎなかった。バブは悲哀の杯を飲んだが、その後に残された者たちは、その残りを余すところなく飲まなければならなかったのである。シェイク・タバルシでの大惨事では、最も有能な弟子ゴッドスとモラ・ホセインを失い、さらに、三百十三人の忠実な弟子たちもそれに巻き込まれた。これは、バブがそれまでに受けた打撃のうち最悪で、すばやく迫りつつあった生涯の終わりを暗黒で包んだ戦いであった。残忍非道のナイリズの戦いではヴァヒドを失った。ヴァヒドは最高の学識者で、最大の影響力をもち、バブの弟子のうちで最高の業績をもっていた。彼の死は、大業のたいまつを掲げ続ける弟子たちにとってさらなる大打撃であった。ナイリズの災難直後に起きたザンジャンでの虐殺で、信教の資源は枯渇してしまった。弟子たちを支えていたホッジャトの死で、最後に残っていた指導者は消え去ったのである。以上の信教の指導者たちが他の弟子たちより卓越していたのは、聖職者の権威をもち、学識が深く、勇敢で強力な性格を備えていたからであった。バブの弟子たちの精華は、容赦のない殺戮で消され、残ったのは奴隷にされた多数の女子供で、無慈悲な敵の支配下で苦しみにあえいだ。信教の指導者たちは、知識と模範で勇敢な弟子たちの心に点された炎を支えていたが、彼らもまた殺害された。こうして、この大業は迫害された共同体にふりかかった混乱の中で放棄されてしまったのである。

バブの大業を推進する能力を示した者たちのうち、残ったのは一人バハオラだけであった。他の者たちはすべて敵の剣に倒された。信教の名目上の指導者ミルザ・ヤーヤは、不面目にもテヘランの動乱の危機を逃れて、マゼンダランの山中に身を潜めた。托鉢僧を装って、椀を手に、危険な場所からギランの森へと逃げたのである。バブの秘書セイエド・ホセインとその共同者ミルザ・アーマドは両人とも、バブが著わしたバヤン書の教えと意味を理解し、またバブと親密に交わり、信教の教えに通じていたので、他の弟子たちの理解と信仰を深める立場にあった。しかし、テヘランの地下牢シア・チャールに鎖でつながれたため、彼らを大いに必要としていた残りの弟子たちから完全に切り離されてしまった。この二人には残酷な殉教の運命が定められていた。バブを幼少のときから父親以上に深い愛情で世話し、シラズで苦しんでいたバブに貴重な奉仕をした叔父も投獄された。彼はバブの死後二、三年でも生き延びることができれば、計り知れないほどの奉仕ができたであろう。しかし彼は、獄中で最愛の大業に奉仕を続ける望みを失ってわびしく過ごしていたのである。

バブの大業の燃える象徴であるタヘレも、その不屈の勇気、はげしい気性、固い信仰、燃えるような熱意、深い知識で、ある期間ペルシャの女性をバブの大業に勝ち取ることができたように見えたが、遺憾ながら、勝利の前に敵の怒りの犠牲となった。タヘレの遺体が穴に落とされるとき、そばに立っていた者らには、彼女の影響は完全に消されてしまったと思われた。バブの「生ける者の文字」と呼ばれる弟子たちの残りも、殺害されるか、獄中で足かせをかけられているか、または辺鄙な土地で人目につかない生活を送っていた。

バブが書いたおびただしい数にのぼる文献も、大部分、弟子たちにふりかかったと同様の屈辱を受けた。多くは抹消されるか焼き捨てられ、中には改ざんされたものもあった。このように、大半は敵に略奪され、残りは判読できない状態で、乱雑に、危険な場所に隠されたままであった。すなわち、生き残ったバブの弟子たちの間に散在していたのである。

バブが宣言し、その全生命を捧げた信教は、最低まで傾いた。信教を攻撃してきた火炎は、その構造をほとんど滅ぼしたかに見え、死の翼がその上を舞っているようであった。その生命は、回復できないほど完全に根絶されるのではないかと思われた。暗雲がすばやく迫っている中で、大業を救ってくれる人物として光を投げかけたのはバハオラだけであった。バハオラは、バブの大業を擁護するために立ち上がって以来、明確なビジョン、勇気、英知を幾度となく示してきた。もし、彼がペルシャに留まることができれば、消滅しつつある信教を復活できると思えたが、そのような運命ではなかったのである。信教の歴史上、類を見ない大きな災難が、これまで以上の激烈さでふりかかり、この度は、バハオラ自身がその渦に巻き込まれた。生き残った弟子たちが抱いていたわずかの望みも、その混乱の中でくじかれ、彼らの唯一の望みであるバハオラは、動乱の嵐で打ちのめされ、回復は不可能に見えたのである。バハオラは、ヌールとテヘランの全財産を略奪された後、国王暗殺事件の主犯として告発され、親族から見放され、以前の友人や賞賛者たちからも軽蔑され、うじ虫のむらがる暗黒の地下牢に入れられた。そのあと、家族と共に国外に追放され、迫害された信教の唯一の救済者としての期待は、一時、完全に消滅したかに見えた。

ナセルディン・シャーが、自らを大業の破壊者として誇りに思ったのも不思議ではない。彼は大業を公然と抑圧し続け、ついに、表面上は根絶したと思ったのである。国王は、この大規模な流血の戦いのさまざまな局面を思い出しながら、バハオラの追放命令に自ら署名したことで、人民の心を震撼させた憎い異端の滅亡を宣告したと想像したのであるが、それも不思議ではない。そのとき、恐怖のまじないは解かれ、全国を荒らした波はついにおさまり、人民が求めていた平和が戻ってきはじめたと国王は思ったのである。バブはもはや居なくなり、その大業を支えていた強力な柱も潰され、全国に散らばる多数の信者たちも怖気づいて、疲れ果てていた。指導者のいなくなった共同体の唯一の望みであるバハオラも国外に追放された。バハオラは自ら進んで、狂信的シーア派の本拠地の近くを追放先に選んだ。これで、自分が王座について以来自分を悩まし続けてきた亡霊は完全に消滅したと国王は思った。この運動はすばやく忘れ去られているという最高の助言者らの言葉を信じれば、今後一切、この憎むべき運動について聞くことはないと国王は想像したのである。

迫害を生き抜いたバブの信教の信者たちでさえ、また、雪におおわれたイラクとの国境の山々を越えて行くバハオラの一行のうちにも、少数を除き、大業の目的は達せられなかったと、一瞬思ったかもしれない。大業を四方八方から包囲した暗黒の勢力はついに勝利を得、若々しい栄光の王子が自国に点した光を消してしまったかのように見えたであろう。

ともかく、国王の目には、一時全国を襲った（バブの信教の）勢力は、政府軍の力で征服されたように見えたのである。バブの信教はその誕生の時から不運に会い、やがて、国王の武力に屈服せざるを得なかった。信教は打撃（国王の暗殺事件）を受けたが、それは当然、報いを受けるに値するものであった。国王は心配のあまり眠れない日々を過ごしていたが、今や、その呪いからも解放され、そのとてつもない妄想がもたらした荒廃から、国を建て直す事業に集中しはじめることができると思った。今後の真の使命は、教会と国家の基盤を強化し、同じような異端の侵入を防ぐことであると思ったのである。異端は今後も国民の生活に毒を流しかねないからである。

国王の想像は何と空しく、また何と大きな妄想であったことか。彼が浅はかにも潰したと想像した大業はまだ生きていて、大動乱の中から、以前よりも強力となり、純化され、高潔となって出現するように定められていたのである。この愚かな国王には、大業はすばやく絶滅に向かっているように思えたのであろうが、実際は、変革期の激烈な試練を通っていたのである。この試練を通して、大業はその高貴な運命の途上で次の段階へと進み、その歴史で、これまで以上に輝かしい新しい章が開かれようとしていた。国王は、抑圧によって大業の運命を封じてしまったと思ったのであるが、それは進化における最初の段階で、時がくれば、バブが宣言したものより強大な啓示へと発展するようになっていた。バブの手で植えられた種は、しばらくの間、前例のない激しい嵐にさらされたが、その後、国外の土壌に移植された。そして成長発展し続け、時期がくれば、大木となって、地上のすべての民族と国民の避難所となるように定められていた。バブの弟子たちは拷問を受けて殺害されたり、屈辱を受けて弾圧されたりした。弟子たちの数は減少し、信教の声は武力で黙らされ、その運命は絶望的となり、有能な弟子たちは信仰を捨てたりした。しかし、バブの言葉の殻に埋められた約束は、いかなる手によっても奪い去ることはできず、いかなる力もその発芽と成長を止めることはできなかったのである。

バブは、自分は自分の後に下される啓示の先駆者であると宣言したが、その啓示の最初の兆しはバハオラが監禁されていたテヘランの暗黒の地下牢ですでに認められた。バブは、その出現が迫っているとくり返し言及していた。バブの重大な啓示から生み出された威力は、やがてその栄光を十分に表わし、地球を取り巻くようになっていたが、それはすでに、死刑執行人の剣の下で、牢獄に監禁されていたバハオラの中に脈打っていた。激しい苦しみの最中にあるバハオラに、「なんじこそは、神の代弁者に選ばれた者なり」と告げる静かな声が、信教の滅亡を祝う準備をしていた国王の耳に届くはずはなかった。国王は、この投獄でバハオラの名に汚名を着せたが、それは、より屈辱的なイラクへの追放の前置きであると信じていた。ところが実際は、イラクはバハオラの運動の最初の活動の場となった。その運動は、まずバグダッドで公にされ、後にアッカの牢獄都市からナセルディン・シャーをはじめ、世界の為政者や国王に宣布されたのである。

国王はバハオラに追放命令を出したことで、実際は神の目的の推進を助けていたのである。しかし、自分自身はその手段にすぎないということに気がつかず、さらに、自分の統治が終わりに近づいたとき、自分がその根絶に全力を尽くした信教が復活することにも気づかなかった。この復活で、信教の活力が示されたが、失望のどん底にある国王は、信教がそれほどの活力をもっているなどとは信じることができなかった。信教の炎の再燃が、国内や隣国のイラクとロシアだけでなく、東は遠方のインド、西はヨーロッパ大陸のトルコにまで及んだことで、国王は浅はかな夢から覚まされたのである。バブの大業は死から蘇り、以前よりもはるかに強大な姿で出現したのである。バハオラの人格、その具現である啓示の力で、バブの大業に新たな弾みがついたが、国王はそのようなことを想像することもできなかった。無活動状態であった信教が、迅速に復活し、国内で強化されたこと。国外にも拡大していること。バハオラ自らがイスラム教の本拠地を居住地に選び、その中心で、おどろくべき宣言をしたこと。ヨーロッパ大陸のトルコで、自らの使命を公に宣言したこと。その宣言を書簡にして、地上の君主たちに送ったこと。その書簡の一通は、国王自らも受け取るようになっていたこと。その宣言が、無数の信者の心に熱意を喚起したこと。大業の中心が聖地に移されたこと。バハオラの生涯が終わりに近づくにつれ、厳重であった監禁が緩められていったこと。東方の国々からバハオラの監獄を訪れる多数の訪問者や巡礼との会見を禁止するオスマン帝国皇帝の条例が解禁されたこと。西欧の思想家たちの間で探究心が生じたこと。バハオラの信者たちの間に分裂をもたらそうとした勢力が完全に潰され、その主な扇動者に悲惨な運命がふりかかったこと。とくに、バハオラは、崇高な教えの書を多数著わし、それらは、ますます増加していく信者たちによって、ロシアのトルキスタン、イラク、インド、シリヤ、さらに遠方のヨーロッパ大陸のトルコまで伝えられたこと。以上が、信教は抑圧され、滅亡したと信じていた国王の目に、信教は征服不可能であるということを確信させた主な要素であった。国王は、信教の根絶の努力が無駄であったことを隠そうとしたが、それはだれの目にも明らかであった。国王は、バブの大業の誕生と苦難を目撃してきたが、今や、それが不死鳥のように灰から蘇り、想像もできなかった業績に向かって進展しているのを目前にしていた。

ナビル自身も、この物語を書いて四十年以内に、過去のあらゆる宗教の結実であるバハオラの啓示が、これほど発展し、世界に広がり、承認の道を直進することを想像できなかった。また、それがバハオラの死後四十年以内に、ペルシャと東方の国々を越えて最遠隔の地方にまで浸透し、全地球を一周するなど思いもよらなかった。さらに、この大業が、その期間内に、アメリカ大陸の中心にその旗をすえ、ヨーロッパの主要都市に進出し、アフリカ南部の辺境まで届き、遠隔のオーストラレーシアにも基点を設置するであろうという予言を聞いても信じなかったであろう。ナビルは、信教の運命に対する確信で燃えていたが、バブの廟を心に描くことはできなかった。彼はバブの遺体が最終的にどこに安置されるか知らなかったし、それが、カルメル山の中心に置かれ、世界の隅々から訪れてくる多数の訪問者たちの巡礼場所となり、光の標識となることなど想像できなかったのである。旧バグダッドの小道にあるバハオラの質素な住居が、その後、執拗な敵の陰謀の結果、注目をあびるようになり、ヨーロッパ列強国の代表が集まる会議で真剣に審議されるようになるなど想像できなかった。最大の枝（アブドル・バハ）の力で、短期間にアメリカ大陸の北部の州が栄光あるバハオラの啓示に目覚めるなど想像できなかった。ナビルは、この物語の中で、国王たちの暴虐を鮮やかに描写したが、それらの王朝が没落し、自分たちの敵（バブの信教）に与えた苦しみを、自ら味わうことになるなど想像できなかった。

彼は、信教に激烈な迫害を加えた自国の聖職者機構全体が、自分たちが抑圧しようとした勢力によって、すみやかに打倒されるなど想像できなかった。イスラム教のソンニ派の最高機関で、バハオラの信教を迫害したサルタンの位とカリフの位が、イスラム教の信者によって容赦なく一掃されるなど信じることはできなかった。バハオラの大業の着実な拡大と共に、行政機構が強化され、異なった人種や民族からなるユニークな共同体を世界に示すことができるようになるなど想像できなかった。その共同体が世界の隅々にわたり、同じ目的をもち、活動は整合され、いかなる逆境によってもそがれることのない熱意で燃えるなど想像がつかなかったのである。

その貴重な遺産を委託された者らによって、今後、過去と現在の業績をしのぐ偉業が成し遂げられるであろうことをだれが知り得ようか。現在の社会の混乱からして、バハオラの世界秩序は我々の期待よりも速やかに出現するかもしれないと想像できようか。その輪郭はすでに世界中のバハイ共同体の間で、かすかに認められるのであるが。これまでの業績は偉大で、すばらしいものであったが、大業の黄金時代の栄光はまだ現われていない。黄金時代の出現の約束は、バハオラの不朽の言葉に埋め込まれているのである。この大業をいまだに苦しめる暗黒の力の猛襲は激しく、その戦いは絶望的で、長引き、また、いまだもって強い失望感をもたらすものであるが、やがて大業は、他の宗教が史上成し遂げた以上の勢いをもつようになろう。

東西の社会が、世界的な同胞関係に結び合わされること、それは、過去の詩人や夢想家が歌ってきたもので、バハオラの啓示の中心として約束されているものである。すなわち、バハオラの法が、世界の諸民族と諸国民を和合させる永久的な絆として認められること、また、最大平和の君臨が宣布されること。これらは、バハオラの信教が展開して行くときの輝かしい物語の章に語られるものである。

この上ない光輝にみちた勝利が、努力を続ける多数のバハオラの信者のために準備されていることをだれが知り得ようか。確かに、我々はバハオラが建てた巨大な建造物にあまりにも近くにいるため、その啓示の進化の現段階では、その約束の栄光を十分想像することさえできない。無数の殉教者の血で染められた大業の歴史を考えると、我々は鼓舞されずにはおれないのである。今後、どれほどの恐るべき勢力に襲われても、どれほど無数の災難で苦しまされても、大業の前進は絶対に阻まれることはなく、バハオラの言葉に秘められた最後の約束が完全に実現されるまで進展し続けるであろう。

主な登場人物

「夜明けを告げる人びと」の中には、多数の登場人物が出てきますが、それぞれの人物の名前は長く、また似通ったものも多いので、読みやすくするために短縮したり、呼称だけを用いたりしました。紙面の都合で、ここに紹介するのは主な登場人物だけです。

アガシ　ハジ・ミルザ・アガシのこと。モハメッド国王の総理大臣で、バブを牢獄に監禁した。国外に追放され、貧窮のうちに死亡。

アガ・ジャン　ミルザ・アガ・ジャンのこと。バハオラに四十年仕えた秘書。

アニス　ミルザ・モハメッド・アリのこと。バブと共に殉教した弟子。

アブドル・アジス　バハオラを迫害したトルコ皇帝。

アブドル・バハ　バハオラの長子。バハオラが地下牢に監禁され時九才。その後父上と追放と投獄の生活を共にする。

アーマド・アズガンディイ　ミルザ・アーマド・アズカンディイのこと。コラサン州の最初のバビ。最高の学識者。

ヴァヒド　セイエド・ヤヒヤ・ザラビのこと。国王がバブを調査するために送った最高の学者。バビとなり殉教。

ガエム　イスラム教に述べられている人物で、バブのことを指す。

カゼム　セイエド・カゼム・ラシュティのこと。師のシェイク・アーマドに続いてバブの出現を予知し、そのために人びとを準備した。バブの宣言の半年前に世を去ったが、かれの弟子モラ・ホセインはバブを最初に認める人となった。

ゴッドス　ハジ・モハメッド・アリ・バールフルシィのこと。「生ける者の文字」と呼ばれる十八人の中で最後に弟子になったが、地位はバブに次ぐ。一八四九年拷問を受け殉教。

ザイナブ　ザンジャンの砦で敵を震撼させた勇敢な女性。数ヵ月後に殉教。

サディク　モラ・サディク・コラサニのこと。著名なバビで、ゴッドスと共に拷問を受ける。

セイエド・アリ　ハジ・ミルザ・セイエド・アリのこと。バブの伯父で、テヘランの七人の殉教者の一人。

ゾヌジ　シェイキ・ハサン・ゾヌジのこと。バブの書簡を複写した弟子。

タギ・カーン　ミルザ・タギ・カーンのこと。ナセルディン国王の総理大臣で、バブの処刑を命じた。一八五二年、カシャン近くの公衆風呂で国王の命令により暗殺される。

タヘレ　ファテメ・ウマ・サラメのこと。「タヘレ」とは「清純な者」という意味で、バハオラが与えた称号。「生ける者の文字」と呼ばれる十八人の弟子の中で唯一の女性。一八五二年スカーフで絞殺されて殉教。

ナセルディン・シャー　バブを処刑し、バハオラを投獄し、追放したイランの国王。バハオラはかれを「圧制の皇子」と呼んだ。一八九六年記念祭の前夜に暗殺される。

バディ　アガ・ボゾルグ・ニシャブのこと。反抗的な若者であったが、バハオラに会い完全に変わった。バハオラの使いとして書簡を国王に渡したが捕らえられ、拷問を受けて殉教。

バハオラ　「バハオラ」は「神の栄光」という意味のアラビア語で、ミルザ・ホセイン・アリの称号。一八一七年に誕生。一八六三年自分こそバブが予告していた神の顕示者であることを宣言。四十年間追放と投獄生活を強いられたが、その間百冊以上にのぼる本と数千にわたる書簡を書いた。一八九二年追放先のイスラエルで没したが、かれが設立したバハイ共同体は世界の隅々にひろがり、発展し続けている。

バブ　「バブ」は「門」という意味のアラビア語で、セイエド・アリ・モハメッドの称号。シェイキ・アーマド、セイエド・カゼムおよびモラ・ホセインが探していた神の使者で、一八一九年に誕生。一八四四年自らの使命を宣言し、新しい時代の到来と、自分の後により偉大な神の顕示者（バハオラ）が出現することをペルシャ中に伝えた。一八五〇年殉教。遺体はイスラエルのカルメル山腹に建てられた聖廟にまつられている。

ホセイン・ヤズディ　セイエド・ホセイン・ヤズディのこと。「生ける者の文字」の一人で、バブに秘書として仕え、マークーとチェリグにバブと共に監禁された。

ホッジャト　モラ・モハメッド・アリ・ザンジャンのこと。博学で有名なイスラム教の聖職者であったが、バブの書簡を一頁読んだ直後バブの弟子となった。国王から愛顧を受けたが、故郷ザンジャンの砦で殉教。

マヌチェール・カーン　イスファハンの知事でバブに感動してバビとなり、全財産をバブに残したいと申し出る。

ミルザ・アッバス　ミルザ・ボソルグのこと。バハオラの父上。

ミルザ・ムサ　アガ・カリムのこと。バハオラの実弟で、生涯バハオラに忠実に仕えた。

モラ・ホセイン　モラ・ホセイン・ボシュルエイのこと。カゼムの弟子で、バブを最初に信じた人。「生ける者の文字」の一人で、一八四九年シェイキ・タバルシの戦いで殉教。

ヤーヤ　ミルザ・ヤーヤのこと。バハオラの異母弟。バブから共同体の責任者として任命されたが、その責任を果たさず、ほかの陰謀者たちと手を組み、バハオラに大変な苦しみをもたらした。一九一二年追放先のキプロス島で死亡。

次ページの写真は、英語版の「夜明けを告げる人びと」に掲載されたものと同じで、この本の出版のために、バハイ世界センターから新たに送っていただいたものです。

国王、モハメッド・シャー

国王、ナセルディン・シャー

総理大臣、ミルザ・アガシ

総理大臣、ミルザ・タギ・カーン

シェイキ・タバルシの砦

マシュハドのバビが建てた家

バビの家の内部

バブの愛用されていた数珠

バブ所有のコーラン

マークーの砦

チェリグの砦

タブリズの砦

バブの認印つき指輪

ペルシャのハウダ

ヴァヒドの墓地

イスファハンの知事マヌチェール・カーン

この木からモラ・ホセインは撃たれた

テヘランにあるバハオラの家

ペルシャのドレス

タヘレが埋葬されているイルカニ庭園

バブの殉教の場となったタブリズの兵舎前広場

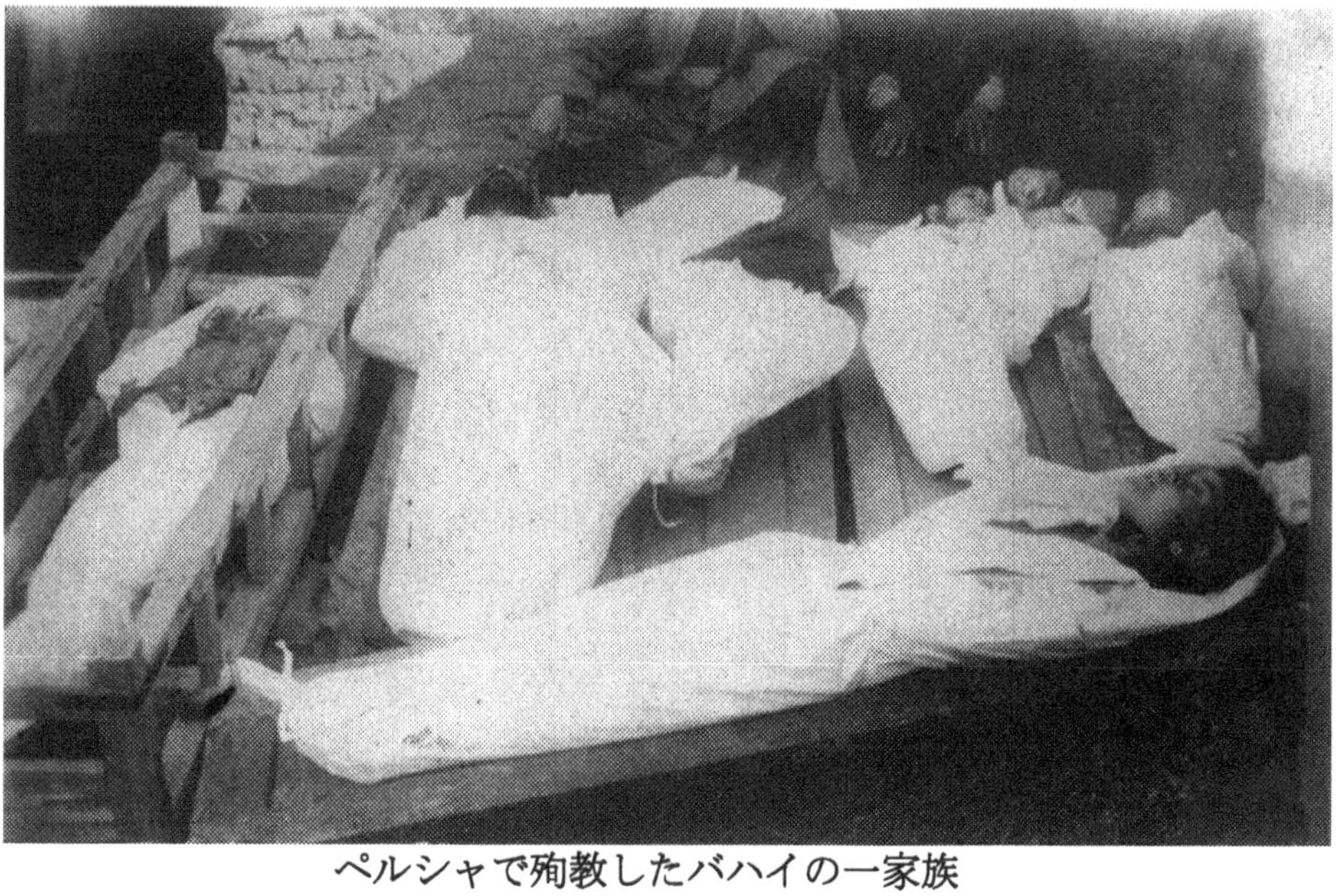

ペルシャで殉教したバハイの一家族

バハオラの父上、ミルザ・ボソルグ

シェイキ・アーマド・アソイ

バハオラの実弟、アガ・カリム

ナビル・アザム（この書の著者）

シラズにあるバブの家

バブの茶漉しとコンロ

バブの手で植えられたオレンジの木

バブが使命を宣言した部屋

タバルシ砦で生き残ったモハメッド・リザ

タバルシ砦で生き残ったミルザ・アブタレブ

夜明けを告げる人びと

2007年4月21日　第1刷

著　者　　ナビル・アザム
訳　者　　コールドウェル・本子
発行所　　ベスト社
印　刷　　ライトニング・ソース社

ISBN 0-9762780-4-9
この本は、日本バハイ精神行政会の承認のもとで発行されるものです。

www.ingramcontent.com/pod-product-compliance
Lightning Source LLC
Chambersburg PA
CBHW022045160426
43198CB00008B/131
9780976278047